고려대학교 한국어문교육연구소 국어교육실천총서

교실에서 펼치는 우리말 우리글 역사 이야기

고려대학교 한국어문교육연구소 국어교육실천총서

교실에서 펼치는

우리말 우리글 역사 이야기

김유범 | 정은진 | 김진우 | 김성수 | 기정의 | 이소연 | 박지민

| 그림 | 이소연 |

역락

이 책은 고려대학교 국어교육과 명예교수이신 혜당 박영순 선생님께서
한국어문교육연구소에 기부하신 기금의 지원을 받아 만들어졌습니다.

≪국어교육실천총서≫를 펴내며

'교육백년지대계(敎育百年之大計)'라는 말이 그 어느 때보다도 절실합니다. 가르치고 배우는 우리의 아름다운 전통은 한국전쟁 이후 초고속의 현대화 과정에서 폭발적인 힘을 발휘했습니다. 역사상 물질적으로 가장 풍요로운 시간을 누리고 있는 지금, 그림자처럼 따라붙은 정신적 빈곤과 공허함은 발길을 멈추고 다시금 교육의 본질과 역할을 되돌아보게 합니다.

2010년 7월 8일 개소한 저희 한국어문교육연구소는 한국어와 한국어로 이루어진 문화의 우수성과 중요성에 대한 진지한 인식을 바탕으로, 우리 문화유산의 안정적 계승과 미래 지향적 발전을 추구해 왔습니다. 특히 1980년대 이후 한국 중등국어 교육계를 실질적으로 이끌고 있는 고려대학교 국어교육과와 밀접한 협력관계를 유지하며 한국의 국어교육 발전을 위해 함께 노력하고 있습니다.

이번에 발간되는 ≪국어교육실천총서≫는 2021년 9월에 처음 기획된, 한국어문교육연구소의 총서 시리즈 중 하나입니다. 연구자와 교사 및 예비교사가 한 팀을 이루어 학교 현장에서 직접적으로 활용할 수 있도록 만든 실용서라는 특징을 지닙니다. 이론과 실천의 조화를 추구함으로써 이 책이 실용성과 전문성 모두를 갖춘 새로운 차원의 수업 길잡이 역할을 수행할 수 있기를 기대합니다.

수시로 바뀌는 교육과정에 따라 주기적으로 달라지는 교과서와 교사용 지도서가 지닌 한계를 극복하는 것도 ≪국어교육실천총서≫의 보이지 않는 역할이 될 것입니다. 그것은 어떠한 교육과정과 교과서가 사용되는 상황에서도 해당 주제와 관련해 가장 중요하고 필수적인 내용들을 담음으로써 흔들리지 않는 '항상성'을 지니는 것이 가능하기 때문입니다.

≪국어교육실천총서≫가 학교 현장에 계신 선생님들께 유용한 정보뿐 아니라, 좋은 수업을 구상하는 데 새로운 활력을 드릴 수 있길 희망합니다. ≪국어교육실천총서≫의 기획과 발간의 계기를 마련해 주신 혜당 박영순 선생님, 총서가 발간되기까지 보이지 않는 곳에서 애써주신 모든 분들께 진심을 담아 감사의 인사를 드립니다. 끝으로 ≪국어교육실천총서≫가 국어교육의 새로운 희망의 빛이 되길 꿈꿔 봅니다.

고려대학교 한국어문교육연구소

우리말 우리글 역사 수업을 위한 나침반 만들기

교실이라는 우리 모두의 공간에서

학교 교실은 특별한 공간입니다. 이 공간에서 학생들의 생활과 학습이 이루어지는 것은 물론, 교사가 학생들과 소통하며 자신의 열정과 전문성을 발휘하기 때문입니다. 따라서 교실이 모두가 함께하고 싶은 공간이 될 때 학교에 행복이 찾아옵니다. 무엇보다 교실에서의 수업이 활기차고 마음 뿌듯해야 학생과 교사 모두 '학교 다닐 맛'이 납니다.

교실은 많은 고민들이 함께하는 공간이기도 합니다. 선생님은 한창 성장해 가는 학생들을 보듬어 달래 주고 배움의 즐거움도 느끼도록 해 주어야 합니다. 남들은 모르는 참음과 기다림의 미학을 말없이 실천하며 자신의 전문성을 발휘해 좋은 수업도 해야 하는 우리 선생님들. 가끔 학생 때 꿈꾸었던 교사의 모습을 떠올리며 오늘도 이런저런 고민 속에서 교실로 향할 준비를 하고 계십니다.

현재 선생님의 국어 수업은 활기차고 마음 뿌듯한 수업입니까? 특히 훈민정음과 국어사 관련 수업을 편안하고 재미있게 하고 계신지요? 혹 현재 그렇지 못하더라도 너무 낙담하실 필요는 없습니다. 어쩌면 선생님이 학생일 때 들었던 훈민정음과 국어사 관련 수업이 충분히 매력적이지 못했기 때문일 수도 있습니다. 그러니 선생님의 잘못이 아닙니다. 자책하지는 말아 주세요.

새롭게 펼쳐질 우리말 우리글 역사 수업을 위해

이 책은 선생님이 훈민정음과 국어사 관련 수업을 자신 있고 흥미롭게 하실 수 있도록 도움을 드리는 데 목적이 있습니다. 이를 위해 전문 연구자와 교사 그리고 예비교사가 함께 머리를 맞대고 힘을 합쳐 학생과 교사의 입장을 먼저 이해하고자 했습니다. 그리고 그 이해를 바탕으로 우리말과 우리글의 역사와 관련해 교육적으로 중요한 내용들을 질문과 답변 형식의 여행 이야기로 풀어냈습니다.

먼저 우리말의 역사와 관련해서는 현대 국어로부터 가까운 근대 국어, 중세 국어, 고대 국어의 순서로 떠나는 기차 여행을 마련해 보았습니다. 엄선된 질문들과 그에 대한 답변들은 각 시대별 국어의 특징을 보여 주는 언어 자료와 언어 현상을 흥미로운 예들과 함께 제시함으로써 국어의 역동성을 깨닫게 해 줄 것입니다. 국어는 완성된 언어가 아닌, 지금도 완성되어 가고 있는 언어입니다.

다음으로 우리글의 역사와 관련해서는 언어와 문자의 구분으로부터 시작해 차자 표기 및 훈민정음 관련 내용들을 상세히 탐험하는 항공 여행을 준비했습니다. 특히 잘 안다고 착각하고 있는 훈민정음이 얼마나 깊은 세계를 지닌 탐험 대상인지, 아무런 느낌 없이 쓰고 있는 오늘날의 한글이 오랜 시간 얼마나 많은 이야기를 켜켜이 쌓아 왔는지 이번 여행을 통해 확인해 보시기 바랍니다.

책의 끝부분에는 선생님들이 유용하게 사용하실 수 있는 교실 안 책장을 마련하였습니다. 수업을 준비하며 우리말 우리글의 역사를 보다 깊이 있게 이해하는 데 도움이 되도록 옛말 및 옛 문헌과 관련된 다양한 정보들을 책장 안에 가지런히 정리해 두었습니다. 교과서 속 자료와 내용을 조금만 뛰어넘으면 넓고 큰 우리말 우리글의 세계를 더 흥미롭게 즐길 수 있답니다.

[더 알아보기], [수업 도우미], [교실에서 펼치기]와 같이 책 속에는 유익하고 흥미로운 코너들이 자리하고 있습니다. 꼭 우리말 우리글의 역사를 다루는 시간이 아니더라도 국어 시간에 활용하시면 좋을 내용들입니다. 더불어 책의 곳곳에서 행복한 분위기를 만들어 주는 귀여운 그림들은 이소연 학생이 그렸습니다. 책 속 그림들을 바라보며 미소 지으실 선생님의 모습을 떠올려 봅니다.

교실로 향하시는 선생님들을 배웅하며

우리말 우리글의 역사를 가르치는 것이 얼마나 의미 있는 일인지 그리고 얼마나 어려운 일인지 잘 알고 계시리라 생각합니다. 교사의 입장에서 지금의 교실에 필요하다고 생각되는 내용들을 이 책에 넣어 두었습니다. 현장에서 마주하는 다양한 질문들, 난처한 상황들에 이 책이 교실에서 펼치는 소중한 나침반이 될 수 있기를 바랍니다.

이 책을 집필하면서 국어사 교육이 새로운 모습으로 나아갈 수 있음을 확신하게 되었습니다. 우리 문자 한글의 소중함과 가치, 끊임없이 변화하며 살아 숨 쉬는 우리말의 역사, 한글 문헌 속에 담긴 옛사람들의 삶과 이야기. 우리말 우리글 역사 수업에서 펼칠 수 있는 이야기는 무궁무진합니다. 책 속에 담겨 있는 보석 같은 자료들이 흥미롭고 풍부한 국어 학습 경험을 만들어낼 것이라 자신합니다.

앞으로 선생님이 교실에서 펼치실 우리말 우리글 역사 수업은 의미 없이 던져진 옛말의 문법 지식들을 학생들이 암기하는 시간이 되지는 않았으면 합니다. 모두가 싫어하고 피하고 싶은 수업이 아니라, 우리말이 겪어 온 변화의 역사를 차근차근 짚어 보고 오늘날의 우리말과 비교해 보는 시간, 언어가 변화하는 원리와 과정을 이해하고, 과거의 삶과 언어가 담긴 문헌을 흥미롭게 들추어 보며 여행을 떠난 듯 즐거움을 느끼는 시간이 되었으면 합니다.

이제 선생님의 새로운 우리말 우리글 역사 수업에 저희가 함께하겠습니다.

선생님! 잘 부탁드립니다.

2023년 여름을 보내며

저자가 모두 함께

목차

제3부 교실 안 우리글 역사 이야기

더 알아보기

수업 도우미

교실에서 펼치기

제1부

교실 안 목소리

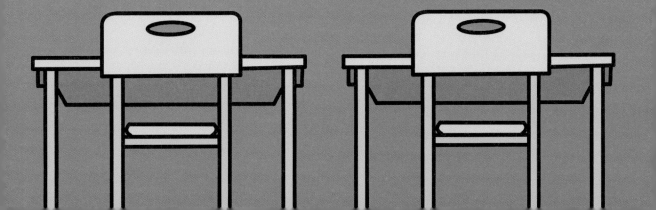

국어사 수업 시간, 선생님과 학생 모두 각자의 고충을 가지고 교실에 모입니다. 학생은 재미도 없고 어렵기만 한 국어사를 왜 배워야 하는지 모르겠고, 교사는 어려운 국어사 수업 내용을 쉽고 재미있게 풀어낼 자신이 없지요. "어휴, 또 국어사 수업 시간이네."라는 한숨에 저마다의 많은 의미가 담겨 있는 듯합니다. 하지만 이 고민은 의미 있고 유익한 우리말 우리글 역사 수업을 함께 만들어 나가기 위해 꼭 필요한 과정이겠지요. 흥미롭고 깊이 있는 우리말 우리글 역사 수업을 위해, 현장의 목소리를 듣고 '왜', '어떻게', '무엇을' 가르쳐야 할지 고민해 봅시다.

01

학생 목소리
우리말 우리글 역사, 너무 어려워요!

 ### 선생님, 그냥 안 배우면 안 되나요?

'선생님, 문법은 생각만 해도 복잡해요!', '현대 문법도 싫은데 옛날 문법까지 배우라니, 너무한 거 아닌가요?', '어렵고 쓸데도 없는 걸 왜 배우는지 모르겠어요!' 저절로 학생들의 원성이 들리는 듯합니다. 교사라면 누구나 학생들이 자기 수업을 재미있게 들어 주길 바랄 테지만, 실제 교실 속 학생들은 우리말 우리글 역사가 영 마땅찮은 목소리인데요. 하지만 이를 어쩔 수 없다고 혹은 당연하다고 생각하고 넘기기보다는, 왜 학생들이 국어의 역사를 안 배워도 된다고 생각하는지, 정확히 어떤 점에서 국어의 역사를 어려워하는지를 세심하게 들어 보아야겠지요. 학생들이 정확히 어떤 수업을 원하는지 그 목소리를 들어 보면 앞으로 새로운 수업을 준비하기 위한 중요한 실마리를 잡을 수도 있겠고요. 그렇게 꾸준히 수업을 준비하다 보면, '국어의 역사를 왜 배워야 하는가?' 하는 근본적인 물음에 대한 답이 점점 선명해질 수도 있겠네요! 선생님들이 찾은 답을 학생들에게 공유할 수 있다면, 그리고 학생들에게 이해와 배움의 재미를 더해 줄 수 있다면 더욱 기쁘겠군요. 이렇듯 수업의 출발점은 학생들의 목소리에 있습니다. 그렇다면, 학생들은 우리말 우리글의 역사 수업을 어떻게 생각하고 있을까요?

학생들의 다양한 생각들 – 학생들에도 여러 유형이 있다면?

2021년 12월, 한 달간 중고등학교 학생들과 교사들을 대상으로 국어사와 훈민정음 수업에 관한 의견을 물었습니다. 학생들에게는 '국어사 및 훈민정음 단원을 공부할 때 재미있었는지', '국어사 및 훈민정음 단원을 공부해야 하는 이유는 무엇이라고 생각하는지', '앞으로의 국어사 및 훈민정음 단원이 어땠으면 좋겠는지' 등의 질문을 던졌는데요, 중학교 1학년부터 고등학교 3학년까지 총 127명의 학생이 설문에 응해 주었습니다. 객관식 문항의 답변 분포도 다양했고, 주관식 설문에서는 정말 다양한 의견들이 나왔습니다.

학생들의 답변을 정리하며 우리에게 익숙한 'MBTI' 성격 유형 검사에 비추어 쉽고 재미있게 유형화해 보았습니다. 국어사 공부에 대한 학생들의 성향을 바탕으로, 우리가 교실에서 만날 법한 학생 유형을 네 가지로 나누었습니다. 네 명의 학생들이 생생하게 전해 주는 교실 속 학생들의 목소리를 들어 봅시다.

<자료1>: 국어사 MBTI(국어사 학습 유형 검사)의 판단 기준

MBTI란?
MBTI(Myers-Briggs Type Indicator)란 마이어스(Myers)와 브릭스(Briggs)가 고안한 자기보고식 성격 유형 검사로, 외향-내향(E-I) 지표. 감각-직관(S-N) 지표, 사고-감정(T-F) 지표, 판단-인식(J-P) 지표 4가지 기준에 따라 16가지의 성격 유형을 제시합니다.
국어사 MBTI는 기존의 MBTI 검사를 변형하여 학생들의 국어사 학습 성향을 파악하고 유형화하였습니다.

Outside	국어사 공부의 이유를 찾지 못하거나 시험을 잘 보기 위해서만 공부하는 유형	Inside	국어사 공부의 이유를 자신의 내부에서 찾는 유형 국어사를 알아가는 것을 당연하게 여김
Story	풍부한 이야기와 맥락을 곁들여 공부하는 것을 선호하는 유형	Notion	개념을 체계적으로 정리해서 공부하는 것을 선호하는 유형
Funny	국어사 공부에 재미를 느끼는 유형	Boring	국어사 공부에 재미를 느끼지 못하는 유형
Plan	국어사 공부를 계획적으로 하는 유형	Cram	국어사 공부를 몰아서 하는 유형
Low	국어사 성적이 평균보다 낮은 유형	High	국어사 성적이 평균보다 높은 유형

[재미로 알아보는 국어사 MBTI 테스트]에 참여해 보세요!

교실에서 펼치는 우리말 우리글 역사 이야기

<자료2>: 국어사 MBTI 학생 유형의 예시

	MBTI	INBP
	이름	담희 ('마땅히'의 줄임말)
	한 줄 소개	이상적인 회의론자
	한마디	"전 국어사를 배워야 한다고 생각은 하지만, 재미가 있다고 생각하지는 않아요."

	MBTI	ISFP
	이름	이군 ('이야기꾼'의 줄임말)
	한 줄 소개	흥미로운 역사가
	한마디	"역사적인 이야기 또는 고전문학 작품과 함께 공부하는 것을 좋아해요. 그리고 단편적인 이야기보다는 전체적인 흐름을 공부하는 것이 좋아요."

	MBTI	ONBC
	이름	유이 (국어사 학습의 '이유'를 찾아야 하는 학생이기 때문에)
	한 줄 소개	이유를 찾는 탐험가
	한마디	"국어사요? 도대체 국어사를 왜 배워야 하는 건가요?"

	MBTI	ONFP
	이름	리아 ('스피리아'의 꽃말은 노력)
	한 줄 소개	노력하는 학습자
	한마디	"시험 성적이 잘 나오기 때문에 국어사 공부를 열심히 하고 있어요. 하지만 성적이 떨어진다면 흥미도 함께 떨어질 것 같아서 걱정이에요."

<교실 속 와글와글>: 우리말 우리글 역사에 대해 어떻게 생각해?

설문조사를 통해 실제 학생들의 목소리를 들어 보고, 학생들의 유형을 국어사 MBTI 캐릭터를 통해 만화로 재구성했습니다. 담희, 이군, 유이, 리아가 교실에서 어떤 이야기를 하는지, 그리고 실제로 교실에 있는 우리 학생들은 어떤 이야기를 하고 있는지 귀를 기울여 봅시다.

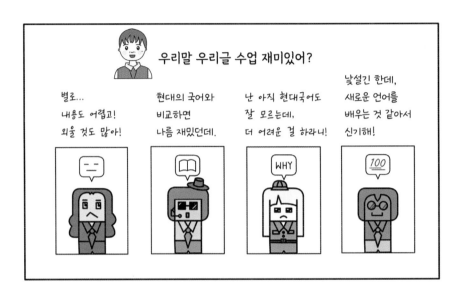

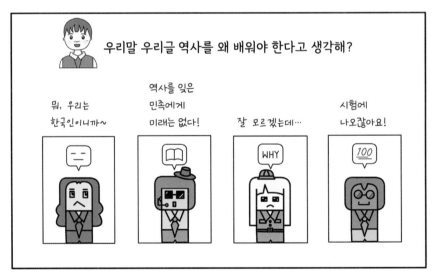

<자료3>: 국어사 공부에 흥미를 느끼는 학습자들의 목소리

항상 쓰는 말이었는데, 뭔가 새로운 언어를 배우는 느낌이라 재미있었다.

우리가 평상시에 사용하는 우리말의 역사를 배우고 현시대에도 영향을 끼친다는 국어의 역사성이 흥미로웠다. 우리 말의 변천사를 바라보며, 역사와 엮어 공부하는 과정 또한 즐거웠다. 가장 재미있었던 부분은 현대 국어와 중세 국 어의 차이점이었다. 현시대에는 사라진 아래아, 어두 자음군 등을 알아가는 게 가장 즐거웠던 것 같다.

교과서 내용보다는 교과서 이외의 내용이 재미있었다. 예를 들면 지금 없어진 문자들을 선생님께서 부가 설명해 주시 는 거나 그 옛날 훈민정음을 어떻게 발음하는지 등을 배우는 게 재미있었습니다.

항상 영화나 드라마, 조선 중기와 후기에 관한 책들을 읽을 때 반치음이나 여린 히읗이 가끔 나올 때면 이 단어가 어떤 단어며 왜 쓰이는지, 어떻게 발음하는지는 알 수가 없어 그냥 넘어갔던 적이 많았다. 하지만 이렇게 자세히 배 우고 훈민정음이 창제된 후 초기 단어들에 관해 알게 되어서 새롭고 아는 만큼 보이는 것처럼 다시 보면 어떤 글이 쓰여 있는 건지 알 수 있었다. 창제 원리 또한 발음할 때 해 보면 신기할 정도로 정확하다. 그리고 모음 창제 당시 아 래아가 하늘의 둥근 모양을 딴 것이라는 걸 보고 순간 낭만적이라고 생각했다.

훈민정음을 배웠을 때는 중세 국어 문법이라는게 어렵게 느껴지지 않았나 생각됩니다. 현재 쓰고 있는 문법과 비슷 한 부분이 많지만 생각보다 체계적이고 구체적인 부분이 많기에 어색함이 느껴지긴 했습니다. 하지만, 우리도 수학 을 배울 때 로그 같은 수식들을 어려워하지만 나중에는 익숙해지듯 국어는 한글이 있기 때문에 더 빨리 가까워질 수 있었던 것 같습니다.

<자료4>: 국어사 공부의 필요성을 느끼지 못하는 학습자들의 목소리

수능과 연관되어 있기 때문에 공부한다.

솔직히 실제 자료 분석할 때 필요한 거 빼고는 필요성을 모르겠다.

애초에 중세 시대의 문법과 음운이고 현대에는 바뀐 게 많고 적용도 못 하는데 배울 이유가 없다고 생각한다.

시험을 잘 보기 위해서 공부한다.

앞으로의 수업이 어땠으면 좋겠어?

역사적인 내용을 알고 싶어요.
고전시가랑 엮어서
배우는 것도 재미있겠다!

암기만 하는 건 싫어요.

무조건 쉽고
재미있게 :)

<자료5>: 학생들이 원하는 우리말 우리글 역사 수업

고전문법 등의 내용을 고전 문학 속의 예시를 통해 배우면, 나중에 그 문학 작품을 만났을 때 반가우면서 더욱 흥미가 생길 것으로 생각한다. 문법이나 어휘의 변천도 보여 주고, 옛날에 쓰이던 어휘가 현재의 어떤 단어에 해당하는지 맞혀보는 식의 수업도 흥미로울 것 같다.

외워야 하는 것이 아닌 이해를 바탕에 둔 수업이었으면 좋겠습니다.

국어의 역사도 한국사나 동아시아사와 같이 쉽게 이해할 수 있도록 시간적 흐름에 맞추어 스토리 전개가 진행되었으면 좋겠습니다.

학생들이 중세 국어를 배워야 하는 이유를 말해 주었으면 좋겠다. 학생들이 이유를 알고 중세 국어를 접한다면 흥미를 느끼는 학생이 증가할 것 같다.

고전시가와 엮는 방식으로 수업이 진행되었으면 좋겠다. 아니면 현대 문법과 같은 유형끼리 묶어서 수업이 진행되었으면 좋겠다.

학생들이 참여할 수 있는 수업이었으면 좋겠다. 예를 들면 함께 훈민정음 발음을 해 보기, 직접 입 모양을 따라하기와 같이 말이다.

단순하게 읽는 법과 뜻풀이 말고 훈민정음과 관련된 사건을 함께 배워 흥미를 가지게 했으면 좋겠다.

수업 도입 시 이질감이 덜 들게 실제 사용하는 말과 연계하였으면 좋겠다.

국어의 역사와 훈민정음, 어쩌면 좀 친해질 수 있을지도…

학생들의 목소리를 들어 보니 어떠셨나요? 많은 학생이 자기 생각을 솔직하게 이야기해 주었습니다. 물론, 어쩌면 교실에 앉아 있는 대다수 학생들이 '유이'와 같은 유형일 수도 있겠지요. 우리말과 우리글의 역사 수업이 재미없고 지루하고, 배울 이유도 없다고 생각하는 학생들 말입니다. 하지만 국어사 교육의 미래가 마냥 어두컴컴하지만은 않습니다. 수업의 필요성을 알고, 자신이 원하는 수업 방향을 구체적으로 말해 주는 학생도 많았으니까요. 이 학생들의 목소리에서 학생들을 위한 국어사 수업의 실마리를 찾을 수 있지 않을까요?

흥미롭고, 쉽고, 풍성한 국어사 수업을 위한 재미있는 자료와 새로운 아이디어가 교과서 밖에도 얼마든지 많이 있답니다. 무엇보다 중요한 건 교실 속 선생님들의 역할이겠지요. 학생들의 호기심과 흥미가 실제 학습에서도 계속 이어질 수 있도록, 교사들이 정확한 국어사 지식과 흥미로운 우리말 우리글 이야기를 잘 알고 수업에서 풀어낼 수 있어야 할 것입니다. 국어의 역사를 배우는 일의 가치를 학생들에게 알려 줄 수 있도록 눈썰미 있고 지혜로운 교사들이 꼭 필요한 시점입니다. 그렇다면 이제 수업을 실천해 줄, 교실 속 선생님들의 목소리를 한번 들어 볼까요?

02

교사 목소리
우리말 우리글 역사 교육, 교실에서 제대로 할 수 있을까?

학생들은 국어 시간에 문법 지식을 배우는 것을 힘들어합니다. 문법을 배우지 않아도 말 잘하고 잘 듣고, 잘 읽고 쓰지 않느냐고 묻기도 하지요. 이런 학생들에게 우리 말과 글의 법칙인 문법, 그중에서도 그 뿌리인 국어의 역사와 훈민정음을 수업하기란 상당히 까다로운 일이죠. 저학년 때부터 쌓여온 문법에 대한 거부감은 국어의 역사와 훈민정음 관련 단원을 들어가기도 전에 학생들로부터 원성을 불러일으킵니다.

교사는 국어의 역사와 훈민정음 학습의 필요성, 우리의 삶과의 관련성을 어떤 단원보다도 상세히, 진실된 자세로 학생들에게 안내할 수 있어야 한다고 생각합니다. 학생들과 함께 현장 교사의 목소리도 들어 보았습니다. 총 41명의 선생님께서 국어사 수업에 대한 의견을 전해 주셨습니다. 교사들의 목소리를 통해 학교 현장의 어려움과 그 극복 방법들을 함께 살펴봅시다.

 ### 우리말 우리글 역사 수업은 학생들에게 필요할까?

교실에서 다음과 같은 질문이 던져졌다고 가정해 봅시다. "선생님 국어의 역사와 훈민정음을 배우는 이유는 무엇인가요?" 아마 말로 하지 않을 뿐 많은 학생이 머릿속에 가득 의문을 품은 채 교과서를 펼쳤을 것입니다. 하지만 우리말 우리글 역사 단원을 펼치면 마주하는, '상형, 이체, 가획, 어금닛소리, 8종성법, 중세 국어 객체 높임 선어말 어미'와 같은 낯선 단어들은 학생들이 의문의 답을 찾기도 전에 수면 상태에 이르게 합니다.

학교 수업은 학생들과의 소통이 가장 중요합니다. 학생과의 충분한 소통과 교류가 이루어지지 않은 채 진행되는 문법 수업과 내용 설명은 결국 학생들에게 문법에 대한 거부감만을 남길 뿐이죠. 수업의 목적과 필요성에 대한 공감이 선행되지 않는다면 수업 내용에 대한 탐구와 활용은 근처에 조차 도달하지 못할 것입니다.

교사들은 학습자들에게 우리말 우리글 역사 교육의 필요성을 설명하고 설득할 수 있어야 할 것입니다. 먼저 우리 말과 글의 역사와 뿌리를 학습해야 하는 당위의 차원에서 학습의 이유를 설명해 주세요. 우리가 살아온 삶을 돌아보며 역사를 공부하듯, 우리의 삶을 구성하고 있는 언어의 기원에 대해 살펴보는 것은 교육에서 다뤄야만 하는 당위의 문제입니다. 우리가 아픈 과거 속에서 어렵게 지켜온 국어임을 학생들에게 충분히 설명한다면, 이 단원을 마주하는 학생들의 태도는 이전과 분명 달라질 것입니다.

아울러 우리가 배울 내용이 전세계에서 유일하게 만든 사람, 시기, 제자 원리가 상세히 기록되어 있는 문자를 가진 언어이기 때문에 배울 수 있는 특별한 내용이라면 학습자들이 조금은 호기심과 흥미를 가지고 수업에 참여할 수 있지 않을까요? 10월 9일 한글날은 국가에서 지정한 공휴일입니다. 매년 반복되는, 한글을 사랑하고 지켜야 한다는 한글날의 식상한 표어가 학생들에게 더 깊이 있게 다가갈 수 있는 발판이 될 수 있게끔, 국어 교사로서 소명을 지니고 수업해야 하는 단원이 바로 국어의 역사 단원이 아닐까요?

다음으로 국어 역사 교육의 필요성을 당위의 차원에서만이 아니라 실용의 차원에서도 설명해 주세요. 우리말의 역사에 대한 지식은 언어에 대한 감각과 언어적 창의성을 길러주며, **우리말에 대한 가장 높은 수준의 전문성**을 갖게 해 줍니다. 오늘날의 사회는 지식과 정보의 활용 능력이 매우 중요해졌습니다. 모든 것이 변하고, 미래를 예측하는 것이 불가능에 가까운 현재, 변하지 않는 지식이 지닌 가치를 차분하게 살펴보고, 공동체의 언어를 탐구해 가며 나아갈 미래의 방향을 생각해 보는 지금의 시간은 국어 교과를 통해 길러줘야 할 인문학적 역량임을 학생들에게 꼭 알려 주세요.

국어사 지식은 학생들이 문학 시간에 만나게 되는 고전시가 작품을 정확히 이해하고 감상할 수 있는 토대가 되어 주고, 오늘날의 국어 현상을 이해하는 실마리를 제공해 줍니다. 학생들이 가장 어려워하는 영역으로 국어사를 꼽는 이유는 낯섦으로부터 비롯한 정서적 곤란함, 그리고 무조건 외워야 한다는 인지적 부담감 때문이라고 합니다. 하지만 언어가 변화하는 과정에는 규칙과 패턴이 존재합니다. 변화의 결과를 외우는 것이 아니라 누적적인 변화의 과정을 이해할 수 있도록 타당한 설명을 덧붙여 준다면, 언어가 변화하는 원리를 추론할 수 있도록 흥미로운 탐구 자료가 제시된다면, 오랫동안 묻어 둔 비화를 교실에서 펼쳐보는 듯한 재미와 발견의 기쁨이 있는 국어사 수업이 될 것으로 기대합니다.

우리 책이 국어 교과의 매력을 학생에게 쉽고 정확하게 전달해 주고 싶은 선생님들의 갈증을 해결해 줄 수 있는 지침서가 될 수 있기를 바랍니다. 정확하고 풍부하게, 또 흥미롭게 학생들과 나눌 수 있는 교실 안 우리말, 우리글 역사 이야기를 들려 드리겠습니다. 지루하기만 한 훈민정음과 국어의 역사 수업은 이제 안녕~

우리말 우리글 역사, '어떻게' 가르쳐야 할까?

교수 학습 과정에서 우리말 우리글 학습의 이유와 내용을 살펴보았다면, 가장 중요한 것은 실천이겠지요. 어떤 방법으로 학생들에게 우리말 우리글 역사 교육을 실천할 수 있을까요? 현장 선생님들의 다양한 의견을 수집해 보았습니다.

<자료6>: 국어의 역사와 훈민정음 수업 시 가장 중요하다고 생각되는 것

훈민정음 및 국어사 수업에서, **가장 중요하다고 생각**되는 것은 무엇인가요?

- **학생의 흥미 유발**
- 정확한 지식 전달
- 탐구 활동이 가능한 방향으로의 내용 구성
- 관련 문제 풀이 전략 습득

<자료7>: 국어의 역사와 훈민정음 수업의 어려움을 극복하기 위한 노력

훈민정음 및 국어사 수업의 **어려움을 극복하기 위해 했던 노력**은 무엇이었나요?

- 학생의 흥미를 유발할 수 있는 매체 자료 활용
- 전공 서적 및 학술 사이트 방문
- 교사용 교과서 및 지도서 참고
- 교사 커뮤니티, 수업 나눔 등의 방법 탐색

〈자료6〉의 현장 교사 설문 결과 많은 선생님께서 국어의 역사와 훈민정음 수업에서 **학생의 흥미 유발**이 중요하고, **정확한 지식 전달**의 필요성을 체감한다고 응답해 주셨습니다. 흥미로우면서도 정확한 지식을 전달하는 수업을 꾸리기 위해 선생님들이 많은 시간을 할애하고 계셨습니다. 〈자료7〉에서도 여러 선생님께서 **흥미 유발 자료를 직접 수집**한다고 응답하셨습니다. 영화나 드라마, 뉴스 등 학생들의 눈길을 끌 수 있을 만한 국어사 수업 자료를 여기저기서 수집해 보신 경험 있지 않으셨나요? 하지만 직접 수집한 모든 정보가 과연 수업의 방향에 맞는 정확하고 신뢰성 있는 정보인지 의문이 드셨던 적 있으실 겁니다. 또한 흥미로운 내용과 함께 제대로 된 지식을 전달하고 있는 자료인지 판단하고 적극적으로 활용하기란 교사에게 쉽지 않은 일입니다.

<자료8>: 국어의 역사와 훈민정음 수업 시 학습이 잘 이루어진 경우

훈민정음 및 국어사 수업에서, 어떤 방법을 사용했을 때
학습(지식 전수 또는 학습활동)이 **잘 이루어졌나요?**

- 지식적 차원의 내용보다는 훈민정음 해례본의 발견 과정 등의 스토리텔링을 활용했을 때
- 실제 문헌 자료(석보상절, 훈민정음 언해본 등) 분석을 통해 수업했을 때
- 교사가 정확한 지식을 가지고, 탐구할 수 있는 사례를 제시했을 때
- 현대 국어와의 비교 방식으로 수업했을 때 (현대 문법의 체계를 어느 정도 익힌 후)
- 적합한 영상 자료를 활용했을 때 (음가 실현 영상, 사극, 드라마, 영화 자료 등)
- 문학 교과서에 원문으로 제시된 고전시가 등을 제재로 한 수업

〈자료8〉에서는 국어의 역사와 훈민정음 수업 시, 어떤 내용과 방법을 사용했을 때 학습(지식 전수 또는 학습활동)이 잘 이루어졌는지 물었습니다. 참 어려운 단원입니다. 내용적으로도 정확하게 교수해야 하고, 학생들과 소통도 해야 하고, 다양한 탐구와 배움이 가능하게끔 학생을 위해 수업을 설계해야 하는 단원이지요. 선생님들은 스토리텔링으로 재미있게 이야기를 풀어 주거나, 학생들이 잘 알고 있는 고전시가 작품 및 현대 국어의 언어 현상과 비교하여 설명했을 때 수업이 비교적 잘 진행되었다고 응답해 주셨습니다.

우리 책에서는 교사들의 목소리와 어려움을 반영하여 수업에서 실제로 활용할 수 있으면서도 신뢰성 있는 자료를 제시할 것입니다. 또한 학생들이 직접 탐구해 보고 국어 역량을 기를 수 있는 다양한 학습 및 평가 사례를 함께 제공하여 국어의 역사 교육을 준비할 수 있도록 할 것입니다. 국어사 지식이 국어 교과의 다른 영역에서도 유용하게 활용될 수 있도록, 문학 수업에서 자주 다루는 고전시가 작품을 예문으로 활용해 영역 간 소통의 발판도 마련해 보려 합니다.

<자료9>: 중학교와 고등학교 국어 선생님의 목소리

중학교 학생들은 국어 문법어 자체를 낯설어하는 경우가 많습니다. 다만, 우리말 우리글의 역사 자체에 대해서는 호기심을 가지고 있는 경우가 꽤 있습니다. '훈민정음이 없었던 시절은 어땠을까?', '훈민정음 속 낯선 옛 글자들은 어떻게 읽을 수 있을까?', '한글 창제를 기념하는 여러 이유들은 무엇일까?' 와 같은 질문에는 생각보다 흥미롭게 반응하고 궁금해하는 호기심이 있습니다.
이런 부분들을 스토리텔링과 함께 제시하며 수업을 구성해 본다면, 보다 의미 있고 재미도 있는 우리말 우리글 역사 수업이 이루어질 수 있습니다. 또한 다양한 수준의 학생들이 모두 참여할 수 있도록 교사가 지식을 전달하고 학생들은 암기하는 수업과 평가만이 이루어지는 것이 아니라 언어에 담긴 역사와 의미를 탐구해 볼 수 있도록 다양한 활동을 구성하여 수업을 진행해 보는 건 어떨까요?

중학교 국어 선생님

고등학교 국어 선생님

고등학교 학생들은 입시의 부담에서 완전히 자유로울 수 없는 상황 속에서 국어의 역사와 훈민정음을 단순하게 지식 학습의 대상으로만 인식하는 문제들도 존재하지요. 국어의 역사와 훈민정음을 생각하는 학생들의 현재 태도와 국어사 교육의 의도가 잘 어우러질 수 있도록 수업을 구성하고 활동해야 했던 것 같습니다. 풍부한 자료와 이야기 속에서 현대 국어의 다양한 현상들이 국어의 역사와 관련이 있음을 이해할 때 학생은 신기해하고, 국어사 학습의 흥미와 필요성을 생각할 수 있는 계기가 되기도 하지요. 국어의 역사에 대한 공부가 과거에 머무는 것이 아니라 현재, 나아가 미래까지 관련지을 수 있음을 학생들에게 반복적으로 제시하며 수업을 이끌어갈 필요가 있습니다. 탐구력과 호기심이 많은 학생들에게는 다양한 자료를 통해 적용하며 공부할 수 있도록, 또 국어 문법 공부가 어려운 학생들에게는 흥미로운 자료들과 함께 국어의 역사 속에서 현대 국어의 다양한 현상들을 차근차근 비교해 가며 이해해 볼 수 있도록 수업을 설계해야 할 것입니다. 학생들의 목소리와 교사의 목소리가 조화로운 교실이 되도록 국어의 역사 수업을 진행해 보는 건 어떨까요?

이제는 즐거운 국어의 역사와 훈민정음 수업!

교사들의 목소리를 들어 보니 어떠셨나요? 다른 교사들도 모두 서로 비슷한 고민을 하며 국어의 역사와 훈민정음 수업을 마주하고 있음을 느끼셨을 겁니다. 가르치는 교사들이 수업 내용을 어려워하고 부담스러워한다면 학생들 역시 어려움과 부담을 느낄 수밖에 없겠죠? 딱딱하고 지루하기만 한 지식이 아니라, 다양하고 흥미로운 자료들과 함께 우리 말글의 역사에 접근할 수 있도록 다양한 자료와 설명을 준비해 두었답니다.

우리 말글의 역사를 주제로 수업을 하다 보면 처음 배우는 낯선 내용과 관련해 학생들이 여러 질문을 하기도 합니다. '선생님 초출자와 재출자 이외의 모음들은 어떻게 만들어진 건가요?', '이체 자는 가획한 것이 아닌가요?', '해례본과 언해본은 어떻게 다른가요?', '이어 쓰기와 이어 적기, 합용 과 합성은 다른 말인가요?'와 같은 질문들 말이에요. 간혹 교사조차 정확한 답을 하기 어려운 알쏭 달쏭하고 예리한 질문을 던지는 학생이 있어 난처하기도 하지요. 학생들의 호기심 어린 질문들에

교실에서 펼치는 우리말 우리글 역사 이야기

우리 교사들은 어떻게 대답할 수 있을까요?

 학생들의 의미 있는 배움이 이루어질 수 있는 국어의 역사와 훈민정음 교육! 교사의 큰 노력이 필요하고, 여러 어려움도 따를 듯합니다. 다음 장에서는 학생과 교사의 목소리에 응답하는 연구자의 목소리가 이어집니다. 연구자의 목소리를 들으며, 교사가 우리 말글 수업에서 학생들과 소통하며 무엇을 실천할 수 있을지 생각해 봅시다.

03 학생과 교사를 위한 목소리

우리말 우리글의 역사 교육, 왜 그리고 무엇을?

우리말과 우리글의 역사를 배우고 가르치는 학생과 교사의 목소리를 들어 보았습니다. 모두들 머릿속으로는 우리말과 우리글의 역사가 중요하고 공부할 필요가 있다고 생각하지만 이런저런 고민이 많은 것 같습니다. 국어를 연구하는 국어학자라고 해서 모두가 우리말과 우리글의 역사를 연구하고 그에 대한 전문성을 가지고 있는 것은 아닙니다. 그것은 우리말과 우리글의 역사 연구가 그렇게 만만하지 않다는 사실을 이야기하는 것이기도 합니다. 우리말과 우리글의 역사를 연구하는 연구자로서 학생과 교사에게 들려주고 싶은 이야기가 있습니다.

실제로 중학교 국어 시간에 있었던 이야기입니다. 동사가 동작이나 작용을 나타내는 단어라는 기본 개념을 설명한 교사가 학생들에게 물었습니다. "누가 동사의 예를 하나 들어 볼까요?" 잠시 후 한 학생이 손을 들고 말했습니다. "'사람'이요." 교사는 황당한 표정을 지으며 '사람'은 동사가 아니라 사물의 이름을 나타내는 명사라고 설명하고 그 학생을 한심한 듯 어이없게 바라보았습니다. 우리는 이 이야기를 부족한 학생들을 가르쳐야 하는 우리 교사들의 답답한 현실을 보여 주는 사례라고만 생각해야 할까요?

아닙니다. 이 글을 읽고 계시는 선생님들만큼은 그렇게 생각하지 않으셨으면 합니다. 그것은 학생이 왜 '사람'을 동사의 예로 생각하게 되었는지 교사가 좀 더 깊이 그 원인을 생각해 보는 것이 필요하기 때문입니다. '사람'이라는 단어는 중세 국어에서 '사룸'으로 나타나는데, 중세 국어에서는 동사 '살다'도 확인됩니다. 상성의 성조를 지닌 동사 어간 '살-'에 명사를 파생시키는 접미사 '-옴'이 결합해 만들어진 단어가 명사 '사룸'인데, '사룸'의 첫음절 역시 그 성조가 상성입니다. 동사 '살다'로부터 파생된 명사 '사룸'은 그 본래 의미가 "사는 행위를 하는 존재"임을 알 수 있습니다.

이러한 사실을 알았다면 교사는 사람을 동사의 예로 든 학생을 한심한 듯 어이없게 바라보지는 않았을 것 같습니다. 오히려 단어 속에 담겨 있는 어원적 특성에 다가간 그 학생을 칭찬해 주며 그 이유를 학생들과 함께 이야기함으로써 국어 수업은 동사가 무엇인지 암기하는 시간이 아니라 사람과 우리의 삶을 이해하는 흥미로운 시간이 되지 않을까 합니다. 이처럼 우리말과 우리글의 역사를 아는 일은 국어 교사에게 자신의 수업이 다른 차원으로 나아가게 하는 잠재적인 힘을 지니고 있음을 공감했으면 합니다. 그럼 우리말과 우리글의 역사가 지닌 잠재적인 힘을 좀 더 살펴보기로 할까요?

TV 속 세종대왕이 내뱉은 '우라질'

"서책을 보고 정사를 보는 데도
시각이 모자라는데… 우라질!
'우라지게 많다' 이 얼마나 내 정서를 잘 표현하느냐?
궁궐에는 이런 말이 없어."

가상의 내용이지만 '왕이 이런 말을 할 수 있나?'라는 생각이 들기도 합니다. 드라마 '뿌리 깊은 나무'에서 세종대왕이 내뱉은 '우라질'이라는 말은 어떤 말일까요? 단순히 욕이 아니라 오늘날 당당히 하나의 단어로 자리 잡은 역사가 있는 말입니다. 도둑이나 죄인을 묶을 때 쓰던 붉고 굵은 줄인 '오라'(한자어로는 '포승捕繩')를 진다는 '오라(를) 질'(오라에 묶여 갈 만한)이라는 표현이 굳어져 못마땅한 일에 대해 비난하거나 불평할 때 쓰는 말이 되었습니다. 말의 역사를 이해하면 국어가 재미있습니다.

나도 모르고 너도 모르는 우리말 이야기

"국어, 별거 아니네. 특별히 공부할 필요가 있을까?"

'정상'과 '비정상'이 한자어 접두사 '비非'에 의해 반의어가 된다는 사실을 볼 때, '싸다'와 '비싸다'도 틀림없이 같은 이유로 반의어가 됨을 직감합니다. 하나를 알면 열을 안다는 말은 바로 나를 두고 하는 말이 아닐까라는 생각마저 듭니다. 이게 사실이라면 얼마나 좋을까요?

세상은 그렇게 단순하지 않다는 사실을 깨달으며 우린 철이 듭니다. '싸다'와 '비싸다'가 반의어라는 사실을 자신 있게 안다고 한들, 외국어로서 한국어를 배워 유창하게 우리말을 구사하는 외국인들보다 우리가 국어에 대해 더 잘 알고 있는 것은 무엇일까요? 말을 할 줄 안다는 것과 그 말에 대해 안다는 것은 다른 차원의 일입니다. 우리는 모국어 화자로서 국어를 진정으로 알아야 할 필요가 있습니다.

시대에 따라 모습이 달라져 온 우리글 이야기

'비싸다'는 본래 '빋스다/빋싸다'로 표기되었던 말!

'빋스다/빋싸다'라는 옛 표기는 오늘날의 '비싸다'를 보이는 대로 '비非'와 '싸다'의 결합으로 생각할 수 없도록 해 줍니다. 우리글인 한글 역시 우리말과 더불어 시대에 따라 다양한 모습으로 변화해 왔습니다. 따라서 오늘날 우리가 입으로 말하고 글로 쓰고 있는 단어들이 예전에 어떻게 표기되었었는지를 살펴보는 일은 의미가 있습니다.

빋쓰다

뭐…? '비싸다'는 싸지 않아서 '비(非)싸다'가 아니었어?

오늘날 '쌀', '코끼리', '박쥐'는 이전 시대 문헌들에서 각각 '뿔', '고키리', '붉쥐'로 표기되었습니다. '뿔'은 오늘날 '찹쌀, 좁쌀, 멥쌀' 등 '쌀'이 들어간 합성어들에서 'ㅂ'이 들어 있는 이유를 알 수 있게 해 줍니다. '고키리'는 오늘날 '코'가 '고ㅎ'과 같이 'ㅎ'을 보유했던 단어였음을 증언해 줍니다. '붉쥐'는 형용사 '붉다'의 어간을 보여 주어 '박쥐'가 "눈이 밝은 쥐"라는 사실을 깨닫게 해 줍니다.

우리말 우리글의 역사 이야기를 통한 진정한 국어 공부

'너가'가 아닌 '네가'가 되는 이유를 알려면?

'너도', '너만', '너에게'와는 달리 '너가'가 아닌 '네가'가 되는 이유는 무엇일까요? 이것은 '너'와 결합한 주격 조사의 변화 역사를 알아야만 풀리는 문제입니다. 오늘 우리가 사용하고 있는 국어와 한글이 오랜 시간 동안 우리의 역사와 문화 속에서 진화되어 온 실체임을 깨닫고 체험하는 일이야말로 진정한 국어 공부라고 할 수 있습니다.

우리말 우리글의 역사 교육은 현대 국어를 제대로 이해하는 토대이며 동시에 우리의 민족문화를 이해하는 하나의 길이기도 합니다. 더불어 지난 시대를 배경으로 한 드라마나 영화에서 등장인물들의 말을 실감 나게 재현하기 위해서는 당시 사람들이 사용했던 말을 복원할 필요가 있습니다. 우리말 우리글의 역사는 이러한 일을 가능하게 함으로써 창조적이고 미래적으로 우리 문화를 발전시키는 데 중요한 밑거름이 됩니다.

우리말 우리글의 역사가 지닌 은밀한 매력 찾기

'누구가'가 아닌 '누가'가 되는 이유는?

지금은 안 쓰는 글자 'ㆍ, ㆆ, ㆁ, ㅿ'이 적으려 했던 소리는?

'누구'는 중세 국어의 의문 대명사 '누'에 의문 보조사 '구'가 결합해 형성된 역사를 지니고 있습니다. 오늘날의 주격형 '누가'에 바로 이 '누'의 흔적이 남아 있습니다. 또한 옛 글자 'ㆍ, ㆆ, ㆁ, ㅿ'는 각각 [ʌ], [ʔ], [ŋ], [z]와 같은 소릿값을 지녔던 것으로 생각되는데, 오늘날 종성 'ㅇ'의 소릿값 [ŋ] 소리 외에 나머지 소리들은 button['bʌtn/'bʌʔn], zoo['zuː]와 같은 영어 단어들에서 그 소리를 들어 볼 수 있습니다.

우리말과 우리글이 지나온 역사 전체를 빠짐없이 공부할 수는 없습니다. 그 역사 중에서도 특히 오늘날의 우리말과 우리글을 이해하고 잘 쓰는 데 유익함을 주는 경우가 있습니다. 또한 오늘날과는 무척 다른 특성이 우리말과 우리글에 있었다는 사실 자체가 신기하게 느껴지는 경우도 있습니다. 어느 경우이든 우리말과 우리글이 지닌 은밀한 매력을 느낄 수 있다는 점에서 흥미롭습니다. 이러한 은밀한 매력들을 우리말과 우리글의 역사 속에서 하나씩 발견해 갈 때, 우리는 우리말과 우리글에 대한 새로운 세계에 눈뜨게 될 것입니다.

이처럼 우리말과 우리글의 역사는 평소에는 잘 드러나지 않는 잠재적인 힘을 지니고 있습니다. 이 잠재적인 힘은 우리말과 우리글에 대한 관심이 커지고 공부가 깊어 갈수록 그 모습이 드러나고 그 존재의 가치가 우리들의 마음을 울립니다. 인생을 어느 정도 살아 보고 사람이 겪을 수 있는 많은 것들을 경험한 후에야 우리가 부모님의 마음을 헤아리고 그 소중함을 깨닫는 것처럼, 국어 공부에서 우리말과 우리글의 역사도 그러한 숙성의 시간을 필요로 합니다. 우리 국어 선생님들이 아직 충분히 숙성되지 못한 우리 학생들을 잘 가르쳐 주시고 이끌어 주셔야 하는 이유가 여기에 있습니다. 선생님들, 그리고 미래의 선생님들, 잘 부탁드립니다!

제2부

교실 안 우리말 역사 이야기

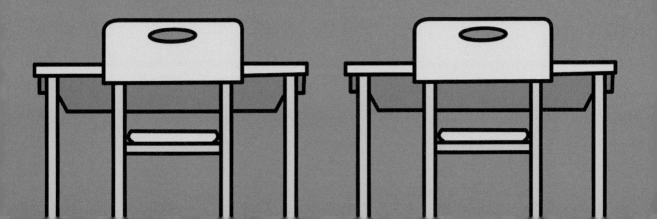

출발

[현대 국어 플랫폼]

우리말 역사 여행 시작하기

여행을 시작하며:
거꾸로 가 보는 우리말 역사 여행

〈교실에서 펼치는 우리말 우리글 역사 이야기〉의 우리말 역사 여행을 시작합니다. 보통 국어사 공부는 먼 고대 국어부터 가까운 근대 국어까지 시간의 흐름에 따라 내려오는 경우가 많지만, 우리 책은 쉽고 친숙한 100년 전의 우리말에서부터 시작해 우리말의 뿌리를 찾아 나가는 '거꾸로 관점' 을 취합니다. 가까운 시기의 우리말에서부터 우리말 역사 여행을 시작하면 어떤 장점이 있을까요?

국어사를 가르치는 교실의 상황을 떠올려 봅시다. 교과서의 '국어의 역사' 단원에서 학습자가 제일 처음 마주하게 되는 자료는 대개 차자 표기 자료나 중세 국어 자료입니다. 옛말이라는 사실만 으로도 낯선데, 한자와 고어가 잔뜩 쏟아져 나오면 얼마나 더 막막하게 느껴질까요? 학습자들에게 는 눈앞에 거대한 장벽이 세워지는 느낌일 것입니다.

국어사 수업에서 느끼고 배워야 할 중요한 사실은 **언어가 계속 변화하고 있다는 것**입니다. 가까 운 시기의 언어부터 우리말 역사 이야기를 출발하면 불과 몇십 년 전의 언어 또한 지금과는 사뭇 다르다는 사실, 우리가 모르는 사이 언어는 늘 변하고 있었고, 지금도 변하고 있다는 신선한 자극 을 줄 수 있지요. 그렇다면 우리말 역사 여행, 어떤 자료로 이야기를 열면 좋을까요?

학생들 사이에 유행하는 신조어는 너무 다양한 데다 생기고 사라지는 속도도 빨라서, 윗세대의 선생님이 겨우 들어봤을 시점에는 이미 한철 지난 말이 되곤 합니다. 그때그때 재치 있게 새말을 만들어 내는 이 10대 학생들은 언어 변화를 가장 먼저 받아들이고 선도하는 세대이기도 합니다. 그렇다면 수십 년 전 학생들에게도 은어와 유행어가 있었을까요? 학생들에게 부모님, 조부모님이 학생이었을 시절의 유행어를 보여 주며 '말의 변화'라는 주제로 관심을 이끌어 보면 어떨까요?

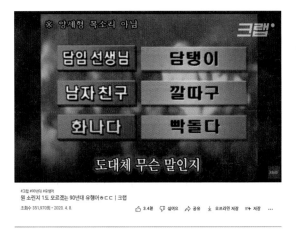

수업 도우미

90년대 청소년
인터넷 언어
보러가기

90년대 청소년 인터넷 언어와 관련한 영상 자료

'PC 통신'의 등장으로 각종 인터넷 신조어가 난무하던 1990년대에는 청소년 언어 실태가 연일 뉴스 사회면에 오르내렸습니다. 당시 최신 유행어였던 '빡돌다'('화나다'의 속어)나 '담탱이'('담임선생님'의 속어)는 지금의 학생들도 어디선가 들어보았을 법할 만큼 유명해졌습니다.

1960년대로 가면 어떨까요? 1960~70년대 신문 기사에도 10대 청소년의 유행어는 심각한 화두였습니다. 이때의 유행어로는 '속도위반'(결혼 전 임신), '루트3'(난해한 애인편지), '꺾자'(술 마시자), '설 풀다'(말을 많이 하다), '형광등'(반응 속도가 느린 사람), '지방방송'(옆에서 떠듦), '코스모스 졸업'(후기 졸업), '섬씽'(연애사건) … 등이 제시되어 있네요. 어떤 것은 이미 사라졌지만, '속도위반'이나 '설 풀다', '지방방송' 같은 단어는 오늘날에 이미 널리 자리 잡은 느낌입니다.

60~70년대 청소년 인터넷 은어와 관련한 신문 자료
왼쪽) "豫備淑女(예비숙녀) 女高生(여고생) (7) 隱語(은어)" <동아일보(1966.03.10.)>
오른쪽) "隱語(은어)를 통해 본=10代少女(대소녀)들의 趣向(취향)" <경향신문(1964.10.03.)>

(1)　　가. 사전에도 없는 '김샌다', '구라푼다(거짓말한다)', '다구리튼다(얻어 맞는다)' 등의 동사가 많
　　　　이 사용되고 있다. 〈1964.05.06. 동아일보〉
　　　　나. 특히 대학생들 간엔 '실버 고(은행)', '원투 해브 예스(일리가 있다)' 등 괴상한 조어^{造語}까
　　　　지 쓰이고 있다. 〈1972.07.24. 동아일보〉

오늘날의 학생들은 수십 년 전의 언어를 들여다보며 신조어와 유행어는 어느 시대에나 있었고, 그중 일부는 우리말에 계속 살아남아 풍부하고 맛깔나는 표현력을 발휘하고 있다는 사실을 알게 됩니다. '아쉽다'와 '김샌다'는 느껴지는 말맛이 확실히 다르니까요. 반세기 동안 일어난 언어 변화의 단면을 보면서 우리는 자연스럽게 '언어는 얼마나 빨리, 어떻게 변하는 걸까?'라는 질문을 던져 보게 됩니다.

그렇다면 100년 전 우리말은 어떤 모습이었을까요? 지금과 얼마나 비슷하고, 얼마나 달랐을까요? 이 시기의 언어는 영화, 유성기 음반 등 생생한 음성 자료가 남아 있어 학습자들에게 신선한 호기심을 불러일으킬 수 있습니다. 100년 전 우리말을 직접 들려 주세요. 이때의 우리말은 지금의 말과 어떻게 같고 다를까요? 학습자들은 이 시기의 대화를 얼마나 이해할 수 있을까요?

수업 도우미

영화 '미몽'(1936)
보러가기

'100년 전 우리말' 소개를 위한 영상 자료
'미몽(迷夢)'(1936)의 한 장면

(2)   영화 '미몽迷夢'(1936) 中

어딜가오? // **데파-트**에가요. // 아니 뭘 또 사기에 **데파-트**에간단 말이요? // 또 산다니요? **주제가 사나워서** 나갈 수가 있어야지요. 그래서 **양복**사러 가요 // 아 왜 요전에 산 거 있지 않소? // 그걸 지금 어떻게 **입읍니까?** // **주제 꼴이 사나운** 정희 옷이나 한 벌 사 주고 당신 옷은 천천히 사**구려** // 그렇게 주제 꼴이 사니운 정희가 보기 싫거든 딩신이 사다 주시**구려**

'미몽迷夢'(1936)은 필름이 존재하는, 한국에서 두 번째로 오래된 극영화입니다. 허영이 심하고 가정을 돌보지 않는 여성의 일탈이 주된 내용이니, 당시로서는 꽤 파격적인 소재이지요. (2)의 장면에서는 부부간의 상대 높임법(하오체-해요체)이나 오늘날에 쓰임이 많지 않은 상대 높임 어미인 '-읍니까'와 '-구려', 오늘날과 의미가 다른 어휘(양복[1]), 오늘날에 소멸하거나 자주 사용되지 않는 어휘와 표현(데파트, 주제가 사납다[2]) 등을 발견할 수 있습니다. 지금과 비슷하면서도 꽤 다른, 어쩐지 사투리처럼 들리기도 하는 이때의 대화를 들어 보며 학습자들은 언어가 빠르게 변화하였음을 생생하게 느껴볼 수 있겠지요.

시간을 더 거슬러 올라가, 18세기의 근대 국어 자료나 15세기의 중세 국어 자료, 고려의 구결 자료나 삼국시대의 금석문, 목간 자료 등도 차례로 보여 주세요. 지금까지의 이야기는 본격적인 학습활동으로 다루어지기는 어려울 수 있지만, '언어 변화'라는 주제로 학습자의 호기심을 자극하기에는 충분히 흥미로운 도입 자료가 될 것입니다. 오늘날의 언어에서 시간을 거슬러 올라가다 보면, 앞으로 펼쳐질 우리말 역사 여행이 제법 흥미진진하겠다는 기대감이 들지 않을까요?

---

1   본래 '양복(洋服)'은 "서양식으로 만든 옷"의 의미를 포괄하였기 때문에 여성이나 남성의 옷 모두에 대해 쓰일 수 있었습니다. 20세기를 거치며 '양복'이 "남성의 서양식 정장"으로 의미가 좁아지게 되었지요.

2   '사납다(〈사오납다)'는 15세기에 "변변치 못하다, 졸렬하다, 어리석다"의 의미를 가졌지만 "포악하다, 흉하다"의 의미로 변화를 겪었습니다. '들개가 사납다'는 "포악하다"의 뜻이지만, '팔자가 사납다'나 여기서의 '주제가 사납다'는 "변변치 못하다"의 이전 의미를 어느 정도 간직하고 있는 것이지요. 아래의 예를 참고하세요.

　　예 臬魚ㅣ라 홀 소니 **사오나봘** 옷 닙고 環刀 가지고 깊ㄱ새 셔서 울어늘(고어라 하는 사람이 사나운(→허름한) 옷입고 환도 가지고 길가에 서서 울거늘) 〈언해삼강행실도(1481) 효자:4a〉

　　예 **사오나온** 밥과 믈만 먹고 ㄴ몰와 과실ㅇ 먹디 아니ᄒᆞ며(사나운(→변변치 못한) 밥과 물만 먹고 나물과 과일을 먹지 아니하며) 〈소학언해(1588) 5:43b〉

　　예 내 팔지 이리 **사오나이** 되여 잇거니 쇽졀리라(내 팔자가이리 사납게(→흉하게)되어 있으니 속절이라) 〈순천김씨묘출토언간(1593) 16〉

　　예 두 **사오나온** 개논 두 손을 믈고(두 사나운(→포악한)개는 두 손을 물고) 〈성교절요(1864) 77a〉

근대 국어

열차를 기다리며:
"우리말 역사 퍼즐, 근대 국어 없이 완성할 수 있을까요?"

지난 2015 교육과정에서 근대 국어가 교육 내용에서 빠졌습니다. 중세 국어와 현대 국어를 중심으로 언어 변화를 개략적인 수준에서만 이해하도록 하여 학습 부담을 덜어준다는 의도였지요.[3] 새로 공표된 2022 교육과정에서는 고대 국어 시대부터 현재까지의 국어와 국어 생활에서 다양한 변이와 변화를 탐구하도록 명시함으로써 근대 국어를 다시 다룰 수 있게 되었지만[4], '학습 부담의 경감'이라는 논리 앞에서 근대 국어의 위상이 쉽게 위협받을 수 있다는 사실이 일깨워졌지요.

국어사 시간에는 중세 국어만 해도 다루어야 할 내용이 너무 많고, 학습자들은 중세 국어만 가르쳐 줘도 금방 지쳐 버립니다. 근대 국어는 현대 국어와 비슷한 점도 많고, 어차피 고전 시가를 통해서도 조금 구경할 수 있으니 그냥 넘어가고 싶은 마음도 들죠. 국어사 교육 내용을 대폭 줄여 부담을 덜어 준 2015 교육과정에 내심 만족했던 선생님들도 계실 것입니다.

근대 국어, 정말 가르치지 않아도 될까요? 일반적으로 근대 국어 시기라 하면 17세기부터 19세기 말까지의 언어를 가리킵니다. 17세기 이후의 언어가 15~16세기의 언어와는 상당한 차이를 보여 주기에 17세기를 경계로 삼은 것이지요. 근대 국어 시기는 지금의 우리말이 가진 특징의 상당수가 등장하거나 완성된 시기입니다. 이 시기에 주격 조사 '가'가 등장하거나, 성조가 완전히 소멸하는 등 오늘날의 국어와 점점 더 가까워지는 특징들이 나타나지요.

근대 국어 시기는 한글로 이루어진 언중의 다채로운 언어생활을 엿볼 수 있는 시기이기도 합니다.

---

3   2015 개정 고등학교 국어과 '언어와 매체'의 내용 체계 및 성취기준을 옮기면 아래와 같습니다.
     "[12언매02-08]시대 변화에 따른 국어 자료의 차이에 대해 살피고 각각의 자료에 나타나는 언어적 특성을 이해한다. (…) [해설] 이 성취기준은 국어의 변천 과정에 대한 이해를 통해 현재 우리가 사용하는 국어에 대한 이해 수준을 심화하는 자세를 기르기 위해 설정하였다. 차자 표기 자료로 남아 있는 고대 국어, 한글 창제 이후의 중세 국어의 모습을 보여 주는 자료 중에서 내용이나 표현이 쉽고, 짧으며, 학습자가 공감할 수 있는 자료를 활용하되, 상세한 국어사 지식의 학습보다는 개략적인 어휘의 변화를 살피는 데 중점을 둔다."
4   2022 개정 고등학교 국어과 '화법과 언어'의 내용 체계 및 성취기준을 옮기면 아래와 같습니다.
     "[12화언01-01] 언어를 인간의 삶과 관련지어 이해하고, 국어와 국어생활이 시간의 흐름에 따라 변화하는 양상을 분석한다. (…) [해설] 이 성취기준은 언어에 대한 이해가 곧 인간에 대한 이해임을 바탕으로 언어를 인간의 사고·사회·문화와 관련하여 분석하고, 국어와 국어생활이 시간의 흐름에 따라 변화함을 이해하며 국어 활동을 하는 능력을 기르기 위해 설정하였다. 실제 언어 자료에 나타난 언어와 사고의 관계, 사회·문화와 언어의 표상 관계에 대해 알아보고, 고대 국어 시대부터 현재까지의 국어와 국어생활에서 발견할 수 있는 다양한 변이와 변화를 탐구한다."

한글이 언중에게 널리 쓰이면서 시조와 가사 등 문학작품, 다양한 계층과 성별의 인물들이 주고받은 한글 편지, 여성들의 언어생활을 보여 주는 음식 조리서와 실용서, 조선의 지식과 기술이 기록된 의학서와 병학서, 외국어를 배우고 익히기 위한 역학서 등 학습자들의 흥미를 자극할 수 있는 흥미로운 자료가 아주 많습니다. 남아 있는 한글 자료의 종류와 수가 고대 국어, 중세 국어와 비교되지 않을 정도라 다양한 관점과 주제로 살펴볼 수 있는 것입니다.

하지만 무엇보다도, 국어사 교육에서 근대 국어가 중요한 이유는 **근대 국어 없이 우리말 역사 퍼즐을 완성할 수 없기** 때문입니다. 징검다리의 돌 하나를 빼면 강을 건널 수 없듯이, 고대 국어에서 중세 국어를 거쳐 현대 국어로 향하는 우리말의 역사적 변천에서 근대 국어 시기라는 중요한 중간과정을 제외할 수 없지요. 한글이 창제된 15세기와 오늘날에는 오백 년의 간극이 있고, 우리말 어휘와 문법, 형태와 음운 등 모든 부분에서 변화가 일어났습니다. 근대 국어를 다루지 않는 한 중세 국어의 특징과 의미 또한 제대로 평가받을 수 없지요.

근대 국어에 대한 면밀한 이해 없이는 우리말의 퍼즐을 완성할 수 없을 뿐 아니라, **퍼즐 조각을 잘못 맞추어 잘못된 결론을 얻게 될 수도** 있습니다. 언어 변화에는 법칙과 경향이 있고, 언어가 어떤 시기에 변화했는지뿐 아니라 어떤 이유로 어떻게 변화했는지를 안다면 앞으로 일어날 언어 변화 또한 예측할 수 있게 되지요. 근대 국어는 중세 국어의 모습이 오늘날의 국어에 가까워지기까지의 다채로운 '변화'를 흥미롭게 다룰 수 있는 중요한 시기입니다.

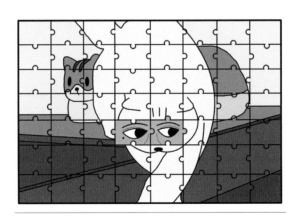

'잘못 맞추어진 퍼즐'

근대 국어 시간에는 '언어의 변화'에 초점을 맞추어 중세 국어와 현대 국어 사이에 다리를 놓아주세요. 이후의 근대 국어 여행에서는 100년 전 우리나라에 들어온 신문물과 어휘의 변화, 근대 국

교실에서 펼치는 우리말 우리글 역사 이야기

어 시기에 일어난 소리의 변화와 문법의 변화를 차례로 다룹니다. 오늘날에도 남아 있는 언어 변화의 흔적과 결과를 일깨워 주며 앞으로의 언어 변화 또한 예측할 수 있도록 해 주세요.

'위스키'가 우리말에 들어온 지 100년이나 되었다고요?

신문물과 새말

언어의 변화는 '어휘'를 통해 가장 생생하게 느낄 수 있지요. 근대 국어 스테이션의 첫 시간에는 조선 후기부터 개화기를 거쳐 조선에 새롭게 들어온 단어들을 살펴봅니다. 문화 접촉을 통해 어휘는 얼마나 빠르고 다양하게 변화하는지, 사람들은 새말을 어떻게 받아들이고 쓰는지 체감해 보는 데 집중하도록 합니다. 언어의 변화는 삶의 변화와 밀접한 관련을 맺는다는 사실 또한 알 수 있을 것입니다.

○─ 들어가며

수업 도우미

독일의 노르베르트 베버 신부, 100년전 조선을 촬영하다 [오감실험]
KBS 2010.02.21 방송

새 문물과 지식이 흘러들어오던 조선 후기로 우리말 역사 여행을 떠나 봅시다. 20세기 초 조선을 방문한 서양인들이 남긴 사진을 볼까요? 왼쪽 위에는 흰 갓에 멋진 색안경을 쓴 남성들의 모습이 보입니다. 왼쪽 아래 사진에서 보이는, 거리의 안경점에서 저마다 마음에 드는 안경을 골라 썼을 것 같습니다. '안경'이라는 말은 언제부터 우리말에 들어와 쓰이기 시작했을까요? 오른쪽에는 음식이 가득 늘어진 상 앞에 영감님이 앉아 있습니다. 영감님 앞에 생뚱맞게도 서양식 술병이 놓여 있네요. '위스키', '브랜디', '와인' 같은 외국 술 이름은 우리말에 언제부터, 어떻게 들어왔을까요? 오른쪽 아래에도 영감님의 모습이 보이네요. 왼손에는 기다란 곰방대를 물고, 오른손에는 짧은 신식 담배를 들고 있는 모습이 재미있습니다.[5] 모양이 다르지만 모두 담배인데, 각각을 어떻게 부르면 좋을까요?

새로운 문물, 새로운 말: 중국에서 들어온 '안경(眼鏡)'

우리는 어휘를 통해 언어 변화를 가장 선명하게 관찰할 수 있습니다. 문법의 변화는 여러 세기에 걸쳐 천천히 일어나지만, 어휘의 변화는 사회나 문화 등 언어 외적 요인에 의해 많은 영향을 받기 때문에 속도가 빠릅니다. 한 언어에 새 어휘가 등장하는 과정은 크게 두 가지로 분류할 수 있습니다. 하나는 다른 언어의 단어를 우리말에 그대로 받아들이는 것이고, 다른 하나는 이미 있는 말을 활용해 새로운 대상을 지칭하는 데 활용하는 것이지요.

【들어가며】에서 백립 신사가 쓴 '안경'은 신문물과 그것을 지칭하는 이름이 함께 들어온 경우입니다. 안경이 조선에 처음 들어온 것은 16세기 후반으로 알려져 있는데[6], 처음에는 중국에서 들여오는 귀한 물건이었기 때문에 소수의 사람만 안경을 썼다고 하죠. 18세기에 이르러 국내의 안경 제작 기술이 발달하면서 사용층이 크게 늘었다고 합니다. 19세기 후반의 한글 문헌에서 '안경'이 나타나는데, 평범한 사람들이 저마다의 이유로 안경을 쓰는 모습을 찾아볼 수 있어요.

(1) 가. 향낭 약낭 슈쥬머니 물식 고흔 향끈 쎄고 ᄌ슈졍 학슬안경 너무나도 일즉 썻다 (향낭
　　　　약낭 수주머니, 물색 고운 향끈 꿰고, 자수정 학슬안경 너무나도 일찍 썼다) 〈기완별록(1865)〉
　　나. 윤포쳔의 말이 내가 눈이 어두어 보이지 안는다 ᄒ거눌 안경을 쓰고 보라 ᄒ니 윤포
　　　　쳔이 안경을 쓰고 닐글ᄉ 감안감안 닐기를 ᄒ고 ᄒ니 (윤포천의 말이, "내가 눈이 어두워
　　　　보이지 않는다" 하거늘, 안경을 쓰고 보라 하니 윤 포천이 안경을 쓰고 읽을새 가만가만 읽기를 하
　　　　고 하니) 〈매일신문(1898)〉

(1가)는 별감의 연행 복식을 묘사하는 장면입니다. 별감이 자수정으로 만든 학슬안경을 썼다고 하네요. '학슬안경鶴膝眼鏡'은 학 다리의 무릎처럼 가운데가 접히는 안경입니다. 안경은 눈이 나쁜 노

5　짧은 담배는 궐련으로 보입니다. 조선 사람들은 원래부터도 담배를 자주 피웠지만, 개항 이후 일본으로부터 궐련이 들어와 큰 인기를 끌었다고 해요. 1900년 전후의 신문과 잡지에서는 신식 담배인 궐련(지권연)을 시골 사람과 부인들과 어린아이까지 너도나도 핀다고 이야기하고 있어요.
　　예 혹 머리를 싹고 양복 입ᄂ거시 기화라 ᄒ며 혹 차나 먹으며 지권연 먹ᄂ거슬 기화라 ᄒ며 혹 도리 젹은안경이나 쓰고 외국 말마듸나 ᄒ면 기화라 ᄒ며 〈매일신문(1899)〉
　　예 지권연은 대한에셔 오리브터 잇는 것 아니오 근리에 나온 거시로듸 요시이에 보건듸 경향 궁벽ᄒ 곳과 심지어 부인 녀ᄌ와 목동 유ᄋᄉ지라도 권연 먹지 안ᄂ 이가 별노 업셔 이 굣치 변셩ᄒ니 (…) 지권연은 독ᄒ 물건이니 아모 담비에나 독ᄒ 진이 잇ᄂ듸 이 담비 독진 일홈이 닉오됨이라 〈신학월보(1900) 1:73〉
6　16세기 후반 외교관 김성일이 쓴 접이식 안경이 우리나라에 남아 있는 가장 오래된 안경이라 해요.

인이 쓰는 물건이니, 젊은 별감이 너무나도 일찍 썼다는 것은 안경을 쓰는 목적이 멋 부림이나 사치는 아니었을지 짐작하게 하지요. (1나)에서는 눈이 어두워 보이지 않는 사람이 안경을 쓰고 보니 글씨를 가만가만 읽을 수 있었음을 보여 주고 있네요.

조선 후기에 신문물과 함께 차용된 어휘로는 '안경眼鏡' 외에 스스로 울리는 종이라는 뜻의 '자명종自鳴鐘', 천 리 밖을 내다보는 안경이라는 뜻의 '천리경千里鏡' 등이 있어요. 서양에 먼저 문을 연 중국을 통해 조선에도 새로운 문물과 어휘가 조금씩 들어왔던 것이지요.

개화기 신문물과 어휘의 차용: '사진(寫眞)'의 두 가지 뜻

19세기 말에는 조선이 개항하면서 서양과 일본으로부터 매우 많은 수의 어휘가 유입됩니다.[7] 조선은 일본과 중국을 통해 물밀듯이 쏟아지는 서양의 지식과 새로운 문물에 급히 적응해야 했지요. 이 시기에 수많은 한자어와 외래어가 차용되면서 국어의 어휘 구조에 대대적인 변화를 가져오게 됩니다. 주로는 새로운 개념이나 지식, 물건과 관련된 한자어가 많이 유입되었습니다. 이 한자어들은 일본과 중국에서 서양 문물을 지칭하기 위해, 전통적으로 쓰였던 한자어에 새로운 근대적 의미를 덧붙이거나 의미에 맞게 새로 조어한 것이었습니다.

전통적 의미의 '사진'(왼쪽)과 근대적 의미의 '사진'(오른쪽)

---

7   19세기 말에서 20세기 초의 언어는 오늘날의 언어와 매우 비슷하지만, 한편으로는 꽤 달랐고 또 혼란스러웠습니다. 전통적인 관습이 그대로 남아 있는 한편 근대를 맞아들이는 시기로서 어휘와 문체의 변화가 극심했기 때문이지요. 기존에는 갑오개혁(1894년) 이후의 국어를 모두 '현대 국어'로 포섭하여 지금의 언어와 동일한 궤도에서 바라보기도 하였지만, 최근에는 이 시기의 언어를 따로 구별하여 보려는 시도가 많습니다.

대표적으로 '사진'의 예를 볼까요? 위에 보이는 것은 모두 고종의 '사진'입니다. 전통적으로 한자어 '사진寫眞'은 왼쪽처럼, "대상을 있는 그대로[眞] 베껴 그리는[寫] 일" 혹은 그러한 행위의 결과인 "초상화"를 의미하던 말입니다. 그런데 서양에서 사진술이 발명되고, 1870년대 전후 일본에도 유입되면서 'photograph'의 대역어로 '사진寫眞'이 선택된 것이지요. 근대적 기술의 발명과 함께 새로운 의미를 덧입게 된 단어가 우리말에도 들어온 것입니다.

'사진'과 같이 근대적 의미가 덧붙은 한자어는 일본이나 중국, 특히 일본으로부터 차용된 것입니다.[8] 이 시기에 '화학化學' '물리학物理學' 등 신학문과 관련된 단어, '기차汽車', '신문新門', '철도鐵道' 등 근대적 신문물을 가리키는 단어, '국회國會', '외교外交', '회사會社'와 같은 정치와 사회 관련 단어 등이 대거 유입되어 국어 한자어의 큰 부분을 차지하게 됩니다.

외래어의 수용과 확산: '유사길(惟斯吉)'과 '우이스키(whisky)'

우리나라가 서양 문물에 점차 익숙해진 20세기 초에 이르면 서양으로부터 다양한 외래어가 유입됩니다. 처음에는 외국어가 낯설어 서양의 단어를 한자어로 옮겨 쓰고는 하였습니다. 이 방식은 '간접 차용'이라 하는데, 'whisky'가 '유사길惟斯吉'로, 'coffee'가 '가배咖啡'로, 'club'이 '구락부倶樂部'로 차용되는 식이지요. 이후에는 점차 원어 그대로를 국어로 직접 옮겨 썼습니다. 이 방식은 '직접 차용'이라 하는데, 'fan'이 '팬'으로, 'wine'이 '와인'으로 유입된 경우가 그 예입니다. '우이스키'는 일본식 발음의 영향을 받기는 하였지만, '유사길惟斯吉'보다는 원어에 훨씬 가까워졌지요. '불란서 제과점'이나 '이태리 타올'을 들어본 적 있으시겠지요? '프랑스'나 '이탈리아'가 직접 차용이라면, '불란서佛蘭西'나 '이태리伊太利'는 간접 차용이 되는 것입니다.

---

8   한동안 우리말에서 중국계 한자어와 일본계 한자어가 경쟁을 벌이기도 했습니다. 대부분은 한쪽만이 살아남아 오늘날까지 이르게 되었지요. 예를 들어 증기를 사용하는 배와 차의 번역어로 중국어에서는 '화륜선(火輪船)', '화륜거(火輪車)' 등이, 일본어에서는 '증기선(蒸氣船)', '기차(汽車)' 등이 쓰였는데, 우리말에서는 후자가 살아남았습니다.

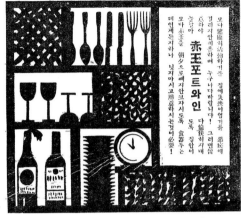

조선일보(1924.12.13.) '에르메스 위스키' 광고 　　동아일보(1928.07.06.) '적옥 포트와인' 광고

　　차용의 경로가 어떠하든, 서구의 외래어는 빠른 속도로 우리말에 뒤섞이며 정착하기 시작합니다. 1920~30년대 신문에서는 '와인', '팬', '위스키(우이스키)' 등 외래어를 쉽게 찾아볼 수 있지요. 일상에서 사용되는 신어가 폭발적으로 늘어나다 보니 잡지마다 신어를 소개하는 칸을 두기도 하고, 당시 통용되던 외래어를 모은 『모던조선외래어사전』(1937)이 편찬되기도 했습니다.

서양에서 온 배추니 '양배추', 일본에서 온 간장이니 '왜간장'이라 하자!

　　신문물을 가리키는 모든 단어를 새로 받아들였던 것은 아닙니다. 신문물 중에서는 조선 사람이 기존에 쓰던 물건들과 비슷해 보이는 것도 적지 않았습니다. 그렇다고 기존의 것과 똑같이 불러줄 수는 없었지요. 모름지기 새것에는 새 이름이 필요하니까요. 새로운 물건이 기존의 물건과 어딘가 닮았다면, 기존에 쓰던 말의 앞뒤에 새 사물의 특징을 나타내는 말을 붙였습니다. **가능하면 기존에 쓰던 익숙한 말을 계속 사용해서, 낯섦과 어려움을 줄이고 새 문물과 새 이름을 자연스럽게 받아들이려는 언중의 의식이 반영된 결과라고 할 수 있지요.**

　　서양에서 들어온 물건들에는 주로 접두사 '양洋-'을 붙였습니다. 우리가 매일 신는 '양말'이 바로 '양洋-'이 결합한 단어입니다. '말襪'은 "버선"을 뜻하므로, 서양에서 온 버선이라는 뜻에서 양말洋襪이라 이름한 것이지요. 지금은 쓰이지 않지만 '양순대'라는 단어도 쓰였습니다. 서양에서 온 순대, 무슨 뜻일까요? 바로 소시지sausage를 일컫던 말이었습니다. 이전부터도 중국에서 들어온 사물에는 '호胡-'를 붙였고, 일본에서 건너온 사물에는 '왜倭-'를 붙였습니다. 이렇게 경제적인 방식으로 많은 말이 만들어졌습니다. 새로운 사물을 쉽게 기억할 수 있는 이름을 붙여 기존의 사물과 연결해 주면서도 서로 구별되도록 하는 효율적인 방법이지요.

접두사	어휘
洋- '서양에서 들어온'	양배추, 양변기, 양송이, 양상추, 양동이, 양잿물, 양말, 양파, 양복, 양은, 양철, 양떡, 양약, 양초 …
胡- '중국에서 들어온'	호도(>호두), 호떡, 호밀, 호주머니, 호초(>후추) …
倭- '일본에서 들어온'	왜떡, 왜감자, 왜간장, 왜콩 …

접두사의 결합에 의한 어휘 조어

시간이 흐르며 신문물이 기존의 것보다 더 익숙해지면 번거로운 접두사를 떼어 버리기도 했어요. '비누'는 원래 그릇을 닦던 팥가루를 의미하는 말이었는데, 화학 약품을 넣어 고운 거품이 나는 '왜비누'를 더 많이 쓰게 되자 새 비누가 '비누'라는 이름을 독차지하게 되었지요. 반대로 우리 고유의 것에는 '한韓-'이라는 접두사를 새로 붙이기도 했습니다. 약이란 조선 약뿐이었다가 '양약洋藥'이 흔해지자 우리 전통 약재를 '한약韓藥'으로 따로 부르고, 옷은 조선 옷뿐이었다가 '양복洋服'을 자주 입게 되자 우리 옷은 '한복韓服'이라고 따로 부른 식이지요.

단어의 의미와 유래를 통해 보는 언중의 인식과 시대상

[2021학년도 수능 언어 11~12번 문항]

[11-12] 다음 글을 읽고 물음에 답하시오.

우리는 단어의 의미와 유래를 통해 단어에 담긴 언중의 인식과 더불어 시대상을 짐작할 수 있다. 그리고 단어의 구조를 통해 단어 구성 방식도 이해할 수 있다.

유길준의 『서유견문』(1895)에는 '원어기遠語機'라는 말이 등장하는데, 이것은 영어의 'telephone'에 해당하는 단어로 '말을 멀리 보내는 기계'라는 뜻이다. 오늘날의 '전화기電話機'가 '전기를 통해 말을 보내는 기계'의 뜻이라는 점과 비교해 보면 '원어기'는 말을 '멀리' 보낸다는 점에, '전화기'는 말을 '전기로' 보낸다는 점에 초점을 맞춘 단어이다. 이처럼 대상을 어떻게 인식하느냐에 따라 그것을 표현하는 단어는 달라지기도 한다. 또한 개화기 사전에 등장하는 '소젓메쥬(소젖메주)'처럼 새롭게 유입된 대상을 일상의 단어로 표현한 경우도 있다. '소젓메쥬'는 '치즈cheese'에 대응하는 단어인데, 간장과 된장의 재료인 '메주'라는 일상의 단어를 통해 대상을 인식했음을 보여 준다.

한편, 『가례언해』(1632)에 따르면 '총각總角'은 '머리를 땋아 갈라서 틀어 맴'을 이르는 말이었으나 그러한 의미는 사라지고 오늘날에는 '결혼하지 않은 성년 남자'를 뜻한다. 특정한 행위를 나타내던 단어가 이와 관련된 사람을 지시하는 말로 그 의미가 변화한 것이다. 여기에서 남자도 머리를 땋아 묶었던 과거의 관습을 짐작할 수 있다. 또한 '부대찌개' 역시 한국 전쟁 이후 미군 부대에서 나온 재료로 찌개를 끓였던 것에서 유래한 단어라는 점에 시대의 흔적을 담고 있다.

우리는 단어의 구조를 통해 단어가 구성되는 방식도 파악할 수 있다. 『한불자전』(1880)에는 이전 시기의 문헌에서는 볼 수 없었던 '두길보기'와 '산돌이'가 등장한다. "양쪽 모두의 눈치를 보는 사람"으로 풀이된 '두길보기'의 '두길'은 ㉠ 관형사가 후행하는 명사를 수식하는 것으로 분석된다. "같은 장소를 일 년에 한 번만 지나가는 큰 호랑이"로 풀이된 '산돌이'는 ㉡ 단어의 구성 요소들이 의미상 목적어와 서술어의 관계로 이루어져 '산을 돌다'라는 의미를 나타내고 있다. 이와 같이 예전에도 오늘날처럼 다양한 방식으로 단어를 만들어 생각을 표현하고 있었던 셈이다.

11. ㉠과 ㉡을 모두 충족하는 단어만을 <보기>에서 있는 대로 고른 것은?

| 보기 |

> 새해맞이, 두말없이, 숨은그림찾기, 한몫하다

① 새해맞이, 숨은그림찾기, 한몫하다
② 두말없이, 숨은그림찾기, 한몫하다
③ 두말없이, 숨은그림찾기
④ 새해맞이, 한몫하다
⑤ 새해맞이

12. <보기>와 ㉠을 통해 탐구한 내용으로 적절하지 않은 것은?

| 보기 |

> • '립스틱'을 여성들이 입술에 바르던 염료인 '연지'라는 단어를 사용해 '입술연지'라고도 했다.
> • '변사'는 무성 영화를 상영할 때 장면에 맞추어 그 내용을 설명하던 직업을 가진 사람을 뜻한다.
> • '수세미'는 박과의 한해살이 덩굴풀을 뜻하는데, 그 열매속 섬유로 그릇을 닦았다. 오늘날 공장에서 만든 설거지 도구도 '수세미'라고 한다.
> • '혁대'의 순화어로 '가죽으로 만든 띠'라는 뜻의 '가죽띠'와 '허리에 매는 띠'라는 뜻의 '허리띠'가 제시되어 있다.
> • '양반'은 조선시대 사대부를 이르는 말이었지만 지금은 '점잖은 사람'의 뜻으로 주로 쓰인다.

① '입술연지'는 '소젖메쥬'처럼 일상의 단어로 새로운 대상을 인식한 예로 볼 수 있겠군.
② '변사'는 무성 영화와 관련해 쓰인 단어라는 점에서 시대상이 반영된 예에 해당하겠군.
③ '수세미'는 기존의 의미에 새로운 의미가 더해졌다는 점에서 '총각'과 유사하겠군.
④ '가죽띠'는 '재료'에, '허리띠'는 '착용하는 위치'에 초점을 둔 단어라는 점에서 서로 다른 인식이 반영된 것이겠군.
⑤ '양반'은 신분의 구분이 있었던 사회의 모습을 엿볼 수 있다는 점에서 시대의 흔적을 담고 있겠군.

이 문항은 근대 국어 시기에 나타난 신조어를 통해 대상에 대한 언중의 인식을 알아보고, 단어의 구성 방식을 이해하도록 하고 있어요. 신문물을 가리키는 말을 만들 때 같은 대상이라고 하더라도 '원어기遠語機'라고 할 때와 '전화기電話機'라고 표현할 때는 대상의 특성과 관련하여 초점을 맞춘 부분이 다르다는 것을 알 수 있죠. '소젓메쥬(치즈)' 사례를 통해서는 익숙한 일상의 단어를 활용해서 신문물을 가리키기도 했다는 사실을 알 수 있어요. 이 밖에 과거의 복식과 전통 머리 관습, 사회적 배경과 밀접한 관련이 있는 '총각', '부대찌개'의 사례도 언어가 시대·사회적 배경 안에서 생성되고 사용된다는 사실을 보여 줍니다.

　　한편 지문에서는 19세기 단어들을 통해 단어의 구성 방식을 설명합니다. ㉠은 '두(관형사) + 길(명사)'로 분석할 수 있고 ㉡은 '산((을)) /목적어 + 돌다 /서술어' 구조로 이루어져 있습니다. 11번 문항에서는 위 두 가지 조건을 모두 충족하는 단어를 골라야 합니다. <보기>에서 '새해맞이'는 '새(관형사) + 해(명사)((를)) /목적어 + 맞이 /서술어'로 분석할 수 있으므로 ㉠, ㉡ 두 조건을 모두 충족합니다. 또한 '한(관형사) + 몫(명사)((을)) /목적어 + 하다 /서술어'의 경우에도 조건에 부합합니다. 두 단어를 포함한 선택지를 정답으로 골라야 합니다.

　　'두말없이'는 '두(관형사) + 말(명사)((이)) /주어 + 없이 /서술어'의 구조이므로 '목적어'를 포함한 구조가 아니어서 ㉡ 조건을 충족하지 않습니다. '숨(동사 어간)- + -은(관형사형 전성 어미) + 그림(명사)((을)) /목적어 + 찾기 /서술어'에서는 '숨은'이 관형사가 아니라 관형어이므로 ㉠ 조건에 어긋납니다. 관형사와 관형어의 차이를 제대로 이해해 두지 않았다면 헷갈릴 수 있습니다.

　　12번 문항의 ①는 '연지'는 '메주'와 같이 본래 사용하던 일상의 단어를 활용하여 새로운 대상을 인식한 경우이고 ②는 무성 영화를 상영하던 시대적 배경을 반영한 단어의 사례입니다. ③에서 '수세미'에는 '설거지 도구'라는 새로운 의미가 더해졌지만 '총각'은 의미가 변화한 사례이기 때문에 유사하다고 볼 수 없겠습니다. ④는 소재에 초점을 두느냐, 위치에 초점을 두느냐에 따라 인식의 차이가 드러난 경우이고, ⑤는 오늘날 의미가 달라진 단어가 본래는 과거의 사회 모습을 보여 주는 단어였던 경우네요.

'됴선, 텬디, 됴타 …' 왜 혀짧은 소리를 내는 건가요?
구개음화 현상

구개음화 현상은 근대 국어 시기에 일어난 대표적인 음 변화입니다. 학습자들이 현대 국어 문법 시간에 이미 배운 공시적 구개음화 현상과도 맞닿아 있는 내용이지요. 구개음화의 진행은 당대를 살아가던 조선의 사람들에게도 생생하게 느껴지던 변화였습니다. 언어 변화가 진행되던 사회의 흥미로운 기록을 중심으로 구개음화 현상을 살펴봅시다.

○─ 들어가며

수업 도우미

'조령산불됴심표석' 비석을 소개하는 영상 콘텐츠

조령 산불됴심 표석(경상북도 문화재자료)

여기는 경상북도 문경시입니다. 문경새재로 들어가는 길 입구에 특이한 돌비석이 세워져 있네요. '산불됴심'? '조심'이 아니라 '됴심'으로 쓴 이유는 무엇일까요? 귀엽게 적으려는 누군가의 장난일까요? 뜻밖에도 이 비석은 근대 국어의 언어 변화를 담고 있는 문화재라고 합니다. 무슨 일인지 알아볼까요?

역사적으로 일어난 구개음화는 우리가 아는 구개음화와 어떻게 같고, 다른가요?

근대 국어 시기에 일어난 대표적인 음 변화로 '구개음화'를 꼽을 수 있습니다. 구개음화는 **경구개음**이 아닌 자음이 모음 'ㅣ'나 반모음 'ㅣ' 앞에서 경구개음으로 바뀌는 현상입니다. 'ㅣ'가 조음되는 위치가 경구개 자음의 조음 위치와 매우 가깝기 때문에, 'ㅣ' 앞에서 경구개음이 아닌 자음을 경구개음으로 바꾸어 발음하기 쉽게 만드는 것이지요. 구개음화는 다양한 예를 포괄하는 현상이지만, 여기서는 'ㄷ' 구개음화를 중심으로 소개하고 편의상 'ㄷ' 구개음화를 '구개음화'로 표현하겠습니다.[9]

	현대 국어의 공시적 구개음화	근대 국어의 통시적 구개음화
공통점	넓게: 구개음이 아닌 자음이 구개음으로 변하는 현상 좁게: 'ㄷ, ㅌ'이 모음 'ㅣ'나 반모음 'ㅣ' 앞에서 'ㅈ, ㅊ'로 변하는 현상	
차이점	형태소 경계에서 일어남	단일 형태소 내부에서도 일어남
예시	굳이 [구지], 같이 [가치], 밭이 [바치], 붙이다 [부치다] 해돋이 [해도지]	부텨 > 부쳐 > 부처 둏다 > 죻다 > 좋다 텬디天地 > 쳔지 > 천지

현대 국어와 근대 국어의 구개음화 현상 비교

학습자들은 이미 현대 국어의 음운 변동이나 표준 발음법을 학습할 때 구개음화에 대해 배웠을 것입니다. 현대 국어의 구개음화가 형태소 경계에서 일어나는 공시적인 음운 변동이지만, **근대 국어 시기의 구개음화는 통시적으로 전개된 음 변화로서 형태소 내부에서도 일어났습니다.** 학습자가 이미 알고 있는 지식과 연계하여 근대 국어의 구개음화 현상을 이해하는 것이 중요하겠습니다.

---

9 모음 'ㅣ'나 반모음 'ㅣ' 앞에서 'ㄱ, ㅋ'가 'ㅈ, ㅊ'로 바뀌는 현상, 'ㅎ'[h]이 경구개 마찰음[ɕ]으로 바뀌는 현상, 'ㄴ'[n]이 경구개 비음[ɲ]으로 바뀌는 현상도 모두 구개음화입니다. 'ㄱ' 구개음화는 '길'을 '질'이라 하거나, '기름'을 '지름'으로 말하는 남부 방언에서 그 예를 찾아볼 수 있습니다. 'ㅎ' 구개음화 역시 남부 방언에서 주로 나타나는데, '힘'을 '심'으로, '형'을 '성'으로 말하는 것이 그 예입니다. 'ㄴ' 구개음화는 표기로는 잘 드러나지 않지만, 결과적으로는 'ㄴ' 탈락 현상을 일으켰습니다. 근대 국어 시기에 '니르다'는 '이르다'로, '님금'은 '임금'으로, '녀름'은 '여름'으로 변하였는데요. 'ㄴ'이 구개음화되면서 'ㅣ' 앞에서 발음되기 어려워졌기 때문에 어두 초성에서 'ㄴ'이 탈락한 것으로 볼 수 있습니다.

구개음화는 어떻게 일어날 수 있었나요?

구개음화와 관련하여 먼저 설명되어야 할 것은 이 현상이 일어날 수 있었던 전제입니다. 'ㅈ, ㅊ' 등의 자음이 본래 치경음이었지만, 오늘날과 같이 경구개음으로 조음 위치가 이동하면서야 구개음화 현상이 일어날 수 있었다는 것이지요.

오늘날 'ㅈ, ㅊ'는 경구개 위치에서 발음되는 파찰음으로, 각각 /tɕ/, /tɕʰ/로 발음됩니다. 그러나 15세기에는 'ㅈ, ㅊ'가 치경 위치에서 발음되어 /ts/, /tsʰ/로 발음되었을 것으로 추정합니다. 오늘날과 달리 중세 국어에서 '장[欌]'과 '쟝[醬]', '저[自]'와 '져[箸]', '초[醋]'와 '쵸[燭]' 등이 구별되었다는 점을 중요한 근거 중 하나로 볼 수 있습니다. 즉 'ㅈyV:ㅈV', 'ㅊyV:ㅊV'의 대립이 있었다는 것이지요.[10] 만약 'ㅈ, ㅊ, ㅉ'가 현대 국어와 같은 경구개음이었다면 조음 위치가 비슷한 반모음 'ㅣ'(y)가 경구개음 뒤에서 탈락

수업 도우미

15세기의 초성 'ㅈ[/ts/]' 발음 들어보기

하기에, 두 소리를 구별하기 어렵습니다. 오늘날 '가져', '다쳐'가 [가저], [다처]로 발음되거나, 영어 'juice'가 우리말에서 [쥬스]가 아니라 [주스]로 발음되는 것은 모두 'ㅈ, ㅊ'가 구개음이기 때문입니다.

(1)　ㅈ。齒音。如卽字初發聲並書如慈字初發聲 ㅊ。齒音。如侵字初發聲 〈훈민정음 해례본 (1446) 정음:2a〉
　　ㅈ·는 ·니쏘·리·니 卽·즉字·쫑 ·처엄 ·펴·아 ·나는 소·리 ·ᄀᆞ·티·니 ᄀᆞᆯ·ᄫᅡ ·쓰·면 慈쫑ㆆ字·쫑 ·처엄 ·펴·아 ·나는 소·리 ·ᄀᆞ·티·니·라 ㅊ·는 ·니쏘·리·니 侵침ㅂ字·쫑 ·처엄 ·펴·아 ·나는 소·리 ·ᄀᆞ·티·니·라 〈훈민정음 언해본(1459) 6b-7a〉

'ㅈ, ㅊ'의 음가와 관련해서는 'ㅈ, ㅊ'를 'ㅅ'와 동일한 치음齒音 계열의 글자로 규정한 『훈민정음』의 기술도 참고됩니다. 『훈민정음』에서 'ㅅ'은 성운학적 기준에 따른 자음 분류 중 '치음齒音'의 기본 글자인데, 'ㅈ, ㅊ'은 같은 치음이면서 'ㅅ'보다 소리가 강하여 가획한 글자라 하였습니다. 성운학에서의 '치음齒音'이 현대 음성학에서의 '치음dental'과는 다르다는 점을 유의해야 하지만, 세종이 훈민정음을 창제할 당시 'ㅅ'과 'ㅈ, ㅊ'을 같은 성질을 가진 소리로 보았다는 점에는 주목해 볼 수 있

10　'y'는 반모음 'ㅣ', V는 모음을 나타냅니다.

습니다.[11]

본래 치경음이었던 'ㅈ, ㅊ'은 점차 경구개로 조음 위치가 변합니다. /ts/가 'ㅣ' 모음 뒤에서 변이음 /ts/~/tɕ/로 나타나다가, 점차 /tɕ/로 변하게 된 것이지요. 'ㅈ, ㅊ'의 음가 변화로 인해 'ㅈ-' 계열 뒤의 'j'가 쉽게 탈락할 수 있게 되었고, 'ㅈyV:ㅈV', 'ㅊyV:ㅊV'의 대립이 중화됩니다. 소리가 구별되지 않게 되었다는 뜻이지요. 근대 국어 시기의 문헌에서 '쵸'와 '초', '챵'과 '창' 등이 혼기되는 것도 'ㅈ, ㅊ'이 겪은 음 변화 때문입니다.

'ㅈ, ㅊ'이 경구개음으로 변화하면서, 'ㄷ, ㅌ'가 'ㅣ' 모음 앞에서 'ㅈ, ㅊ'로 변하는 구개음화 현상이 일부 지역을 중심으로 서서히 발생하기 시작하였습니다.

구개음화는 어떤 과정으로 진행되었나요?

구개음화 현상은 지역에 따라 서로 다른 시기에 발생했다고 분석되고 있습니다. 대체로는 16세기 무렵 남부 방언에서 먼저 구개음화가 일어나 점차 북상했다고 추정합니다. 남부 지역을 배경으로 간행된 문헌들에서 구개음화 현상이 먼저 발견되기 때문이지요. 이 구개음화 현상이 점차 북쪽의 다른 지역으로 확대되어, 18세기에는 중부 방언에도 구개음화 현상이 나타납니다.

언어학자이자 실학자였던 유희柳僖, 1773~1837는 자신의 저서 『언문지諺文志』(1824)에 구개음화와 관련한 흥미로운 기록을 남겼습니다. 유희의 기록을 통해 우리는 당시의 사람들도 구개음화 현상을 인식하고 있었다는 사실을 흥미롭게 살펴볼 수 있습니다.

(2) 우리나라의 발음을 보면, '댜'와 '뎌'는 '쟈'와 '져'로 부르고, '탸'와 '텨'는 '챠'와 '쳐'로 부르는데, 이것은 같은 안이按頤 중에서도 앞의 것은 발음하기 어렵고 뒤의 것은 발음하기 쉬운 이유에 지나지 않는다.[12] 지금 오직 관서關西 사람들이 '天(뎐)'을 '千(쳔)'처럼, '地(디)'를

---

11 현대 음성학의 조음 위치에 의한 자음의 분류에서 치음(dental)은 영어 'three'의 [θ]나 'this'의 [ð]와 같이 윗니와 설첨이 조음에 관계하는 소리를 일컫습니다. 한편, 성운학에서의 '치음(齒音)'은 성모(聲母), 즉 음절의 초성을 조음 위치에 따라 분류할 때의 오음(五音), 즉 '아음(牙音), 설음(舌音), 순음(脣音), 치음(齒音), 후음(喉音) 중 하나입니다. 치음은 치두음과 정치음으로 나뉘는데, 현대 음성학의 기준으로 치두음은 '설단 치조 마찰음 및 파찰음', 정치음은 '권설 마찰음 및 파찰음' 혹은 '설면 경구개 마찰음 및 파찰음'에 해당합니다(김무림, 2022: 185).

12 '按頤(안이)'는 모음을 발음할 때 턱을 안쪽으로 끌어당기는 것을 의미합니다. 모음을 발음할 때 턱을 앞으로 내어 드는 것을 의미하는 '擧頤(거이)'와 대비되는 용어입니다. 『언문지』에서는 '초성례(初聲例)'에서 『광운』을 인용하며 설음(舌音), 순음(脣音), 치음(齒音)에 각각 2종의 자모를 두고, 중성이 'ㅏ ㅘ ㅓ ㅝ ㅗ ㅜ ㅡ · '인 자모를 擧頤(거이)로, 중

'至(지)'처럼 발음하지 않는다. 또 정씨 어른(=스승 정동유_1744~1808)께 들으니 그분의 고조 형제 중에 '知和(디화)'와 '至和(지화)' 두 분이 계셨는데, 그 시절에는 두 이름이 혼동되는 일이 없었다고 하므로 '디'와 '지'의 혼용이 오래된 일이 아님을 알겠노라. (如東俗댜뎌呼同쟈져 탸텨呼同챠쳐 不過以按頤之此難彼易也 今唯關西之人 呼天不與千同 呼地不與至同 又聞鄭丈言 其高祖昆弟 一名知和 一名至和 當時未嘗疑呼 可見디지之混 未是久遠也) 〈언문지諺文志(1824)〉

(2)에서는 이미 당시에 일반 사람들이 '댜뎌'와 '탸텨'를 혼동하여 발음하고 있고, 그 이유는 앞의 것은 발음하기 어렵고 뒤의 것은 발음하기 쉽기 때문이라는 당대인의 인식을 흥미롭게 증언하고 있습니다. 또한 관서 지방, 즉 지금의 평안도 지방에는 '텬~천', '디~지'가 구별되고 있다는 증언, '정씨 어른'이라고 표현된 스승 정동유의 고조 형제 시절에는 구개음화가 일어나지 않았다는 증언을 통해 이 현상이 지역에 따라 점진적으로 일어났다는 사실도 알 수 있습니다.

유희의 증언대로, 평안도 지방에는 구개음화의 영향이 끝내 미치지 않았습니다. 오늘날에도 평안도 지역의 노년층은 'ㅈ-' 계열을 치조음으로 발음하고, 'ㅣ' 모음 앞에서도 'ㄷ, ㅌ'이 그대로 발음된다고 합니다. '기케 하디 말라~' 하는 평안도 말씨를 떠올리면 고개를 끄덕이게 되지요.

구개음화는 점진적으로, 그러나 전면적으로 일어났습니다. 그 결과 '디, 티' 소리를 가진 고유어는 모두 '지, 치' 소리를 갖게 되었지요. '견디다, 무디다, 잔디, 느티나무, 띠' 등의 단어는 왜 '디, 티' 소리를 가졌냐고요? 이들 단어는 본래 형태가 '견듸다, 무듸다, 잔듸, 느틔나모, 띄'였기 때문입니다. 'ㄷ, ㅌ' 뒤의 모음이 'ㅣ'가 아니라 'ㅢ'였기 때문에 구개음화가 적용되지 않은 것이지요. 19세기 전후 'ㅢ'가 'ㅣ'로 단모음화되었지만, 이 시기에는 통시적 구개음화가 종료되어 형태소 내부에서 구개음화가 일어나지 않게 되었기 때문에 '디, 티' 소리로 남아 있게 되었습니다.

구개음화와 관련된 다른 언어 현상이 있나요?

구개음화와 관련하여 흥미롭게 살펴볼 만한 현상으로 '과도 교정'이 있습니다. '과도 교정'은 언중들이 어떤 어형을 규범에 맞게 적으려다가 오히려 부정확한 상태로 고치게 되는 일을 말합니다. 과도 교정은 '틀린 어형'과 '맞는 어형'을 고민하다가 생긴 결과물이기 때문에, 오히려 특정한 언어 현상

성이 'ㅑㆇㅕㆊㅛㅠㅣ'인 자모를 按頤(안이)로 구별하였습니다. "廣韻於舌·脣·齒, 各存兩母, 所以分擧頤(ㅏㅘㅓㅝㅗㅜㅡㆍ)·按頤(ㅑㆇㅕㆊㅛㅠㅣ)者云.《諺文志, 初聲例》"

이 널리 일어나고 있었음을 보여 주는 증거가 되기도 합니다.

　도입에서 살펴본 '조령 산불됴심 표석'은 바로 과도 교정의 증거입니다. 본래 한자어 '조심操心'의 '조'는 한자음이 '조'였기 때문에 구개음화와 관련이 없지요. 구개음화의 결과 '조'가 된 것이 아니라, 원래부터 '조'였다는 것입니다.[13] 그러나 표석을 세우려고 글씨를 적은 누군가가 '조'를 '됴'에서 구개음화된 어형으로 오해한 나머지, 글자를 규범에 맞게 적으려다가 오히려 잘못 교정해 버려 '됴'로 적게 된 것이죠. 여러 사람이 보는 비석이니 글씨를 새길 때 나름대로 '조심'하려던 마음이, 몇백 년 후 오늘날의 등산객까지 웃음 짓게 하는 결과를 낳았습니다.

1760년경(9세) 숙모님께 쓴 안부 편지

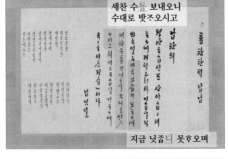

1776년경(25세) 큰외숙모님께
새해 선물을 보내며 쓴 편지

　구개음화가 한창 일어나던 시기를 살았던 정조 임금의 한글 편지에서도 과도 교정 현상이 발견됩니다. 정조가 원손이던 어린 시절부터 임금이던 성인 시절까지 쓴 편지를 모아 보면 구개음화가 적용된 형태(ex. 쉽지)와 적용되지 않은 형태(ex. 디내옵더니, 닛줍디), 과도 교정된 형태(ex. 수둉)가 두루 나타납니다. 정조의 한글 편지에 나타나는 과도 교정 현상을 '틀리지 않으려는 마음', 즉 사회적 권위와 관련된 의식과 심리가 나타난 결과라고 해석하기도 합니다.[14]

13　한자음이 원래 '조'였음을 보여 주는 자료를 몇 가지 예로 들면 다음과 같습니다.
　　예 *쵿 操 [又高韻]　鄵 造 [又哭韻]　艁 [又哭韻]　糙 慥 〈동국정운(1448)〉
　　예 홀론 조심 아니ᄒᆞ샤 브를 ᄢᅴ고 ᄒᆞ야시ᄂᆞᆯ(하루는 조심 아니하셔 불을 끄게 하시거늘) 〈석보상절(1447) 11:26a〉
　　예 모로매 조심ᄒᆞ야 뒷간애 가디 말라(모름지기 조심하여 뒷간에 가지 말라) 〈구급간이방(1489) 7:37a〉

14　정조의 한글 편지 속 구개음화에 대해 자세한 내용이 궁금하다면 신성철·배영환(2018)을 참조하세요.

과도 교정은 개인마다, 집단마다 산발적으로 일어나고, 일시적인 현상으로 끝나 버리거나 다시 올바르게 수정되는 것이 일반적입니다. 그러나 때로는 **과도 교정된 형태가 널리 퍼져 언어 변화를 일으키기도** 하는데, '김치'가 바로 그러한 경우입니다. '김치'는 한자어 '침채(沈菜)'에서 온 말로, 중세 국어 어형은 '딤치'였습니다. '딤치'는 '짐치' 등을 거쳐 오늘날 '김치'로 남게 되었는데, '딤치'가 '짐치'가 된 것은 'ㄷ' 구개음화의 결과이지만 '짐치'에서 '김치'로의 변화는 일반적이지 않습니다. 앞에서 '기, 키'가 '지, 치'로 변한 것 역시 구개음화라고 하였지요. 당시의 언중이 '짐치'가 '김치'에서 구개음화되었다고 오인하고 과도 교정하여 '김치'로 되돌렸고, 그 어형이 오늘날까지 굳어진 것입니다. 구개음화와 과도 교정을 둘러싼 흥미로운 사례입니다. 구개음화를 둘러싸고 학습자들과 나눌 이야깃거리가 참 많은 셈이지요.

예스러운 표기법으로 글쓰기

tvN 드라마 '미스터 션샤인(2018)' 15화 中

사극 드라마나 영화에서 한글로 편지나 통문을 적는 장면을 자주 찾아볼 수 있지요. 정확한 고증을 위해 작품의 배경이 되는 시대의 언어 현상을 어느 정도 반영해 보려는 제작진의 노력이 엿보이기도 합니다. 학생들도 고전시가나 한글 편지를 읽으며 예스러운 표기법으로 글을 써 보는 것이 신선하고 재미있는 경험이라는 생각을 할 텐데요, 배운 것을 활용해서, 이왕이면 당대의 언어 현상과 표기법을 반영한 '진짜 글쓰기'를 해 보는 건 어떨까요? 저잣거리에 붙은 방문, 그리운 사람에게 보내는 안부 편지, 삶의 정서가 녹아있는 시조와 가사 등 다양한 소재가 있지요. 음운과 문법, 표기법과 어휘를 반영하여 '그 시대의' 글을 써 본다면 우리말의 역사를 조금 더 섬세하고 정확하게 이해하기 위해 노력하지 않을까요? 어쩌면 옛말 사전을 뒤적이며 아름답고 서정적인 우리말을 발굴하게 될 수도 있겠지요.

Q3 1920년대 신문에서도 아래아가 적혔다고요?
아래아의 변천과 소실

'ㆍ(아래아)'는 우리 눈에 익숙한 대표적인 '옛날 글자'이지요. 아래아는 중세 국어 시기에 일곱 개의 단모음 중 하나였지만, 근대 국어 시기를 지나며 점차 소실되었습니다. 하지만 소리가 사라진 이후에도 'ㆍ' 표기만큼은 오랫동안 남아 쓰였습니다. 아래아라는 이름은 어떻게 붙여졌는지, 그것이 15세기에 나타나던 소리는 무엇이었고 변화와 소실의 과정은 어떠하였는지 자세히 살펴봅시다.

○— 들어가며

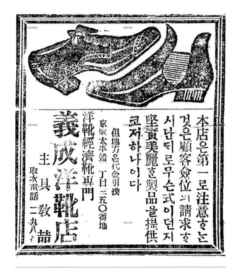

1921.09.23. 조선일보

'ᄒᆞᆫ글' 같은 프로그램 이름이나 '촘크래커' 같은 상품명에서 아래아(ㆍ) 글자를 흔히 보았어요. 이 글자는 아마 조선시대까지만 쓰이고 사라졌겠지요? 그런데 뜻밖에 일제강점기인 1920년대 신문에서 'ㆍ'가 보이네요. 'ᄒᆞᆫ'과 'ᄒᆞ시ᄂᆞᆫ디'는 'ᄒᆞ'로 적었는데, '하나이다'에는 다시 '하'로 적혀 있어요.

그렇다면 이 시기에도 아래아 발음이 존재했다고 보아도 될까요?

왜 '아래아'라고 부를까요?

우리는 모음자 'ㆍ'를 '아래아'라고 부릅니다. 왜 '아래아'인지 궁금했던 적이 있나요? '위', '아래' 할 때의 '아래'와 관련된 것일까요? 네 맞습니다. '아래아'는 정말 '아래'에 있기 때문에 붙여진 이름 인데요, 아래 언문 반절표諺文反切表를 함께 보겠습니다.

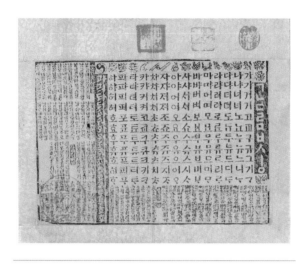

언문 반절표(諺文反切表)[15]

'언문 반절표諺文反切表'는 아이에게 처음 한글을 가르칠때 사용되었던 표입니다. 초성, 종성에 쓰인 자 음과 중성에 쓰인 모음을 결합한 글자를 차례로 배열하여 글자 결합과 소리를 쉽게 익힐 수 있게 한 것인데요, 16세기부터 사용되었을 정도로 연원이 깊은 한글 교육 자료입니다. 이 반절표를 보 면 'ㆍ' 행이 맨 아랫줄에 있지요. 소리가 비슷한 'ㅏ'와 'ㆍ'를 구별하기 위해, 윗줄에 놓인 'ㅏ'는 '윗 아'로, 맨 아랫줄에 놓인 'ㆍ'는 '아래아'로 불렀던 것이 'ㆍ' 명칭의 유래입니다.

---

15 국립한글박물관 소장 자료. 사진의 언문 반절표는 1877년 간행된 것입니다. 각 글자와 짝을 이루는 그림을 그려 넣은 점이 재미있는데요, '가'에는 개, '나'에는 나비, '다'에는 닭을 그려 넣는 등 삽화를 활용해 한글을 쉽게 배울 수 있도록 하였습니다.

훈민정음이 창제되었을 때 'ㆍ'의 소리는 어땠나요?

옛 문헌에서 가장 특이하고 눈에 띄는 글자가 바로 'ㆍ'이지요. 학생들의 눈에는 'ㆍ'가 '옛날 글자'를 대표하는 글자처럼 느껴지기도 할 것입니다. 가장 먼저 드는 호기심은 'ㆍ'의 실제 발음이 어떠했냐는 것이겠지요. 음성 기록이 남아 있지 않은 옛 글자의 소리를 들어 볼 방법이 없으니, 현대의 우리는 여러 방법을 동원하게 됩니다. 우선 문자 훈민정음의 창제 원리를 해설한 『훈민정음』 해례본에서 'ㆍ'의 소리가 어떻게 기술되어 있는지 살펴볼까요?

(1)　　　ㆍ舌縮而聲深。天開於子也。形之圓。象乎天地。〈훈민정음 해례본(1446) 정음해례:4b〉
　　　　　ㆍ가 나타내는 소리를 낼 때는 혀가 움츠러들어 소리가 깊으니 하늘이 자시에 열린 원리와 같다.[16]

『훈민정음』에서는 'ㆍ'가 "혀가 움츠러들어 소리가 깊다"고 하였지만, 다소 추상적인 기술이기 때문에 이것만으로 음가를 추정하기에는 한계가 있지요. 모음의 음가를 추정하기 위해서는 다양한 보조 자료를 활용해 간접적인 추론을 하게 됩니다. 대표적인 자료로는 과거의 우리말을 다른 나라의 문자로, 혹은 외국어를 우리 문자로 표기한 일명 '전사 자료'가 있지요.

『조선관역어』는 15세기 초 외국 사신을 접대하는 관청인 명나라 회동관에서 만든 교재로, 당시의 우리말 어휘를 한자로 전사하여 표기한 기록이 담겨 있습니다. 이 자료에서 'ㆍ'를 가진 조선의 어휘는 당시 중국어에서 /a/나 /ə/를 가진 한자로 전사되어 있는데요. 이는 중세 국어의 'ㆍ'가 당시 중국인에게 /a/나 /ə/에 가까운 소리로 들렸음을 말해 줍니다. 권인한 (1998)에서는 『조선관역어』의 전사 표기를 바탕으로 'ㆍ'의 음가를 후설 평순 저모음 /ʌ/로 추정한 바 있습니다.

수업 도우미

'ㆍ (/ʌ/)'
소리 들어보기

음운 'ㆍ'의 소실은 어떻게 진행되었나요?

/ㆍ/는 15세기에는 음소로서의 지위가 비교적 뚜렷하였지만, 16세기 이후 두 단계를 거쳐 점차

16　　번역은 김유범 외(2020)를 참고하였습니다.

소실되었습니다. 첫 단계는 16세기 무렵부터 일어난, 비어두 음절에서의 소실입니다. /ㅅ/의 소리를 가진 것으로 추정되는 /ㆍ/는 16세기 이후 비어두 음절에서 먼저 소실되기 시작하여 대체로 /ㅡ/로 합류되었습니다. 그 결과로 표기도 'ㄱᄅ치다'는 'ㄱ르치다'로, 'ᄆ숨'은 'ᄆ음'으로 변하였지요.

18세기 무렵에는 두 번째 단계의 소실이 시작됩니다. 이때는 어두 음절의 /ㆍ/가 대체로 /ㅏ/로 변화하였습니다. 앞서 'ᄆ숨'을 거쳐 'ᄆ음'으로 변하였던 단어는 다시 '마음'으로, 'ㄱᄅ치다'는 'ㄱ르치다'를 거쳐 '가르치다'로, 'ᄐ다'는 '타다'로 변화하였습니다. 어휘에 따라서는 /ㅓ/나 /ㅡ/, /ㅗ/ 등으로 변하기도 했습니다. 'ᄇ리다>버리다', 'ᄒ><흙', 'ᄉ매>소매'의 변화가 그 예이지요. 두 단계의 소실을 거치며 본래 음소로서 기능하던 /ㆍ/는 점차 음소로서의 지위가 약해집니다. 결과적으로는 'ㆍ'와 'ㅏ'의 소리를 구별할 수 없게 되었고, 15세기에 'ㅏ, ㅓ, ㅗ, ㅜ, ㅡ, ㅣ, ㆍ'의 7개였던 국어의 단모음은 'ㆍ'가 빠진 6개로 줄어들었습니다.[17]

ᄆ숨   >   ᄆ옴/ᄆ음   >   마음
　　　　제1단계　　　　　　제2단계

'ㆍ' 소실의 두 단계

'ㆍ'의 소실과 관련하여서도 재미있는 기록이 있습니다. 당시 한글을 알고 쓰던 많은 사람들도 'ㆍ'로 적히는 소리가 계속 변해가고 있음을 눈치챘던 모양입니다. 구개음화 관련 기록이 남아 있던 유희柳僖, 1773~1837의 『언문지諺文志』(1824)에는 아래아의 변화에 대한 생생한 증언도 실려 있습니다. 한번 살펴볼까요?

(2)　　"우리나라에서는 ㆍ음의 발음이 분명하지 않아서 대개 ㅏ에 섞였다. 【兒(ᅌ), 事(ᄉ) 등의 글자는 ㆍ인데, 지금 시속에서는 '阿(아), 些(사)와 같이 잘못 발음하고 있다】 또 혹은 ㅡ와도 섞였다. 【ᄒ 土'라고 발음하던 것을 지금은 '흙 土'라고 함과 같은 것】 그 소리가 본래 'ㅏ'와 'ㅡ' 사이의 소리이니, 읽는 사람들은 마땅히 이를 알아야 한다." (東俗不明於ㆍ多混於ㅏ 【如兒事等字從ㆍ今俗誤呼如阿些】 亦或混ㅡ 【如ᄒ土今讀爲흙土】 由其聲本在ㅏㅡ之間讀者當知之) 〈언문지諺文志(1824)〉

17　　이후 기존에 하향 이중 모음이었던 'ㅔ'와 'ㅐ'가 단모음화되면서 19세기 후반의 국어에는 'ㅏ, ㅓ, ㅐ, ㅔ, ㅗ, ㅜ, ㅡ, ㅣ'의 8개 단모음이 자리 잡게 됩니다.

(2)에는 당시 'ㆍ'의 발음이 분명하지 않아 대부분 'ㅏ'에 섞였고, 때로는 'ㅡ'와도 혼동을 일으킨다는 사실이 기록되어 있습니다. 유희가 활동하던 19세기 초에는 이미 많은 사람들이 'ㆍ'와 'ㅏ' 혹은 'ㆍ'와 'ㅡ'를 구분하지 않고 발음하였다는 사실을 짐작해 볼 수 있지요.

표기 'ㆍ'는 언제쯤 완전히 사라졌나요?

훈민정음의 모음 기본자 중 하나로서 분명한 존재감을 보여 주었던 'ㆍ'는 어느 순간 그 소리가 음운으로 기능하지 못하게 됩니다. 그러나 표기로는 훨씬 오랫동안 남아 있었지요. 표기는 관습에 따르는 경향이 있어서, 소리가 변하더라도 쉽게 변하지 않는 경우가 많습니다. 오늘날의 우리가 'ㅔ'와 'ㅐ'의 소리를 구별하지 못하지만, 찌개는 늘 '찌개'로, 꽃게는 늘 '꽃게'로 쓰고 있는 것과 마찬가지이지요. 소리가 변해버린 글자, 'ㆍ'는 언제까지 표기되었을까요?

<독립신문(1896년 4월 7일)>

사진은 〈독립신문〉의 창간호입니다. 최초로 띄어쓰기를 공식 도입함을 천명하는 글로도 유명하지요. 이 기사의 곳곳에서 'ㆍ' 표기를 살펴볼 수 있습니다. 특히 용언 'ㅎ-'와 어미 '-ㄴ' 등에서 관습적이고 의고적인 'ㆍ' 표기를 많이 살펴볼 수 있지요. 20세기 초반까지도 신문과 매체에서는 종종 'ㆍ' 표기가 쓰였습니다. 이때의 'ㆍ'는 음운으로 기능하고 있었다고는 볼 수는 없고, 이전 시대의 관습적 표기가 여전히 사용되고 있던 것으로 볼 수 있습니다.

'ㆍ'의 표기 문제는 20세기 초 정서법 통일을 위한 다양한 의견이 개진될 때 가장 뜨거운 화두

중 하나였습니다. 1933년 조선어학회가 제정한 정서법 통일안인 〈한글마춤법통일안〉에서 'ㆍ'를 쓰지 않기로 의결하는 등의 과정을 거치면서 'ㆍ'는 표기상으로도 완전히 사라지게 됩니다.

'·'가 소멸한 이유

국어의 옛 모음 '·'가 두 단계를 걸쳐 점차 소실되었다는 사실을 선생님들도 잘 알고 계시겠지요. 그런데 왜 'ㅡ'와 'ㅏ'로 변한 것이고, 두 단계를 거쳐 소실된 걸까요? '·'의 소실 과정은 15세기 이전의 국어 모음 체계에서 일어난 '모음 추이' 현상과 관련하여 이해해 볼 수 있습니다. 모음추이는 한 모음의 조음 위치가 이동하면서 그 위치에서 원래 조음되던 모음이 다른 위치로 밀려나고, 또 그 위치의 모음이 다른 위치로 밀려나는 현상이 연쇄적으로 일어나는 현상입니다.

이기문 교수는 이기문(1972) 등에서 국어에 모음추이 현상이 있었다는 사실을 주장하였고, 이 학설이 오랫동안 받아들여졌습니다. 최근에는 기존의 학설에 대비되는 새로운 모음 추이 가설이 제기되기도 하였는데, 기존의 가설과 새로운 가설을 도식화하여 보이면 다음과 같습니다.

국어의 모음추이(母音推移)

李基文(1972)		
①	②	③
ㅣ ㅜ ㅗ ㅓ ㅡ · ㅏ	ㅣ ㅜ ➡ ㅗ ⬆ ⬇ ㅓ ➡ ㅡ · ⬇ ㅏ	ㅣ ㅡ ㅜ ㅓ ㅗ ㅏ ·
음운 층위 前期中世國語 (10~14세기) 모음체계	음성 층위 13~14세기 모음 이동 중	음운 층위 後期中世國語 (15~16세기) 모음체계

①	②	③
ㅣ　ㅡ　ㅜ　ㅓ　·　ㅗ　ㅏ	ㅣ　ㅡ　ㅜ　ㅓ ➡ · ↘ ㅗ　ㅏ	ㅣ　ㅡ　ㅜ　ㅓ　ㅗ　ㅏ　·
음운 층위 13~14세기 모음체계	음성 층위 13~14세기 모음 이동 중	음운 층위 15세기 모음체계

기존의 가설인 이기문(1972)에서는 13~14세기를 거치며 'ㅓ'가 'ㅡ'를 밀어내고, 'ㅡ'가 'ㅜ'를, 'ㅜ'가 'ㅗ'를, 'ㅗ'가 '·'를 밀어내고, 결과적으로 '·'가 가장 끝인 후설 저모음으로 밀려났다고 봅니다. 한편 최근의 가설인 고경재(2021)에서는 모음 추이가 일어났으되 'ㅓ'가 '·'를 밀어내는 정도로만 조음 위치의 변화가 일어났다고 보고 있습니다. 모음 추이의 구체적인 양상에 대해서는 의견이 상이하지만, 기존의 가설과 새로운 가설 모두 15세기의 '·'가 이미 상당히 불안정한 위치를 차지하고 있었다고 본다는 점에서 의견이 일치합니다.

15세기에 불안정한 위치로 옮겨진 모음 '·'는 16세기부터 변화하기 시작합니다. 위에서 설명하였듯, 15세기 이전에 '·'는 안정적인 위치에서 'ㅡ'와 대립하고 있었습니다. 그러나 모음추이가 일어난 결과 15세기 이후의 '·'는 'ㅡ'와의 안정적인 대립을 상실하게 되었고, 이에 '·'는 두 번째 음절 이하 위치에서 'ㅡ'로 합류하는 변화를 겪게 됩니다. 이를 '·'의 제1단계 변화라고 합니다.

18세기 후반에는 '·'가 첫 번째 음절에서 주로 'ㅏ'로 바뀌게 됩니다. 이를 '·'의 제2단계 변화라고 합니다. 이 변화 역시 '·'의 불안정한 상태와 관련이 있습니다. 위의 모음 체계도에서 보이듯, 15세기 국어의 단모음 체계는 균형적이지 않았습니다. 전설 모음은 'ㅣ' 하나밖에 없는 반면, 중설 모음과 후설 모음은 6개나 되었기 때문입니다. 이후 근대 국어 시기를 거쳐 본래 이중 모음이었던 'ㅐ'와 'ㅔ'가 단모음화하면서 전설 모음의 개수가 충분해지고, 국어의 단모음 체계에 전설:후설 대립의 안정성이 생겨났습니다. 이때 불안정한 상태에 놓여 있던 '·'는 다른 모음들처럼 전설:후설의 대립을 이루지 못했고, 음성적으로 가장 비슷한 'ㅏ'로 합류하여 소멸하게 되었다고 설명할 수 있습니다. 제2단계 소실에서는 '·'가 꼭 'ㅏ'로만 변했던 것은 아닙니다. '흙>흙'이나 '소매>소매'의 경우와 같이, 'ㅡ'나 'ㅗ'로 변하기도 하였습니다.

Q4 지금의 우리말 모습은 언제 갖춰졌을까요?
중세 국어에서 현대 국어로의 문법 변화

근대 국어 시기에는 오늘날의 국어에 가까워지는 변화가 곳곳에서 일어납니다. 주격 조사 '가'의 등장, '-었-'과 '-겠-'의 시제 선어말 어미로의 문법화가 대표적이지요. 여기에서는 조사와 어미를 중심으로 중세 국어에서 현대 국어로의 문법 변화를 알아보겠습니다.

○─ 들어가며

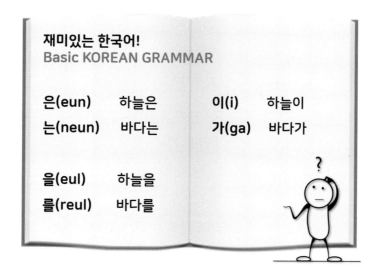

우리말에는 다양한 조사가 있지요. 조사 '은/는', '을/를'은 선행하는 체언이 모음으로 끝나는지, 자음으로 끝나는지에 따라 달리 선택됩니다. '하늘'이라면 '하늘은, 하늘을'이지만 '바다'라면 '바다는, 바다를'이지요. '이'와 '가'도 마찬가지입니다. '하늘'은 자음으로 끝나니 '이'가 붙고, '바다'는 모음으로 끝나니 '가'가 붙지요. 그런데 '이'와 '가', 무언가 특이하지 않나요? '은/는', '을/를'은 소리가 거의 비슷한데, '이'와 '가'는 왜 비슷한 구석이 하나도 없을까요?

'가'가 언제 어디에서 생겼을까요?

본래 국어의 주격 조사로 '이'밖에 없었다는 사실은 많이 아실 것입니다. 아래의 자료처럼요.

(1)   가. 두 아ᄃ리(아ᄃᆞᆯ+이) 父母씌 ᄉᆞᆲᄇᆞ디 (두 아들이 부모께 사뢰되) 〈석보상절(1447) 21:39a〉

       나. 부톄(부텨+ㅣ) 이 나모 미틔 안ᄌᆞ샤 (부처가 이 나무 밑에 앉으시어) 〈석보상절(1447) 3:41b〉

       다. ᄀᆞᄅᆞ매 ᄇᆡ(ᄇᆡ+ø) 업거늘 (강에 배가 없거늘) 〈용비어천가(1447) 4:6b〉

중세 국어에서 조사 '이'는 환경에 따라 다른 형태로 실현되었습니다. (1가)처럼 자음으로 끝나는 체언 뒤에서는 '이'로 실현되지만 (1나, 다)처럼 모음으로 끝나는 체언 뒤에서는 'ㅣ' 모음 이외의 모음 뒤에서 반모음 'ㅣ'로 결합하거나, 'ㅣ' 모음 뒤에서 영형태(ø)로 실현되었던 것이지요. (1나, 다)에서처럼 모음 뒤에서 주격 조사가 결합한 양상은 오늘날의 문법과 차이가 있습니다. 현대 국어에서처럼 주격 조사 '가'가 있었다면 아마 '부텨가'나 'ᄇᆡ가'로 표기되었겠지요.

본래 우리말에 존재하지 않았던 **주격 조사 '가'는 17세기 이후 갑자기 우리말에 등장합니다.** 확실한 예는 1676년 『첩해신어』에서부터 등장하고, 비슷한 시기인 17세기 중후반의 언간에서도 예가 보입니다. 보통 새로운 형태소의 발달은 문법화나 기존 형태소의 기능 변화와 같은 점진적인 과정을 거치게 마련인데, 주격 조사 '가'는 어떠한 중간 단계를 거치지 않고 어느 한순간 갑자기 등장했다는 점에서 다소 특이한 형태소라고 할 수 있습니다.

주격 조사 '가'가 처음 나타나는 환경에는 공통점이 있습니다. '가'는 처음에 모음 'ㅣ'나 반모음 'ㅣ'로 끝나는 체언 뒤에 결합하다가 점차 모음으로 끝나는 체언 전체로 분포가 확대되었습니다. 아래는 '가'가 처음 등장하는 시기의 예 중 하나인 『첩해신어』(1676)[18]입니다.

---

18 『첩해신어』(1676)는 조선의 외국어 교육 기관 사역원(司譯院)에서 사용하던 일본어 교재입니다. '첩해(捷解)'는 빠르게 익힌다는 뜻이며, '신어(新語)'는 임진왜란 이후 변화된 최신의 일본어임을 의미합니다. 1676년 역관 강우성(康遇聖)이 10권 10책으로 편찬한 이후 『개수첩해신어』(1748), 『중간첩해신어』(1781) 등으로 몇 차례 개수(改修)되기도 했습니다. 히라가나로 적힌 일본어 본문 오른편에 한글로 발음이 달려 있고, 한 어구가 끝난 곳에 언해문을 제시하였습니다. 내용은 조선인 관리와 일본인 사이의 대화, 조선 통신사 일행의 여정 중 일어나는 대화 등으로 구성되어 있으며, 근대 국어의 특징을 보여 주는 중요한 자료입니다.

『첩해신어』(1676) 권1

(2)　　가. 多分 빈가 올 거시니 遠見의 무러보옵소 (거의 배가 올 것이니 조망군에게 물어보소) 〈첩해
　　　　　신어(1676) 1:8b〉

　　　　나. 東萊가 요ᄉᆞᆯ이 편티 아냐 ᄒᆞ시더니 (동래가 요사이 편치 아니하냐 하시더니) 〈첩해신어
　　　　　(1676) 1:26b〉

　　(2가)와 (2나)에서는 반모음 'ㅣ'로 끝나는 '빈', '東萊(동래)' 뒤에서 새로운 주격 조사 '가'가 나타나고 있습니다.[19] '가'의 기원에 대해서는 어미 '-다가'나 조사 '다가' 등의 '가'가 변화하여 형성되었다는 설, 동사 '가-'의 활용형 '가'에서 기원하였다는 설, 의문 보조사 '가'에서 기원하였다는 설 등 다양하지만 정설은 아직 밝혀져 있지 않습니다. 새로 생긴 주격 조사 '가'가 일본어의 주격 조사 'が[ga]'와 형태가 동일하기 때문에, 임진왜란 등을 거치며 일본어로부터 주격 조사 '가'가 차용되었을 가능성이 지적되기도 하고요. 그러나 어휘가 아닌 문법 형태의 차용은 흔하지 않다는 점, 차용의 계기와 확산의 과정을 명확히 밝히기가 어렵다는 점에서 이 가능성 역시 분명하지 않습니다. 물론 문법 형태의 차용이 아예 불가능하지는 않지만, 주격 조사 '가'의 기원에 대해서는 아직 밝혀져야 할 것이 많은 상황입니다.

19　언간의 예는 다음과 같이 살펴볼 수 있습니다. 모두 'ㅣ' 모음 뒤에서 '가'가 나타났지요.
　　예 원샹이가 코 흘리고 곳쓸긔 잇ᄂᆞᆫ 둣 ᄒᆞ거놀
　　예 츤ᄇᆞᄅᆞᆷ을 ᄲᅩ여 두드럭이가 블의예 도다
　　예 아비가 ᄇᆞ람을 아니ᄒᆞ야 주리잇가

현대 국어에 남아 있는 정통(?) 주격 조사 '이'의 존재감

새로 생긴 주격 조사 '가'는 17세기 이후 조금씩 쓰임이 확산되었지만, 오랜 시간 동안 국어의 주격 조사로는 '이'만이 존재하였지요. 18, 19세기까지도 모음으로 끝나는 체언 뒤에서 주격 조사 '이'와 '가'가 공존하는 양상이 오래 지속됩니다. '이'가 국어의 주격 조사로서 오랫동안 존재감을 지켜 왔던 흔적이 오늘날의 국어에도 남아 있습니다.

가장 대표적인 예는 인칭 대명사 '나', '너'의 주격 조사 결합형 '내가'와 '네가'입니다. '나', '너'는 조사가 결합할 때 '나는, 나도, 나부터 …', '너는, 너도, 너부터 …'와 같이 '나'와 '너'라는 형태가 유지됩니다. 그런데 주격 조사가 결합할 때만은 특이하게도 '나, 너'가 아닌 '내, 네'에 '가'가 결합하여 '내가, 네가'가 됩니다. 오늘날 불규칙한 패턴을 보이는 '내가, 네가'는 중세 국어 시기의 주격 조사 결합형 '내, 네'의 형태가 굳어진 후에 조사 '가'가 다시 결합한 것입니다. 18세기 문헌에 나타나는 '내가'와 '네가'의 예를 살펴보면 다음과 같습니다.

(3) 가. 媚春아 <u>네가</u> 爺爺씌 告ᄒ여 ᄲᆞ리 혼 太醫롤 請ᄒ여 와 뎌롤 뵈라 (미춘아 네가 어른께 고하여 빨리 한 의원을 청하여 와 저 이를 보이라) 〈오륜전비언해(1721) 2:37b〉

나. 그 님자가 갑지 아니ᄒ기의 마지 몯ᄒ여 <u>내가</u> 무러 주게 되여시니 (그 임자가 갚지 아니하기에 마지못하여 내가 물어주게 되었으니) 〈인어대방(1790) 4:10a〉

또 다른 예는 현대 국어의 '나이'라는 단어입니다. 본래 "age"를 의미하는 단어는 중세 국어에서 '나ᄒ'이었습니다.[20] '나ᄒ'는 주격 조사 '이'가 결합하면 '나히'가 되는데, 이 '나히'의 꼴이 빈번하게 쓰이면서 그대로 하나의 명사로 굳어졌습니다. 20세기 초 자료에서도 '나ᄒ'에서 'ᄒ'이 탈락한 '나'나 주격 조사 결합형이 굳어진 '나히', '나이'가 공존하는 양상이 보입니다. 우리에게 익숙한 문학작품에서 예시를 살펴볼까요?

---

20 중세 국어의 '나ᄒ'는 소위 'ᄒ 보유 체언'으로서, 단독으로 쓰일 때는 'ᄒ'이 드러나지 않지만 조사 앞에서는 '나홀(나ᄒ+올), '나콰(나ᄒ+과)'와 같이 보유하던 'ᄒ'을 드러냅니다.

(4)   가. 뎨일 <u>나</u> 만흔 홍모와 뎨일 <u>나</u> 어린 리형식만 남앗다. 형식은 그쩨 열여섯 살이엇다.
          〈1918무정(이광수) 25〉

         나. 女人은 <u>나</u>어린딸아이를따리며 가을밤같이차게울었다 〈1936사슴(백석)-女僧〉

(5)   가. 앗씨게셔 가시려면 진작 가셔야지 흔 <u>나이</u>라도 졀무섯슬 찌에 가셔야 홉니다 〈1906
          혈의누(이인직) 상:52〉

         나. 고개를 넘을 때마다 <u>나히</u>가 알녔다. 동이 같은 젊은 축이 그지없이 부러웠다. 〈1936
          모밀꽃필무렵(이효석) 300〉

(4)에서 이광수의 소설 〈무정〉(1918)과 백석의 시 〈여승〉(1936)에는 "나이"를 의미하는 '나'가 쓰였고, (5)에서 신소설 〈혈의 누〉(1906)와 이효석의 〈메밀꽃 필 무렵〉(1936)에는 '나히'나 '나이'가 쓰였네요. 교과서에서 익숙하게 접하는 현대 시와 소설 자료도 원간본을 통해서는 생생한 언어 변화를 확인할 수 있다니 신기하지요.

"age"를 의미하는 단어는 오늘날 '나이'로 형태가 굳어지고, '나이'에 주격 조사가 결합하면 '나이가'가 됩니다. '나이가 많다'에서 '이'는 본래 중세 국어의 주격 조사 '이'였고, '나이'라는 형태가 완전히 굳어진 것은 생각보다 오래지 않았던 일임을 알 수 있지요. 주격 조사 '가'가 정착하기까지는 그만큼 오랜 세월이 필요하였던 것입니다.

과거 시제 선어말 어미 '-았/었-': '먹어 있다'에서 '먹었다'로!

주격 조사 '가'가 갑자기 등장한 것과는 달리, 과거 시제 선어말 어미 '-았/었-'은 형태가 변화하고 문법적 기능이 발달하여 온 과정이 있습니다. '-았/었-'은 '-앗/엇-'으로부터 온 것이고, '-앗/엇-'은 중세 국어에서 연결 어미 '-아/어'와 동사 '잇-[有]'이 결합한 구성, '-아/어 잇-'에서 축약형 '-앳/엣-'을 거쳐 변화한 것입니다.[21] 우선 형태 변화의 과정을 요약하면 다음과 같습니다.

---

21   동사 'ᄒ-' 뒤에서는 '-아/어'가 이형태 '-야'로 나타나므로, '-어 잇-'이 결합하면 '-야 잇-' 혹은 '-얏-'으로, 축약되면 '-엿/얏-'으로 나타나게 되지요. 역시 현대 국어 '하였다'의 '였'으로 발달하게 됩니다.

> -어/아 잇- > -엣/앳- > -엇/앗- > -었/았-
>
> ex. 머거 잇다 > 머겟다 > 머것다 > 먹었다

'-어/아 잇-'에서 '-었/았-'으로의 형태 변화 과정

중세 국어 시기에 이미 '-어/아 잇-' 혹은 '-엣/앳-'의 예가 자주 쓰였습니다.[22] 이 구성은 여러 의미를 나타냈는데, 대표적으로는 '잇-[有]'이 가진 "존재"의 의미로부터 발달하여, "과거에 일어난 사태의 결과가 현재까지 계속되고 있음"을 드러내는 용법이 있었습니다.[23] 문법 범주 중에서는 [결과상]으로 분류되는데요, 현대 국어의 '아침부터 계속 누워 있다'에서 '-어 있-'이 바로 결과상의 의미를 나타내고 있지요.

(6) 가. 親호 버듸 지븨가 술 醉호야 <u>누엣거늘</u> (취한 벗의 집에 가 술 취하여 <u>누워 있거늘</u>) 〈원각경 언해(1465) 서:76b〉

나. 吉翂의 아비 셜본 罪로 <u>가톗거늘</u> (길분의 아비가 서러운 죄로 갇혀 있거늘) 〈삼강행실도언해(1490) 효자:23a〉

(6)에서 '-엣-'은 결과 상태가 지속되고 있음을 나타냅니다. (6가)는 술에 취하여 누운 사태가 계속되고 있고, (6나)에서는 갇힌 사태가 계속되고 있습니다. '-엣-'을 현대 국어의 '-어 있-'으로 바꾸어 읽어도 자연스럽게 이해되지요. 오늘날의 '-어 있-'도 결과상의 의미가 있기 때문입니다. 15세기에 이미 '-어/아 잇-' 혹은 축약된 '-엣/앳-'은 하나의 문법 단위처럼 쓰이고 있었습니다.

구문 단위로 기능하던 '-어/아 잇-' 혹은 '-엣/앳-'은 '-엇/앗-'으로 형태가 굳어지고, 점차 하나의 선어말 어미로 발달하게 됩니다. 과거에 일어난 사태의 결과가 현재까지 계속되고 있음을 나타내는 의미로부터 동작이 완료되었음을 나타내는 의미를 거쳐, 오늘날에는 과거 시제 선어말 어미

---

22 중세 국어 시기에 'ㅔ, ㅐ'가 이중 모음이었으니 '-어/아 잇-'과 '-엣/앳-'의 소리는 거의 같았습니다. 중세 국어의 이중 모음에 대해 궁금하다면 2부의 'Q7 ㅏ, ㅡ, ㅐ, ㅔ … 모두 단모음 아닌가요? / 중세 국어의 이중 모음'을 참고하세요.

23 이외에도 15세기 국어에서 '-어 잇-'이 "진행"의 의미로 사용되기도 하였는데, 현대 국어에서 '-고 있-'으로 나타날 법한 자리에 '-고' 대신 '-어'가 사용된 경우입니다. 아래의 예를 참고하세요. 여기서는 과거 시제 선어말 어미로의 발달과 관련되는 "(상태/결과 상황의) 지속" 의미를 중심으로 이야기를 이어 나가도록 하지요.

예 쳔랴올 만히 뫼호아 두고 受苦로빙 딕희여 <u>이셔</u> (천량을 많이 모아 두고 수고롭게 지키고 있어) 〈석보상절(1447) 21:37a〉

'-았/었-'으로 남게 되었지요.

다만 통사적 구성이 선어말 어미로 문법화된 시기에 대해서는 다양한 의견이 있어서 정확하게 단정하기 어렵습니다. '-엇/앗-'으로 형태가 변화한 이후에도 이 선어말 어미가 바로 과거 시제의 기능을 분명하게 가졌던 것은 아닙니다. 형태의 변화 속도와 문법의 변화 속도는 서로 다르기 때문입니다. '-엇/앗-'이 선어말 어미의 기능과 분포를 획득하는 과정은 근대 국어 시기의 문헌 곳곳에서 살펴볼 수 있습니다.

(7) 가. 병 드러 머글쌋도 잘 못 먹고 <u>누엇ᄉᆞ오니</u> (병 들어 먹을 것도 잘 못 먹고 누워 있사오니) 〈첩해신어(1676) 1:28a〉

나. 妻 姜氏 오솔 지어 가지고 멀리 그 지아비롤 ᄎᆞ자가니 지아비 임의 <u>죽엇ᄂᆞ더라</u> (처 강씨가 옷을 지어 가지고 멀리 그 지아비를 찾아가니 지아비 이미 죽어 있는지라/죽었는지라) 〈여사서언해(1736) 4:25b〉

다. 내 어지 촌 술을 만히 <u>먹엇노라</u> (내가 어제 찬 술을 많이 먹었노라) 〈중간노걸대언해(1795) 하:38b〉

(7가)의 '-엇-'은 (4가)의 '-엣-'과 의미상 크게 구별되지 않지요. 누운 사태가 계속되고 있음을, 즉 [결과상]의 의미를 나타냅니다. (7나)는 조금 더 중의적으로 해석될 수 있습니다. 남편이 죽은 결과가 계속되고 있다는 의미를 살려 "죽어 있다"로 해석할 수도 있지만 죽은 사태가 발화 시점 이전에 일어났다는 것, 즉 과거 시제로 이해해 "죽었다"로 해석될 수도 있지요. 한편 (7다)의 '-엇-'은 과거인 '어제(<어지)' 일어난 사태를 말하고 있으니 과거 시제의 기능이 비교적 분명하게 드러나지요.

오늘날 '-았/었-'은 과거 시제 선어말 어미의 기능이 분명해졌지만, 여전히 결과상의 의미로 파악되는 경우도 있습니다. 예를 들어 '감기에 걸려 목이 잠겼다.', '폭우로 인해 강물이 불었다.'에서 '잠겼다', '불었다'는 '(계속) 잠겨 있다', '(여전히) 불어 있다'의 의미로도 이해될 수 있지요. 현대 국어의 '-았/었-'이 결과상의 의미를 나타낼 수 있는 이유를 과거 시제 선어말 어미의 발달 과정으로부터 이해할 수 있는 것입니다.

미래 시제 선어말 어미 '-겠-': '가게 하였다'에서 '가겠다'로![24]

중세 국어의 미래 시제 선어말 어미로는 '-리-'가 있었지요. '-리-'는 미래 시제 외에도 [추측]이나 [의지], [당위]나 [가능성] 등의 여러 의미를 나타낼 수 있었습니다. 현대 국어에는 '-리-'와 비슷한 기능을 하는 형태소로 '-겠-'이 있습니다. 역시 '-리-'와 마찬가지로 [추측], [가능], [의지] 등의 다양한 의미를 나타내지요.

현대 국어의 미래 시제 선어말 어미 '-겠-'은 '-겟-'으로부터 온 것이고, '-겟-'은 근대 국어 시기에 '-게 ᄒᆞ엿-'이 줄어들어 만들어졌다고 보는 것이 일반적입니다. '-게 ᄒᆞ엿-'에서 '-겟-'으로, 이후 '-겠-'으로 형태가 변화한 것이지요. 우선 형태 변화의 과정을 요약하면 다음과 같습니다.

> -게 ᄒᆞ엿- > -겟- > -겠-
> ex. 가게 ᄒᆞ엿다 > 가겟다 > 가겠다

'-게 ᄒᆞ엿-'에서 '-겠-'으로의 형태 변화 과정

본래 '-게 ᄒᆞ엿-'은 직역의 의미 그대로 '~게 하였다'의 사동 의미로 쓰였지만, 일부 예에서는 사동의 의미가 아니라 '~게 되어 있다/~게 되었다'라는 [예정]의 의미를 나타내는 일이 있었습니다. 이 [예정]의 의미는 '-게 ᄒᆞ엿-'이 [미래]의 의미로 발달하는 단초가 되었습니다. [예정] 의미로 쓰인 '-게 하엿-'의 예를 들면 다음 예시와 같습니다.

(8)　가. 뎍쟝이 본디 강딕ᄒᆞ여 ᄂᆞ미게 할여 주글죄로 가티게 ᄒᆞ엿거놀 (덕장이 본디 강직하여 남에게 헐뜯겨 죽을죄로 갇히게 되었거늘) 〈이륜행실도(1518) 22a〉

　　나. 겨집 옹시두려 닐오디 셩이 ᄒᆞ마 헐게 ᄒᆞ야시니 (아내 옹씨에게 이르되, "성이 이미 헐게 되었으니") 〈삼강행실도 상백문고본(17세기 이후) 열:20a〉

　　다. 사ᄅᆞ미 다 이 샹소로 말미암아 죽게 ᄒᆞ엿다 ᄒᆞ거늘 (사람이 다 이 상소로 말미암아 죽게 되었다 하거늘) 〈명의록언해(1777) 2:53a〉

　　라. ᄒᆞᆫ 사ᄅᆞ미 산듕의 피란ᄒᆞ여 주려 죽졔 ᄒᆞ엿더니 (한 사람이 산중에 피란하여 굶주려 죽게 되었으니) 〈신간구황촬요 보(18세기) 14a〉

24　아래의 내용은 이병기(2006)를 주로 참고하여 구성되었습니다.

(8)에서는 '-게 호엿-'이 남에게 어떤 행동을 하도록 하는 것이 아니라 어떤 행동을 당할 상황에 놓여 있다는 의미로 쓰입니다. 현대어로는 '~게 되었다'로 바꾸어 보면 자연스럽게 이해됩니다. 과거로부터 일어난 사건의 결과로 현재 어떠한 상태가 일어날 상황에 놓였고, 앞으로 그렇게 될 것이라는 [예정]의 의미로부터 [미래]의 의미가 발달하게 된 것으로 추측됩니다.

(9)　가. 갑슬 아라야 긔별호게 호엿스오니 酌定호여 주옵소 (값을 알아야 기별하겠사오니 배정하여 주십시오) 〈인어대방(1790) 7:8a〉

　　가′. 갑슬 아라야 긔별허겟스니 쟉뎡허여 뎍어 주시게 헙시오 (값을 알아야 기별하겠으니 작정하여 적어 주시게 하십시오) 〈정정인어대방(1882) 7:3〉

(9)의 '-게 호엿-'은 현대 국어의 '-겠-'으로 바꾸어서도 비교적 자연스러우며, 맥락상 [능력]이나 [가능성]을 나타내는 의미로 이해됩니다. (9가′)는 (9가)를 한 세기 후에 다시 간행한 문헌인데, '-게 호엿-'으로 되어 있던 부분이 '-겟-'으로 형태가 축약된 점을 통해 '-겟-'이 '-게 호엿-'에서 왔음을 분명히 알 수 있습니다.

(10)　가. 돈은 청국으로 곳 보늬겟스오니 우리 대한 여러 형뎨 ᄌ미들은 깁히 죠량호시오 (돈은 청국으로 곧 보내겠사오니 우리 대한 여러 형제 자매들은 깊이 조량하시오) 〈신학월보(1901) 1:26〉

　　나. 이이 놈아 뎌 짐 지어 가지고 ᄯ라오너라 셔방님을 늬가 뫼시고 가셔 진지나 지어 드리겟다 (애 놈아 저 짐 지어 가지고 따라오너라, 서방님을 내가 모시고 가서 진지나 지어 드리겠다) 〈빈상셜(1908) 118〉

　　나. 올치 그러면 뒥령감게셔 그뒥에 가시ᄂᆞᆫ 것을 더러 보앗겟구나 (옳지, 그러면 댁 영감께서 그 댁에 가시는 것을 더러 보았겠구나) 〈홍도화(1910) 하:21〉

축약된 형태의 '-겟-'이 선어말 어미로서의 기능을 분명히 보여 주는 시기는 '-앗/엇-'에 비해 늦은 편입니다. 문법화가 완성된 '-겟-'은 [미래] 외에 [추측]이나 [의지]의 의미까지 다양하게 포괄하게 됩니다. (10)과 같은 20세기 초 자료에서는 [미래], [의지], [추측] 등 다양한 의미 기능을 가지는 '-겟-'을 볼 수 있습니다.

근대 국어 핵심 정리

| 이론 학습지 | 근대 국어 |

이름 :　　　　　　　반　　　번

- 17~19세기의 국어를 지칭함
- 300년 간의 언어 모습은 단일하지 않음
- 현대 국어로 변화하는 교량적 역할을 함

---

(1) 근대 국어 음운의 특징

① 어두 자음군의 된소리화

　예 뿔 > 쓸/쌀. 딱[隻] > 싹/짝

② 구개음화가 일어났는데 이는 치경자음 'ㅈ, ㅊ'의 구개음화를 전제로 함

③ 예사소리의 된소리화와 거센소리화가 활발해짐

된소리화의 예	곶[揷]- > 꽂-, 돗돗ᄒ[溫]- > 쏫쏫ᄒ-
거센소리화의 예	고키리 > 코키리

④ 'ㆍ'의 음가 소실(문자로는 계속 사용)

제1 단계	비어두음절에서 'ㅡ'로 바뀜	예 ᄀᆞ슬 > ᄀᆞ울 > ᄀᆞ을 > 가을
제2 단계	어두음절에서 주로 'ㅏ'로 바뀜	

⑤ 'ㅐ'와 'ㅔ'의 단모음화

⑥ 'ㅅ, ㅈ, ㅊ' 아래에서 'ㅡ'가 'ㅣ'로 전설 고모음화 됨

　예 며츨 > 며칠, 거츨다 > 거칠다

⑦ 성조가 소멸하고 상성이 장음으로 남음

⑧ 'ㅁ, ㅂ, ㅍ' 아래에서 'ㅡ'가 'ㅜ'로 원순모음화 됨

(2) 근대 국어 문법의 특징

① 선어말 어미 '-오/우-'의 소멸로 명사형 어미와 파생 접미사의 구별이 사라짐

② 'ㆎ/ㅢ> ㅣ'의 변화로 파생 명사와 파생 부사의 형태적 구별이 사라짐

　　예 킈 > 키, 노픠 > 노피, 기릐 > 기리

③ 주격 조사 '가'의 출현

④ 과거 시제 선어말 어미 '-앗/엇-'과 미래 시제 선어말 어미 '-겟-'이 성립됨

⑤ 객체 높임 선어말 어미가 상대 높임 선어말 어미로 기능이 변화하고 새로운 어말 어미가 형성됨

　　예 ᄉᆞᆸᄂᆞ이다 > ᄋᆞᆸᄂᆞ이다 > -(으)ㅂ니다

⑥ 대명사에 의문 보조사가 결합한 형태가 하나의 대명사로 굳어짐

　　예 누 + 고/구 > 누고/누구

⑦ 명사형 어미 '-기' 분포 확장과 형용사 파생 접미사 '-스럽-'의 출현

⑧ 'ㅅ', 'ㅂ' 관련 용언의 활용 양상 변화 (긋고, 그서 > 긋고, 그어) (곱고, 고바 > 곱고, 고와)

⑨ 'ㄹ-ㅇ'형의 활용을 보이던 용언이 'ㄹ-ㄹ'형의 활용을 하게 됨 예 다루다: 달아 > 달라

⑩ 'ㅎ' 보유 체언의 형태 변화

　　예 나라ㅎ > 나라, ᄯᅡㅎ > 땅

(3) 근대 국어 어휘의 특징

① 한자어로 바뀐 고유어

　　예 뫼 > 산, ᄀᆞ롬 > 강

② 폐어화된 고유어

　　예 일-[迷, 미혹하다], 외푸-[刻, 새기다], 혁-[小, 작다]

③ 어휘의 의미 변화

　　예 보람: [표지] > [어떤 일의 좋은 가치]

　　　　얼굴: [형체] > [안면]

ᄉᆞ랑ᄒᆞ다: [생각하다], [사랑하다] > [사랑하다]

ᄆᆞᅀᆞᆷ: [마음], [심장] > [마음]

치다: [(가축을) 기르다], [(부모를) 봉양하다] > [(가축을) 기르다]

ᄡᆞ다: [(그만한) 값이 있다] > [가격이 낮다]

빋ᄊᆞ다: [(그만한) 값이 있다] > [가격이 높다]

④ 중국어, 만주어, 일본어 등으로부터 다양한 차용어가 유입됨

예 중국어 차용어: 다홍^{大紅}, 망긴^{網巾}, 비단^{匹段}, 탕건^{唐巾}, 무명^{木綿}, 보리^{玻璨}, 자명종^{自鳴鐘}, 천리경^{千里鏡} 등

만주어 차용어: nereku > 널쿠(소매와 섶이 없는 비옷, 도롱이), soforo > 소부리(안장) 등

일본어 차용어

– 임진왜란 이후: 畳^{tatami} > 다다미, タバコ^{tabako} > 담배, 孝行芋^{kokoimo} > 고구마

– 개화기 이후: 신학문 및 근대적 신문물과 관련된 단어(화학^{化學}, 물리학^{物理學}, 기차^{汽車}, 신문^{新聞}, 철도^{鐵道}, 국회^{國會}, 외교^{外交}, 회사^{會社} 등)

(4) 근대 국어 표기의 특징

① 성조를 나타내던 방점 표기가 사라짐

② 표기에서 'ㅿ, ㆁ'이 사라지고 음운의 기능이 사라진 'ㆍ' 표기는 지속됨

③ 발음과 형태를 모두 보여 주고자 한 거듭 적기(중철 표기)와 더불어 형태소들을 분리해 적는 끊어 적기(분철 표기)가 중심이 됨

Station 2

중세 국어

열차를 기다리며:
500년 전 언어의 모습에 어떻게 다가가면 좋을까요?

우리는 이제 중세 국어 역에 와 있습니다. 전기 중세 국어(10~14세기)와 후기 중세 국어(15~16세기)를 세분하기도 하지만, 대체로 '중세 국어'라고 하면 후자를 가리키는 것이 일반적입니다. 우리말 역사 여행에서 중세 국어가 특히 중요한 이유는 이 시기에 이르러 우리글로 표기된 우리말을 연구할 수 있게 되었기 때문입니다.

1443년 문자 훈민정음이 창제된 이후 우리말을 전면적으로 표기할 수 있게 되었습니다. 그리하여 우리는 15세기 국어를 중심으로, 이전의 언어를 거꾸로 올라가 추적하는 '회고적 관점'과 이후의 언어를 흐름에 따라 내려가며 연구하는 '전망적 관점'을 모두 가질 수 있게 되었지요.

하지만 학습자들이 가장 두려워하고 낯설어하는 대상 역시 중세 국어입니다. 따분하고 어려운 문법 지식을 파편적으로 외우다 보면 금세 지치기 쉽지요. 우리의 목표는 파편적인 문법 지식이 아니라 언어의 종합적인 실체를 이해하는 것, 중세 국어에 대한 지식을 통해 현대의 우리가 사용하는 국어의 이해에 깊이를 더하는 것임을 기억해 주세요. 첫 번째 목표를 위해서는 '중세 국어 텍스트'를 직접, 먼저 보여 주는 것이 막연한 두려움을 해소하고 호기심을 자아내는 데에 도움이 될 수 있습니다.

지금 나도, 중세국어를 읽을 수 있을까?

(선우태자가 길을 걷다가 종에게 물었다)

가다가 사룸둘히 쇠며 약대며 무리며 도티며 羊양이며 주기거늘 보고 무로디 이는 엇던 사룸고

對됭答답호디 이 사룸둘흔 즁싱 주겨 고기 푸라 옷 밥 어더 사느니이다

가다가 사룸둘히 새 자부며 고기 낚거늘 보고 무로디 이는 어떤 사루미 므슷 일오

對됭答답호디 그믈로 새 자부며 고기 자바 이런 일로 옷 바볼 얻느니이다

〈월인석보(1459) 22:26-27〉

이해한 대로, 아래에 현대 국어로 옮겨 보세요. 적은 내용을 링크에도 공유해 주세요☺

링크: https://padlet.com/gaon24141/koreanhistory

필요하다면, 웹사전 활용하기: https://opendict.korean.go.kr/main

중세 국어 텍스트 읽기 활동

(1)은 중세 국어 텍스트 중에서도 비교적 쉽고 간단한 내용을 담고 있습니다. 추상적이고 어려운 어휘보다는 일상적이고 구체적인 어휘를 담은 텍스트, 비교적 복잡하지 않은 구문적 특성을 가진 텍스트가 '중세 국어와의 첫 만남'에 적절합니다. 특히 (1나)의 『삼강행실도언해』(1490)는 사람 사는 이야기를 바탕으로 하고, 상대적으로 짧은 길이와 완결성을 지녔다는 점에서 학습자들이 비교적 친근하게 다가갈 수 있는 문헌입니다.[25]

(1가, 나)와 같이 쉬운 텍스트를 보여 주고, 처음엔 낯선 암호와도 같을 중세 국어 텍스트를 현대 국어로 옮겨 보도록 할 수 있습니다. 짝끼리, 혹은 모둠끼리 함께 텍스트를 읽어보게 하거나, 옛말 종이 사전이나 웹 사전으로 모르는 단어를 찾아볼 수 있도록 하는 것도 좋습니다. 실시간 협업 도구를 활용해 해석한 내용을 친구들과 비교해 볼 수도 있겠지요. 중세 국어 텍스트를 살펴본 학습자들은 생각보다 어렵지 않게 대체의 내용을 이해할 수 있음을 깨닫게 됩니다.

처음에는 텍스트를 완벽하게 해석하기는 어려웠을 것이지만, 문법 지식을 얻는다면 더욱 온전한 이해에 다다를 수 있을 것입니다. '종합적 실체'를 먼저 보여 주는 텍스트 읽기 활동은 500년 전 문헌 속의 텍스트도 결국 우리말이고, 몇 가지 지식만 습득한다면 충분히 읽고 이해할 수 있는 대상이라

---

25 언해본 삼강행실도를 통한 중세 국어 공부에 대해서는 '제4부 교실 안 책장 - [4] 중세 국어 공부, 이렇게 시작해 보세요! / 『중세 국어 교육을 위한 정본 언해본 삼강행실도』 소개'를 참조하세요.

는 자신감을 심어줍니다. 표기, 음운, 형태, 문장, 어휘와 관련된 지식을 습득하여 중세 국어에 더 가까이 다가가 보고 싶은 용기와 자극을 줄 수 있는 것입니다.

낯섦과 두려움이 조금 해소되었다면 (1)의 텍스트 자료를 원문으로도 보여 주세요. 옛말 공부는 실제 자료를 읽어 볼 때 얻게 되는 즐거움이 훨씬 크고 많습니다. 낯설게만 느껴졌던 옛 문헌이 비로소 읽히고 이해될 때 느끼는 뿌듯함이 얼마나 큰지 느껴본 사람만 알지요. 인쇄된 텍스트로 먼저 읽어 보았던 자료를 실제 문헌으로도 다시 한번 보여 주세요. 지금과는 조금 다른 표기법과 규칙으로 적힌 자료를 관찰하고 궁금한 점을 찾아보도록 해 주세요. 학생들이 직접 발견해 보는 궁금증들은 중세 국어 여행을 즐기기 위한 좋은 이정표가 되어 줄 것입니다.

'내히이러바ᄅ래가ᄂ니'?
어디서 어떻게 끊어 읽어야 하죠?
중세 국어의 표기법

중세 국어의 모습을 살펴보기에 앞서, 가장 먼저 중세 국어의 표기법을 살펴봅니다. 중세 국어의 문헌 자료에 나타나는 표기법은 오늘날과 사뭇 다르지만, 그 나름대로의 규칙과 질서가 있습니다. 중세 국어 시기의 자료들은 주로 중앙에서 편찬해 체계적으로 간행되었기 때문이지요. 중세 국어의 표기적 특징에 익숙해지면 이 시기의 언어 자료를 읽고 이해하는 데에 더 자신감을 가질 수 있습니다. 또한 학습자들에게 익숙한 오늘날의 정서법에서 벗어나, 한글로 우리말을 표기하기 위한 여러 방법을 비교해 보며 언어와 표기의 문제를 새로운 시선으로 생각해 볼 수 있습니다.

○─ 들어가기

방법1) ㄷㅏㄹㅣㅣㄱㅓㄱㅏㄴㅣㅅㅓㄷㅜㄹㄹㅓㅈㅓㄹㅁㅡㄴㅍㅣㅑ
방법2) 다리이거가니서둘러절믄피야
방법3) 다리 이거가니 서둘러 절믄 피야
방법4) 달이익어가니서둘러젊은피야
방법5) 달이 익어가니 서둘러 젊은 피야
(…)

인기 가수가 노래를 부릅니다. 'tariigəgaɲisʰədullətsəlmɯnpʰija …'

이 음악의 노랫말을 한글로 적어내려 합니다. 어떤 방법을 사용하면 좋을까요?

언어라는 본질에 다가가기 위한, '표기'의 이해

중세 국어를 학습하기 위해서는 가장 먼저 중세 국어의 표기 원칙에 익숙해질 필요가 있습니다. 실상 언어의 본질은 크게 다르지 않음에도 불구하고, 오늘과 다른 정서법의 베일에 싸여 중세 국어가 더 낯설게 느껴질 수 있지요. 중세 국어 학습을 시작하기 전, 당시의 표기 원칙과 실제에 대해 먼저 정리할 필요가 있겠습니다.

【들어가기】의 자료는 '문자'는 청각적인 언어를 시각적인 것으로 바꾸어 주는 수단이고, 같은 문자를 사용하더라도 언어를 문자로 옮기는 방법은 다양하다는 것을 일깨워 줍니다. 어떤 방법을 사용할지는 언어와 문자를 사용하는 사람들끼리의 합의와 약속의 문제이고, '청각적인 언어'의 본질은 바뀌지 않는다는 것이지요. 우리는 '달이 익어가니 서둘러 젊은 피야'라고 적는 표기법에 익숙하지만, 어떤 시대의 사람에게는 '다리이거가니서둘러절믄피야'라는 표기법이 익숙할 수 있습니다. 그렇다면, 우리는 '그 시대의 표기'에 익숙해져야만 '그 시대의 언어'라는 본질에 가까이 다가갈 수 있지요. 중세 국어를 살펴보기에 앞서 중세 국어의 표기법에 먼저 익숙해져야 하는 이유입니다.

중세 국어의 표기 원칙

중세 국어 문헌에 공통적으로 나타나는 일반적인 양상은 세 가지 원칙으로 나누어 살펴볼 수 있습니다. 첫째, **음소적 표기**를 기본으로 했다는 것, 둘째, **음절적 표기**를 채택했다는 것, 셋째, **연속적 표기**를 지향했다는 것입니다.

[원칙1] 음소적 표기

(1) 가. 겨스레도 **닙** 아니 디ᄂᆞ니(겨울에도 잎 아니 지니) 〈석보상절(1447) 3:41b〉

나. 즘겟줄기와 가지와 **닙**과 곳과 果實와 낫나치 보아(나무줄기와 가지와 잎과 꽃과 과실을 낱낱이 보아) 〈월인석보(1459) 8:12b-13a〉

중세 국어 문헌에는 음소적 표기의 원칙이 적용됩니다. 음소적 표기는 **형태소의 이형태 교체**를 반영하여 소리 나는 대로 쓰는 것입니다. 현대 국어의 '잎'은 중세 국어에서 '닢[葉]'이었는데, 단독으로 쓰일 때는 '납'으로 발음되지만 뒤에 모음 조사 '이'가 결합하면 '니피'로, 자음 조사 '도'가 결합하면 '납도'로 발음됩니다. 그렇다면 소리 나는 그대로, '납', '니피', '납도'로 표기하여 주는 것이 음소적 표기법입니다. '꽃'의 옛말인 '곶[花]' 역시 모음 조사와 결합할 때 '고즌', '고지' 등과 같이 적히지만, 단독으로는 '곳'으로 소리 나므로 표기에 반영되었지요. 음소적 표기법을 **표음주의 표기법**이라고 하기도 합니다. 읽는 사람은 의미 단위를 한눈에 파악하기 어렵겠지만 쓰는 사람에게는 편하고 직관적이므로 **문자를 쓰는 사람의 편의를 위한 표기**라고 할 수 있지요.

음소적 표기의 대표적인 예는 **종성 표기를 소리 나는 대로 적는 것**입니다. 이 원칙은 『훈민정음』해례본의 「종성해」에서 'ㄱㆁㄷㄴㅂㅁㅅㄹ八字可足用^{팔자가족용}'으로 명시되어 있기도 합니다. 음절 말의 종성은 여덟 개의 소리 중 하나로 발음되므로, 본래의 형태가 아닌 중화된 음소로 표기한다는 것이지요. 이 원칙을 우리는 일명 **'팔종성표기법'**으로도 부르고 있습니다.

현대 국어 음절의 말음은 /ㄱ/, /ㄴ/, /ㄷ/, /ㄹ/, /ㅁ/, /ㅂ/, /ㅇ/의 일곱 개의 소리로 중화되지요. 중세 국어의 여덟 종성에는 'ㄷ'뿐 아니라 'ㅅ'이 있다는 사실이 눈에 띕니다. 학습자들이 선행 학습하였을 '음절의 끝소리 규칙'과 충돌을 일으킬 수도 있지요. 'ㄷ'과 'ㅅ'이 각각 '팔종성'에 포함된 것은 훈민정음 창제 당시 오늘날과 달리 음절 말에서 'ㅅ'이 불파되지 않았기 때문으로 해석합니다. /ㅅ/, /ㅈ/, /ㅊ/는 /ㅅ[s]/로 중화되니 'ㅅ'으로 적고, /ㄷ/, /ㅌ/는 /ㄷ[t]/로 중화되니 'ㄷ'으로 적어 구별하였다는 것이지요. 서로 다른 의미와 소리를 가진 '못[釘]'과 '몯[池]'이 서로 다른 받침으로 적힌 것이 'ㅅ'과 'ㄷ'의 구별을 보여 줍니다.²⁶

중세 국어에서 음소적 표기가 나타나는 것과 달리 **오늘날의 한글 맞춤법은 형태음소적 표기 원칙**을 채택하고 있습니다. 즉 문자를 소리 나는 대로 적되, 본래의 형태 또한 밝혀 적는 것이지요. 이는 **표의주의 표기법**에 해당합니다. 의미를 명확하게 전달할 수 있어서 읽는 사람의 편의를 위한 표기라고 할 수 있습니다. 소리는 같지만 '빗'과 '빚'과 '빛', '낟'과 '낱'을 구별하여 쓰는 것, '시러'가 아니라 '싫어'로 적어 본래의 형태소를 명확히 밝혀 주는 것이 표의주의 표기법이지요.

사실 훈민정음을 창제한 세종은 형태음소적 표기법을 염두에 두었던 것 같습니다. 세종이 편찬에 관여한 『용비어천가』와 『월인천강지곡』에 일부 형태음소적 표기법이 채택되어 있기 때문이지요. 이 두 문헌에는 '납'이 아닌 '닢[葉]', '붑'이 아닌 '붚[鼓]', '낟'이 아니라 '낱[個]'의 표기가 보입니

---

26   다만 중세 국어 음절 말음의 불파음화와 관련해서는 학문적으로 이견도 있습니다. 창제 당시 이미 종성의 /ㅅ/는 /ㄷ/로 중화되었지만, '아음, 설음, 순음, 치음, 후음'에 따른 자음의 구분에 균형을 맞춰주기 위해 'ㅅ'과 'ㄷ'을 구별하여 적도록 처리하였다고 해석하기도 하지요.

다. 세종은 형태음소적 표기법의 이점을 알았고 염두에도 두었지만, 최종적으로는 음소적 표기법을 원칙으로 하고 『훈민정음』 해례본 「종성해」에서 이른바 '팔종성가족용八終聲可足用'으로 이 원칙을 천명했다고 볼 수 있지요. 오늘날 한글 맞춤법의 기본 원칙이 형태음소적 표기법으로 정해진 것은 세종의 처음 생각과 일치하게 된 결과라고 할 수 있겠네요.

형태음소적 표기를 채택하는 현대에는 각 형태소의 받침을 단어마다 따로 기억하고 외워 두어야 합니다.

[원칙2] 음절적 표기

음절적 표기의 원칙은 **초성자, 중성자, 종성자를 모아서 하나의 음절로 모아 쓰는 것**입니다. 모아쓰기를 하면 음소 문자를 음절 문자처럼 운용할 수 있고, 글을 읽는 사람이 언어의 형태를 쉽게 인식하고 의미를 파악할 수 있도록 해 줍니다. 소리를 가진 문자를 모아서 음절을 갖추는 방식은 문자 사적으로도 흔하지 않다는 점에서 한글의 독창성을 보여 주는 대목이기도 하지요.

음절적 표기의 원칙 역시 『훈민정음』 해례본의 「어제 예의」에서 '凡字必合而成音(범자필합이성음)', 「합자해」에서 '初中終三聲合而成字(초중종삼성합이성자)'로 명시되어 있습니다. 글자는 어울려야 소리가 나므로, 초성자와 중성자, 종성자 셋을 모아 하나의 음절을 이루는 글자를 구성한다는 것이지요. 해례본에서는 초성자와 중성자, 종성자가 놓이는 위치를 자세히 예시하고, 한자와 어울려 쓸 때는 '孔子ㅣ, 魯ㅅ사룸'처럼 음절 단위로 모이는 글자를 따로 적는다고 하였습니다.

오늘날의 학생들은 '모아쓰기'가 당연하다고 생각하여 다른 운용 방식이 존재할 수 있다는 사실 자체를 상상하기 어려울지도 모릅니다. 하지만 100여 년 전, 주시경, 최현배 등 한글학자들에 의해 한글 운용 방식을 '**풀어쓰기**'로 바꾸자는 주장이 제기되었다는 사실을 알려주면 한글을 운용하는

또 다른 방법도 있음을 상상해 볼 수 있을 것입니다.[27]

주시경 선생(한힌샘)이 한글 교육을 마친
수강생에게 준 졸업 증서 '맞힌보람'.
풀어쓰기로 되어 있습니다.

2000년대에 유행했던 일본제 '다이모 라벨기'.
한글을 음절 단위로 인쇄하기 어려워 낱자로 출력했습니다.

[원칙3] 연속적 표기

(2)　　가. 내히이러바ᄅ래가ᄂᆞ니 (내[川]가 일어 바다에 가니) 〈용비어천가(1447) 1:1b〉
　　　　나. 그ᄣᅡ리드러니르대護彌長者ㅣ나아오나ᄂᆞᆯ (그 딸이 들어와 이르니 호미장자가 나아 오거늘)
　　　　〈석보상절(1447) 6:14b〉

중세 국어 시기에는 연속적 표기의 원칙이 지향되었습니다. **연속적 표기의 원칙은 '이어 적기'와 '붙여쓰기'를 그 내용으로 합니다.** 두 가지 내용을 차례로 살펴보겠습니다.

① 이어 적기

우리말 음절은 받침이 있어서, 받침 있는 말에 모음으로 시작하는 말이 오면 받침이 다음 음절의 초성으로 자연스럽게 넘어가 발음됩니다. '밥'과 '이'가 결합하면 [바비]로, '읽'과 '어'가 결합하면 [일거]가 되는 것처럼요. 형태소 경계와 음절 경계가 일치하지 않는 경우 소리 나는 대로 적을지,

---

27　20세기 초에 활발하게 전개되었던 풀어쓰기 논쟁에 대해 궁금하다면 이 책의 4부, 'Q14 한글이 세계에서 가장 우수하고 과학적인 문자 맞죠? / 한글의 우수성에 대한 정확한 이해'에서 '3-1) '모아쓰기'의 이점 바로 알기'를 참조하세요.

형태소 경계를 밝혀 적을지 선택하게 됩니다.

중세 국어 시기에는 이 경우에 소리가 나는 그대로, 선행 음절의 종성을 후행 음절의 초성으로 올려 적는 표기법을 채택했습니다. 이 표기법을 **연철**連綴, 혹은 **이어 적기**라고 하지요. 연철 표기법은 소리를 반영하기 때문에 쓰는 사람에게 편리하지요. (2가)에서 '일다'의 어간에 연결 어미 '-어'가 결합하면 '이러'로, '바다'의 옛말인 '바롤'에 조사 '애'가 결합하면 '바르래'로 적는 것이 바로 연철 표기법입니다. (2나)에서도 'ᄯᆞ리(ᄯᆞᆯ+이)', '드러(들-+-어)'에서 연철 표기를 찾아볼 수 있네요.

연철 표기와 달리, 음절의 종성이 다음 음절의 초성에서 발음되더라도 종성의 자리에 받침을 적어 형태소 경계를 표시해 주는 방식을 **분철**分綴, 혹은 **끊어 적기**라고 합니다. 자소를 고정하여 본래의 형태를 반영해 적기 때문에 일관성이 있고, 읽는 사람에게 편리하지요. (2)의 예에서 '일어', '바롤애', 'ᄯᆞᆯ이', '들어' 등으로 적는다면 분철 표기법이 적용된 것입니다.

『월인천강지곡』(1447)과 같은 훈민정음 창제 초기 문헌에서는 '눔이', '눈에'처럼 일부 분철 표기도 볼 수 있습니다. 창제 당시에도 소리 나는 대로 적는 방법과 형태를 고정하여 적는 방법의 차이와 이점을 각각 알고 있었지만, 연철의 방식을 채택하게 되었음을 알 수 있지요. 연철 표기는 중세 국어 문헌에서 두루 지켜지는 원칙이었지만, 시간이 흐르며 체언과 조사의 결합에서부터 점차 분철 표기가 확산되기 시작합니다.

② 붙여쓰기

한편 붙여쓰기는 단어와 단어, 문장과 문장을 모두 띄어 적지 않고 연결하여 쓰는 방식입니다. 편의상 옛 문헌을 텍스트로 옮길 때는 현대 국어의 기준에 맞추어 적절히 띄어 적곤 하지만, 국어사 문헌의 원본 텍스트를 살펴보면 늘 붙여쓰기의 원칙이 고수되었음을 알 수 있습니다. 오늘날의 사람에게는 어디서 어떻게 띄어 읽어야 하는지 한눈에 보이지 않아 읽기에 어려움을 주기도 하지요. 붙여쓰기는 한자를 사용하는 동양 문화권에서 일반적으로 고수되었던 원칙이었고, 우리 문헌에서 근대적인 띄어쓰기는 19세기 말에야 본격적으로 도입되었습니다.[28]

---

28 우리 문헌에서 띄어쓰기의 인식이 나타나고, 근대적인 띄어쓰기가 도입되었던 과정은 이 책의 4부, 'Q15 우리는 언제부터 띄어쓰기, 가로쓰기, 한글전용체를 썼나요? / 글쓰기 어문 규범의 변화 과정'을 참고하세요.

1. 음소적 표기: 형태소의 이형태 교체를 반영하여 소리 나는 대로 쓰는 것
예 닢[葉]: 닙, 니피, 닙도 / 곶[花]: 곳, 고졸, 곳두

2. 음절적 표기: 초성자, 중성자, 종성자를 모아서 하나의 음절로 모아 쓰는 것
예 무술 vs. ㅁㆍㅿㆍㄹ

3. 연속적 표기: 선행 음절의 종성을 후행 음절의 초성으로 올려 소리 나는 대로 적고, 단어와 단어, 문장과 문장까지 모두 띄지 않고 연결하여 쓰는 것
예 내히이러바루래가느니

이상 설명한 음소적 표기, 음절적 표기, 연속적 표기의 원칙이 있었지만, 실제 중세 국어 문헌에서 표기의 원칙이 모두 일관되게 지켜졌던 것은 아닙니다. **중세 국어 문헌에 실제로 나타나는 세부적이고 구체적인 양상을 보면 또 다른 특징적인 현상들이 발견되지요.** 형태소 사이에 나타나는 형태 음운론적 현상을 반영하기 위해 특수한 분철이 이루어지거나, 8종성 이외에 반시옷(ㅿ)이나 'ㅭ' 등의 겹받침이 종성 표기에 사용되기도 합니다. 이외에도 자음 동화, 반모음 첨가 등의 음운 현상이 표기에 반영되거나 한자음이 별도로 표기되는 등의 양상이 나타납니다.

'나랏말ᄊᆞ미 듕귁에 달아…'에서 '달아'는 왜 연철되지 않았나요?

중세 국어의 일반적인 표기 원칙은 연철이었지만, 문헌을 읽다 보면 분철 표기를 종종 찾아볼 수 있습니다. 그중에는 형태소와 음절 경계가 일치하지 않을 때 형태소의 경계를 표시해 주는 일반적인 분철 표기와는 달라서 의아한 경우도 있습니다. 분철 표기의 유형 중에서는 분철된 형태소의 형태론적 속성이나 형태소들의 결합에서 나타나는 형태음운론적 현상을 반영해 준 표기가 있어, 이러한 경우를 '특수 분철 표기'라고 부릅니다. 특수 분철 표기에는 여러 유형이 있는데, 『훈민정음』 언해본에서는 그중 대표적인 두 가지 유형을 찾아볼 수 있습니다.

① 달아: 어간의 본래 형태를 밝혀 주기 위한 표기적 구분

'달아'는 '다ᄅᆞ다[異]'의 어간에 연결 어미 '-아'가 결합한 것입니다. 이때 연철된 '다라'가 아니라 분철된 '달아'로 적힌 것은 어간이 '달-'이 아닌 '다ᄅᆞ-'임을 표기적으로 구별하기 위한 것입니다. '다ᄅᆞ-'에 '-아'가 결합하면 어간의 'ㆍ'가 어미의 '아'와 만나 탈락하는 것이 중세 국어의 음운론적 질서입니다. 중세 국어 동사에는 '달-[熱]'도 있었는데, 어간이 '달-'인 경우와 '다ᄅᆞ-'가 어미 '-아'와 결합한 것을 모두 연철 표기하면 동일하게 '다라'로 표기되겠지요. 이를 구분하기 위해 어간 '달-'이 어미 '-아'와 결합한 경우는 '다라'로, 어간 '다ᄅᆞ-'가 어미 '-아'와 결합한 경우는 '달아'로 표기한 것입니다. 형태소의 형태론적 속성을 표기에 반영해 준 것이지요.

용언 중 어간 제2음절에 'ᄅᆞ/르'나 'ᄉᆞ/스'를 가진 용언이 모음 어미 앞에서 활용할 때 이 유형의 표기가 나타납니다. '오ᄅᆞ다[昇]'가 '올아, 올오매…'로, "끌다"를 뜻하는 '그스다[牽]'의 경우도 '긋어, 긋우믈…'로 활용하는 것이 그 예이지요. 유사한 기제로 체언 역시 분철 표기되는 경우가 있었습니다. '아우'의 옛 어형인 '아ᅀᆞ'는 조사가 결합하면 '앗이, 앗을' 등으로 나타났는데, 본래 형태가 '앗'이 아닌 '아ᅀᆞ'라는 점을 분철 표기로서 드러내 준 것으로 이해할 수 있습니다.

② 입시울와: /ㄱ/ 탈락에 의한 분철 표기

'엄과 혀와 입시울와'는 "어금니와 혀와 입술과"로 해석됩니다. 여기서 '입시울와'는 연철 표기된 '입시우롸'나 현대 국어와 같이 '입시울과'로 나타나지 않았다는 점에서 특이합니다. 체언 '입시울'과 조사 '와'가 연철되지 않은 것은 오늘날에는 사라진 중세 국어의 음운 현상 때문입니다. 중세 국어에서는 형태소 경계에서

/ㄹ/, /j/, 서술격 조사의 어간 '이-' 뒤에 놓인 /ㄱ/은 탈락하는 현상이 있었습니다. '두외-[化]'에 어미 '-고'가 결합하면 '두외고'가 아닌 '두외오'가 되고, 서술격 조사 '이-' 뒤에 '-고'가 결합하면 '이고'가 아니라 '이오'가 되는 것이 그 예이지요. 이때 '입시울와'처럼 종성의 /ㄹ/ 뒤에서 /ㄱ/이 탈락한 경우에는 '입시울과'가 아니라 '입시울와'가 되는 것입니다. 'ㅇ'은 'ㄱ'이 탈락한 흔적을 표기에 반영한 것으로 볼 수 있습니다.[29]

---

29 이때 /ㄱ/이 탈락한 것이 아니라 [g > ɣ > ɦ]로 약화되었다고 보는 입장도 있습니다. /ㄱ/이 탈락되었다고 주장하는 입장은 'ㅇ'은 /ㄱ/이 탈락된 흔적을 보여 줄 뿐 여타 초성의 'ㅇ'과 마찬가지로 음가가 없는 것이라고 주장합니다. 반면 /ㄱ/이 약화되었다고 주장하는 입장은 이때의 'ㅇ'은 'ㄱ'이 약화된 [ɦ]의 음가를 나타내므로 'ㅇ'은 무음가와 [ɦ]의 두 가지 음가를 표기한 글자라고 봅니다.

ㅸ? ㅿ? ㆁ? 15세기 문헌에 처음 보는 글자가 있어요. 어떻게 읽나요?

소실된 중세 국어 음운과 글자

옛 문헌을 처음 읽으면 우리말을 적은 것이 맞나 싶을 정도로 꽤 다른 모습에 당황하게 됩니다. 중세 국어를 처음 접하는 초보 학습자에게는 더욱 그러하지요. 오늘날 쓰이지 않는 글자가 군데군데 가득한 문헌을 읽어 보며 학습자들은 정말로 우리말이 변화하였다는 것을 실감할 수 있고, 나아가 당시의 우리말이 어떻게 소리 났는지, 생소한 글자를 어떻게 읽어야 하는지에 궁금증을 가질 것입니다. 여기서는 소실된 음운과 글자에 대해 알아보겠습니다.

○— 들어가며

<석보상절(1447) 6:4a> <석보상절(1447) 6:5a>

부모님과 한식당에 갔더니 식당 벽에 옛 문헌으로 된 벽지가 붙어 있더라고요.

국어 시간에 우리말 역사를 열심히 배운 만큼 멋지게 읽어 보고 싶은데,

'즁ᄉᆡᆼ', '몯ᄒᆞ이다', '셤기ᅀᆞᄫᅩᄃᆡ' 같은 부분에서 자꾸만 말문이 막히네요.

'ㅿ(반시옷), ㅸ(순경음 비읍), ㆁ(옛이응)' 같은 옛 글자들은

창제 당시에 어떤 소리를 나타냈나요?

음운의 소실과 함께 사라진 글자

언어가 변화하면서 말소리 또한 계속하여 바뀌고, 때로는 언어에 본래 존재하던 음운이 소실되거나 새로운 음운이 생겨나는 일도 있습니다. 중세 국어 문헌에 나타나는 글자 중에서 지금 우리가 쓰지 않는 글자들은 음운의 소실과 함께 사라진 경우가 많습니다. 음운의 소실과 함께 사라진 글자로는 자음의 'ㅿ', 'ㅸ', 모음의 'ㆍ'가 있습니다. 모음 'ㆍ'에 대해서는 이미 Q3에서 자세히 살펴보았으니, 여기서는 자음 글자를 중심으로 알아보겠습니다.

우선 'ㅿ(반시옷)'을 살펴봅시다. 'ㅿ'을 글자가 나타내는 소리에 따라 '반치음'이라 부르기도 하지만, 우리는 글자를 소리가 아닌 글자의 이름으로 불러준다는 뜻에서 '반시옷'이라 지칭하겠습니다. 'ᄆᆞᅀᆞᆯ(>마을)', 'ᄀᆞᅀᆞᆯ(>가을)', '아ᅀᆞ(>아우)' 등의 단어에서 'ㅿ'이 보입니다.

'ㅿ'은 15세기에 유성 치경 마찰음 /z/의 음가를 가졌다고 보는 것이 일반적입니다. 'ㅿ'이 'ㅅ'에서 유성음화된 것으로 보이기 때문입니다. 'ㅿ'이 표기된 단어 중 '두어'의 옛말인 '두ᅀᅥ(←둘+서)', '푸서리'의 옛말인 '프ᅀᅥ리(←플+서리)', '말미암다'의 옛말인 '말ᄆᆡᅀᅡᆷ다(←말ᄆᆡ+삼다)', '한숨'의 옛말인 '한ᅀᅮᆷ(←한+숨) 등에서 합성어의 구성을 분석해 보면 'ㅅ'이 모음, /ㄴ/, /ㄹ/ 등 유성음 사이에서 'ㅿ'로 나타났음

을 볼 수 있습니다. 이를 통해 'ㅿ'은 'ㅅ'가 유성음화된 소리라고 추정할 수 있는 것이지요. /z/는 16세기 전반부터 음소로서의 지위가 흔들리기 시작하였고, 16세기 후반부터는 음소로서의 기능을 거의 잃었습니다. 이에 따라 'ㅿ'도 함께 쓰이지 않게 된 것입니다. 이후 'ㅿ'는 거의 '아우(<아ᅀᆞ)'에서와 같이 'ㅇ'로 표기되고, '한숨(<한ᅀᅮᆷ)'처럼 'ㅅ'로 표기된 경우도 있습니다.

'ㅸ'은 훈민정음의 초성 17자에 포함된 글자는 아니지만, 훈민정음 창제 당시에는 국어에서 음소 중 하나였다고 분석되고 있습니다. 『훈민정음』 해례본 「용자례」의 '사ᄫᅵ(>새우)', '드ᄫᅴ(>드위)' 등에서 'ㅸ'이 보입니다.

'ㅸ(순경음 비읍)'은 유성 양순 마찰음 /β/의 소리를 가졌다고 보는 것이 일반적입니다. 'ㅸ'은 '사ᄫᅵ', '대ᄫᅥᆷ', '웃ᄫᅳ다'와 같이 유성음 사이에서만 등장하기 때문에 'ㅿ'과 마찬가지로 유성음임을 알 수 있고, '대ᄫᅥᆷ(←대+범)'과 같은 예를 보면 양순음 'ㅂ'에서 변화하였음을 알 수 있습니다. 무엇보다 『훈민정음』에 기록된 순경음에 관한 설명이 'ㅸ'의 음가 추정에 큰 도움이 됩니다.

ㅇ連書脣音之下 則爲脣輕音者 以輕音乍脣合而喉聲多也 〈훈민정음(1446) 정음해례:4b〉

(ㅇ을 순음 글자 아래에 이어 쓰면 순경음을 나타내는 글자가 된다. ㅇ을 이어 쓴 것은 순경음이 입술을 살짝 다물어 목구멍 소리가 많이 나기 때문이다.)

위에서 '목구멍 소리가 많이 난다'는 것은 두 입술을 좁혀 만들어 낸 통로를 통해 기류를 마찰시키는 조음의 특성을 말한 것으로 보입니다. 즉 'ㅸ'은 'ㅂ'에 'ㅇ'을 연서한 것으로, 'ㅂ'보다 입술을 살짝 다물어 내는 마찰음을 가리키는 것으로 볼 수 있는 것이죠.

수업 도우미

'ㅸ'의 소리 들어보기

그런데 'ㅸ'은 훈민정음의 창제 이후 오래지 않은 시간 뒤 소멸하여 15세기 중반 이후로는 자취를 감추게 됩니다. 그 이유는 /β/가 반모음 /w/로의 변화를 겪었기 때문입니다. 음소의 변화가 일어나자 표기적으로도 'ㅸ'가 반모음 'ㅗ/ㅜ'로 적히는 양상이 나타났고, 'ㅸ'의 모습은 더 이상 찾아볼 수 없게 되었습니다. 이후 'ㅸ'은 '도와(<도ᄫᅡ)', 'ᄒᆞ오샤(<ᄒᆞᄫᆞ샤)', '더워(<더ᄫᅥ)', '어려우며(<어려ᄫᅳ며)'와 같이 반모음으로 바뀌어 표기되었습니다.[30]

음운은 남고 표기만 사라진 글자

음소는 사라지지 않았지만 표기만 사라진 경우도 있습니다. 바로 'ㆁ(옛이응)'이 그렇습니다. 오늘날 한글 낱자 중 'ㅇ'이 두 가지 역할을 하는 것은 잘 알려진 사실입니다. '아이'에서처럼 음가는 없지만 초성의 자리를 채워 주는 역할이 있고, '강'에서처럼 유성 연구개 비음 /ŋ/의 음가를 나타내는 역할도 있습니다.

훈민정음 창제 당시에는 'ㅇ'의 두 가지 역할이 서로 다른 글자로 구분되었습니다. 음가가 없는 'ㅇ'은 현대 국어와 마찬가지로 'ㅇ'으로 표기했지만, /ŋ/의 음가를 가진 소리는 'ㅇ'에 꼭지가 달린 'ㆁ(옛이응)'으로 표기하였던 것이지요. 'ㆁ'은 음운 /ŋ/을 표기하기 위해 만들어진 글자입니다. 아래와 같은 예가 참고가 되지요.

---

30 사라진 글자 중에서는 'ㆆ(여린히읗)'도 있습니다. 'ㆆ'은 훈민정음의 초성 28자 중 하나이고, 성문 파열음을 나타냈다고 추정되지만 이것이 한국어에서 음소는 아니었을 것으로 보입니다. 'ㆆ'에 대한 설명은 우리 책의 3부, 'Q4 훈민정음은 한자를 대체하기 위해 만들어진 것 아닌가요? / 훈민정음의 창제 의도'에서 '[더 알아보기] 27자+ㆆ=28자! 한자음 표기를 위한 히든카드 여린히읗(ㆆ)'을 참고하세요.

가. 太子는 하뇺 <u>스스</u>이어시니 (태자는 하늘의 스승이시니) 〈석보상절(1447) 3:10a〉

나. 이 우리 <u>스승</u>이시며 우리 그 弟子ㅣ 슝로이다 (이 분이 우리 스승이시며 우리가 그 제자입니다)
〈월인석보(1459) 19:79a〉

(가)와 (나)는 모두 15세기 문헌의 일부입니다. (가)의 '스스이'와 (나)의 '스승이'는 나타내는 소리가 같지만, (가)에서는 'ㆁ'을 초성에 적었고 (나)에서는 'ㆁ'을 받침에 적었다는 차이만 있지요. 두 경우 모두에서 'ㆁ'이 나타내는 소리는 /ŋ/으로 같습니다. 'ㆁ'는 점점 'ㅇ'과 혼용되었습니다. 음절의 초성 자리에 쓰인 예는 16세기 초까지 보이는데, 대부분 선어말 어미 '-이-'를 표기한 경우입니다. 16세기 이후에는 종성 자리에서도 'ㆁ'이 보이지 않고, 17세기 이후에는 아예 사라졌습니다. 그 결과 오늘날에는 하나의 글자 'ㅇ'이 초성 자리에서는 음가가 없음(∅)을, 종성 자리에서는 /ŋ/ 소리를 나타내는 두 가지 역할을 겸하게 된 것이죠. 'ㆁ'은 음운 /ŋ/은 현대 국어에 남아 있지만 표기는 사라진 경우입니다.

'ㆅ'의 음가

중세 국어 문헌에 'ㅿ, ㅸ, ㆁ, ·' 말고도 오늘날 보이지 않는 글자가 있습니다. 바로 'ㆅ(쌍히읗)'입니다. 초성 17자에 포함된 글자는 아니고, 'ㅎ'이 나란히 적힌 각자 병서자입니다. 이 글자는 한자음 표기에 일부 쓰이고, 고유어 중에서는 "당기다[引]"를 뜻하는 'ㅕ다'에서밖에 등장하지 않습니다. 'ㆅ'는 쓰임이 매우 제한적이고, 표기 역시 금방 사라졌지만 이 글자가 나타내는 소리는 오늘날 다양한 유형으로 남아 있어 흥미롭습니다. 우선 'ㆅ'의 음가에 대한 다양한 견해를 소개하겠습니다.

① 'ㅎ'의 경음 [h*]

다른 각자 병서자인 'ㄲ, ㄸ, ㅃ, ㅆ, ㅉ'가 경음이므로 'ㆅ' 역시 경음의 음가를 가질 것이라는 견해입니다. 또한 17세기 이후 'ㅕ−[引]'의 표기가 발견된다는 점에서도 뒷받침됩니다. 당시 'ㅅ'계 합용 병서가 경음을 나타내었기 때문입니다.

② 'ㅎ'의 변이음 [ç]

'ㆅ'의 출현 위치를 고려하여 'ㆅ'의 음가를 추정한 견해입니다. 'ㆅ'은 한자음 표기를 제외하고는 용언 어간 'ㅕ−[引]'에서만 발견되기 때문입니다. 'ㅕ−'에 있는 모음 'ㅕ'는 반모음 /j/를 지니고 있고, 'ㅎ[h]'은 /j/ 앞에서 변이음 무성 경구개 마찰음 [ç]로 교체됩니다. 따라서 이 견해에서는 'ㆅ'은 'ㅎ'의 변이음인 [ç]로 소리났을 것으로 추정합니다.

③ 'ㅎ'과 같은 [h]

이 견해는 'ㅎ'의 경음 [h*]가 음성학적으로 존재할 수 없다는 점, 한자음 표기에서 'ㆅ'은 유성음 [ɦ]을 나타내는데, 우리말에는 유성음이 변별적으로 인식되지 못한다는 점을 근거로 합니다. 'ㆅ'의 지향 음가는 'ㅎ'과 다를 수 있겠지만, 실현 음가는 'ㅎ'과 마찬가지인 [h]라는 것입니다. 또한 'ㅕ다'가 '혀다'로도 표기되었다는 점이 현실적으로는 'ㆅ'과 'ㅎ'의 소리가 같았음을 뒷받침해 준다고 봅니다.

유일하게 'ㆅ'을 가진 단어, '혀다'의 세 가지 변천!

'혀다'는 '당기다'의 뜻!

켜다

불을 켜다

당겨서 켜는 불!

기지개를 켜다

바이올린을 켜다

불현듯

불이 켜지듯, 아하!

썰물

당기는 물은 '썰물'!   미는 물은 '밀물'!

글자 'ㆅ'는 금방 사라졌지만 이 글자가 나타내는 소리는 계속 남아 다양하게 변하였던 것으로 보입니다. 고유어 중 유일하게 'ㆅ'을 가졌던 단어, '혀다[켜]'는 우리가 일상적으로 쓰는 단어들에 그 흔적을 남기고 있습니다. 우선 "당기다"의 의미를 가진 '혀다'는 오늘날 '켜다'로 남아 있습니다. 우리는 이 동사를 '불을 켜다'로 주로 사용하는데, 불을 일으키는 행위는 부싯돌이나 성냥을 '당겨서' 마찰을 발생시키는 것이지요. '불을 댕기다'의 '댕기다'도 '당기다'에서 변한 말임을 생각하면 쉽게 이해됩니다. '기지개를 켜다', '톱을 켜다', '바이올린을 켜다' 등에서는 '켜다'가 "당기다"의 본래 의미를 어느 정도 유지하고 있습니다. 팔다리를 쭉쭉 당겨 기지개를 켜고, 흥부가 톱을 슬근슬근 밀었다 당기고, 바이올리니스트는 활을 현에 대고 당겨 소리를 내지요. '불을 켠 듯'에서 유래한 '불현듯'에서는 'ㆅ'가 'ㅎ'로 남아 있습니다. 머릿속에서 깜박! 불이 켜진 듯 무언가가 떠오를 때 우리는 '불현듯' 떠올랐다고 하지요. 바닷물의 밀고 당김을 표현하는 '밀물', '썰물'에서 '썰물'은 본래 '*혈물'에서 변한 말로 추정됩니다. 육지로 미는 물이 '밀물'이라면 바다에서 당기는 물이 바로 '썰물'이지요. 여기서는 'ㆅ'이 'ㅆ'로 변해 남아 있음을 알 수 있습니다.

Q7 'ㅏ, ㅗ, ㅐ, ㅔ …' 모두 단모음 아닌가요?

중세 국어의 이중 모음

옛말을 공부하는 우리는 쉽게 문자의 환영에 사로잡히게 됩니다. 같은 문자로 적혔다면 소리 역시 동일할 것이라는 편견이지요. 'ㅐ'와 'ㅔ'의 사례가 대표적입니다. 현대 국어 사용자인 우리는 'ㅐ, ㅔ'가 오늘날과 동일하게 단모음이었을 것이라고 생각합니다. 과연 그럴까요? 현대의 단모음은 항상 단모음이었고, 현대의 이중 모음은 변함없이 이중 모음이었을 것이라는 편견에서 벗어나면 우리말의 모음에 대해 새로운 사실을 깨닫게 될 수 있습니다.

○— 들어가며

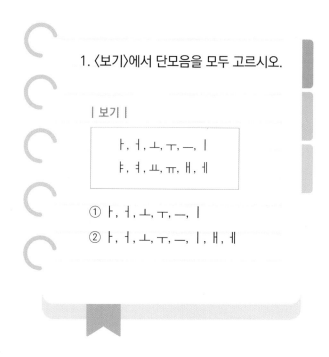

1. 〈보기〉에서 단모음을 모두 고르시오.

| 보기 |

ㅏ, ㅓ, ㅗ, ㅜ, ㅡ, ㅣ
ㅑ, ㅕ, ㅛ, ㅠ, ㅐ, ㅔ

① ㅏ, ㅓ, ㅗ, ㅜ, ㅡ, ㅣ
② ㅏ, ㅓ, ㅗ, ㅜ, ㅡ, ㅣ, ㅐ, ㅔ

이 문제의 정답은 무엇일까요? 현대 국어 음운론을 배웠다면 자신 있게 2번을 고를 수 있겠지요.
그런데 이 문제의 정답, 항상 2번일까요? 어느 시기의 국어인지 명시되어 있지 않다면 이 문제의 답은
1번도, 2번도 될 수 있습니다. 중세 국어의 이중 모음은 현대 국어와 어떻게 달랐을까요?

중세 국어 하향 이중 모음의 존재와 그 근거

현대 국어의 이중 모음 'ㅑ, ㅕ, ㅛ, ㅠ'는 모두 상향 이중 모음입니다. 반모음이 단모음 앞에 위치하는 이중 모음이라는 것이지요. 중세 국어에는 현대 국어와 달리 하향 이중 모음도 많았는데, 'ㅐ[aj], ㅔ[əj], ㅚ[oj], ㅟ[uj], ㅢ[ij], ㆎ[ʌj]'가 그러했습니다. 하향 이중 모음은 단모음 뒤에 반모음이 이어지는 이중 모음입니다. 'light'나 'ice' 같은 영어 단어에서 'i'를 [aɪ], '아이'로 빠르게 발음하는 것과 같다고 생각하면 쉽습니다.

중세 국어의 하향 이중 모음 중 우리의 눈에 띄는 것은 'ㅐ, ㅔ, ㅚ, ㅟ'입니다. 표준 발음법을 기준으로 현대 국어의 'ㅐ, ㅔ, ㅚ, ㅟ'는 모두 단모음이기 때문이죠. 음성 자료가 남아 있는 것도 아닌데, 'ㅐ, ㅔ, ㅚ, ㅟ, ㅢ, ㆎ'가 이중 모음, 그중에서도 하향 이중 모음이었다는 사실을 어떻게 알 수 있을까요? 문헌을 통해 확인할 수 있는 대표적인 두 가지 근거는 다음과 같습니다.

첫 번째 근거는 'ㅐ, ㅔ, ㅚ, ㅟ, ㅢ, ㆎ'로 끝나는 체언이나 용언 뒤에서 조사나 어미의 형태 변화가 단모음 'ㅣ'로 끝나는 체언이나 용언 뒤에서의 형태 변화와 같았다는 것입니다. 먼저 단모음 'ㅣ'로 끝나는 체언과 용언 어간의 경우를 살펴볼까요?

(1)　가. 그 아비(아비+∅) 노픈 묏 그테 올아 울며 (그 아비가 높은 산 끝에 올라 울며) 〈석보상절 (1447) 11:29a〉

나. 됴훈 고줄 우리 스싀예(스싀+예) 노코 (좋은 꽃을 우리 사이에 놓고) 〈석보상절(1447) 3:15a〉

다. 쏘 長常 므거븐 거슬 지여(지-+-여) 길흘 조차 둔니다가 (또 장상 무거운 것을 지어 길을 따라 다니다가) 〈석보상절(1447) 9:15b〉

(1가)에서 주격 조사 '이'는 단모음 'ㅣ'로 끝나는 체언 뒤에서 '∅(영형태)'로 실현됩니다. (1나)에서 부사격 조사 '에'는 단모음 'ㅣ'로 끝나는 체언 뒤에서 동화되어 '예'로 실현됩니다. (1다)에서는 동사 어간 '지-[負]' 뒤에서 어미 '-어'가 동화되어 '-여'로 실현됩니다. 'ㅐ, ㅔ, ㅚ, ㅟ, ㅢ, ㆎ'로 끝나는 체언과 용언 뒤에서도 조사와 어미가 동일한 패턴의 형태 변화를 보입니다.

(2) 가. 그 새(새+∅) 그 거우루엣 제 그르메롤 보고 우루믈 우니 (그 새가 그 거울에 있는 제 그림
자를 보고 울음을 우니) 〈석보상절(1447) 24:20b〉

나. 如來 엇게예(엇게+예) 메샤문 부톄 尊重히 너기실 씨라 (여래 어깨에 메심은 부처가 존중히
여기는 것이다) 〈월인석보(1459) 15:47b〉

다. 쏘 神力을 내여(내-+-여) 鴈王ㄱ티 ᄂ라가니 (또 신력을 내어 안왕같이 날아가니) 〈월인천
강지곡(1447) 상:68b〉

(2가)에서 '새[鳥]' 뒤에서도 주격 조사 '이'가 '∅(영형태)'로 실현되었고, (2나)에서는 부사격 조사
'에'가 '엇게[肩]' 뒤에서 '예'로 실현되었습니다. (2다)에서도 '내-[出]'의 어간 뒤에서 어미 '-어'가 '-
여'로 실현되었음을 확인할 수 있지요. 'ㅐ, ㅔ, ㅚ, ㅟ, ㅢ, ㅓ'가 하향 이중 모음이었고, 끝소리가 단
모음 'ㅣ'와 유사한 반모음 'ㅣ'였기 때문에 단모음 'ㅣ' 뒤에서와 이중 모음 뒤에서 조사가 형태 변
화가 동일하게 나타나는 것입니다.

두 번째 근거는 문헌에서 같은 어휘가 서로 다른 표기로 적힌 사실에서 찾을 수 있습니다. 같은
어휘를 두 가지 방식으로 표기했다는 것은 두 가지 표기가 나타내는 소리가 비슷하였기 때문이라
고 생각할 수 있는데요, 그 예는 다음과 같습니다.

(3) 가. 범을 맞나거나 ᄇᆡ얌을 맞나아도 제 도라가 머리 숨으리니 (범을 만나거나 뱀을 만나도 스
스로 돌아가 멀리 숨을 것이니) 〈월인석보(1459) 19:3a〉

나. 막다히와 매와 ᄇᆡ얌과 일히와 가히와 (막대와 매와 뱀과 이리와 개와) 〈월인석보(1459)
21:45b〉

(4) 가. 여ᄃ래롤 밥 아니 머구ᄃᆡ 죽디 몯ᄒᆞ야 잇더니 (여드레를 밥 아니 먹되 죽지 못하여 있더니)
〈삼강행실도언해(1490) 충신:24a〉

나. 兵馬 니ᄅ와돈 여ᄃᆞ라예 祿山이 將軍 史思明과 蔡希德괘 兵馬 가져 城 미틔 니거늘(병
마를 일으킨 지 여드레에 녹산의 장군 사사명과 채희덕이 병마를 가지고 성 밑에 가거늘) 〈삼강행
실도언해(1490) 충신:13a〉

(3)의 'ᄇᆡ얌'과 'ᄇᆡ얌'은 모두 '뱀'의 옛말입니다. 동일한 문헌에서 'ᄇᆡ얌'과 'ᄇᆡ얌'으로 두 가지 유
형의 표기가 나타났음을 확인할 수 있지요. 두 표기가 공존하였던 것에서 미루어 보면 우리는 'ᄇᆡ
얌'의 첫음절이 반모음 'ㅣ'로 끝나는 소리였다고 추정할 수 있습니다. 'ᄇᆡ'의 끝소리인 반모음 'ㅣ'가

'얌'의 첫소리인 반모음 'ㅣ'와 같으므로, '뵈'의 'ㅣ'가 탈락되어 표기되기 쉽기 때문이지요. (4)도 마찬가지입니다. '여ᄃ래'는 '여드레'의 옛말인데, (4나)에서는 '여ᄃ라'로 표기된 것을 볼 수 있습니다. 그리고 부사격 조사가 '예'로 실현되었군요. 역시 '여ᄃ래'의 끝소리 'ㅣ'가 다음 음절의 반모음이 되어 표기에 반영된 것입니다. (3)과 (4)에 나타나는 혼기는 '뵈얌', '여ᄃ래' 등에서 'ㆎ', 'ㅐ'가 하향 이중 모음이었음을 알려 줍니다.

중세 국어 시기에 이중 모음이었던 'ㅐ, ㅔ, ㅚ, ㅟ' 등은 근대 국어 시기에 단모음화를 겪게 됩니다. 단모음화가 완성된 정확한 시기가 언제인지에 대해서는 여러 의견이 있지만 대체로는 19세기 무렵에 단모음화가 이루어졌다고 봅니다. 이중 모음의 단모음화와 관련하여 설명할 수 있는 어휘 변화도 있습니다. 중세 국어 시기의 명사 '가히'와 '막다히'는 모음 사이의 'ㅎ'이 탈락하고 단모음화를 겪으면서 현대 국어의 '개', '막대'로 남아 있습니다.

중세 국어의 이중 모음

<보기>의 ㉠과 ㉡에 들어갈 말로 적절한 것은? [2021학년도 수능 15번 문항]

| 보기 |

학 생 : 현대 국어와는 달리 중세 국어의 'ㅔ', 'ㅐ'가 이중 모음이었다는 근거가 궁금해요.

선생님 : 'ㅔ', 'ㅐ'로 끝나는 체언과 결합하는 조사의 형태가 무엇인지 (가)를 참고하여 (나)를 살펴보면
알 수 있단다.

(가)

체언의 끝소리	조사의 형태	예
자음	이라	지비라[집이다]
단모음 '이'나 반모음 'ㅣ'	∅라	스싀라[스싀(사이)이다] 불휘라[불휘(뿌리)이다]
그 밖의 모음	ㅣ라	젼ᄎ라[젼ᄎ(까닭)이다] 곡됴라[곡됴(꼭두각시)이다]

(나)

今(금)은 이제라[이제이다], 下(하)는 아래라[아래이다]

학 생 : (가)의 [㉠] 에서처럼 (나)의 '이제'와 '아래'가 [㉡] 형태의 조사를 취하는 것을 보니
'ㅔ', 'ㅐ'가 반모음 'ㅣ'로 끝나는 이중 모음이었음을 알 수 있어요.

	㉠	㉡
①	지비라	이라
②	스싀라	∅라
③	불휘라	∅라
④	젼ᄎ라	ㅣ라
⑤	곡됴라	ㅣ라

이 문제는 중세 국어의 모음 'ㅔ, ㅐ'가 이중 모음인 근거를 중세 국어의 서술격 조사와 결합하는 모습을 보고 추론할 수 있도록 한 문제입니다. (가)에는 체언의 끝소리가 자음, 단모음 '이'나 반모음 'ㅣ', 그 밖의 모음인 경우가 제시되어 있네요.

　　우선 ⓒ을 먼저 채워볼까요? (나)의 '이제라', '아래라'를 보면 체언 '이제, 아래' 뒤에 서술격 조사가 '∅라'로 실현된 것을 알 수 있습니다. 다음으로는 ⓐ을 채워봅시다. (가) 중에서 서술격 조사가 '∅라'로 실현되었으면서, 체언의 끝소리가 반모음 'ㅣ'인 것을 고르면 됩니다. 'ㅅ·ㅣ'는 체언의 끝소리가 단모음 'ㅣ'이고, '불휘'는 끝소리가 반모음 'ㅣ'이므로 ⓐ에 들어갈 말로 적절한 것은 '불휘라'이겠네요. 따라서 정답은 ③번입니다.

합용 병서와 어두 자음군, 같은 말 아니었나요?

중세 국어 오개념 바로잡기

중세 국어, 특히 훈민정음 창제에 관한 내용을 수업에서 다룰 때 '연철', '연서', '순경음'처럼 어려운 용어가 많이 등장하여 난감한 경우가 많습니다. 학생들에게 어떻게 쉽게 설명할지 걱정도 되고요. 그중에서도 학생들은 '합용 병서合用竝書'와 '어두 자음군語頭子音群'의 구분을 어려워하는 것 같습니다. 서로 관련된 개념이라 정확한 차이가 무엇인지 헷갈리지요. 합용 병서와 어두 자음군의 차이점을 어떻게 설명할 수 있을지 알아봅시다.

○— 들어가기

Q. 국어 선생님께서 '뿔', '쁴'에 있는 'ㅄ'과 'ㅴ' 같은 표기들은 어두 자음군이라고 하셨어요. 이 글자들은 또 합용 병서이고, 'ㄲ', 'ㄸ' 같은 건 각자 병서라고도 말씀하셨는데요, 그럼 '꿀', '쁴'에서 'ㄲ', 'ㅄ'도 어두 자음군인가요? 어두 자음군과 합용 병서는 같은 말인가요? 너무 헷갈려요, 도와주세요!

'합용 병서'는 표기 측면의 개념!

'병서並書'라는 용어는 『훈민정음』의 「어제 예의御製 例義」와 「합자해合字解」에서 제시되었습니다. 우선 예의의 내용을 해례본과 언해본에서 각자 제시하면 다음과 같습니다.

(1) 가. 初聲合用則並書◦終聲同。〈훈민정음 해례본(1446) 정음:3b〉
(초성자를 합쳐 쓰려면 나란히 쓴다. 종성자들도 마찬가지다.)
나. 첫 소리ᄅᆞᆯ 어울워 ᄡᅮᇙ디면 ᄀᆞᆲ바 ᄡᅳ라 乃終ㄱ 소리도 ᄒᆞᆫ가지라 (첫소리를 어울러 쓰려면 나란히 쓰라 나중소리(끝소리)도 마찬가지이다) 〈훈민정음 언해본(1459) 12b〉

(1)의 기술을 통해 **'병서並書'**는 글자를 **'ᄀᆞᆲ바'** 쓰는 것, 즉 여러 글자를 나란히 쓰는 훈민정음의 문자 운용법임을 알 수 있습니다. 그러나 이 부분은 병서에 대한 간단한 언급일 뿐이므로, 구체적으로 어떤 글자를 나란히 쓰라는 것인지 알기 어렵습니다. 「합자해」에는 보다 자세한 설명이 나와 있는데, 그 부분을 살펴보면 다음과 같습니다.

(2) 初聲二字三字合用並書◦如諺語 ·ᄯᅡ爲地◦ᄧᅡᆨ爲隻◦·ᄢᅳᆷ爲隙之類。(초성자 두세 개를 **합쳐 쓸 때는 나란히 쓰니**, 예를 들면 우리말 ·ᄯᅡ[地, 땅], ᄧᅡᆨ[雙, 짝], ᄢᅳᆷ[隙, 틈] 등의 초성자 ㅼ, ㅶ, ㅴ 등과 같다.) 〈훈민정음 해례본(1446) 정음해례:21a〉

(3) 各自並書◦如諺語·혀爲舌而·ᅘᅧ爲引◦괴·여爲我愛人而괴·ᅇᅧ爲人愛我◦소·다爲覆物而쏘·다爲射之之類。(초성자 중 **같은 글자를 옆으로 나란히 쓰면**, 우리말 ·혀[舌, 혀]와 ·ᅘᅧ[引, 당기어], 괴·여[我愛人, 내가 남을 사랑하여]와 괴·ᅇᅧ[人愛我, 내가 남에게 사랑받아], 소·다[覆物, 쏟아]와 쏘·다[射, 쏘다] 등의 초성자 ㆅ, ㆀ, ㅆ 등과 같다.) 〈훈민정음 해례본(1446) 정음해례:21a〉

(2), (3)의 내용은 초성자에 여러 글자가 어떻게 나란히 쓰일 수 있는지 보여 줍니다. **서로 다른 글자가 나란히 쓰이는 것은 '합용 병서'**, 같은 글자가 나란히 쓰이는 것은 '각자 병서'로 구분하고 있으며 그 예가 제시되어 있습니다. 'ᄯᅡ, ᄧᅡᆨ, ᄢᅳᆷ'의 'ㅼ, ㅶ, ㅴ'는 합용 병서에, 'ᅘᅧ, 괴ᅇᅧ, 쏘다'의 'ㆅ, ㆀ, ㅆ'는 각자 병서에 해당하지요.[31]

---

31 각자 병서의 음가는 경음으로 볼 수 있습니다. 『훈민정음』 해례본에서는 전청자(ㄱ, ㄷ, ㅂ, ㅅ, ㅈ)를 나란히 적으면

(1)의 「어제 예의」에서 언급한 것처럼, 병서의 문자 운용법은 초성자 외에 종성자에도 적용됩니다.

(4) 終聲二字三字合用◦如諺語ᄒᆞᆰ爲土◦·낛爲釣◦ᄃᆞᇌ·ᄢᅢ爲酉時之類。(종성자 두세 개를 합쳐 쓰면 우리말 ᄒᆞᆰ[土, 흙], ·낛[釣, 낚시], ᄃᆞᇌ·ᄢᅢ[酉時, 유시] 등의 종성자 ㄺ, ㄳ, ㅩ 등과 같다.) 〈훈민정음 해례본(1446) 정음해례 21:b〉

종성에서도 마찬가지로 합용 병서가 쓰일 수 있는데, 위에 제시된 'ᄒᆞᆰ, 낛, ᄃᆞᇌ'의 'ㄺ, ㄳ, ㅩ'과 같습니다. 지금까지 살펴본 바와 같이 '병서竝書'는 『훈민정음』에서 제시된 문자 조합 방식을 나타내는 용어로, 서로 다른 글자를 나란히 쓰는 방식인 합용 병서와 같은 글자를 나란히 쓰는 방식인 각자 병서로 나뉘는 것입니다.

그렇다면 『훈민정음』에서 제시한 합용 병서의 예시 말고도, 실제 중세 국어 문헌에서 발견되는 합용 병서는 무엇이 있을까요? 합용 병서자의 경우 먼저 오는 글자의 종류에 따라 'ㅅ'계, 'ㅂ'계, 'ㅄ'계 합용 병서로 나누어 부를 수 있습니다. 문헌에서 발견되는 합용 병서자의 대표적인 예를 보이면 다음과 같습니다.

초성자	'ㅂ'계	ㅳ, ㅄ, ㅶ, ㅷ
	'ㅅ'계	ㅺ, ㅼ, ㅽ
	'ㅄ'계	ㅴ, ㅵ
종성자	ㄳ, ㅦ, ㅧ, ㅨ, ㄺ, ㄻ, ㄼ, ㄽ, ㄿ, ㅭ, ㅬ, ㅯ, ㅮ, ㅰ, ㅄ, ㆂ, ㅩ	

중세 국어 문헌에 나타나는 합용 병서자의 예

초성자와 종성자의 위치에서 다양한 조합의 합용 병서가 존재했다는 것을 알 수 있지요? 오늘날의 표기법은 초성자 자리에 서로 다른 글자를 나란히 쓰지 않고, 같은 글자를 나란히 쓰는 각자 병서 표기만 사용하고 있지요. 종성 위치에는 '값, 넋, 굶다' 등과 같이 겹받침을 사용하지만, 중세 국어 문헌에서는 지금 사용되지 않는 'ㅦ, ㅧ, ㅨ, ㅭ, ㅬ, ㅯ, ㅮ, ㅰ, ㆂ, ㅩ' 등의 조합이 다양하게 쓰였음을 알 수 있습니다.

전탁자(ㄲ, ㄸ, ㅃ, ㅆ, ㅉ)'가 되며, 전청의 소리가 엉기면 전탁이 된다고 설명했습니다. 각자 병서자는 주로 관형사형 어미 '-ㅭ' 뒤에서 표기되었습니다. '갈 쩌긔'나 '오실 낄ᄒᆞ로' 등에서 각자 병서의 예가 나타나지요.

'어두 자음군'은 소리 측면의 개념!

그렇다면 초성자의 합용 병서 표기는 어떠한 소리를 나타내었을까요? 합용 병서의 음가에 대해 다루는 때가 바로 어두 자음군의 개념과 연결되는 지점입니다. 여기서 합용 병서와 어두 자음군의 개념이 쉽게 혼동되곤 하지요.

어두 자음군^{語頭子音群}이란 단어의 첫머리에 오는 둘 또는 그 이상의 자음의 연속체입니다. '어두(語頭, 단어의 첫머리)'에 '자음군(子音群, 자음의 연속체)'이 온다는 의미이지요. 현대 국어에 어두 자음군이 없으니, 우리에게 익숙한 영어로 생각해 보면 이해가 쉽습니다. 영어의 'step[stɛp]', 'spring[sprɪŋ]', 'stress[strɛs]'는 모두 1음절 단어입니다. 각 단어의 첫머리에는 [st], [spr], [str], 즉 둘 이상의 자음 연속체인 어두 자음군이 있지요.

현대 국어에는 단어의 첫머리에 둘 이상의 자음이 올 수 없습니다. 초성에 자음이 한 개까지만 올 수 있는 음절 구조의 제약이 있기 때문입니다. 따라서 우리는 어두 자음군이 있는 영어 단어를 [스텝], [스프링], [스트레스]와 같이 음절을 늘려 발음합니다. 초성에서 [ㅅㅌ], [ㅅㅍㄹ], [ㅅㅌㄹ]와 같이 여러 자음을 한 번에 발음할 수 없기 때문에 각각의 자음 아래에 모음 'ㅡ'를 추가하여 발음하는 것이지요.

어두 자음군의 개념이 합용 병서와 함께 다루어지는 이유는 현대 국어와 달리 중세 국어에서는 어두에 여러 개의 자음이 존재할 수 있었고, 합용 병서의 일부 유형이 어두 자음군을 표기한 것으로 보기 때문입니다. 위에서 다룬 'ㅅ'계, 'ㅂ'계, 'ㅄ'계 합용 병서 중 'ㅂ'계 합용 병서와 'ㅄ'계 합용 병서는 어두 자음군의 표기로 분석되고 있습니다. 반면 'ㅅ'계 합용 병서는 어두 자음군이 아니라 된소리를 표기한 글자로 보는 것이 일반적인 견해입니다. 된소리는 하나의 자음이기 때문에 어두 자음군에 해당하지 않습니다.

당시의 음성이 남아 있는 것도 아닌데, 무엇을 근거로 'ㅂ'계와 'ㅄ'계 합용 병서는 자음군을 표기한 것이라고 할 수 있을까요? 중세 국어 이전과 중세 국어 이후의 언어에서 각각 근거를 찾을 수 있습니다.

중세 국어 이전의 고려 자료 중에 『계림유사^{鷄林類事}』라는 어휘집이 있습니다. 송나라의 손목이라는 사람이 고려어 약 360 어휘를 채록한 것인데, 이 책에서 쌀이라는 단어가 '菩薩(보살)'로 표기되어 있습니다. '菩薩(보살)'의 '菩(보)'를 보고 쌀을 의미하는 고려의 단어에 /ㅂ/ 소리가 존재했음을 알 수 있지요. 쌀은 중세 국어 문헌에서 'ᄡᆞᆯ'로 나타납니다. 『계림유사^{鷄林類事}』의 기록을 참고한다면 고려시대에 /ㅂ/을 가진 2음절의 단어가 조선시대에 1음절의 'ᄡᆞᆯ'로 줄어들었고, 'ᄡᆞᆯ'에서 /ㅂ/가

발음되었다고 추정해 볼 수 있습니다.[32]

중세 국어 이후의 근거는 오늘날의 국어에서 찾아볼 수 있습니다. 곡식 중 조의 열매를 찧은 쌀을 우리는 '좁쌀'이라 부릅니다. '조'와 '쌀'의 결합임을 생각하면 '좁쌀'에서 첫음절 받침에 /ㅂ/가 있는 것이 이상하지요. '좁쌀'은 중세 국어 문헌에서 '조뿔'로 나타나는데, '좁쌀'의 /ㅂ/은 '뿔'에서 /ㅂ/이 발음되었던 것을 반영하는 흔적으로 해석할 수 있습니다. '볍씨, 휩쓸다, 입때' 등에 나타나는 /ㅂ/ 역시 '삐(>씨), 쁠-(>쓸-), 빼(>때)'의 초성이 어두 자음군이었던 흔적을 일관되게 남기고 있습니다. 현대 국어의 '함께'는 중세 국어 시기에 '훈쁴'로 나타납니다. '훈쁴'에서 '함께'로의 변화에서 첫음절 말음이 /ㅁ/일 수 있었던 것은, 'ㅽ'이 어두 자음군이었고, '쁴'의 /ㅂ/에 의해 '훈'의 /ㄴ/이 /ㅁ/으로 양순음화된 결과로 해석할 수 있습니다.

한눈에 살펴보기   합용 병서와 어두 자음군의 차이

합용 병서合用竝書
: 표기 차원의 개념. 여러 글자를 나란히 붙여 쓰는 훈민정음의 문자 운용법 '병서' 중 서로 다른 글자를 나란히 쓰는 유형.
예 '쁠, 싀, 훓, 낛, 돐빼' 등에서 'ㅄ, ㅼ, ㄺ, ㄳ, ㄺㅅ, ㅽ' 등의 표기

어두 자음군語頭子音群
: 소리 차원의 개념. 단어의 첫머리에 오는 둘 이상의 자음의 연속체. 중세 국어 시기에 초성의 'ㅂ'계 합용 병서와 'ㅄ'계 합용 병서가 어두 자음군으로 발음되었다고 분석됨
예 'step[stɛp]', 'spring[sprɪŋ]', 'stress[strɛs]'의 초성
예 '쁠[psʌl], 쁠[pk*ul]'의 초성

---

32 『계림유사(鷄林類事)』와 고려의 어휘에 대해 더 궁금하다면 이 책의 2부, 'Q12 천년 전 고려 사람과 대화할 수 있을까요? / 고려의 언어와 전기 중세 국어'를 참고하세요.

『훈민정음』에 설명된 문자 사용법

<학습 활동>을 수행한 결과로 적절하지 <u>않은</u> 것은? [2023학년도 수능 국어 37번 문항]

| 보기 |

다음은 중세 국어의 문자 및 표기와 관련된 내용이다. [자료]에서 ⓐ~ⓔ를 확인할 수 있는 예를 모두 골라 묶어 보자.

ⓐ 乃냉終즁ㄱ소리ᄂᆞᆫ 다시 첫소리ᄅᆞᆯ ᄡᅳᄂᆞ니라

　　[종성 글자는 따로 만들지 않고 다시 초성 글자를 사용한다]

ⓑ ㅇᄅᆞᆯ 입시울쏘리 아래 니ᅀᅥ 쓰면 입시울 가ᄇᆡ야ᄫᅳᆫ 소리 ᄃᆞ외ᄂᆞ니라

　　[ㅇ을 순음 글자 아래 이어 쓰면 순경음 글자가 된다]

ⓒ 첫소리ᄅᆞᆯ 어울워 ᄡᅮᇙ디면 ᄀᆞᆲ밧 쓰라 乃냉終즁ㄱ소리도 ᄒᆞᆫ가지라

　　[초성 글자를 합하여 사용하려면 옆으로 나란히 쓰라 종성 글자도 마찬가지이다]

ⓓ ·와 ㅡ와 ㅗ와 ㅜ와 ㅛ와 ㅠ와란 첫소리 아래 브텨 쓰고

　　[·, ㅡ, ㅗ, ㅜ, ㅛ, ㅠ'는 초성 글자 아래에 붙여 쓰고]

ⓔ ㅣ와 ㅏ와 ㅓ와 ㅑ와 ㅕ와란 올ᄒᆞᆫ녀긔 브텨 쓰라

　　[ㅣ, ㅏ, ㅓ, ㅑ, ㅕ'는 초성 글자 오른쪽에 붙여 쓰라]

[자료] ᄢᅵ니, 분, 사ᄫᅵ, 스ᄀᆞᄫᆞᆯ, ᄣᅡᆨ, 훍

① ⓐ: 분, ᄣᅡᆨ, 훍　　　② ⓑ: 사ᄫᅵ, 스ᄀᆞᄫᆞᆯ

③ ⓒ: ᄢᅵ니, ᄣᅡᆨ, 훍　　　④ ⓓ: 분, 스ᄀᆞᄫᆞᆯ, 훍

⑤ ⓔ: ᄢᅵ니, 사ᄫᅵ, ᄣᅡᆨ

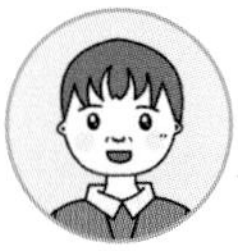

중세 국어의 표기법을 종합하는 문제입니다. 『훈민정음』 해례본에 새로 만든 글자 훈민정음의 문자 운용법과 표기법을 설명한 부분을 인용하여 적절한 예시를 찾도록 요구하고 있네요. ⓐ는 종성 표기, ⓑ는 순경음을 적는 연서連書 표기법, ⓒ는 병서竝書 표기법에 대한 내용입니다. 병서에는 같은 글자를 나란히 쓰는 각자 병서와 다른 글자를 나란히 쓰는 합용 병서가 있지요. ⓓ는 『훈민정음』의 「합자해」에서 'ㆍ, ㅡ, ㅗ, ㅜ, ㅛ, ㅠ'를 초성 자음자의 아래에 써야 함을 명시한 부분이고, ⓔ는 'ㅣ, ㅏ, ㅓ, ㅑ, ㅕ'가 초성 자음자의 오른쪽에 써야 함을 명시한 부분이지요.

[자료]에서 종성을 가진 단어는 '붇, 스ᄀᆞᄫᆞᆯ, ᄧᅡᆨ, ᄒᆞᆰ'입니다. 선택지 ①에는 '스ᄀᆞᄫᆞᆯ'이 빠져 있으니 답은 ①이겠네요. [자료]에서 순경음을 가진 단어는 '사ᄫᅵ, 스ᄀᆞᄫᆞᆯ'입니다. 'ᄢᅵ니, ᄧᅡᆨ'에는 초성 위치에 합용 병서가, 'ᄒᆞᆰ'에는 종성 위치에 합용 병서가 사용되었습니다. '붇, 스ᄀᆞᄫᆞᆯ, ᄒᆞᆰ'에서 모음자 'ㅜ, ㅡ, ㆍ'는 초성자 'ㅂ, ㅅ, ㄱ, ㅸ, ㅎ' 아래에, 'ᄢᅵ니, 사ᄫᅵ, ᄧᅡᆨ'의 모음자 'ㅣ, ㅏ'는 초성자 'ㅴ, ㄴ, ㅅ, ㅸ, ㅵ' 오른쪽에 표기되었습니다. 따라서 ②~⑤는 모두 옳은 선지입니다.

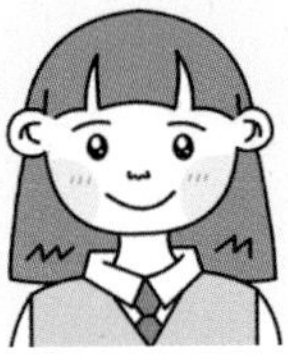

중세 국어의 발음 복원하기

'王ᄭᅴ ᄉᆞᆯᄫᅩᄃᆡ 太子ᄂᆞᆫ 하ᄂᆞᆳ 스스이어시니 내 어드리 ᄀᆞᄅᆞ치ᅀᆞᄫᆞ리잇고…' 교실에서 국어사 수업을 할 때 옛 문헌 속 텍스트를 어떻게 읽어 주시나요? 'ㅺ'는 적당히 'ㄲ'로, 'ㆍ'는 'ㅏ'로, 'ㅿ'는 'ㅈ'로.. 현대에 익숙하고 쉬운 소리대로 읽어 주거나 아예 읽지 않고 넘어가지는 않으시는지요?

과거의 언어를 생생하게 느껴보는 좋은 방법은 바로 옛 문헌을 옛 소리 그대로 읽어 보는 것입니다. 지금은 사라진 옛 문자의 소리대로, 이중 모음이었던 글자는 이중 모음으로 말이죠. 학습자들에게는 같은 문자를 새로운 방식으로 읽어 보면서 중세 국어 문헌을 생생하게 느껴보는 경험을 해 볼 수 있을 것입니다! 수업 시간에 학습한 중세 국어의 음운 특징을 생생하게 기억하게 되는 계기도 되지요.

옛말 텍스트의 강독에 앞서 문헌을 옛 소리를 되살려 자연스럽게 읽도록 연습하는 활동을 진행해 보면 어떨까요? 'ㅿ', 'ㅸ' 등 사라진 옛 글자의 소리는 현대에 문헌 자료를 바탕으로 재구해 낸 음가를 IPA의 발음에 대응시켜 소리를 들어 볼 수 있어요. Youtube에서는 『훈민정음』 「어제 서문」을 옛 문자 그대로 읽어 본 콘텐츠를 찾아볼 수 있으니 함께 활용해도 좋겠습니다.

수업 도우미

15세기 발음으로 읽어 본 '어제 서문'

'솅종엉졩 훈민졍ᅙᅳᆷ'? '욇힌쳔강징콕'?
대체 어떻게 읽는 건가요?

동국정운식 한자음

『훈민정음』어제 서문으로 수업할 때면 꼭 한자 밑에 적힌 조그마한 글씨, '솅'이나 '엉'에 대한 질문이 나오곤 합니다. 15세기의 표기적 특징인 '동국정운식 표기'라고 적당히 설명해 주곤 하지만, 왜 '엉'이 아니라 '엉'인지, '욇'에서 'ㆆ'은 대체 어떤 기능인지 자세히 몰라 난감할 때가 있습니다. 동국정운식 표기, 정확히 어떤 표기일까요?

○— 들어가기

'나랏 말ᄊᆞ미 듕귁에 달아...' 이미 익숙해진 『훈민정음』언해본의 첫 구절이지요. 한자 '世宗御製訓民正音'의 아래에 작은 글씨로 '솅종엉졩 훈민졍ᅙᅳᆷ'이라고 쓰여 있습니다. 아마 한자를 어떻게 읽는지 알려 주는 부분으로 보입니다.

그런데 이상하네요. 훈민정음을 창제한 분은 [세종]대왕인데, 왜 '세종'이 아니라 왜 '솅종'으로 적혀있을까요? 가만히 보니 '솅'의 받침과 '종'의 받침에 있는 이응의 모양이 조금 다른 것 같기도 합니다.

『월인천강지곡』도 살펴보니 역시 '月印千江之曲'의 아래에 '욇힌쳔강징콕'으로 표기되어 있습니다. '징'? '콕'? 외국어처럼 보이는 이 글자들의 정체는 무엇인가요?

‘동국정운식 한자음 표기’는 책 『동국정운』을 따르는 한자음이라는 뜻!

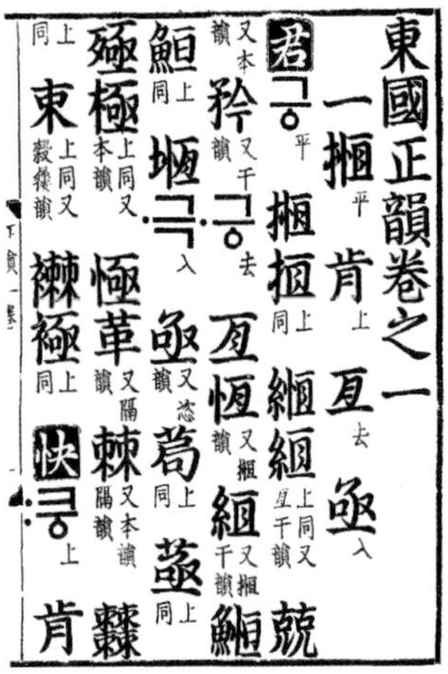
東國正韻卷之一
一 搄平 肯上 亘去 亟入
君 궁平 搄 揯上同 緪 絚上同又亘干韻 兢
又本韻 矜又干韻 ·궁去 亙 恒又搄韻 縆又搄干韻 鮔
䱴上同 堩 ·극入 亟又恣韻 茍上同 蒛上同
殛 極上同又本韻 慖 革又隔韻 棘又本韻隔韻 蘻
同上 東上同又穀韻 𣝗 極上同 快 ·킁上 肯

『동국정운』(1448)

중세 국어 문헌에는 한자가 나올 때마다 아래 조그맣게 한자음을 달아 준 모습을 자주 찾아볼 수 있습니다. 훈민정음이 한자의 발음을 적는 기호로 유용하게 쓰였음을 보여 주고, 책을 읽는 이에게는 유익한 정보가 되기도 하였습니다. 정확하고 통일된 한자음을 표기하는 것은 문자 훈민정음이 창제된 의도와도 관련되는 중요한 문제였습니다.[33] 『훈민정음』 언해본(1459)을 비롯한 **훈민정음 창제 초기의 문헌에서는 한자음이 ‘동국정운식 한자음 표기’의 원칙**에 따라 일관되게 표기되었습니다.

‘동국정운식 한자음 표기’란 **책 『동국정운』을 따르는 한자음 표기라는 뜻**입니다. 『동국정운』(1448)은 세종의 명에 따라, 통일된 표준 한자음을 정해 기록하려는 목적으로 간행된 책입니다. 쉽게 말하자면 나라에서 정한 ‘표준 한자음 규범서’라고 할 수 있습니다. 현전하는 조선 최초의 운서이기도 하지요.

『동국정운』의 첫 장을 보면 ‘君’ 항목 아래에 ‘搄, 緪, 兢, 矜’의 한자음이 평성의 ‘궁’으로, ‘亙, 絚, 鮔, 堩’ 등의 한자음이 거성의 ‘·궁’으로, ‘亟, 茍, 蒛, 殛, 慖, 革, 棘’ 등의 한자음이 입성의 ‘·극’으로 되어 있음을 볼 수 있습니다. 한자음을 훈민정음으로 표기하고, 같은 한자음을 가진 한자를 차례로 나열하여 정리한 것이지요.[34]

---

33 훈민정음 창제 의도로서의 한자음 정비에 대해서는 이 책의 3부, ‘Q4 훈민정음은 한자를 대체하기 위해 만들어진 것 아닌가요? / 훈민정음의 창제 의도’의 ‘두 번째 의도: 한자음 정비’에서도 확인할 수 있습니다.

34 이때 음각의 ‘君’은 초성 소리를 대표하는 것입니다. 이 항목 아래에 제시된 한자들은 ‘君’과 마찬가지로 모두 초성이 [k] 소리를 가진다는 것이지요. 작은 글씨로 ‘上同’이라고 적혀있는 것은 이체자를 의미합니다. 또한 ‘又韻’은 하나의 한자가 복수음을 가질 때 어떤 한자음을 복수로 가지는지에 대한 정보를 제공해 줍니다.

『동국정운(東國正韻)』은 왜 필요했던 건가요?

『동국정운』의 서문을 보면 이 책의 필요성과 목적에 대한 당시 학자들의 생각을 알 수 있습니다. 서문 중 일부를 살펴볼까요?[35]

> "우리나라는 안팎 강산이 자작으로 한 구역이 되어 풍습과 기질이 이미 중국과 다르니, 호흡이 어찌 중국음과 서로 합치될 것이랴. 그러한즉, 말의 소리가 **중국과 다른 까닭은 이치의 당연한 것**이고, 글자의 음에 있어서는 마땅히 중국음과 서로 합치될 것 같으나, 호흡의 돌고 구르는 사이에 가볍고 무거움과 열리고 닫힘의 동작이 역시 반드시 말의 소리에 저절로 끌림이 있어서, 이것이 글자의 음이 또한 따라서 변하게 된 것이니, 그 음^音은 비록 변하였더라도 **청탁**^{淸濁}과 사성^{四聲}은 옛날과 같은데 일찍이 책으로 저술하여 그 바른 것을 전한 것이 없어서, … 자모^{字母} 칠음^{七音}과 청탁^{淸濁}·사성^{四聲}이 모두 변한 것이 있으니 …"

위의 서문을 통해 『동국정운』의 편찬 목적을 알 수 있습니다. 우리는 일찍이 중국의 한자와 그 발음을 받아들여 우리말의 실정에 맞게 활용하여 왔지요. 그러나 오늘날 영어가 영국과 미국, 캐나다, 인도, 싱가포르 등에서 조금씩 발음이 다르듯이, 말소리는 사용되는 지역에서마다 시간의 흐름에 따라 변하게 마련입니다. 한자음도 마찬가지였습니다. 중국에서 들어온 한자음이 우리말 안에서 쓰이면서 조금씩 소리가 변하였고, 중국의 한자음과 달라졌던 것입니다.

세종과 학자들은 **우리나라 말과 중국어의 말소리와 한자음이 다르고, 우리나라 안에서도 사람들이 쓰는 한자음이 제각기 달라 혼란하였던** 것을 충분히 인식하고 있었습니다. 그러나 한자음이 달라졌을지라도 자모^{字母}, 칠음^{七音}, 청탁^{淸濁}, 사성^{四聲}과 같은 체계가 달라져서는 안 된다고 생각하였습니다. 따라서 기존 한자음의 어수선한 상황을 정리하고, **규범적이고 통일된 한자음을 정해 명시하고자** 『동국정운』이 편찬된 것입니다.

서문에서 언급된 **자모**^{字母}, **칠음**^{七音}, **청탁**^{淸濁}, **사성**^{四聲} 등의 체계가 무엇일까요? '사성^{四聲}'은 평성^{平聲}, 상성^{上聲}, 거성^{去聲}, 입성^{入聲}의 네 가지 성조를 말하는 것입니다. 본래 한자음 각각이 지니고 있었던 성조가 그대로 지켜져야 한다는 의미이지요. 자모, 칠음, 청탁은 쉽게 말하자면 조음 위치 및 자음

---

35   현대어역은 국사편찬위원회의 국역을 가져왔습니다.

의 자질과 관련되는 개념인데, 이해를 위해서는 성운학에 대한 설명이 조금 필요합니다.

성운학^{聲韻學}은 한자의 성^{聲, initial}과 운^{韻, rhyme}을 고찰하여 한자음을 연구하는 학문입니다. 성운학에서는 한자음을 크게 두 부분, 성모^{聲母}와 운모^{韻母}로 나눕니다. 쉽게 생각하면 성모는 초성에, 운모는 중성과 종성에 해당합니다. 예를 들어 國[국]의 성모는 [ㄱ], 운모는 [ㅜㄱ]인 것이죠. 성운학에서 한자음을 정리한 결과 성모에는 총 36가지의 소리가 존재하였고, 이를 36자모^{字母}라고 합니다. 36자모의 체계를 표로 보이면 다음과 같습니다.

칠음(七音) \ 청탁(淸濁)		전청	차청	전탁	차탁	청	탁
아음		見[k]	溪[kʰ]	群[g]	疑[ŋ]		
설음	설두음	端[t]	透[tʰ]	定[d]	泥[n]		
	설상음	知[ʈ]	徹[ʈʰ]	澄[ɖ]	娘[ɳ]		
순음	중순음	幫[p]	滂[pʰ]	並[b]	明[m]		
	경순음	非[pf]	敷[pfʰ]	奉[bv]	微[m]		
치음	치두음	精[ts]	淸[tsʰ]	從[dz]		心[s]	邪[z]
	정치음	照[tɕ]	穿[tɕʰ]	牀[dʑ]		審[ɕ]	禪[ʑ]
후음		影[ʔ]			喩[j]	曉[x]	匣[ɣ]
반설음					來[l]		
반치음					日[ɳʑ]		

<성운학의 36자모(字母) 체계>(唐作藩(2013/2015))

36자모는 청탁^{淸濁}과 칠음^{七音}에 의해 체계를 갖추고 있습니다. 청탁^{淸濁}은 유성성과 기식성에 관한 자질로 보는 것이 일반적입니다. 현대의 음성학적 기준으로 보면 전청자^{全淸字}는 무성무기음, 차청자^{次淸字}는 무성유기음, 전탁자^{全濁字}는 유성무기음, 불청불탁자^{不淸不濁字}는 공명자음으로 볼 수 있습니다. 칠음^{七音}은 대체적으로 조음 위치를 나타내는 것으로, 오늘날의 관점에서 아음^{牙音}은 연구개음, 설음^{舌音}은 치경음(설두음)과 치경경구개음(설상음), 순음^{脣音}은 양순음(중순음)과 순치음(경순음), 치음^{齒音}은 치음(치두음)과 치경경구개음(정치음), 후음^{喉音}은 성문음 혹은 연구개음으로 볼 수 있습니다.

운모^{韻母}는 중성과 종성을 합한 개념이므로 경우의 수가 굉장히 다양합니다. 운모와 관련된 개념으로 운류^{韻類}라는 것이 있는데[36], 중국의 대표적인 성운학 운서인 『廣韻(광운)』에 따르면 한자음에 약 320종류의 운류가 존재합니다. 운모는 성모보다 훨씬 복잡하니 여기서 자세히 보여드리기는 어렵겠습니다. 『동국정운』은 위와 같은 성운학 이론을 토대로 23개의 새로운 자모 체계를 세우고, 표준적인 한자음을 제시하여 정리한 책이라고 설명할 수 있습니다. 『동국정운』에서 청탁과 칠음에 의해 세운 자모의 체계를 보이면 다음과 같습니다.

	전청	차청	전탁	불청불탁
아음	君ㄱ	快ㅋ	虯ㄲ	業ㆁ
설음	斗ㄷ	呑ㅌ	覃ㄸ	那ㄴ
순음	彆ㅂ	漂ㅍ	步ㅃ	彌ㅁ
치음	戌ㅅ 卽ㅈ	侵ㅊ	邪ㅆ 慈ㅉ	
후음	挹ㆆ	虛ㅎ	洪ㆅ	欲ㅇ
반설음				閭ㄹ
반치음				穰ㅿ

<『동국정운』의 자모 체계>

『동국정운』 한자음 표기의 실제

이제 동국정운식 표기에 대해 알았으니 【들어가기】의 자료, '世宗御製訓民正音(세종엉졩훈민졍ᅙᅳᆷ)'과 '月印千江之曲(ᅌᅯᆯ힌쳔강징콕)'을 다시 읽어볼까요? 우선 받침을 먼저 살펴봅시다. 자세히 보면 이응의 글씨가 조금씩 다릅니다. '世솅, 御엉, 製졩'와 '之징'의 받침은 꼭지가 없는 'ㅇ'인 반면 '宗종, 正졍, 江강'의 받침은 꼭지가 있는 옛이응 'ㆁ'이네요.

받침 'ㅇ'과 'ㆁ'의 차이는 종성에 [ŋ] 소리를 가지고 있는지 여부에 있습니다. '世(세), 御(어), 製(제)'는

---

[36] 운모는 운두(韻頭), 운복(韻腹), 운미(韻尾) 세 부분으로 나눌 수 있는데, 운류는 이 세 부분과 성조가 모두 같은 음들을 묶은 것입니다.

초성과 중성으로만 이루어진 한자음이지만, '宗(종), 正(정), 江(강)'은 초성, 중성, 종성으로 이루어진 한자음입니다. 이는 현대 국어 한자음에서도 마찬가지이지요. 『동국정운』에서는 종성에 [ŋ] 소리가 있는 경우 'ㆁ'으로 표기하고, 종성에 소리가 없는 경우에도 종성 자리에 'ㅇ'을 적어 자리를 채워주었습니다. 물론 이것은 우리말 표기에는 적용되지 않는 규칙이었습니다.

이번에는 초성을 보겠습니다. 초성에도 'ㆁ'이 쓰인 글자들이 있네요. 현대 국어의 한자음을 바탕에 두고 살펴본다면 의문이 생길 수밖에 없겠죠? 현대 국어의 한자음을 생각한다면, '御(어), 音(음), 月(월), 印(인)' 모두 초성에 자음이 없는 소리입니다. 그러나 동국정운식 한자음 표기를 보면 각기 다른 자음으로 표기된 것을 볼 수 있습니다. '御ᅌᅥᆼ, 月ᅀᅠ'에는 초성이 'ㆁ'으로, '音ᅙᅳᆷ, 印ᅙᅵᆫ'에는 초성이 'ㆆ'로 표기되었네요.

그 까닭은 성운학에서 '御(어), 月(월)'의 성모가 본래 불청불탁(혹은 차탁)의 아음^{牙音}에 해당하였고, '音(음), 印(인)'은 성모가 전청의 후음^{喉音}에 해당하였기 때문입니다. 위에 제시된 두 가지 표를 참고하여 비교해 보기 바랍니다. 당시 우리나라의 현실 한자음에서는 이러한 소리의 차이가 반영되지 않았고, 『동국정운』에서는 두 경우에 'ㆁ'과 'ㆆ'으로 초성의 글자를 달리 씀으로써 차이를 바로잡은 것입니다.

그리고 위 사진에서 보이는 또 하나의 특징은 '이영보래^{以影補來}'입니다. '月ᅀᅠ'의 종성 표기가 이에 해당하는데요, 이 개념은 꽤 중요하고 어려우니 아래에서 자세히 다루어 보겠습니다.

이영보래(以影補來), 영모(影母)로써 래모(來母)를 보충한다!

다시 『동국정운』의 서문으로 돌아가 보겠습니다. 이영보래에 대한 언급이 있기 때문인데요, 그 내용은 아래와 같습니다.

'질^質'의 운^韻과 '물^勿'의 운^韻들은 마땅히 단모^{端母}로서 종성^{終聲}을 삼아야 할 것인데, 세속에서 래모^{來母}로 발음하여 그 소리가 느리게 되므로 입성^{入聲}에 마땅하지 아니하니, 이는 사성^{四聲}의 변한 것이라. … '질^質'·'물^勿' 둘의 운^韻은 '영^影'으로써 '래^來'를 기워서^{以影補來} 속음을 따르면서 바른 음에 맞게 하니, 옛 습관의 그릇됨이 이에 이르러 모두 고쳐진지라.

교실에서 펼치는 우리말 우리글 역사 이야기

위 서문에서 문제로 삼고 있는 것은 '質(질)'과 '勿(물)'의 운^韻입니다. 두 한자음에서 운모는 'ㅣㄹ'과 'ㅜㄹ'인데, 본래는 종성 소리가 단모^{端母}인 [t]이어야 하지만 우리말에서 소리가 바뀌어 래모^{來母}인 [l]로 발음하고 있다는 것입니다.[37] '단모^{端母}', '래모^{來母}'가 무엇인지는 앞의 표 〈성운학의 36자모^{字母} 체계〉를 보시면 알 수 있습니다. '단모'는 36자모 중 전청의 설두음에 있는 것으로 [t]에, 래모는 차탁의 반설음에 있는 것으로 [l]에 해당하는 소리입니다.

또 '質(질)'과 '勿(물)'의 성조는 본래 사성^{四聲} 중 하나인 입성입니다. 입성 한자음은 ㅂ[p], ㄷ[t], ㄱ[k]과 같은 폐쇄음을 종성으로 갖는 한자음으로서 종성이 촉급하게 발음되는데, 래모로 발음하니 소리가 늘어져 입성이 되지 않는다는 것입니다. 본래 입성의 단모였던 한자음이 속음에서 래모로 변하였으니 교정이 필요하였고, 『동국정운』에서는 이 한자음의 표기를 '짍^質', '뭃^勿'로 정하였습니다. 다만 본래의 한자음인 '진, 문'이 아니라 '짍', '뭃'로 교정하였는데, 'ㄹ'을 살리고 받침에 'ㆆ'를 추가한 이 표기가 바로 '이영보래^{以影補來}'입니다.

'이영보래^{以影補來}'는 '영모^{影母}'로써 '래모^{來母}'를 보충한다는 의미입니다. 〈성운학의 36자모 체계〉에서 '영모'는 전청의 후음에 해당하는데, 〈『동국정운』의 자모〉에 따르면 전청의 후음은 'ㆆ'로 표기됩니다. 래모는 'ㄹ'로 표기되고요. 즉 래모 'ㄹ' 옆에 영모 'ㆆ'을 보충한 'ㅭ'을 받침으로 삼은 것입니다. 이영보래 표기의 원칙은 변해 버린 현실 한자음과 본래의 규범적 한자음을 동시에 표기에 반영하기 위해 고안한 것입니다. 본래의 입성 음가에 충실하여 적자면 받침을 'ㄷ'으로 표기해야 마땅하지만, 현실 한자음(속음)이 본래의 한자음과 멀어진 상황 역시 아주 무시하기는 어려웠기에 'ㄷ'과 'ㄹ'을 절충하여 'ㅭ'로 표기해 준 것입니다.

동국정운식 한자음 표기는 나라의 중요한 문자인 한자의 음을 통일하고 바로잡음으로써 학문의 기초를 단단하게 하려는 세종의 뜻이 반영된 결과였습니다. 다만 인위적이고 규범적인 표기가 현실 한자

---

37 "또한 반설음(반혓소리) 글자 ㄹ은 우리말의 종성에는 사용할 수 있지만, 한자음의 종성에는 사용할 수 없다. 입성에 해당하는 한자 '彆(별)'의 음을 적을 때에는 종성자 ㄷ을 사용하는 것이 마땅한데, 우리나라 사람들이 관습에 따라 이 한자를 [별]로 읽고 있는 것은 종성 ㄷ의 소리가 변하여 가벼워졌기 때문이다. 만약 '彆(별)'의 한자음을 적을 때 종성자로 ㄹ을 사용한다면, 그 소리가 천천히 끝닿아 입성이 되지 못한다. (且半舌之ㄹ 當用於諺 而不可用於文. 如入聲之彆字 終聲當用ㄷ 而俗習讀爲ㄹ 盖ㄷ變而爲輕也. 若用ㄹ爲彆之終 則其聲舒緩 不爲入也.)"
중국어의 설음 입성 운미 '-t'가 국어 한자음에서 '-ㄹ'로 변한 문제는 『훈민정음』 해례본의 「종성해」에도 언급되어 있습니다. 훈민정음 창제 당시에도 입성 운미의 변화 문제를 상세히 인식하고 있었음을 알 수 있습니다. 『훈민정음』 해례본에서는 '彆(별)', '戌(술)' 등의 한자음을 본래의 중국 한자음을 중시하여 '볃', '숟'으로 표기하였지만, 이후 『동국정운』에서는 '뼗', '숧'이라는 절충 표기안을 마련한 것입니다. 원문의 번역은 김유범 외(2020: 169)에 따랐습니다.

음과는 거리가 있었기에, 애써 마련한 표기의 원칙이 오래 유지되지는 못하였습니다. 성종 대 이후에는 동국정운식 한자음이 더 이상 쓰이지 않고, 현실 한자음 표기로 돌아가게 되었지요. 비록 현실과 이상이 조화를 이루지 못했지만, 한자음에 대한 면밀한 분석과 이해를 통해 표준적인 한자음을 정함으로써 혼란을 줄이고자 했던 세종의 뜻은 높게 평가될 만하다고 하겠습니다.

Q10 '슬ᄏ지 노니노라'? '노니노라'가 무슨 뜻인가요?
중세 국어의 비통사적 합성어

중세 국어의 형태적 특징은 현대 국어와 비슷한 면도 많지만, 사뭇 다른 모습들도 많습니다. 중세 국어의 용언 어간이 비교적 자립적으로 쓰일 수 있었다는 사실은 오늘날의 비통사적 합성어를 이해하는 데 많은 도움을 줍니다. 현대 국어와의 유사점과 차이점을 중심으로 중세 국어의 형태적 특징을 소개해 주세요.

○─ 들어가며

東京明期月良 夜入伊遊行如可 〈향가 처용가〉

東京 ᄇᆞᆯ근 ᄃᆞ래 새도록 노니다가 〈고려가요 처용가〉

보리밥 픗ᄂᆞ물을 알마초 머근 後에 바횟긋 ᄆᆞᆰᄀᆡ의 슬ᄏ지 <u>노니노라</u> 〈윤선도 – 만흥〉

ᄃᆞᆫᄂᆞᆫ 둣 머므ᄂᆞᆫ 둣 셧ᄂᆞᆫ 둣 <u>튀노ᄂᆞᆫ</u> 둣 〈정철 – 관동속별곡〉

말가ᄒᆞᆫ 기픈 소희 온갇 고기 <u>튀노ᄂᆞ다</u> 〈윤선도 – 어부사시사〉

…

난 여기저기 <u>튀노는</u> 너의 맘 길들일래 lion heart 〈소녀시대–Lion Heart〉

고산 윤선도의 문집 『고산유고』에는 〈만흥〉, 〈어부사시사〉 등 우리가 잘 아는 시가 작품이 다수 실려 있습니다. 옛사람들의 노래에서는 '노니다', '튀놀다' 같은 표현을 쉽게 찾아볼 수 있는데요,

'튀놀다'는 요즘의 노래에서도 들려오는 단어인데, '노니다'와 같은 단어는 우리에게 익숙하지 않네요.

'노니다'는 어떤 뜻일까요? 이 단어들에는 중세 국어의 어떤 특징이 담겨 있을까요?

중세 국어의 비통사적 합성어는 지금과 어떻게 같고, 다를까요?

비통사적 합성어란 단어들이 결합할 때 단어가 문장을 구성하는 통사적 방식을 준수하지 않는 합성어입니다. 비통사적 합성어 중 용언의 어간이 포함된 비통사적 합성어는 통사 구성에서 나타나야 하는 관형사형 어미나 연결 어미가 결여되어 통사성을 준수하지 못한 경우입니다. 용언 어간에 연결 어미 없이 다른 용언 어간이 결합하거나, 용언 어간에 관형사형 어미 없이 다른 명사가 결합하는 비통사적 합성어의 유형은 중세 국어에서 더 활발히 나타납니다. 같은 구성을 가진 현대 국어와 중세 국어의 비통사적 합성어를 비교해 보면 다음과 같습니다.

	현대 국어	중세 국어
동사 어간 + 명사 = 합성명사	접칼	뿟돌
형용사 어간 + 명사 = 합성명사	늦잠	붉쥐
동사 어간 + 동사 어간 = 합성동사	뛰놀다, 오르내리다	듣보다, 죽살다, 빌먹다
형용사 어간 + 동사 어간 = 합성동사	얕보다, 낮잡다	눗보다
형용사 어간 + 형용사 어간 = 합성형용사	검붉다	됴쿶다, 감ᄑᆞ르다, 횩뎍다

중세 국어와 현대 국어의 비통사적 합성어

'뿟돌(>숫돌)'은 "비비다"를 의미하였던 동사 '뿟다'의 어간에 '돌'이 결합하여 명사를 이룬 것입니다. '붉쥐(>박쥐)'는 형용사 '붉다[明]'의 어간에 '쥐'가 결합한 명사로, 오늘날의 '박쥐'가 본래 "눈 밝은 쥐"라는 의미에서 조어되었음을 보여 줍니다. '듣보다'와 '죽살다', '빌먹다'는 각각 "듣고 보다", "죽고 살다", "빌어 먹다"를 의미합니다. 동사 어간끼리 결합하여 새로운 합성 동사를 이룬 경우이지요.

'눗보다(>낮보다)'는 형용사 '눗다(>낮다)[低]'와 동사 '보다[見]'의 어간끼리 결합하여 형성된 합성 동사를 이룬 것입니다. '됴쿶다', '감ᄑᆞ르다(>검푸르다)', '횩뎍다'는 각각 반대의 의미를 나타내는 형용사 '둏다(>좋다)[好]'와 '궂다[凶]', 색채 형용사인 '감다(>검다)[玄]'와 'ᄑᆞ르다(>푸르다)[靑]', 비슷한 의미를 가진 '횩다[小/少]'와 '뎍다(>적다)[小/少]'가 결합하여 합성 형용사를 이룬 것입니다. 그 의미는 '좋고 궂다', '검고 푸르다', '작고 작다(자잘하다)'로 파악되지요.

(1)은 중세 국어 문헌에 나타나는 비통사적 합성 용언 중 대표적인 것을 예로 든 것입니다. 오늘날까지 비통사적 합성어로 남아 있는 형태에만 굵게 표시를 했습니다. 현대 국어까지 남아 있는 단어도 많지만, 오늘날엔 소멸하거나 거의 쓰이지 않는 형태도 있습니다. 비통사적 합성어가 사라지고, 용언 어간이 통사적 방식으로 결합한 합성어가 새로 쓰이는 경우도 있지요.[38]

(1)　**ㄱ다둠다**(ᄀᆞᆯ-+다둠-)(>가다듬다), **ᄀᆞ리ᄢᅵ다**(ᄀᆞ리-+ᄢᅵ-)(>가리끼다), **걷나다**(걷-+나-)(>건너다), **걷니다**(걷-+니-)(>거닐다), **굼주리다**(굶-+주리-)(>굶주리다), **긁쥐다**(긁-+쥐-)(>*그러쥐다/긁어쥐다), 깁누비다(깁-+누비-)(>'깁고 누비다'), 도돈다(돌-+돈-)(>'돌아 닫다'), 듣보다(듣-+보-)(>듣보다), **뛰놀다**(뛰-+놀-)(>뛰놀다), **맞나다**(맞-+나-)(>만나다), **미달다**(미-+달-)(>매달다), **받들다**(받-+들-)(>받들다), 보ᄉᆞᆯ피다(보-+ᄉᆞᆯ피-)(>보살피다), 쌥듣다(쌥-+듣-)(>'뽑혀 떨어지다'), **븓잡다**(븓-+잡-)(>붙잡다), 빌먹다(빌-+먹-)(>빌어먹다), 섯ᄆᆡ다(섯-+ᄆᆡ-)(>'섞어 매다'), **어르ᄆᆞᆫ지다**(어르-+ᄆᆞᆫ지-)(>어루만지다), **얽ᄆᆡ다**(얽-+ᄆᆡ-)(>얽매다), 업돌다(엎-+돌-)(>'엎어(매)달다'), **오ᄅᆞᄂᆞ리다**(오ᄅᆞ-+ᄂᆞ리-)(>오르내리다). 쥐주다(쥐-+주-)(>'쥐여 주다'), 흐르니다(흐르-+니-))(>흘러가다)

오늘날까지 남아 있는 비통사적 합성어의 일부는 **오늘날의 문법적 기준으로는 더 분석하기 어려워** 단일어로 보기도 하고, 선행 요소를 접사로 분석하기도 합니다. '찌들다', '비틀다', '휘감다', '에돌다' 같은 합성어는 이전 시기에 '디들다', '뷔틀다', '휘감다' 등으로 나타납니다. 각각은 '디다'와 '들다', '뷔다'와 '틀다', '휘다'와 '감다' 등의 어간끼리 결합된 합성어지만 오늘날에는 '뷔다', '디다' 등의 어형이 변하거나 소멸하여 본래의 형태적 구성을 파악하기가 쉽지 않지요. 그래서 현대의 사전에서는 대개 '찌들다', '비틀다' 같은 단어는 단일어로 취급하고, '휘감다' 등의 단어는 '휘-'를 "마구"의 의미를 덧붙이는 접두사로 처리하고 있습니다.

쉽게 홀로 설 수 있었던 중세 국어의 동사 어간!

비통사적 합성어가 현대 국어에 비해 많은 것은 **중세 국어에서 용언 어간이 비교적 자립적으로 쓰일 수 있었기 때문**으로 분석되고 있습니다. 즉 동사 어간의 유리성^{遊離性}이 현대 국어에서보다 이전 시기의 국어에서 더 높았다는 것입니다. 유리성은 다른 것과 떨어져 존재할 수 있는 성질을 말합니

38　아래의 목록은 김은주(2012)에 제시된 예를 바탕으로 다듬은 것입니다.

다. 용언의 어간이 유리성을 지닌다는 것은 어미가 결합하지 않아도 홀로 기능하거나 합성어의 구성요소로 쓰일 수 있었다는 것을 의미하지요.

중세 국어 시기 동사 어간의 유리성을 보여 주는 또 하나의 현상은 **어간형 부사의 존재**입니다. 어간형 부사란 **용언의 어간이 그 자체로 문장에서 부사적 기능을 하는 것**입니다. 파생의 관점에서는 용언의 어간에 영형태(∅)의 부사 파생 접미사가 결합하였다고 보기도 하지만, 용언 어간과 부사의 성조가 같다는 점에서 용언 어간이 그대로 부사로 쓰였다고 볼 수 있습니다.

(2)   가. ㅁᆞ술히 멀면 乞食ᄒᆞ디 어렵고 하 갓가ᄫᅳ면 조티 몯ᄒᆞ리니 (마을이 멀면 걸식하기 어렵고
             매우 가까우면 좋지 못하리니) 〈석보상절(1447) 6:23b〉
       나. 智慧ᄂᆞᆫ 몯 아논 ᄃᆡ 업시 ᄉᆞ뭇 비췰씨라 (지혜는 못 아는 데 없이 꿰뚫어 비친다는 뜻이다)
             〈월인석보(1459) 2:25a〉
       다. 밥 ᄇᆡ브르 머구믄 ᄯᅩ 엇던 ᄆᆞᅀᆞᆷ고 (밥 배불리 먹음은 또 어떤 마음인가?) 〈두시언해(1481)
             16:71b〉
       라. 忠臣이 님금 셤기ᅀᆞᄫᅩᄃᆡ 주거도 두 ᄠᅳᆮ 업스니 내 ᄂᆞ외 집 아니 도라보리라 (충신이
             임금 섬기되 죽어도 두 뜻 없으니, 내 다시 집 아니 돌아보리라) 〈삼강행실도언해(1490) 충
             신:18a〉

(2)에서 중세 국어의 어간형 부사를 볼 수 있습니다. (2가)의 '하'는 '하다[多/大]'의 어간이 "매우" 의미의 부사로, (2나)의 'ᄉᆞ뭇'은 "꿰뚫다"를 의미하는 'ᄉᆞ뭇다'의 어간이 "꿰뚫어, 훤히"를 의미하는 부사로 쓰인 것입니다. 오늘날 '하(도) 심심해서'의 '하'와 '사뭇 다르다'의 '사뭇'이 모두 이전 시기의 어간형 부사 '하'와 'ᄉᆞ뭇'이 남아 있는 흔적입니다. (2다)의 'ᄇᆡ브르'는 '배부르다'의 옛말 'ᄇᆡ브르다'의 어간형 부사로서 '배불리'를 의미하고, (2라)의 'ᄂᆞ외'는 "거듭하다"를 뜻하는 중세 국어의 동사 'ᄂᆞ외다'의 어간형 부사로서 "다시"의 의미를 나타냅니다.

그렇다면 중세 국어에서는 왜 동사가 어간만으로도 자립적인 쓰임을 보였던 것일까요? 이에 대해서는 더 연구가 필요하지만, **명사류와 동사류, 부사류가 기원적으로는 서로 다른 문법 범주로 명료하게 분화되지 않았기 때문**이라고 보는 견해가 있습니다.

(3) 고려의 어휘 자료 『계림유사』(1103)에서 용언 어휘가 기록된 예

가. 讀書曰乞鋪(독서왈걸포)　　：讀書(책읽다)는 '*글보[乞鋪]'이다.

나. 射曰活索(사왈활소)　　　：射(쏘다)는 '*활뽀[活索]'이다.

다. 飽曰擺咱(포왈파찰)　　　：飽(배부르다)는 '*비차[擺咱]'이다.

라. 染曰沒涕里(염왈몰체리)　：染(염색하다)는 '*믈드리[沒涕里]'이다

마. 暮曰占捺或言占沒(모왈점날혹언점몰)

　　：暮(저물다)는 '*져믈[占捺/占沒]'이다.

바. 雪下曰嫩耻凡下皆曰耻(설하왈눈치범하개왈치)

　　：雪下(눈 내리다)는 '*눈디'이다. 무릇 내리는 것은 모두 '*디'라 한다.

(3)의 자료, 고려의 어휘 자료인 『계림유사』(1103)[39]에서 용언에 대한 기록이 어미 없이 어간만으로 되어 있다는 점도 참고해 볼 수 있습니다. (3가)의 예시를 대표로 보면 '讀書(독서)'라는 의미를 가진 고려어를 '乞鋪(걸포)', 즉 '*글 보'로 기록하였지요.[40] 어미까지 적어 준 경우라면 '글 보다'로 적었겠지만, 어미 '-다'없이 어간까지만을 적었음을 알 수 있습니다. 다른 용언 역시 '활 뽀(다)', '비 차(다)', '믈 드리(다)', '져믈(다)', '눈 디(다)' 등 어미 없이 어간만 기록되었지요.

용언 어간의 유리성은 중세 국어의 주요한 형태적 특징이었지만, 근대 국어 시기에는 용언 어간의 유리성이 많이 약화됩니다. 어간형 부사가 줄어들고, 어간은 어미와 어울려서 단어를 이루는 경향이 커지지요. 근대 국어 시기에 용언 어간의 유리성이 약화되었다는 사실을 보여 주는 대표적인 사례가 있습니다.

(4) 가. 하놄 벼리 눈 곧 디니이다 (하늘의 별이 눈 같이 떨어집니다) (天星散落如雪) 〈1447 용비어천가(원간본) 7:1a〉

나. 하놄 벼리 눈 곧더니이다 (하늘의 별이 눈 같았습니다) (天星散落如雪) 〈1659 용비어천가(중간본) 7:1a〉

---

[39] 『계림유사』에 대해 더 알고 싶다면 2부의 'Q12 천년 전 고려 사람과 대화할 수 있을까요? / 고려의 언어와 전기 중세 국어'의 내용을 참고해 주세요.

[40] * 표시는 해당 어형이 재구형임을 의미합니다. 한자로 차자 표기된 어휘의 형태를 15세기 국어를 기준으로 추정해 본 어형이라는 것이지요.

(4가)는 1447년 훈민정음 창제 직후 편찬된 『용비어천가』의 한 구절이고, (4나)는 1659년에 『용비어천가』를 중간[重刊], 즉 다시 간행한 문헌입니다. (6가)의 '곧'은 "같이"를 의미하며, '같다'의 옛 말인 '곧다/곧ᄒᆞ다'의 어간형 부사입니다. (4나)에서는 '곧 ᄃᆞ니이다'를 '곧더니이다'로 수정하였음을 볼 수 있는데, 17세기에 어간형 부사가 거의 쓰이지 않게 되었기 때문에 '곧더'에서 획이 떨어져 있다고 오해하여 잘못 바로잡은 것입니다.

어느 시대를 기준으로 '비통사적'인가요?

'통사적 합성어'와 '비통사적 합성어'의 판별 기준은 시대마다 달라질 수 있습니다. 통사적 합성어와 비통사적 합성어를 판별하는 기준인 **통사성**은 결합된 어근끼리 구나 문장을 지니게 될 때의 통사적 특성을 의미하는데, 구나 문장을 만드는 규칙은 시대마다 조금씩 다를 수 있기 때문이지요. 오늘날에는 자연스럽지 않은 통사적 결합이 이전 시기에는 활발하게 나타났을 수도 있으므로, 통사성의 판단에는 각 시대 언어의 공시적 기준에 대한 고려가 필요합니다.

(5)   가. 콧물, 햇빛, 옛날, 대팻밥, 나뭇잎, 바윗돌, 도리깻열
     나. 귀엣고리, 귀엣머리, 귀엣말, 눈엣가시, 몸엣것, 배안엣저고리, 소금엣밥, 옷엣니, 웃음엣소리, 웃음엣짓, 장엣고기, 한솥엣밥

사이시옷이 포함된 합성어를 중심으로 '통사성'의 문제를 살펴보겠습니다. (5)에서 보인 합성어는 모두 사이시옷을 포함하고 있습니다. 현대 국어에서는 사이시옷이 단어 형성에만 참여하고 통사 구성에는 참여하지 못합니다. 부사격 조사 '에'와 사이시옷의 결합 역시 통사 구성에 참여할 수 없지요. 따라서 현대 국어의 기준으로는 (5가, 나)의 합성어가 비통사적 합성어로 분류됩니다.

그러나 중세 국어 시기에도 이 단어들이 비통사적 합성어였다고 할 수 있을까요? 현대 국어의 사이시옷은 중세 국어의 관형격 조사 'ㅅ'에 소급하지요. 중세 국어 시기에는 관형격 조사 'ㅅ'이 오늘날의 '의'와 마찬가지로 문장 구성에 참여하였습니다. 부사격 조사 '에'와 관형격 조사 'ㅅ'의 결합 '엣/앳' 역시 소위 복합조사로서 "~에 있는" 등의 다양한 의미로 문장 구성에 쓰였습니다. 다음의 예를 볼까요?

(6) 　　가. 누넷 가식 아니 나ᄂᆞ닐 고툐디 (눈에 있는 가시가 안 나오는 것을 고치되) (治目中眯不出)
　　　　　〈구급방언해(1466) 하:42a〉
　　나. 이ᄂᆞᆫ 큰 수프렛 가식며 큰 바툇 積蒭ㅣ라 (이것은 큰 수풀에 있는 가시이며 큰 밭에 있는 낭
　　　　유이다) (此大林之荊棘 大田之積蒭也)〈법화경언해(1463) 4:194b〉

(6가)의 '누넷가식'는 현대 국어에 '눈엣가시'로 남아 있습니다. 오늘날 '눈엣가시'는 "몹시 미워
항상 눈에 거슬리는 사람"을 비유하는 말입니다. 합성어 전체에 비유적 의미가 대응하여서 구성요
소의 의미만으로는 전체의 의미를 이해할 수 없지요. 반면 (6가)에서 '누넷가식'는 "눈에 있는 가
시目中眯"를 의미합니다. 구성요소의 합으로 전체의 의미가 이해될 수 있는 구句 구성이지요. (6나)도
마찬가지입니다. '큰 수프렛 가식'는 "큰 수풀에 있는 가시大林之荊棘"를 의미합니다. 두 경우 모두에서
'엣'이 구를 만드는 데에, 즉 통사 구성에 참여하고 있지요.

(7) 　　가. 눈부텨, 픐뎌ㅎ, 오ᄂᆞᆳ날, 나못닢, 힛빗 …
　　나. 귀옛골회, 슈지옛말, 쟝앳디히 …

중세 국어에는 'ㅅ'나 '엣/앳'이 포함된 어형이 많았습니다. (7가)는 각각 '눈+ㅅ+부텨', '플+ㅅ
+뎌ㅎ', '오ᄂᆞᆯ+ㅅ+날', '나모+ㅅ+잎', '히+ㅅ+빛'의 구조로 분석됩니다. 현대 국어에 '눈부처', '풀피
리', '오늘날', '나뭇잎', '햇빛'으로 이어지는 말이지요. (7나)에서 '귀옛골회(>귀고리)'의 이전 형태로
"귀에 거는 고리"를 뜻하고, '슈지옛말'은 "수수께끼[謎語]"의 뜻이며, '쟝앳디히(>장아찌)'는 "장으로
담근 지(김치)"를 의미합니다. 각각 '귀+옛+골회', '슈지+옛+말', '쟝+앳+디히'의 구조로 분석되는
데, '옛/앳'을 포함하고 있으니 '누넷가식'와 구성이 같지요.

(6)에서처럼 '엣/앳'이 중세 국어에서 구句 구성에 참여할 수 있었음을 고려한다면, (7)과 같은
합성어의 '통사성 여부'는 어떻게 될까요? '통사적 구성 여부'를 기준으로 한다면 중세 국어의 기준
에서 (7)의 합성어 역시 통사적 합성어로 분류할 수 있을 것입니다.

합성어에 대한 통사성의 판별 기준은 시간에 따라 변화될 수 있고, 합성 당시의 공시적인 통사 규칙을
고려할 필요가 있습니다. 이를 고려하면 비통사적 합성어의 정의를 "합성에 참여한 형태소가 '통사
성 판단 당시의 공시태에서는' 보이지 않는 통사 양상을 보여 주는 합성어"라고 새롭게 생각해 볼
수도 있겠습니다. 그렇다면 용언 어간의 유리성을 보여 주는 '뛰놀다', '노닐다'와 같은 합성어는 중

세 국어에서 통사적 합성어일까요? 비통사적 합성어일까요? '비통사적 합성어'라는 익숙한 용어를 '판단 당시의 공시적 기준에서의 통사성'이라는 측면에서 새로 생각해 보고 학생들과 깊이 있게 토론해 볼 수 있겠습니다.

[2011학년도 수능 언어 37~39번 문항]

[37-39] 다음 글을 읽고 물음에 답하시오.

오늘날 단일어로 여겨지는 '두더지'는 본래 두 단어가 결합한 말이다. '두더'는 무엇인가를 찾으려고 샅샅이 들추거나 헤친다는 뜻을 지닌 동사 '두디다'(>뒤지다)에서 왔으며, '지'는 '쥐'가 변화된 것이다. 따라서 두더지는 '뒤지는 쥐'라는 뜻을 갖는 합성어였다.

'뒤지는 쥐'라고 하면 이해하기 쉽지만 '뒤지쥐'라고 하면 어색하게 느껴진다. 그것은 '뒤지쥐'가 마치 '달리는 차'를 '달리차'라고 하는 것과 같기 때문이다. '뒤지는 쥐'나 '달리는 차'는 국어에서 단어가 둘 이상 결합된 단위인 구句를 만드는 방법을 따르고 있으므로 우리에게 자연스럽게 받아들여진다.

구를 만드는 이러한 방법은 합성어를 만드는 데에도 적용된다. 체언과 체언이 결합한 ⓐ'호두과자', 관형사와 체언이 결합한 '한번', 부사와 용언이 결합한 '잘생기다', 용언의 관형사형과 체언이 결합한 ⓑ'된장', 체언과 용언이 결합한 '낯설다', 용언의 연결형과 용언이 결합한 '접어들다' 등은 구를 만드는 것과 같은 방법을 따라 만들어진 합성어들로 이를 통사적 합성어라고 한다.

반면에 이런 방법을 따르지 않고 만들어진 합성어들도 있다. 두 개의 용언 어간끼리 결합한 ⓒ'오르내리다'와 용언 어간에 체언이 직접 결합한 ⓓ'밉상'이 그 예이다. 또한 '깨끗하다'의 '깨끗'과 같이 독립적인 쓰임을 보이지 않는 어근인 '어둑'에 체언이 결합한 ⓔ'어둑새벽', 그리고 ㉠'귀엣말'과 같이 부사격 조사 '에'와 관형적 조사였던 'ㅅ'의 결합형이 포함된 단어 등도 구를 만드는 방법을 따르지 않는 경우이다. 이러한 합성어를 비통사적 합성어라고 한다.

'두더지'는 본래 용언 어간에 체언이 직접 결합했으므로 비통사적 합성어였다. 그러나 '두디쥐>두더지'의 어형 변화로 이제는 이것이 합성어였음을 알아차리기 쉽지 않다. '숫돌' 또한 본래 용언 '뽗다'(비비다)의 어간에 체언 '돌'이 직접 결합해 만들어진 비통사적 합성어였다. 그러나 '뽗>숫'의 형태 변화와 더불어 동사 '뽗다'의 소멸로 이 단어의 원래 짜임새를 알기 어렵게 되었다.

37. 위 글에 대한 이해로 가장 적절한 것은?

① 본래 단일어였던 '두더지'는 현재 합성어로 인식된다.

② 결합되는 단어의 수는 합성어의 유형 구분에 기준이 된다.

③ 구^句와 합성어가 만들어지는 방식에는 서로 차이가 없다.

④ '숫돌'을 형성했던 용언은 품사가 바뀌는 언어 변화를 겪었다.

⑤ 언어 변화는 단어의 짜임새를 파악하기 어렵게 만들기도 한다.

38. <보기>와 ㉠을 통해 탐구한 내용으로 적절하지 않은 것은?

| 보기 |

> [15세기] 그 새 거우루엣 제 그르멜 보고(『석보상절』 권24)
>
> [오늘날] 그 새가 거울에 있는 제 그림자를 보고

① '귀엣말'의 '귀엣'과 '거우루엣'은 그 짜임새가 같군.

② 15세기에는 '거우루엣 그르멜'과 같은 구성도 자연스럽게 쓰였겠군.

③ 15세기라면 '귀엣'과 '말' 사이에 다른 말이 들어가 구^句가 만들어질 수도 있었겠군.

④ '거우루엣'의 '엣'은 오늘날 '귀에 걸다'의 '에'과 같은 기능을 하는군.

⑤ '귀엣말'이 15세기에도 합성어였다면 통사적 구성 여부를 기준으로 볼 때 시대에 따라 다른 유형의 합성어로 이해될 수 있겠군.

39. 다음과 같이 가상의 순화어를 만들 때, ⓐ~ⓔ의 합성어 형성 방법을 잘못 적용한 것은?

바꿀 말	재료가 되는 말	방법	가상의 순화어	
샤프펜슬	◦ 가락 ◦ 빼빼하다 ◦ 연필	ⓐ	가락연필	… ①
		ⓑ	빼빼한연필	… ②
스캔하다	◦ 읽다 ◦ 갈무리하다	ⓒ	읽어갈무리하다	… ③
스파게티	◦ 부드럽다 ◦ 새큼달큼하다 ◦ 국수	ⓓ	부드럽국수	… ④
		ⓔ	새큼달큼국수	… ⑤

이 문항은 통사적 합성어와 비통사적 합성어를 통시적 관점에서 분석하고 이해하는 것을 목표로 삼고 있어요. '두더지'의 사례를 통해 우리말 문장 구성법에서 자연스러운 통사적 합성법과, 이 방법을 따르지 않고 만들어진 비통사적 합성법의 원리를 도출하고 다양한 사례를 읽기 자료에서 제시하면서 39번 문항에서 가상의 순화어에 적용해 보도록 하고 있어요.

　　먼저 체언끼리의 결합으로 만들어진 '호두과자'와 구성 방식이 동일한 '가락연필'을 확인할 수 있고, 용언의 관형사형과 체언이 결합한 '된장'을 통해 이와 동일한 구성방식을 지닌 '빼빼한연필'을 찾아볼 수 있어요. 용언 어간에 체언이 바로 결합한 '밉상'은 '부드럽국수'의 사례와 연결할 수 있고 독립적으로 쓰이지 않는 어근이 체언에 바로 결합한 '어둑새벽'은 '새큼달큼국수'의 단어 형성법과 동일한 방식을 지닌다고 할 수 있겠네요. 선택지 ③의 '읽어갈무리하다'는 어간끼리 결합할 때 중간에 어미를 연결한 통사적 합성어이므로 ⓒ에서 연결 어미 없이 어간끼리 결합한 비통사적 합성어 '오르내리다'와는 다른 방식으로 형성되었다는 사실을 알 수 있어요.

　　㉠의 '귀엣말' 역시 비통사적 합성어의 사례인데, 38번 문항 <보기>의 '거우루엣'과 비교하여 탐구해 보면 '귀(명사)+에(부사격 조사)+ㅅ(관형격 조사)', '거우루(명사)+에(부사격 조사)+ㅅ(관형격 조사)'으로 그 구성이 같음을 확인할 수 있어요. 그런데 15세기에는 이러한 표현이 자연스럽게 사용되어, 오늘날과 같이 비통사적 합성어로 보지 않을 수 있다는 사실 또한 추론할 수 있어서 ②와 ⑤ 선택지는 함께 판정할 수 있네요. 한 단어가 형성된 과정을 통시적으로 되짚어 보면 현대 국어에서의 관점과는 다른 시각이 존재할 수도 있다는 사실을 알아보게 되는 문항이었어요.

'아부지 뭐하시노?', '밥 뭇나?'에서 '노'와 '나'를 어떻게 구별하나요?

중세 국어의 의문문

학습자들이 '중세 국어의 문장'이 오늘날과 가장 다른 점이 무엇인지 묻는다면 뭐라고 대답할 수 있을까요? 상대 높임법도 다르고, 시제의 표현도 다르지만, 가장 눈에 띄는 점을 꼽자면 의문문을 만드는 방법이라고 말할 수 있을 듯합니다. 오늘날의 동남 방언과 관련지어 중세 국어 의문문의 특징을 흥미롭게 소개해 볼 수 있습니다.

○— 들어가며

지금 학교가?

서울 사람이 이해한 뜻: 지금 학교 가니?

경상도 사람이 이해한 뜻: 지금 학교에 있니?

'이기 뭐꼬?', '누고?' 익숙하게 들어 보았던 동남 지역의 방언입니다.

뜻밖에 이 지역 방언에는 중세 국어 의문문의 특징이 남아 있다고 하는데요.

중세 국어 의문문은 어떤 모습이었을까요?

중세 국어의 의문 보조사 {고}과 {가}

현대 국어에서는 동사 어간, 혹은 체언과 서술격 조사의 결합 다음에 '-ㄴ가'나 '-느냐'처럼 의문형 어미가 결합하여 의문문을 만듭니다. 중세 국어에도 의문형 어미는 존재하였지만, 체언 뒤에 바로 결합하여 의문문을 만드는 의문 보조사가 존재했다는 점이 오늘날과 크게 다릅니다.

이러한 {고}나 {가}를 '의문 첨사'라고 부르기도 하지만, 우리에게 익숙한 학교문법의 용어로는 체언 뒤에 결합하고 앞말을 의문문으로 만드는 기능을 가진다는 점에서 '의문 보조사'로 분류할 수 있습니다. 중세 국어에서 의문 보조사 {고/가}의 쓰임을 살펴볼까요?

(1)　가. 太子ㅣ 닐오디 얻논 藥이 <u>므스것고</u> (태자가 이르되, "얻는 약이 무엇인가?") 〈월인석보
　　　(1459) 21:215b〉
　　나. 夫人끠 무로디 이 두 사루미 眞實로 네 <u>항것가</u> (부인께 묻되, "이 두 사람이 진실로 네 상전
　　　인가?") 〈월인석보(1459) 8:94b〉

(1)에 비슷한 구조를 가진 두 문장이 있습니다. 이 두 문장에서 중세 국어 의문문의 중요한 특징 두 가지를 확인해 볼 수 있습니다. 첫째, 체언 바로 뒤에 의문 보조사가 붙어 의문문이 만들어졌다. (1가)에서는 '무엇'을 나타내는 '므스것'에, (1나)에서는 '상전'을 나타내는 '항것'에 각각 의문 보조사가 결합했습니다. 둘째, 체언에 붙을 수 있는 의문 보조사의 종류는 {가}와 {고}의 두 가지였다. (1가)의 '고'와 (1나)의 '가'는 어떻게 다를까요? 왜 서로 다른 보조사가 선택되었을까요? 비슷하게 보이지만 사뭇 다른 두 문장을 보여 주며 중세 국어의 문장 수업을 시작할 수 있겠습니다.

판정 의문문은 선택 의문문이라고도 하며, 상대에게 '예' 혹은 '아니오'의 판정을 요구하는 의문문입니다. 반면 설명 의문문은 왜, 무엇을, 누가 등 구체적인 설명을 요구하는 의문문이지요. 자연히 설명 의문문에는 '누구', '무엇', '왜' 등의 의문사가 포함됩니다. 오늘날과 같이 중세 국어에도 판정 의문문과 설명 의문문의 구별이 있었고, 더 나아가 의문문의 종류에 따라 의문 보조사가 {가와 {고로 달리 선택되었던 것입니다. 예문을 더 살펴볼까요?

(2)　가. 이논 賞<u>가</u> 罰<u>아</u> 〈이는 상인가 벌인가〉〈몽산화상법어약록언해(1467) 53b〉

(3)　가. 司馬昭ㅣ 싸홈 계우고 뉘 닷<u>고</u> 혼대 〈사마소가 싸움 이기지 못하고 "누구의 탓인가?" 하니〉
　　　〈삼강행실도(1481) 효자:15a〉
　　나. 虛空애 누라와 묻ᄌᆞ보되 그디 子息 업더니 므슷 罪<u>오</u> 〈허공에 날아와 묻되, "그대 자식 없
　　　더니 무슨 죄인가?"〉〈월인석보(1459) 1:7a〉
　　다. 쏘 무로되 이 고즌 므슴 곳<u>고</u> 〈또 묻되, "이 꽃은 무슨 꽃인가?"〉〈석보상절(1447) 23:40b〉
　　라. 엇던 젼ᄎᆞ<u>오</u> 〈어떤 이유인가?〉〈금강경삼가해(1482) 3:52a〉

(2)는 의문 보조사 '가'의 예이고, (3)은 의문 보조사 '고'의 예입니다.[41] '가'는 설명 의문문에 쓰였고, '고'는 '누, 므슷, 므슴, 엇던' 등의 의문사와 함께 판정 의문문에 쓰였습니다. 현대 국어에서라면 모두 의문 보조사가 아니라 서술격 조사 '이-'와 함께 의문형 종결 어미 '-ㄴ가'가 결합하여 '상인가?', '탓인가?', '죄인가?', '때문인가?' 등으로 나타나는 것이 자연스럽습니다.

한눈에 살펴보기　중세 국어 의문 보조사의 구별

판정 의문문: 상대에게 '예/아니오'의 판정을 요구하는 의문문. 의문사가 없는 의문문
→ 의문 보조사 '가' 예 이논 賞가 罰아

설명 의문문: 상대에게 구체적인 **설명**을 요구하는 의문문. 의문사가 있는 의문문
→ 의문 보조사 '고' 예 므스것고 / 누고

중세 국어의 의문형 종결 어미

중세 국어의 의문형 종결 어미 역시 의문문의 종류에 따라 달리 선택되었고, 그 유형은 다시 'ㅏ' 계열 모음을 가진 것과 'ㅗ' 계열 모음을 가진 것으로 나뉩니다. 분포 역시 의문 보조사 '고', '가'

41　(2가), (3나, 라) 등에서 {가}가 '아'로, {고}가 '오'로 나타나는 것은 /ㄱ/ 탈락(혹은 약화) 현상 때문입니다. 중세 국어
　　공시적으로, 형태소 경계에서 /ㄹ/나 /j/ 혹은 서술격 조사 뒤에 놓인 /ㄱ/는 탈락하였습니다. 관점에 따라 이때의
　　/ㄱ/이 탈락하는 것이 아니라 [g > ɣ > ɦ]으로 약화되었고, 약화된 [ɦ]가 'ㅇ'으로 표기되었다고 보기도 합니다.

와 일치합니다. 의문형 종결 어미인 '-ㄴ고', '-ㄹ고'나 '-니오', '-리오'에 나타나는 '고', '오', '-ㄴ가', '-ㄹ가'나 '-니아', '-리아' 등에 나타나는 '가', '아'가 기원적으로 의문 보조사 '고', '가'를 포함하기 때문입니다.

(4) 가. **어느** 法으로 得ᄒᆞ**논고** (어찌 법으로 득하는가?) 〈월인석보(1459) 13:55b〉

　　나. 齊州ᄂᆞᆫ **어드메** 잇ᄂᆞ**니오** (제주는 어디에 있는 것인가?) 〈두시언해(1481) 8:37b〉

　　다. 아바니미 **어듸** 가시**니잇고** (아버님이 어디 가십니까?) 〈월인석보(1459) 8:97b〉

(5) 가. 安否ᄂᆞᆫ 便安ᄒᆞ**신가** 아니ᄒᆞ**신가** ᄒᆞ논 마리라 (안부는 편안하신가 아니하신가 하는 말이다)
　　　　　〈석보상절(1447) 11:4a〉

　　나. 시러곰 아니 玄圃山이 믜여뎌 왓ᄂᆞ**니아** (얻지 않은 현포산이 미어져 온 것인가?) 〈두시언해(1481) 16:29b〉

(4)는 의문사가 사용된 설명 의문문의 예이고, (5)는 의문사가 없는 판정 의문문의 예입니다. (4)에는 각각 '-ㄴ고', '-니오', '-니잇고'가, (5)에는 각각 '-ㄴ가'와 '-니아'가 사용된 것을 볼 수 있습니다.

주어가 2인칭일 때 쓰이는 특별한 의문형 종결 어미의 존재도 중세 국어의 의문문에서 찾아볼 수 있는 특징입니다. 설명 의문문과 판정 의문문의 구별 없이, 주어가 2인칭일 때 쓰이는 의문형 종결 어미로 '-ㄴ다'가 '-ㄹ다'가 있었습니다.

(6) 가. 太子ㅣ 무르샤ᄃᆡ 네 엇던 **사ᄅᆞ민다** 對答ᄒᆞᅀᆞ보ᄃᆡ 부텻 제자 沙門이로이다 (태자가 물으시되, "네 어떤 사람이냐?" 대답하되, "부처의 제자 사문입니다.") 〈석보상절(1447) 3:20a〉

　　나. 네 엇디 우리 고렷 사ᄅᆞᆷ을 **소길다** (네 어찌 우리 고려 사람을 속이느냐?) 〈번역박통사(16C) 상:73b〉

(6가)의 '-ㄴ다'와 (6나)의 '-ㄹ다'에서는 모두 주어가 2인칭 '너'로 나타납니다. 2인칭의 의문형 종결 어미 '-ㄴ다', '-ㄹ다'는 근대 국어 시기까지 나타나지만 오늘날에는 소멸하였습니다. 또한 중세 국어 시기까지 비교적 잘 지켜지던 판정 의문문과 설명 의문문의 구별 역시 근대 국어 시기 이후에는 점차 사라지게 되어, 'ㅏ' 모음을 갖는 종결 어미 쪽으로 통일되는 경향이 나타납니다.

중세 국어의 의문문과 현대 국어

중세 국어 의문문과 현대 국어의 의문 대명사 '누구'

중세 국어에 의문 보조사 '가'와 '고'가 존재했다는 사실은 오늘날 불규칙한 언어 현상이 나타나는 이유를 설명할 수 있는 실마리가 됩니다. 다음과 같은 표현을 살펴볼까요?

(7) 가. **누구**를 좋아해? / **누구**도 나를 이해할 수 없어. / 저 사람은 **누구**야? / **누구**든지 할
     수 있어요. / 당신은 **누구**십니까? / 이 글은 **누구**의 글인가?
   나. **누가** 그런 말을 해? / ?**누구가** 그런 말을 해?

(7가)에 공통적으로 나타나는 의문 대명사 '누구'는 잘 모르는 사람, 혹은 특정한 사람이 아닌 막연한 사람, 굳이 대상을 밝히지 않을 때 쓰는 의문 대명사입니다. 특이한 점은 '누구' 뒤에 주격 조사 '가'가 결합한 '누구가'는 어색하게 느껴진다는 것입니다. 의문 대명사 '누구'는 주격 조사 '가' 앞에서는 쓰이지 않고, (7나)에서와 같이 '누가'로 나타납니다. 왜 이러한 불규칙한 언어 현상이 생기게 되었을까요?

(8) 가. 오히려 ᄂᆞ미 죵이라 ᄒᆞ니 ᄂᆞᄆᆞᆫ **누구** (오히려 남의 종이라 하니 남은 누구인가?) 〈몽산화상
     법어약록언해(1467) 20b〉
   나. 일훔 지흔 사ᄅᆞ미 **누고** (이름 지은 사람이 누구인가?) 〈금강경삼가해언해(1482) 1:10b〉
   다. 나ᄅᆞᆯ 追ᄒᆞᄂᆞᆫ 者ᄂᆞᆫ **누고** (나를 쫓는 자는 누구인가?) 〈맹자언해(1590) 8:17b〉

(9) 가. **누구**ᄂᆞᆫ 어믜 오라븨게 난 ᄌᆞ식 **누구**ᄂᆞᆫ 아븨 누의게 난 ᄌᆞ식고 (누구는 어미의 오라비에
     게 난 자식, 누구는 아비의 누이에게 난 자식인가?) 〈번역노걸대(16C) 상:16a〉
   나. 이 벗은 **누고**고 (이 벗은 누구인가?) 〈노걸대언해(1670) 하:5a〉
   다. 또 져 ᄒᆞᆫ 벗은 이 **누고**고 (또 저 한 벗은 누구인가?) 〈중간노걸대언해(1795) 하:5b〉
   라. 져 아희만 나오너라 져 아희가 **누구**니 춘향이만 나오너라 (저 아이만 나오너라 저 아이가 누
     구니 춘향이만 나오너라) 〈남원고사(1869) 5:27a〉

(8)과 (9)는 중세 국어의 의문 대명사 '누'로부터 새로운 의문 대명사 '누고/누구'가 형성되었던 과정을 보여 줍니다. 중세 국어 시기에는 미지칭의 의문 대명사로 '누'가 있었습니다. (8)과 같이 '누'에

의문 보조사 '고/구'가 바로 결합하여 "누구냐?"를 의미하는 의문문을 만들었습니다. 근대 국어 시기를 지나며 (9)와 같이 미지칭 의문 대명사 '누'에 의문문을 만드는 보조사 '고/구'가 결합한 '누고/누구' 자체가 새로운 의문 대명사로 굳어지게 되었습니다. (9)와 같이 '누고/누구'에 '는', '고' 등의 조사가 다시 결합한 데에서 '누고/누구'가 하나의 단어로 기능하고 있음을 알 수 있습니다. 의문 보조사 '고'는 사라졌지만, 오늘날의 '누구'에 과거의 흔적을 유지하고 있는 것이죠.

　주어 자리에 나타나는 '누가'에는 이전에 쓰이던 '누'가 그대로 남아 있습니다. 이미 대명사는 '누구'로 굳어졌지만, 주격 조사 결합형 '누가'는 변화를 적용받지 않고 계속 사용되었던 것이지요. 예스러운 말투지만, '뉘 집 자식이냐?' 등에서 '뉘', '너는 눌 닮아서 그러니?'에서 '눌' 역시 이전의 의문 대명사 '누'에 관형격 조사 '의', 혹은 목적격 조사 'ㄹ'이 결합한 형태가 그대로 쓰이고 있는 경우입니다. 현대 국어 사전에서는 '뉘'와 '눌'을 모두 '누구의'와 '누구를'에서 줄어든 말로 설명하지만, 음운론적인 축약이 일어난 것이 아니라 이전의 어형과 새로운 어형이 현대 국어에서 공존하여 쓰이고 있는 것입니다.

중세 국어 의문문과 경상도 방언

　오늘날의 경상도 방언에도 중세 국어 의문문의 특징이 일부 남아 있습니다. 다시 【들어가며】의 사진으로 돌아와 볼까요? '지금 학교가?'라는 문장에 대해 서울 사람과 경상도 사람이 이해한 뜻이 서로 다른 이유가 무엇일까요? 경상도 방언에서는 체언에 바로 의문 보조사가 결합하는 현상이 일부 남아 있습니다. 따라서 경상도 방언 화자에게는 '학교'에 '가'가 결합한 '학교가?'가 "학교에 있니?"라는 의미의 의문문으로 이해되는 것입니다. 반면 서울 방언에는 그러한 현상이 없기에 서울 방언 화자는 '학교가?'라는 문장을 읽으면 '학교 가니?'의 의미로 이해될 것입니다.

　중세 국어 의문문의 특징을 오늘날의 '누구'와 관련된 불규칙한 언어 현상, 지역 방언에 남아있는 중세 국어 의문문의 특징과 연관 지어 설명해 준다면 중세 국어의 문법적 특징을 현대 국어와 관련지어 흥미롭게 다루어 볼 수 있을 것입니다.

인칭과 높임의 등급에 따른 의문형 어미의 사용

중세 국어의 의문형 종결 어미는 다른 종결 어미와 마찬가지로 높임의 정도와 인칭에 따라 달리 사용되었습니다. 고등학교 수업에서 다루기에는 심화된 내용이지만, 깊이 배우고 싶은 학생들을 위해서는 보충 정보를 주어도 좋겠지요. 중세 국어 의문형 어미의 목록을 높임의 등급과 의문문의 종류에 따라 나누어 표로 간단히 정리하면 다음과 같습니다.

	직접 의문문			간접 의문문	
	1, (2), 3인칭		2인칭	판정	설명
	판정 의문문	설명 의문문			
ᄒᆞ쇼셔체	-니잇가, -리잇가	-니잇고, -리잇고		-ㄴ가 -ㄹ가	-ㄴ고 -ㄹ고
ᄒᆞ야쎠체	-닛가, -릿가	*-닛고, *-릿고			
ᄒᆞ라체	-니아, -녀, -리아, -려 가(보조사)	-니오, -뇨, -리오, -료 고(보조사)	-ㄴ다, -ㄹ다		

중세 국어 의문문의 체계에 따른 의문형 어미

현대 국어에서도 의문형 종결 어미가 다양하지만, 중세 국어의 의문형 종결 어미는 설명 의문문인지 판정 의문문인지에 따라 달리 선택되었다는 점에서 특징적입니다. 설명 의문문에서는 '-뇨', '-료', '-ㄴ고', '-ㄹ고', '-잇고'가, 판정 의문문에서는 '-녀', '-려', '-ㄴ가', '-ㄹ가', '-잇가'가 사용되었던 것이지요. 간접 의문문에서는 '-ㄴ가', '-ㄹ가'가 사용되는 것이 일반적이었습니다.

높임의 정도에 따라서도 의문형 종결 어미가 달리 선택되었습니다. 중세 국어의 상대 높임 체계는 'ᄒᆞ라체-ᄒᆞ야쎠체-ᄒᆞ쇼셔체'로 3등분됩니다. ᄒᆞ라체의 1·3인칭에서는 '-뇨/-녀', '-료/-려'가 결합되었습니다. ᄒᆞ야쎠체에서는 주어의 인칭과 관계없이, 판정 의문문일 때 '-닛가', '-릿가'가 사용되었습니다. 설명 의문문의 경우 '*-닛고'나 '*-릿고'가 사용되었을 것으로 보이지만 실제의 예가 문헌에 나타나지 않아 *로 표시했습니다. ᄒᆞ쇼셔체에서는 판정 의문문일 때 '-잇고' 계열이, 설명 의문문일 때 '-잇가' 계열이 결합되었습니다.

[2018학년도 수능 언어 12번 문항]

[37-39] 다음 글을 읽고 물음에 답하시오.

국어의 단어들은 ㉠ 어근과 어근이 결합해 만들어지기도 하고 어근과 파생 접사가 결합해 만들어지기도 한다. 어근과 파생 접사가 결합한 단어는 ㉡ 파생 접사가 어근의 앞에 결합한 것도 있고, ㉢ 파생 접사가 어근의 뒤에 결합한 것도 있다. 어근이 용언 어간이나 체언일 때, 그 뒤에 결합한 파생 접사는 어미나 조사와 혼동될 수도 있다. 그러나 파생 접사는 주로 새로운 단어를 만든다는 점에서 차이가 있다. 이에 비해 ㉣ 어미는 용언 어간과 결합해 용언이 문장 성분이 될 수 있도록 해 주고, ㉤ 조사는 체언과 결합해 체언이 문장 성분임을 나타내 줄 뿐 새로운 단어를 만들지는 않는다. 이 점에서 어미와 조사는 파생 접사와 분명하게 구별된다.

이러한 일반적인 상황과는 달리, 용언 어간에 어미가 결합한 형태나, 체언에 조사가 결합한 형태가 시간이 지나면서 새로운 단어가 된 경우도 있다. 먼저 용언의 활용형이 역사적으로 굳어져 새로운 단어가 된 예가 있다. 부사 '하지만'은 '하다'의 어간에 어미 '-지만'이 결합했던 것이었는데, 시간이 지나면서 굳어져 새로운 단어가 되었다. 다음으로 체언에 조사가 결합한 형태가 역사적으로 굳어져 새로운 단어가 된 예도 있다. 명사 '아기'에 호격 조사 '아'가 결합했던 형태인 '아가'가 시간이 지나면서 새로운 단어가 되었다.

[A]
또 다른 예로 미지칭의 인칭 대명사에, 의문문을 만드는 보조사 '고/구'가 결합한 형태가 굳어져 새로운 인칭 대명사가 된 경우를 들 수 있다. '이눈 엇던 사룸고 (이는 어떤 사람인가?)'에서 볼 수 있듯이 중세 국어에서 보조사 '고/구'는 문장에 '엇던', '므슴', '어느' 등과 같은 의문사가 있을 때, 체언 또는 의문사 그 자체에 결합해 의문문을 만들었다. 이와 같은 방식의 의문문 구성은 근대 국어를 거쳐 현대 국어의 일부 방언에까지 지속되고 있다.

12. [A]를 바탕으로 <보기>의 '자료'를 탐구한 내용으로 적절하지 않은 것은?

| 보기 |

[탐구 목표]

현대 국어의 인칭 대명사 '누구'의 형성에 대해 이해한다.

[자료]

(가) 중세 국어: 15세기 국어

- 누를 니르더뇨 (누구를 이르던가?)
- 네 스승이 누고 (네 스승이 누구인가?)
- 느믄 누구 (남은 누구인가?)

(나) 근대 국어

- 이 벗은 누고고 (이 벗은 누구인가?)
- 져 혼 벗은 누구고 (저 한 벗은 누구인가?)

(다) 현대 국어

- 누구를 찾으세요?
- 누구에게 말했어요?

> [탐구 내용]
>
>
>

[탐구 결과]

미지칭의 인칭 대명사에 의문문을 만드는 보조사 '고/구'가 결합했던 형태인 '누고', '누구'는 시간이 지나면서 점점 굳어져 새로운 단어가 되었는데, 오늘날 에는 '누구'만 남게 되었다.

① (가)에서 미지칭의 인칭 대명사의 형태는 '누', '누고', '누구'이다.

② (나)에서 미지칭의 인칭 대명사의 형태는 '누고', '누구' 이다.

③ (다)에서 미지칭의 인칭 대명사의 형태는 '누구'이다.

④ (가)에서 (나)로의 변화를 보니, '누고', '누구'는 체언과 보조사가 결합한 형태였다가 새로운 단어가 되었다.

⑤ (나)에서 (다)로의 변화를 보니, 현대 국어에서는 미지칭의 인칭 대명사로 '누고'는 쓰이지 않고 '누구'만이 쓰이고 있다.

이 문항은 복합어(합성어와 파생어)의 형성 원리 중에서 체언과 조사가 시간의 흐름에 따라 하나의 단어로 굳어진 형태를 두고 탐구 과정을 도출하는 내용을 담고 있습니다.

　　(가)의 첫 번째 문장에서는 '누' 뒤에 목적격 조사 '를'이 결합하여 '누구를'이라는 의미를 나타내고 있으므로 '누'가 '누구'에 대응하는 대명사로 쓰였다는 사실을 알 수 있죠. 두 번째와 세 번째 문장에서는 '누' 뒤에 의문 보조사 '고/구'가 결합하여 '누구인가'에 대응하고 있으므로 역시나 '누'가 오늘날 '누구'에 해당하는 대명사로 쓰였음을 알 수 있습니다.

　　그런데 (나)에서 근대 국어 시기에 이르자, 본래 중세 국어에서 두 단어의 결합으로 분석되던 '누고/누구'가 하나의 대명사가 되어, 의문 보조사 '고'가 별도로 결합한 채 '누구인가'의 의미로 사용되고 있네요. 그리하여 이와 같은 형태가 굳어져 현대 국어에서 '누구'가 하나의 대명사로 정착하게 되었음을 확인할 수 있습니다. 역사적으로는 대명사와 보조사의 결합으로 분석되던 두 개의 단어가 오늘날에는 하나의 단어가 된 흥미로운 사례네요.

　　한편, 앞서 언급했던 중세, 근대 국어와 현대 국어 의문문의 차이점이 분명히 드러난 사례이기도 한데요. 역사적으로 존재했던 의문 보조사의 모습이 현대 국어에서는 '-ㄴ가'와 '-어요' 같은 의문형 어미로만 나타나는 것을 볼 수 있습니다.

Q12 천년 전 고려 사람과 대화할 수 있을까요?

고려의 언어와 전기 중세 국어

교과서에서 '전기 중세 국어'와 '후기 중세 국어'라는 용어가 언급되지만, 보통의 국어 수업에서 전기 중세 국어에 대해서는 거의 다루지 못하는 것이 현실이지요. 용어만 등장하고 정작 수업에서 다루어지지 않는다면 학습자들은 의아스러울 것입니다. '전기 중세 국어', 곧 고려의 언어에 대해서는 어떤 내용을 소개할 수 있을까요? 여기서는 고려의 어휘에 대해 알려 주는 흥미로운 자료를 소개합니다.

○— 들어가며

21세기 여인 하진의 영혼이 천년의 시간을 거슬러 올라가 고려 소녀 해수의 몸으로 들어왔습니다.

고려에서 해수는 고려 황제의 아들 왕소와 왕욱을 만났는데요,

왕소와 왕욱은 해수의 말을 이해하지 못하는 것 같습니다.

천년의 세월을 사이에 둔 세 사람은 서로의 말을 이해할 수 있을까요?

『계림유사(鷄林類事)』와 고려의 어휘

고려의 언어는 어떤 모습이었을까요? 한글이 창제되기 전이기 때문에 고려의 언어가 가진 실체를 지금으로서는 정확히 알 수 없지만, 훈민정음 창제 이전의 차자 표기 자료들을 통해 몇 가지 부분적인 모습을 살펴볼 수 있습니다.[42]

『계림유사鷄林類事』(1103)를 통해서는 고려의 어휘와 짧은 문장 표현을 몇 가지 살펴볼 수 있습니다. 송나라의 손목은 서장관書狀官, 즉 외국 사신을 수행하는 기록관으로 개성에 와서 고려인의 풍습, 제도, 언어를 조사하여 기록하였습니다. 이렇게 만들어진 『계림유사』에는 350여 가지의 고려어가 차자 표기로 기록되어 있는데요, 이 책의 기록을 통해 오늘날까지 남아 있는 고려의 어휘를 흥미롭게 관찰할 수 있습니다. 몇 가지 예를 살펴볼까요?

雪	曰	嫩
눈 설	말하기를 왈	어릴 눈

手	曰	遜
손 수	말하기를 왈	자손 손

洗 手	曰	遜 時 蛇
씻을 세 손 수	말하기를 왈	자손 손 때 시 뱀 사

'雪曰嫩(설왈눈)', '手曰遜(수왈손)' 같은 기록은 해독하기에 어렵지 않지요. 곧 "눈[雪]"이라는 뜻을 가진 고려의 단어는 '눈嫩'이라 읽었다는 것이고, "손[手]"이라는 뜻을 가진 고려의 단어는 '손遜'이라

---

42   고려가요 역시 고려의 언어를 살펴볼 수 있는 간접적인 자료가 되지만, 입으로 전승되다가 훈민정음 창제 이후에 기록되었기 때문에 당대의 언어를 정확히 보여 준다고 말하기는 어렵습니다. 특히 정확한 편찬 연대가 미상인 『악장가사』나 『시용향악보』에 수록된 고려가요는 조선 이후의 언어에 많은 영향을 받았을 것으로 짐작되지요. 최근에는 석독구결 등 차자 표기 자료의 연구 성과를 바탕으로 고려가요의 언어를 새롭게 조망해 보려는 시도도 이어지고 있습니다. 해석이 난해했던 고려가요의 어구를 석독구결의 문법을 참고해서 다시 살펴보거나, 향가나 구결, 한글 자료에 나타나는 문법 형태와 비교해 시대적 분포를 밝혀 보는 것이지요.

읽었다는 것이지요. 그렇다면 '洗手日遜時蛇(세수왈손시사)'는 어떨까요? 문장이 조금 길어져 당혹스럽지만, 원리를 적용하면 어렵지 않습니다. '日(왈)'자를 기준으로, '洗手(세수)'라는 앞부분은 뜻을 적은 것이고, '遜時蛇(손시사)'라는 뒷부분은 뜻을 소리로 옮긴 것이겠지요. 그렇다면 어떤 말을 옮긴 기록일까요? 잘 알아채셨겠지요. 답은 '손 씻어'라는 문장입니다.

『계림유사鷄林類事』에는 이 밖에도 흥미로운 단어들이 많이 기록되어 있습니다. 이번에는 원문 이미지와 함께 볼까요?

- 天日漢捺(천왈한날)　　　　　　: 天(하늘)은 '한날'이다.
- 雲日屈林(운왈굴림)　　　　　　: 雲(구름)은 '굴림'이다.
- 一日河屯(일왈하둔)　　　　　　: 一(하나)은 '하둔'이다.
- 十日噎(십왈열)　　　　　　　　: 十(열)은 '열'이다.
- 百日醞(백왈온)　　　　　　　　: 百(백)은 '온'이다.
- 千日千(천왈천)　　　　　　　　: 千(천)은 '천'이다.
- 萬日萬(만왈만)　　　　　　　　: 萬(만)은 '만'이다.
- 面美日捺翅朝勳(면미왈날시조훈)　: '面美(얼굴이 아름답다)'는 '날시조훈'이다.
- 面醜日捺翅沒朝勳(면추왈날시몰조훈): '面醜(얼굴이 추하다)'는 '날시몰조훈'이다.
- 白米日漢菩薩(백미왈한보살)　　: '白米(흰쌀)'은 '한보살'이다.
- 酒日酥孛(주왈수발)　　　　　　: '酒(술)'은 '수발'이다.

'하늘'과 '구름'은 오늘날과 거의 차이가 없군요. '하나[一]'를 의미하는 河屯(하둔)은 '*ᄒᆞ 둔' 정도로 재구할 수 있는데, 신라의 향가 〈제망매가〉의 '一等隐枝良出古(일등은지량출고) "한 가지에 나고"')에서 '하나'가 '一等隐(*ᄒᆞ 둔)'으로 표기되었던 것과 일치하네요. '십'과 '백'은 각각 '열'과 '온'이라는 고유어로 기록되었지만 '천'과 '만'은 한자어로 기록되어 있어서, 이미 한자어가 수용되어 널리 쓰이고 있음을 보여 줍니다. '잘생기다[面美]'와 '못생기다[面醜]'를 뜻하는 捺翅朝勳(날시조훈)과 捺翅沒朝勳(날시몰조훈)'은 각각 '*ᄂᆞ치 됴훈'과 '*ᄂᆞ치 몯 됴훈' 정도로 재구할 수 있습니다. "낯(얼굴)이 좋음"과 "낯(얼굴)이 못 좋음"이라는 표현이 재미있네요.

한편 '흰쌀[白米]'과 '술[酒]'을 의미하는 漢菩薩(한보살)과 酥孛(수발)'로부터는 **후기 중세 국어 이전의 국어 모습**을 살펴볼 수 있어 국어사적으로 가치가 큽니다. '白米曰漢菩薩(백미왈한보살)'에서 '흰쌀[白米]'의 의미를 가진 어휘는 '漢菩薩(한보살)'로 기록되어 있는데, 그 소리는 '*한ᄇᆞ 술' 정도로 추정됩니다. '菩薩(보살)'이라는 차자 표기를 중세 국어의 'ᄡᆞᆯ'과 연결 지어 생각하면, 고려 시대에는 이 단어가 두 개의 음절에 가깝게 들렸고, 중세 국어의 'ᄡᆞᆯ'의 초성은 /ㅂ/과 /ㅅ/이 각각 소리 나는 어두 자음군이었음을 알 수 있지요.[43]

'酒曰酥孛(주왈수발)'의 기록도 흥미롭습니다. "술[酒]"의 의미를 가진 단어를 '酥孛(수발)'이라 기록하였는데, 그 소리는 '*수불' 정도로 추정됩니다. 중세 국어에서 술이 '수블'을 거쳐 '수울'로 적혔다는 사실을 고려하면, 중세 국어에서 'ㅸ'의 음가는 /ㅂ/로부터 약화된 소리라는 사실을 짐작할 수 있지요.

고려의 언어와 국어사의 시대 구분

지금까지 살펴본 『계림유사』의 어휘는 많은 부분에서 후기 중세 국어, 즉 15세기의 어휘와 닮아 있습니다. 비슷한 시기의 자료인 고려시대 석독구결 자료를 통해서는 문장 단위의 문법적 특징을 더 상세히 살펴볼 수 있는데, 『계림유사』와 달리 석독구결 자료에서는 10세기 이전의 국어 자료와 더 유사한 문법적 특징이 나타납니다. 이러한 이유로 석독구결 연구가 깊어진 최근에는 고려시대 국어를 전기 중세 국어가 아니라 고대 국어로 편입해야 한다는 시각도 적지 않습니다.

---

43   어두 자음군에 대해 더 알고 싶다면 2부의 'Q8 합용 병서와 어두 자음군, 같은 말 아니었나요? / 중세 국어 오개념 바로잡기'의 내용을 참고해 주세요.

비슷한 시기의 자료에서 서로 다른 언어적 양상이 나타나는 이유는 무엇일까요? 어휘 중심의 대역어 자료인 『계림유사』는 비교적 역동적이고 개신적인 모습을 보여 주는 데 반해, 불경의 해독에 직결되는 석독구결 자료는 상대적으로 보수성이 강하다는 점을 우선 고려할 수 있습니다. 과연 석독구결에 담긴 언어가 고려 당대의 언어를 충실하게 반영하고 있는 것인지도 논의할 대상이 되지요. 고려의 언어에 대한 연구는 앞으로도 많은 과제가 남아 있다고 할 수 있습니다.

이론 학습지	중세 국어

이름 :　　　　　　　반　　　번

- 10~14세기 중반의 국어를 전기 중세 국어, 14세기 중반~16세기 말의 국어를 후기 중세 국어로 구분
- 10세기 초 고려가 건국되고 수도가 경주에서 개경(개성)으로 이동하면서 한반도의 중심 언어가 동남 방언에서 중앙 방언으로 이동함
- 14세기를 전후로 국어의 음운 체계에 여러 변화가 일어남
  예 평음-격음-경음의 체계 성립

(1) 중세 국어 음운의 특징

① 자음은 평음-경음-격음을 중심으로 마찰음들의 존재가 특징이다.

ㅂp	ㄷt	ㅅs	ㅈts	ㄱk	
ㅍpʰ	ㅌtʰ		ㅊtsʰ	ㅋkʰ	ㅎh
ㅃp*	ㄸt*	ㅆs*	(ㅉts*)	ㄲk*	!ㆅh*
ㅸβ		ㅿz			!ㆆʔ
ㅁm	ㄴn			ㆁŋ	
	ㄹl				

(*: 경음 표시, !: 불확실성 표시)

② 모음 조화를 보이는 7개의 단모음(ㅣ, ㅡ, ㅓ, ㅜ, ㆍ, ㅏ, ㅗ)과 다양한 이중 모음(ㆎ, ㅐ, ㅚ, ㅔ, ㅢ, ㅑ, ㅛ, ㅕ, ㅠ, ㅘ, ㅝ, ㅟ)의 존재

- 오늘날과 달리 하향 이중 모음이 다양하였음: ㅐ[aj], ㅔ[əj], ㅚ[oj], ㅟ[uj], ㅢ[ij], ㆎ[ʌj]

③ 음절 말 8개 자음(ㄱ, ㆁ, ㄷ, ㄴ, ㅂ, ㅁ, ㅅ, ㄹ)의 대립

- 종성에서 /ㅅ/과 /ㄷ/의 소리가 구별됨. '못[釘]'과 '몯[池]'이 서로 다른 받침으로 적힌 점

④ 어두 자음군의 존재

- 'ㅂ'계 합용 병서, 'ㅄ'계 합용 병서로 쓰인 초성은 어두 자음군으로 발음되었을 것으로 추정됨 예 ᄡᆞᆯ, ᄣᅢ
- 12세기 자료인 『계림유사』에서 '白米(백미)'의 소리를 '漢菩薩(한보살)'로 기록한 점에서 중세 국어의 'ᄡᆞᆯ'이 본래 '*ᄇᆞ솔'의 소리를 가졌던 것으로 생각됨. 고대 국어에는 어두 자음군이 없었다가 'ㆍ/ㅡ'가 탈락하면서 어두 자음군이 형성되었을 것으로 추정됨

⑤ 된소리 계열 등장 예 ᄧᅵᇂ다, ᄊᆞᆶ다, ᄭᅮ짓다

⑥ 파찰음 'ㅈ, ㅊ'가 치경 자음으로 발음됨

⑦ 유성 치경 마찰음 /z/, 유성 양순 마찰음 /β/가 음소로 존재했으며 각각 ㅿ, ㅸ로 표기됨

⑧ 방점 표기를 통해 성조 체계(평성, 거성, 상성, 입성)가 확인됨

⑨ 모음 조화를 비롯해 경음화, /ㄱ/ 탈락, /ㄹ/ 탈락, /ㆍ/ 탈락, 활음 첨가 등의 음운 현상이 나타남

모음 조화: 예 아ᄃᆞᄅᆞᆯ(아ᄃᆞᆯ+ᄋᆞᆯ), 머구리라(먹-+-우-+-리-+-라)

경음화: 예 우룸쏘리(우룸+ㅅ#소리), 이실 ᄊᆞ라(이시-+-ㄹ#ᄉᆞ+이-+-라)

/ㄱ/ 탈락: 예 살오(살-+-고), ᄃᆞ외어늘(ᄃᆞ외-+-거늘), 서리어든(설+이-+-거든)

/ㄹ/ 탈락: 예 나날(날+날), 우다가(울-+-다가), 비ᅀᆞᄫᅩᄃᆡ(빌-+-ᅀᆞᇦ-+-오ᄃᆡ)

/ㆍ/ 탈락: 예 파(ᄑᆞ-+-아), 닐오ᄃᆡ(니ᄅᆞ-+-오ᄃᆡ), 셤곪 디라(ᄃᆞ+이-+-라)

활음 첨가: 예 서리예(서리+에), 지여(지-+-어), 내야(내-+-아), 보와(보-+-아)

(2) 중세 국어 문법의 특징

① 체언과 용언의 특수한 형태 교체

체언: 자음 조사나 휴지 앞에서 'ㅗ'나 'ㆍ' 등의 모음으로 끝나며, 모음 조사나 매개 모음 조사 앞에서 'ㄱ'형,
'ㅿ-ㅇ'형, 'ㄹ-ㅇ'형 등으로 나타남

나모 ~ 낡 [木]	자음 조사/ 휴지 앞	매개 모음 조사 앞	모음조사 앞
나모 ~ 낡 [木]	나모(나모도)	낡(남ᄀᆞᆯ)	낡(남기)
녀느 ~ 년 [他]	녀느(녀느도)	년(년ᄀᆞᆯ)	년(년기)
여ᅀᅮ ~ 엿 [狐]	여ᅀᅮ(여ᅀᅮ도)	엿(여ᅀᆞᆯ)	엿(엿이)
노ᄅᆞ ~ 놀ㅇ [獐]	노ᄅᆞ(노ᄅᆞ도)	놀ㅇ(놀ᄋᆞᆯ)	놀ㅇ(놀이)

용언: 자음 어미 앞이나 매개 모음 어미 앞에서 'ㅡ'나 'ㆍ' 등의 모음으로 끝나며, 모음 어미 앞에서 모음이
탈락하고 'ㄱ'형, 'ㄹ-ㅇ'형, 'ㄹ-ㄹ'형, 'ㅿ-ㅇ'형 등으로 나타남

	자음 어미 앞	매개 모음 어미 앞	모음 어미 앞
시므- ~ 심ㄱ- [植]	시므-(시므고)	시므-(시므니)	심ㄱ-(심거)
다ᄅᆞ- ~ 달ㅇ- [異]	다ᄅᆞ-(다ᄅᆞ고)	다ᄅᆞ-(다ᄅᆞ니)	달ㅇ-(달아)
모ᄅᆞ- ~ 몰ㅇ- [無知]	모ᄅᆞ-(모ᄅᆞ고)	모ᄅᆞ-(모ᄅᆞ니)	몰ㄹ-(몰라)
부ᅀᅮ- ~ 붕ㅇ- [破]	부ᅀᅮ-(부ᅀᅮ고)	부ᅀᅮ-(부ᅀᅮ니)	붕ㅇ-(붕아)

② 'ㅎ' 보유 체언 (나라ㅎ, 길ㅎ, 우ㅎ 등)

- 뒤에 모음 조사가 오면 'ㅎ'이 실현되고, '도'나 '과' 같은 자음 조사가 오면 그것들의 초성과 축약되어 '토,
  콰'로 유기음화되며, 단독으로 실현될 때나 관형격 조사 'ㅅ' 앞에서는 'ㅎ'이 탈락함

	단독	자음 조사	모음 조사
나라ㅎ [國]	나라	나라토, 나라콰	나라히, 나라홀
싸ㅎ [地]	싸	싸토, 싸콰	싸히, 싸홀
길ㅎ [道]	길	길토, 길콰	길히, 길흘

③ 현대 국어와 다른 특징을 보이는 용언

- 동사와 형용사 용법을 모두 갖는 용언

둏다[好]	王이 좌시고 病이 <u>됴ᄒᆞ샤</u> (왕이 잡수시고 병이 좋아지셔서)	동 좋아지다
	<u>됴커나</u> 굿거나 (좋거나 나쁘거나)	형 좋다

- 자동사와 타동사 용법을 모두 갖는 용언

흩다[散]	天上애 구름 <u>흐터ᄊᆞ</u> (천상에 구름 흩어져)	자 흩어지다
	만흔 일훔난 고졸 <u>흐터</u> (많은 이름난 꽃을 흩어)	타 ~을 흩다
겄다[折]	부라미 부러 남기 <u>것그니</u> (바람이 불어 나무가 꺾이니)	자 꺾이다
	고븐 곳 <u>것고</u> (고운 꽃을 꺾고)	타 ~을 꺾다

④ 비통사적 합성어의 발달

(예)	빌먹-, 죽살-, 듣보-, 됴쿳-, 놉ᄂᆞᆺ갑-, 붉쥐, 붓돌 등

⑤ 어간형 부사의 존재

- 형식 형태소의 결합이 없는 상태에서, 용언 어간이 그대로 부사로 쓰이기도 함

비브르다 - 비브르	기름진 고기롤 만히 머거 <u>비브르게</u> ᄒᆞ면 (기름진 고기를 많이 먹어 배부르게 하면)	혱 배부르다
	버미 ᄒᆞ마 <u>비브르</u> 먹고 누ᄫᅦᆺ거늘 (범이 이미 배불리 먹고 누워있거늘)	붭 배불리
ᄀᆞᆮ다 - ᄀᆞᆮ[如]	네 닐오미 내 ᄠᅳᆮ과 <u>ᄀᆞᆮ다</u> (네가 말하는 것이 나의 뜻과 같다)	혱 같다
	하ᄂᆞᆳ 벼리 눈 <u>ᄀᆞᆮ</u> ᄠᅦᄃᆞᆫ니이다 (하늘의 별이 눈 같이 집니다)	붭 같이

⑥ 파생명사와 명사형 어미의 형태적 구분

예	됴ᄒᆞᆫ 여름 <u>여루미</u> (좋은 열매를 여는 것이) 열-+-음 (명사 파생 접미사), 열-+-움 (명사형 어미)

⑦ 다른 의미의 사동사를 만드는 사동 접미사 '-이-', '-우-'와 '-ᄋᆞ-'

예	살이다: 살-+-이-+-다(어디에 살게 하다)	일우다: 일-+-우-+-다(어떤 일을 성취하다)
	사ᄅᆞ다: 살-+-ᄋᆞ-+-다(목숨을 살리다)	이ᄅᆞ다: 일-+-ᄋᆞ-+-다(집이나 탑을 세우다)

⑧ 체언의 의미 범주에 따른 관형격 조사의 구분:

이/의(평칭 유정 체언), ㅅ(존칭 유정 체언, 무정 체언)

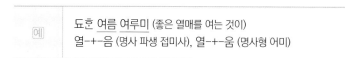

예	아기아ᄃᆞᆯ<u>이</u> 각시(막내아들의 각시) 衆生<u>이</u> 邪曲(중생의 사곡)	부텻 ᄆᆞᅀᆞᆷ(부처님의 마음) 집 우흿 져비(집 위에의 제비)

⑨ 인칭법 및 대상법 선어말 어미 '-오/우-' 사용

(예)	나도 아비 다모리라 (나도 아버지를 담을 것이다)	문장의 주어가 1인칭일 때
	얻논 藥이 므스것고 (구하는 약이 무엇이냐) 부텨 가시논 따히 즐어늘 (부처 가시는 땅이 질거늘)	관형절의 수식을 받는 말이, 관형절 내부에서 생략된 목적어 혹은 부사어일 때

⑩ 높임법 선어말 어미 사용

주체 높임	-ᄋᆞ시/으시-	世尊이 보라시고(세존이 바라시고) 千歲 우희 미리 定ᄒᆞ샨(오래 전에 미리 정하신)	주어 '世尊' 주어 '하ᄂᆞᆯ'
객체 높임	-ᄉᆞᆸ/ᅀᆞᆸ/ᄌᆞᆸ-	벼슬 노ᄑᆞᆫ 臣下ㅣ 님그믈 돕ᄉᆞᄫᅡ (벼슬 높은 신하가 임금을 도와) 그 우희 올아 안자 하ᄂᆞᆯ긔 비ᅀᆞᄫᆞ디 (그 위에 올라 앉아 하늘께 빌되)	목적어 '님금' 부사어 '하ᄂᆞᆯ'
상대 높임	-(ᄋᆞ/으)이-	洛水예 山行 가 이셔 하나빌 미드니잇가 (낙수에 사냥 가 있으면서 할아버질 믿었습니까)	청자 '님금'

⑪ 의문형 종결 어미와 의문 보조사

판정 의문문의 종결 어미	-잇가	이어긔 갓가빙 사ᄅᆞ미 지비 잇ᄂᆞ니잇가 (여기 가까이 사람의 집이 있습니까?)
	-녀	功德이 하녀 져그녀(공덕이 많으냐 적으냐?)
	-려	여래를 보려 몯 보려(여래를 보았느냐 못 보았느냐?)
설명 의문문의 종결 어미	-잇고	엇디 사ᄅᆞ시리잇고(어떻게 살리실 것입니까?)
	-뇨	됴ᄒᆞᆫ ᄯᆞ리 어듸ᅀᅡ 잇거뇨(좋은 여자가 어디 있느냐?)
	-료	내 어드리 가료(나는 어디로 갈 것인가?)

판정 의문문의 보조사	가	이 ᄯ리 너희 죵가(이 여자가 너희 종이냐?)		
설명 의문문의 보조사	고	이 고즌 므슴 곳고(이 꽃은 무슨 꽃이냐?)		
평칭의 2인칭 의문형 어미	-ㄴ다	네 엇던 사ᄅ미ㄴ다(너는 어떤 사람이냐?) 네 므슴 글 비혼다(너는 무슨 글을 배우느냐?)		
	-ㅭ다	머즌 그르슬 므스게 ᄡᅳᆯ다 (쓸데없는 그릇을 무엇에 쓰려고 하느냐?)		

⑫ 존칭의 호격 조사 사용

예 님금하 아ᄅ쇼셔, 如來하 우리 나라해 오샤

⑬ 주격 조사

예	이	시미 기픈 므른(샘이 깊은 물은)	Ø	불휘 기픈 남ᄀᆞᆫ(뿌리가 깊은 나무는)
	ㅣ	내 이롤 위후야(내가 이를 위하여)	Ø	龍이 머리 열히러니(용의 머리가 열이러니)

⑭ 목적격 조사

예	롤	나롤 닛디 마ᄅ쇼셔 (나를 잊지 말아주십시오)	올	바ᄂᆞ롤 두드려 (바늘을 두드려)
	를	엇던 因緣으로 너를 (어떤 인연으로 너를)	을	므스글 구ᄒ리오 (무엇을 구하리오)

⑮ 부사격 조사

예	의	올ᄒᆞᆫ 녀긔 브텨 쓰라 (오른쪽에 붙여 써라)	애	바ᄅ래 가ᄂ니(바다에 가니)
	ᄋᆡ	치운 뫼해셔 바ᄆᆡ 우놋다 (추운 산에서 밤에 우는구나)	에	ᄭᅮ메 부텻 모믈 보ᅀᆞᄫ니 (꿈에 부처님의 몸을 뵈오니)
			예	져근 ᄇᆡ예 올오리라(작은 배에 오르리라)

(3) 중세 국어 어휘의 특징

① 한자어가 격증하여 고유어를 대신함

　예 후다가 > 萬一에, 바드랍다 > 위태^{危殆}하다, 비숨 > 단장^{丹粧}

② 모음 대립에 의한 의미 차이

　예 갗(가죽):겇(겉), 할다(비방하다):헐다(깨뜨리다), 붉다(붉다):붉다(밝다), 늙다(늙다):눍다(낡다)

③ 어휘에 의한 높임법 발달

　예 잇다:겨시다, 먹다:좌시다, 보다:뵙다, 니르다:솗다, 묻다:엳줍다, 주다:드리다

④ 3인칭 재귀 대명사 '즈갸'의 사용

　예 부톄 즈갓 가슴애 다히시고(부처님께서 당신의 가슴에 닿게 하시고)

(4) 중세 국어 표기의 특징

① 음소적 표기: 음운 변동 현상을 반영해 소리 나는 대로 쓰는 것

　예 닢[葉]: 닙, 닙도

② 음절적 표기: 초성자, 중성자, 종성자를 모아서 하나의 음절로 모아 쓰는 것

　예 무술 vs. ㅁ · ㅿ · ㄹ

③ 연속적 표기: 선행 음절의 종성을 후행 음절의 초성으로 올려 소리 나는 대로 적고, 단어와 단어는 물론 문장과 문장까지도 모두 띄지 않고 붙여 쓰는 것

　예 내히이러바른래가누니

Station 3

고대 국어

열차를 기다리며:
고대 국어 - 차자 표기 = 0 ?

이제 우리는 긴 여행의 종착역에 와 있습니다. 근대 국어와 중세 국어를 거쳐 시간을 거슬러 올라, 고대 국어 시기를 살펴봅니다. 고대 국어는 일반적으로 우리 민족이 한반도에 살기 시작한 이후부터 통일신라 시대까지, 즉 10세기 초까지 사용된 국어를 가리킵니다. 최근 고려 시대의 석독 구결 연구가 깊어지면서 고려의 언어가 조선의 언어보다는 삼국시대의 언어에 더 가깝다는 사실을 알게 되었고, 이에 따라 13세기까지의 언어를 고대 국어로 보기도 하지요.

고대 국어는 한글이라는 문자가 없던 시기 우리말의 특징을 보여 주는 교육 내용입니다. 우리말을 적을 문자가 없던 시절에는 오랫동안 한자를 빌려 우리말을 적는 관습이 있었고, 한자를 빌린 표기법을 이해해야만 비로소 이 시기의 언어에 다가갈 수 있지요. 한자로 가득한 차자 표기 자료는 학생과 교사 모두에게 거대한 장벽입니다. 학생들도 부담스럽고 어려우니 싫어하고, 선생님들도 그 마음을 알기에 조금이라도 쉽게, 재미있게 가르쳐 보려고 고심하시지요.

상황이 이러하다 보니 그동안의 고대 국어 교육은 곧 차자 표기 교육이었다고 해도 과언이 아닙니다. 『삼국사기』나 『삼국유사』의 고유 명사 표기, 〈서동요〉 같은 짧은 향가를 읽어보면서 음독과 훈독의 차이를 겨우 익히고 나면 고대 국어 시간은 끝나버리게 되지요. '고대 국어 - 차자 표기 = 0'이라는 등식을 떠오르게 만드는 것이 종래의 고대 국어 교육 현실이었습니다.

과연 고대 국어는 차자 표기법이 전부일까요? 물론 차자 표기법은 우리 글자가 없던 시절 우리말을 생생하게 기록하기 위해 선조들이 노력해 왔던 역사라는 점에서 가치가 매우 크지요. 하지만 국어사에서 중요한 것은 표기 방법만이 아니라, 그러한 표기법을 통해 기록된 실체, 즉 당시의 국어입니다. 고대 국어는 우리가 쓰는 국어가 어디서부터 시작되었는지, 그 근원으로 다가가도록 해 주는 시기이기 때문이지요.

그동안의 고대 국어 교육이 표기법에만 지나치게 집중되어 학습자에게 큰 흥미를 주지 못했던 사실이 아쉽습니다. 차자 표기를 통해 알 수 있는 고대 국어의 다양한 특징들이 쉽고 흥미로운 방식으로 다루어질 수 있다면 학습자들에게도 더 가까이 다가갈 수 있지 않을까요? 고대 국어에서 오늘날까지 이어지거나, 혹은 고대 국어만이 가지고 있는 언어적 특징, 고대 국어와 관련한 학습자들의 다양한 궁금증과 호기심을 중심으로 수업을 꾸려보면 어떨까요? 고대 국어는 분명 어렵지만, 어려움에 도전해 보고 문을 두드려 본다면 무척 흥미로울 수도 있겠다는 기대가 됩니다.

고구려, 백제, 신라 사람끼리 말이 통할까요?
삼국의 언어

학습자는 먼 옛날 삼국 시대가 존재했다는 역사적 사실을 알지만, 세 나라의 언어가 얼마나 같고 얼마나 달랐는지, 세 나라의 사람들이 대화한다면 서로 말이 통했을지 상상해 볼 기회가 좀처럼 없습니다. 고대 국어를 다루는 시간에 삼국의 언어를 서로 비교해 보는 기회가 있다면 흥미로울 것입니다. 여기서는 한반도에 고구려, 백제, 신라가 공존했던 삼국 시대의 언어를 살펴봅니다.

○— 들어가며

(백제 장군이 군사들에게 황산벌 전투 작전을 알려주고 있다)
백제 장군: 나가 출정 전에 갑옷에 대해서 '거시기'한거, 까먹지들 말고 병사들에게 다시한번 '거시기' 잘하라고 단단히들 일러!
백제 병사들: 야~
백제 장군: 그러니께 이번 여그, 황산벌 전투에서 우리의 전략전술적인 '거시기'는, 한마디로, '뭐시기'헐 때꺼정 갑옷을 '거시기'헌다! 바로 요거여~ 알 것제?
백제 병사들: 야!

(대화를 신라 병사가 엿듣고 돌아와 보고한다)
신라 장군1: 그래, 뭐 좀 건짓나?
신라 병사: 계백이가 하는 말, 싸그리 다 들엇심니다.
신라 장군2: 뭐라 카드노?

(병사가 백제 장군의 말을 그대로 읊는다)
신라 장군3: 머라카노 이 자식 저거? 머 작전에 대해서 머라카는 말은 업드나?

(병사가 백제 장군의 두 번째 말을 그대로 읊는다)
신라 장군1: 시방 도대체 뭐꼬? 거시기 뭐시기 뭐시기 거시기!
신라 장군4: 야, 암호해독관, 니 함 풀어봐라!

수업 도우미

영화 '황산벌'(2003)
'거시기 작전' 보러가기

영화 '황산벌'(2003)

영화 '황산벌'에서 세 나라의 인물들은 저마다 다른 지방의 사투리로 말합니다.
백제군의 말 '거시기'의 뜻을 몰라 신라군이 머리를 굴리는 코믹한 장면도 연출되지요.
영화의 내용은 사실일까요? 고구려, 백제, 신라 사람끼리 말이 통했을까요?[44]

삼국의 언어는 어떤 모습이었을까?

우리는 오늘날 남아 있는 자료와 문헌을 통해 삼국시대의 언어를 추측해 볼 수 있습니다. 삼국시대의 국어 자료로는 우선 금속이나 돌에 새겨진 문자 자료인 금석문金石文이 있습니다. 금속이나 돌에 문자를 새기면 종이에 비해 형태가 잘 변하지 않기 때문에 아주 오랫동안 남아 있을 수 있지요. 백제의 백제칠지도명百濟七支刀銘,369년경, 고구려의 광개토왕릉비廣開土王陵碑,414, 신라의 영일냉수리비迎日冷水里碑,503년경를 비롯해 종鐘이나 돌비석 등에 새겨진 삼국과 통일신라의 자료들이 오늘날까지 남아 있습니다.

이 밖에도 정보의 전달을 위해 나뭇조각에 문자를 기록한 목간木簡이나 낱장의 종이에 기록된 고문서 등도 고대 국어의 자료가 됩니다. 『삼국사기』(1145)와[45] 『삼국유사』(1285)에 인명, 지명 등 고유 명사가 기록되어 있고, 『삼국유사』(1285)와 『균여전』(1075)에는 신라의 노래인 향가가 각각 14수, 11수씩 실려 있어 고대 국어의 단어와 문장을 짐작해 볼 수 있기도 하지요.

삼국은 일찍이 중국으로부터 한자를 들여와 문자로 사용했지만 사용한 언어는 중국과 우리말이 서로 달랐습니다. 일찍부터 삼국의 사람들은 **한자를 이용해 말소리를 적기 위해 차자 표기라는 특별한 문자 사용법을 고안했습니다.** 오늘날의 우리는 우리말을 한자로 옮긴 차자 표기 자료를 통해 옛 우리말의 모습을 짐작해 보게 됩니다.[46]

삼국의 언어는 서로 달라서 한자를 빌려 적은 고유어의 모습도 나라마다 달랐습니다. '성城'을 기록한 나라마다의 표기를 통해 어휘가 서로 달랐음을 짐작해 볼 수 있습니다.

수업 도우미

한국 금석문
종합 영상 정보 시스템

---

44 영화 속에서 코믹한 백제 말로 활용되었던 '거시기', 사전에 방언이 아니라 표준어로 등재되어 있다는 사실을 알고 계신가요? 〈표준국어대사전〉에서 '거시기'는 "이름이 얼른 생각나지 않거나 바로 말하기 곤란한 사람 또는 사물을 가리키는 대명사" 혹은 "하려는 말이 얼른 생각나지 않거나 바로 말하기가 거북할 때 쓰는 군소리"로 등재되어 있답니다. 문법적으로는 '미지시'의 대명사이면서 담화의 공백을 메워주고 시간을 벌어 주는 담화 표지로서도 기능한다는 점에서 흥미로운 연구 대상이 되기도 하지요.

45 『삼국사기』는 고려 인종 23년(1145)에 김부식이 왕명에 따라 펴낸 역사책으로, 신라, 고구려, 백제 세 나라의 역사를 기전체로 적었습니다. 『삼국유사』와 더불어 우리나라에서 현존하는 가장 오래된 역사책입니다.

46 차자 표기법이란 다른 나라의 글자를 빌려 고유어를 적는 표기법을 아울러 이르는 말입니다. 한글이 창제되기 전, 고유의 글자가 없던 우리나라는 중국 한자의 음과 뜻을 빌려 우리말을 적었지요. 고유 명사 표기, 이두(吏讀), 구결(口訣), 향찰(鄕札) 등 다양한 차자 표기법의 유형은 제3부에서 살펴볼 수 있어요.

	기록	'성'을 부르는 말(추정)
고구려	**買忽　一云水城** 매홀　수성이라고도 한다 〈삼국사기 권37 - 본고구려 지명〉	**忽** *xul
백제	**悅城縣　本百濟悅己縣** 열성현은 본래 백제의 열기현이었는데 〈삼국사기 권36 - 본백제 지명〉	**己** *ki
신라	**乹達婆矣遊烏隐城叱肹良望良** 건달바의 놀았던 성을 바라보고 〈삼국유사 권5 - 혜성가〉	**城叱** *cas

삼국에서 '성(城)'을 부르는 어휘

고구려와 백제의 지명을 차자 표기법으로 기록한 『삼국사기』나 향가 자료를 통해 고구려, 백제, 신라에서 '성城'은 각각 '*xul(*홀)', '*ki(*기)', '*cas(*잣)'에 가까운 말로 불렸다고 짐작해 볼 수 있지요. 특히 신라어의 '*cas'는 중세 국어의 어휘 '잣'과 유사하기 때문에, 신라의 언어가 고려의 언어를 거쳐 조선의 언어로 이어졌다는 실마리를 보여 주기도 합니다.

　　예) 외로왼 **자새** 믌 氣運이 어득ᄒᆞ도다 (외로운 성에 물의 기운이 어둑하도다) 〈두시언해(1481)
　　3:28a〉

신라가 삼국을 통일하면서 고구려와 백제의 언어는 세력이 크게 약해진 것으로 추정됩니다. 그러나 오늘날 사용하는 몇몇 단어에는 옛 고구려의 언어가 언어 화석으로 남아 있다고 분석하기도 해요.[47] 예컨대 위의 표에서 한자 '水'에 대응하는 '買'는 '*mäi'에 가까운 소리로 추정되는데, 물에 사는 더덕 같은 생물, '미더덕'이나 연못가에서 자라는 나리 같은 생물, '미나리'의 '미'가 '물'을 뜻하

---

[47]　언어 화석은 오늘날의 공시적 언어 속에 남아 있는 과거 언어의 흔적을 말해요. 예를 들어 오늘날 '일컫다'나 '가로되', '가라사대' 등에는 이미 사라져버린 동사 '곧다[曰]'의 흔적이 화석으로 남아 있고, '암탉', '암평아리' 등에는 이전에 ㅎ 보유 체언이었던 '암ㅎ'의 흔적이 화석으로 남아 있지요. 언어 화석은 복합어나 관용어 등 자주 사용되는 언어 형식 내부에 남아 있는 경우가 많습니다. 관용적인 표현은 한 묶음 전체로 기억되는 경향이 있어서 언어 변화가 그 내부까지 미치기 어렵기 때문이죠.

는 고구려어에서 왔다고 짐작하는 것이죠. 반면 주로 '勿'로 차자 표기되어 '*믈' 정도의 소리를 가진 것으로 보이는 어휘는 신라어 계통의 어휘로서 오늘날 '물'로 남아 있습니다. 이 밖에도 백제어의 '*ki'가 고대 일본어의 'kï'로 차용되었다고 보는 견해도 있습니다.

우리말의 뿌리는 신라어? 고구려어?

삼국의 언어가 오늘날의 방언 이상으로 사뭇 달랐을 것이라는 점은 분명합니다. 지리적 특징과 역사적 사실, 일부 남아 있는 언어 자료를 두루 고려해 보았을 때 고구려어는 원시 부여어로부터, 백제어와 신라어는 원시 한어로부터 계승되었다고 추정하는 것이 정설로 받아들여지고 있습니다. 다만 삼국의 언어가 '어느 정도로 달랐는지' 현재로서는 자세히 알 수가 없습니다.

삼국의 언어가 방언 관계로서 서로 어느 정도 소통되었을 것이라는 견해도 있고, 전혀 다른 체계와 계통을 가지고 있어서 소통되지 않는 별개의 언어였을 것이라고 보는 견해도 있어요. 특히 삼국 이후 우리나라에 세워진 고려의 언어가 삼국 중 어느 언어를 기반으로 한 것인지에 대해서는 남한 학계와 북한 학계에서 의견이 매우 다릅니다.

남한의 학계에서는 신라어의 한 방언으로부터 고려어가 성립되었고, 고려 건국을 통해 개성 중심의 새로운 중앙어가 성립되어 중세 국어로 계승되었다고 보고 있어요. 다만 고구려어가 기층 언어로서 일부 신라어에 차용되어 있었을 것으로 짐작하지요. 반면 북한 학계에서는 고려어가 고구려어의 한 방언이었고, 고려의 건국을 계기로 우리말의 언어적 통일이 일어났다고 봅니다. 각각 신라와 고구려로부터 한반도 역사의 정통성을 찾으려는 관점이 반영되어 있지요.

고려어의 본질이 신라 말이었는지 고구려 말이었는지, 언어가 통일되어 중앙어가 성립되는 시기가 신라가 삼국을 통일한 7세기 무렵인지 고려가 나라를 건국한 10세기 무렵인지와 관련해 남한 학계와 북한 학계의 의견이 서로 다른 상황이라고 정리할 수 있겠습니다. 우리는 우선 신라의 언어가 고려의 언어와 조선의 언어로 계승되었다고 보고 이야기를 이어 나가도록 하지요.

신라 사람들의 노래에 신라어가 남아 있다고요?

향가와 고대 국어

신라의 노래, 향가는 문학 수업과 문법 수업이 연계되는 흥미로운 수업 자료입니다. 향가는 신라인의 삶과 정서를 보여 주는 문학 자료이기도 하지만 신라인이 사용한 말과 글을 보여 주는 언어 자료이기도 하지요. 향가를 통해 신라의 언어에 대해 이야기를 나누어 보면 어떨까요?

○─ 들어가며

"값비산 부란디에 주정하거나
대포잔 막걸리에 주정하거나
거문머리 백발되긴 다같은 사람
무엇이 달라 돈 하나 많고 적은 그것뿐이다
너도 맘보 나도 맘보 코리안 맘보…"

1950년대 유행가 <코리안맘보>의 가사입니다.
사람들은 어느 시대에나 노래를 부르며 슬픔을 달래고 기쁨을 표현하였지요.
신라 사람들에게도 유행가가 있었는데요, 향찰로 기록된 신라의 노래를 통해
우리는 신라인의 정서와 삶뿐만 아니라 신라의 언어도 엿볼 수 있습니다.

신라의 향가, 신라의 언어

신라가 삼국의 통일에 성공하면서 신라의 언어는 가장 힘을 가진 중앙어中央語가 되었습니다. 통일신라의 언어가 고려의 언어로, 고려의 언어가 조선의 언어로 통일되면서 오늘날의 언어로 변화해 나가게 되지요. 통일신라 시대에도 우리 글자가 없었으므로 우리말에 대해 자세히 알 수는 없지만, 신라 사람들이 남긴 노래, 향가를 통해 옛 신라의 언어를 짐작해 볼 수 있습니다.

신라의 향가는 『삼국유사』(1285)에 14수가 실려 있습니다. 지명 및 인명의 차자 표기 자료를 통해 알 수 있는 삼국의 언어는 어휘에 한정되는 경향이 있지만, 향가를 통해서는 신라의 어휘와 문법, 문장과 표현까지를 짐작할 수 있습니다.

〈처용가〉는 향가 해독의 실마리가 된 작품입니다. 신라 헌강왕 때의 인물인 처용이 역신을 물리친 내용을 담고 있으며, 고려시대와 조선시대에 의식무, 연희의 형태로 계승되었지요. 『삼국유사』에 실린 향가 작품이 훈민정음 창제 이후 편찬된 『악학궤범』(1493)에 고려가요로도 실려 있는 덕분에, 우리는 향찰 표기와 한글 표기를 대응해 보며 향찰 표기의 기본 원칙을 알 수 있게 되었습니다.

향가 〈처용가〉	향가 〈처용가〉 신라어 해독	고려가요 〈처용가〉
東京明期①月良 夜入伊遊行②如可 ③入良沙寢矣見昆 ④脚烏伊四是良羅 ⑤二肹隱吾下於叱古 二肹隱⑥誰支下焉古 〈삼국유사 권 제2 – 處容郎 望海寺〉	시불 불긔 ①ᄃ래 밤 드리 노니②다가 ③드러ᅀᅡ 자리 보곤 ④가ᄅ리 네히어라 ⑤둘흔 내해엇고 둘흔 ⑥뉘해언고 〈양주동 해석〉	東京 ᄇᆞᆯ근 ①ᄃ래 새도록 노니②다가 ③드러 내 자리ᄅᆞᆯ 보니 ④가ᄅ리 네히로셔라 (아으) ⑤둘흔 내해어니와 둘흔 ⑥뉘해어니오 〈악학궤범〉

차자 표기의 방법으로 기록된 자료는 중세 국어 이후의 언어를 기반으로 독법을 추정하게 되는 태생적인 한계 때문에 온전한 전체의 모습을 파악하기엔 한계가 있습니다. 다만 〈처용가〉에 공통으로 나타나는 부분을 통해 신라의 음운, 문법, 어휘와 관련한 몇 가지 특징을 살펴볼 수 있습니다. 아래의 특징은 모두 중세 국어에서도 나타나는 것으로, 신라의 언어와 중세 국어가 연속성과 공통성을 가지고 있음을 보여 주는 부분이기도 하지요.

① 月良(*ᄃᆞ래) : 처격 조사 '-아'의 존재

② 如可(*-다가) : 연결 어미 '-다가'의 존재

③ 入良沙(*드러ᅀᅡ) : 강세 접미사 '-ᅀᅡ'의 존재

④ 脚烏伊(*가ᄅᆞ리) : 주격 조사로 '이'가 쓰임

⑤ 二肹隱(*둘흔) : '둘ㅎ'이 'ㅎ' 보유 체언임

⑥ 誰支下焉古(*뉘해언고) : 명사형의 의문 보조사 '고'의 존재

향가 〈헌화가〉에 중세 국어 이전에 거의 소멸된 어미의 흔적을 찾아볼 수 있습니다. 〈헌화가〉 역시 『삼국유사』에 실려 있는 향가 작품으로, 지나가던 농부가 수로부인의 미모에 반해 꽃을 꺾어다 바쳤다는 내용입니다. 헌화가의 다음 구절을 볼까요?

(1) 花肹折叱可 獻乎理音如 〈헌화가〉

〈헌화가〉는 교과서 등에서도 자주 소개된 작품이지요. 김완진(1980)의 해독에 따르면 '고줄 것거 바도림다'로 해석되는 부분입니다. 향가 연구 초기에는 '音'을 상대 높임의 선어말 어미 '-이-'로 해석하기도 했지만, 이후 '音'을 '-ㅁ'의 소리를 나타내는 글자로 보면서 '받ᄌᆞ오림다', '받ᄌᆞ보림다', '바도림다' 등의 해석이 제기되었습니다.

이때 '音如'는 본래 '音叱如'으로서 어미 '-ㅁㅅ다'를 차자 표기한 것이라고 봅니다. '-ㅁㅅ다'는 [의지], [능력], [의무], [가능성]과 같은 양태적 의미를 갖는 어미로 '~겠다', '~을 수 있다' 정도의 의미를 나타냅니다. 고려 시대 구결 자료에서는 '亠七丨(ㅁㅅ다)'로 표기되어 종종 등장하지요.

(2) 가. 吾1 今ソ1 先ㄋ 諸1 菩薩{爲}氵亠 佛果乙 護ノ令七 因緣∶ 十地七 行乙 護ノ令七 因緣∶ノ乙 說白ㄋ亠七丨 (나는 지금 우선 모든 菩薩을 위하여 佛果를 지킬 因緣이니 十地의 행을 지킬 인연이니 하는 것을 말하겠다.) 〈구역인왕경 03:18-19〉

나. 내 分이 죽건 디 오란 사ᄅᆞ미로ᄃᆡ 모로매 降히요려 커든 내 알ᄑᆡ셔 주거 뵈욦다 ᄒᆞ야ᄂᆞᆯ ("내 분수가 죽은 지 오랜 사람이로되, 모름지기 항복시키려 하거든 내가 앞에서 죽어 보이겠다" 하거늘) 〈삼강행실도언해(1490) 충신:6b〉

한글이 창제된 이후인 15세기 자료에서는 유일하게 『삼강행실도』 〈충신도〉(1490)에서 어미

'-ㅭ다'를 찾아볼 수 있어요. '뵈욣다'는 "보이다"를 뜻하는 '뵈-'와 선어말 어미 '-오-', 그리고 어미 '-ㅭ다'가 결합하여 "보이겠다" 정도의 의미를 나타냅니다. 구결 연구와 〈헌화가〉를 비롯한 향가 해독 연구가 진전되면서, 신라어와 고려어, 중세 국어 초기까지 존재하였지만 오늘날에는 완전히 소멸한 어미 '-ㅭ다'에 대해 자세히 알 수 있게 되었습니다.

신라의 향가와 향찰 표기를 통해 우리는 신라의 언어와 이후의 고려의 언어, 그리고 중세 국어의 언어가 문법적으로 공통성을 가지고 이어져 온다는 사실을 짐작할 수 있게 되었습니다. 향찰을 통해 고대 국어, 특히 신라의 언어에 대해 많은 의문을 해소할 수 있게 된 것이지요.

고대 국어는 지금과 얼마나 같고, 다른가요?

고대 국어의 문법

고대 국어의 마지막 시간에는 차자 표기 자료를 통해 알 수 있는 고대 국어의 문법적 사실을 조망해 봅니다. 아직 차자 표기법에 익숙하지 않은 학생들에게는 다소 무겁고 어려운 내용이 될 수도 있지만, 삼국시대의 언어가 오늘날 우리가 사용하는 언어와 유사한 점도 많았다는 것, 중세 국어 이전에 소멸된 현상일지라도 한글 문헌에 일부 흔적을 남기며 연속성을 보여 주고 있다는 점을 살펴볼 수 있도록 하는 것이 중요하겠습니다.

○─ 들어가며

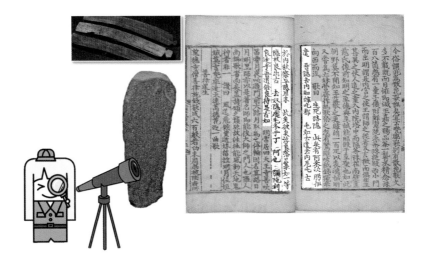

『삼국사기』나 『삼국유사』의 고유 명사 표기, 이두로 기록된 삼국의 금석문과 고문서, 백제에서 주로 쓰였던 목간, 신라의 향가 자료 등은 모두 고대 국어의 모습을 짐작하게 해 주는 소중한 언어 자료들입니다. 차자 표기로 기록된 자료들을 통해 고대 국어의 언어적 특징을 밝히려는 노력이 계속되고 있는데요, 지금까지 밝혀진 고대 국어의 언어적 특징에는 어떤 것들이 있을까요?

고대 국어의 음운

고대 국어의 말소리에 대해 우리가 알 수 있는 사실은 굉장히 제한적이지만, 우리는 차자 표기 자료나 한자음 자료를 참고하여 고대 국어 음운의 모습을 짐작해 볼 수 있습니다. 고대 국어 자음에서 찾아볼 수 있는 특징은 **격음이 발달하는 중이었고, 경음은 발달하지 않았다는 것**입니다.

현대 국어에는 '불-풀-뿔'처럼 자음에 평음(예사소리)와 격음(거센소리), 경음(된소리)의 세 가지가 서로 구별되어 체계를 이루고 있지요. 중세 국어에도 격음과 경음을 초성으로 가진 고유어 어휘를 찾아볼 수 있다는 점에서 격음과 경음이 음소로서 자리 잡고 있었다는 사실을 알 수 있습니다. 고대 국어에는 경음(된소리)은 아직 발달되지 않았고, 평음(예사소리)와 격음(거센소리)의 두 계열이 존재했을 것으로 보입니다. **고대 국어 시기에 격음(/ㅋ/, /ㅌ/, /ㅍ/, /ㅊ/) 중 일부가 존재했다**는 사실은 다음과 같은 기록을 통해 미루어 알 수 있습니다.

(1)　　가. 居柒夫 或云荒宗 (거칠부 혹은 황종荒宗이라고도 하니) 〈삼국사기(1145) 44〉
　　　　나. 厭髑或作異次或云異處 (염촉 혹은 이차異次라고 하고, 혹은 이처伊處라고도 하니) 〈삼국유사 (1281) 3〉

(1)의 고유 명사 표기를 통해 고유어 중 거센소리를 가진 단어가 있었음을 짐작할 수 있습니다. (1가)에서는 한자 '荒(황)'의 훈으로 '거칠다'의 옛말인 '거츨-'이, (1나)에서는 한자 '厭(염)'의 훈으로 "싫어하다"의 의미를 가진 "*잋-'이 차자 표기로 기록되어 있지요.[48] (1)과 같은 기록을 통해 고대 국어에도 고유어 용언으로 '거츨-'이나 "*잋-' 등 격음 /ㅊ/를 가진 단어가 있었음을 짐작할 수 있는 것입니다.

중국어의 한자음이 국어의 한자음으로 정착할 때 어떤 음으로 수용되는지를 보고 개별 격음의 발달 여부를 조금 더 구체적으로 추정할 수 있습니다. 차청次淸, 즉 무성 유기음 소리를 가진 중국 한자음이 한국에 들어왔을 때의 한자음을 분석해 보는 것입니다. 중국어에서 치음(齒音/잇소리), 설음(舌音/혓소리)의 차청 소리는 우리말 한자음에 /ㅊ/, /ㅌ/로 일관되게 반영되었지만, 순음(脣音/입술소리)의 차청 소리는 /ㅂ/로 적히거나 /ㅍ/로 적히는 등 양상이 일관적이지 않았습니다. 또 아음

48　중세 국어 문헌 중 『두시언해』(1481)에서 "싫어하다"를 의미하는 '잋-[困]'의 용례를 확인해 볼 수 있습니다.
　　예 불인 고지 이츠며 게을어 비롤 바느니 (吹花困懶旁舟楫) 〈두시언해(1481) 18:3b〉

(牙音/어금닛소리)의 차청 소리는 거의 /ㄱ/로 반영되었습니다. 이를 고려하면 고대 국어 시기에 격음 일부는 존재하였지만 일부는 발달 단계였을 것으로 짐작할 수 있습니다. 아마도 /ㅊ/ > /ㅌ/ > /ㅍ/ > (/ㅋ/) 순으로 발달했을 것으로 추정되지요.

경음, 즉 /ㄲ/, /ㄸ/, /ㅃ/, /ㅉ/ 등의 된소리는 고대 국어 시기에 아직 발달하지 않은 것으로 짐작됩니다. 이번에는 전탁全濁, 즉 비공명 유성음 소리를 가진 중국 한자음이 우리 한자음에 반영된 양상을 참고하는데, 전탁 계열의 한자음은 우리 한자음에서 평음으로 반영되었습니다. 중국의 한자음에 된소리가 있었음에도 우리 한자음에는 된소리가 드문 것으로 보아, 중국으로부터 한자와 한자음을 받아들였던 고대 국어 시기에는 우리말에 된소리가 없었다고 추정할 수 있지요. 현재에도 우리 한자음에는 된소리를 초성으로 가진 경우가 거의 없습니다. 그 예가 '氏(씨)', '雙(쌍)', '喫(끽)' 정도에 불과한데, 이 한자음 역시 중세 국어 시기까지는 초성이 평음이었습니다.

요컨대 오늘날과 같은 '예사소리(평음)-거센소리(격음)-된소리(경음)'의 자음 체계가 고대 국어에는 형성되어 있지 않았다고 할 수 있습니다.

고대 국어의 문법

고대 국어의 조사와 어미는 중세 국어와 유사점이 많지만 다른 점도 많습니다. 먼저 중세 국어와 비슷한 양상을 살펴봅니다. 고대 국어에도 주격 조사 '이', 목적격 조사 '을', 관형격 조사 'ㅅ, 이/의' 등이 존재하였을 것으로 보입니다. 부사격 조사로 '아긔/아희/아의'나 '의긔(>에게)', '-로' 등이, 호격 조사로는 평칭의 '아'와 존칭의 '하' 등이 존재하였을 것으로 보입니다.

(2) 가. 脚烏伊 四是良羅 (가롤이 네히어라) 다리가 넷이구나
　　 나. 夜矣 卯乙 抱遣 去如 (바밋 알올 품고 가다) 밤에 알을 품고 갔다
　　 다. 吾衣 願 盡尸 日置 (내이 願 다올 날도) 나의 원願 다할 날도
　　 라. 逸烏 川理叱 磧惡希 (일오나릿ㅅ 지벽아희) 일오내의 자갈벌에서
　　 마. 心未 筆留 (무슨미 붇으로) 마음의 붓으로
　　 바. 哀反 多矣 徒良 (셜번 한이 물아) 서러운 중생의 무리여

(3) 가. 吾隱 去內如 辭叱都 (나는 가ᄂᆞ다 말ㅅ도) '나는 간다' 말도
　　 나. 利利每如 邀里白乎隱 (利利마다 모리ᄉᆞ온) 절마다 모신

(2)에서 각각 주격 조사 '이伊', 목적격 조사 '을乙', 관형격 조사 '의衣'와 'ㅅ叱', 부사격 조사 '아희惡希'와 '로留', 호격 조사 '아良' 등을 살펴볼 수 있습니다. (3)에서도 보조사 '은/는隱'과 '도都', '마다每如'의 예를 살펴볼 수 있네요.

(4) 가. 夜矣 卵乙 抱遣 去如 (바미 알올 품고 가다) 밤에 알을 품고 갔다
     나. 奪叱良乙 何如爲理古 (아ᅀᅡ놀 엇디ᄒ리고) 빼앗은 것을 어찌하겠는고?
     다. 四十八大願 成遣賜去 (四十八大願 일고실가) 48대원을 이루실까?
     라. 他 密只 嫁良 置古 (남 그ᅀᅳᆨ 얼어 두고) 남 몰래 정을 통하여 두고
     마. 膝肹 古召旀 (무루플 ᄂᆞ초며) 무릎을 낮추며

(5) 가. 臣隱 愛賜尸 母史也 (신은 ᄃᆞᄋᆞ시ㄹ 어ᅀᅵ여) 신하는 사랑하시는 어머니이니
     나. 心未 筆留 慕呂白乎隱 佛體 (ᄆᅀᆞ미 붇으로 그리ᅀᆞᄫᅩᆫ 부텨) 마음의 붓으로 그린 부처님
     다. 懺爲如乎仁 惡寸 業置 (참ᄒᆞ다오닌 머즌 업도) 참회하던 것인 나쁜 업보도
     라. 惡寸 習 落臥乎隱 三業 (머즌비홋 디누온 삼업) 나쁜 버릇을 떨어뜨리는 세 가지 업보
     마. 花肹 折叱可 獻乎理音如 (곶올 것거받오리ㅁ다) 꽃을 꺾어 바치겠다.

고대 국어의 어미는 어땠을까요? 종결 어미로는 평서형의 '-다如', 의문형의 '-고古/가去' 등이 존재하였고, 연결 어미로도 '-아/어良', '-고古', '-며旀' 등이 존재하였습니다. (4)에서 각각의 예를 살펴볼 수 있지요. (5)는 높임과 시제를 나타내는 선어말 어미의 예를 보인 것입니다. 높임의 선어말 어미로 ´-시賜-', '-ᅀᆞᆸ白-' 등이, 시제를 나타내는 선어말 어미로 '-더如-', '-누臥-', '-리理-' 등이 존재하였던 것으로 보입니다. 주격 조사나 목적격 조사, 높임의 선어말 어미 등 오늘날까지 이어지는 문법 형태소의 상당수가 고대 국어에도 이미 존재하였던 셈이지요.

그렇다면 고대 국어 문법에는 중세 국어와 유사한 것밖에 없었을까요? 세부적인 문법 특징에서는 중세 국어와 다른 점도 많답니다. 오늘날 **관형사형 어미**로 기능하는 '-ㄴ', '-ㄹ'가 고대 국어에서 **명사형 어미로도 기능했다**는 사실이 대표적입니다. 고대 국어의 전성 어미는 관형절과 명사절을 만드는 데 모두 쓰이는 동명사형 어미였다고 할 수 있습니다.[49]

---

49 현대 국어의 경우 관형사형 전성 어미는 '-ㄴ'과 '-ㄹ'로, 명사형 전성 어미는 '-ㅁ'으로 분화되어 있습니다. 예컨대 관형사형 어미가 쓰이면 '내가 먹은 밥', 명사형 어미가 쓰이면 '내가 밥을 먹음' 같은 절을 만들 수 있지요. 하나의 어미가 관형절과 명사절로 모두 쓰였다는 것이 무슨 의미일까요? 영어 '-ing'를 떠올려 보면 조금 이해가 쉽습니다. 영어 동사에 '-ing'가 결합하면 '동명사형'이 되어서, 'Eating habit'에서는 명사를 수식하는 관형사형으

(6) 가. [관형사형] 於內 秋察 早隱 風未 (어느 구술 이른 부르매) 어느 가을 이른 바람에

  나. [명사형] 是 如ㅎ〰ㄱㄷ 名下 (이 다ㅎㄴ을 일하) 이와 같은 것을 일컬어

(7) 가. [관형사형] 此矣 彼矣 浮良落尸 葉 如(이의 뎌의 뼈딜 닢 다) 여기에 저기에 떨어질 잎과
    같이

  나. [명사형] 善男子〰 善女人〰〰〱 (善男子여 善女人여 호르은) 선남자니 선여인이니
    하는 이는

(6)과 (7)에서 각각 'ㄴ'과 'ㄹ'이 관형사형과 명사형으로 쓰인 경우를 살펴볼 수 있습니다. (6
가), (7가)에서 관형사형 어미로서의 쓰임은 오늘날과도 유사하지만, (6나)와 (7나)에서는 'ㄴ'과 'ㄹ'이 결합한 명사형에 또다시 '을(乙)'과 '은(ㅣ)'의 조사가 결합한 것을 볼 수 있습니다. 이 시기에는 아직 'ㄴ', 'ㄹ', 'ㅁ' 등이 아직 명사형 어미와 관형사형 어미로 기능이 분화되지 않고 하나의 기능을 하였다고 짐작할 수 있습니다.

오늘날까지도 존재하는 중세 국어의 선어말 어미 '-니-', '-리-'는 기원적으로 명사형 어미 'ㄴ', 'ㄹ'과 서술격 조사 '이-'의 결합에서 기원하였다고 분석되고 있습니다. 중세 국어의 '-ㅣ라', '-니라', '-리라'에서 모두 종결 어미 '-다'가 '-라'로 교체되는 것을 보아 '니', '리'의 'ㅣ'는 서술격 조사와 기원이 같다고 짐작할수 있지요.

한편 'ㄴ'과 'ㄹ'이 이전에 동명사형 어미로 기능했던 흔적이 중세 국어에 남아 있기도 합니다. (8)과 같은 경우입니다.

(8) 가. 다읋 업슨 긴 ᄀᆞᄅᆞᄆᆞᆫ (다함 없는 긴 강은) 〈두시언해(1481) 10:35b〉

  나. 놀애롤 노외야 슬픐 업시 브르ᄂᆞ니 (노래를 다시 슬픔 없이 부르니) 〈두시언해(1481)
    25:53a〉

(8가)와 (8나)에서 'ㄹ'은 각각 용언 어간 '다ᄋᆞ-'와 '슬프-'에 결합하여 있습니다. '다읋'과 '슬픐'에 관형격 조사 'ㅅ'이 다시 결합한 것을 보아 선행 요소가 명사형임을 알 수 있지요. (8)에서 'ㄹ'이 결합하여 명사형이 되고, 뒤에 '없-'이 결합하여 부정문을 만드는 것은 이전 시기의 고려 석독구

로, 'Eating is good.'에서는 명사형으로서 주어로 기능하는 것과 유사하다는 것이지요.

교실에서 펼치는 우리말 우리글 역사 이야기

결에서 자주 나타나던 부정문의 형식과도 유사합니다.

고대 국어의 어휘

어휘의 실상을 구체적으로 알기 어려운 삼국시대의 언어를 제외하면, 통일신라 이후의 어휘는 대체로 중세 국어의 어휘와 일치하는 것으로 추정됩니다. 다만 향가 등에서 아직 해독이 분명하지 않은 난해어가 있는데, 이 어휘들이 현재는 소멸한 고대 국어의 어휘일 것으로 짐작됩니다.

고대 국어의 어휘는 중세 국어에 비해 고유어가 더 많았던 것으로 보입니다. 한자어의 영향은 고대 국어부터 중세 국어 이후까지 계속 증가하지요. 한자의 유입과 더불어 우리나라에 들어오게 된 한자어들은 시간이 흐름에 따라 우리말 어휘 체계에서 차지하는 비중이 점차 커졌습니다.

고대 국어의 차자 표기 자료에서 '居西干(거서간)/次次雄(차차웅)/尼師今(니사금)/麻立干(마립간)' 등의 표현은 모두 우두머리 혹은 왕을 나타내던 단어입니다. 여기에서 '今(금)'과 같은 말이 "우두머리"를 나타내던 말로 추정됩니다. 그러나 비슷한 시기에 '王(왕)'이라는 한자어가 나타났고, 이후에는 고유어를 밀어내고 정식으로 사용됩니다. 이 밖에도 순우리말 지명이 한자어 지명으로 교체되는 등 한자어 어휘가 일상으로 들어와서 쓰임이 확대되는 일이 통일신라 시대에 이미 진행되고 있었습니다.

고대 국어의 수사로는 1을 나타내는 '*ᄒᆞ둔', 2를 나타내는 '*두블/두블', 1000을 나타내는 '*즈믄' 등을 예로 들 수 있겠습니다. '*ᄒᆞ둔'은 향가에서 '一等隱(제망매가)', '一等(도천수관음가)' 등으로 나타납니다. '이틀', '사울', '나울', '열흘' 등의 수사에 공통으로 접미사 '-을/올'이 포함되어 있음을 고려해 보면, 중세 국어에서 "하루"를 의미하는 'ᄒᆞᄅᆞ'와 신라 향가의 '*ᄒᆞ둔'에서 공통의 요소 '혼'을 추출할 수 있습니다. '혼'에 날짜를 나타내는 접미사 '-올'이 결합한 '*ᄒᆞ둘'에서 '*ᄒᆞᄅᆞᆯ'을 거쳐 /ㄹ/이 탈락한 단어가 중세 국어의 'ᄒᆞᄅᆞ'가 아닐지 짐작할 수 있지요. '*ᄒᆞ둘 > *ᄒᆞᄅᆞᆯ > ᄒᆞᄅᆞ'의 변화를 추정할 수 있는 것입니다. '*두블/두블[二]'은 '二肹(처용가)', '二尸(도천수관음가)' 등에서, '*즈믄[千]'은 '千隱(도천수관음가)'에서 그 존재를 짐작할 수 있습니다.

고대 국어 핵심 정리

이론 학습지	고대 국어

이름: 반   번

- 삼국시대와 통일 신라 시대의 국어
- 차자 표기(借字表記)자료를 통해 고대 국어의 모습 이해

국어의 계통과 형성

- 터키 제어, 몽골 제어, 퉁구스 제어와 함께 소위 '(우랄-)알타이 어족'에 속한다는 것이 통설이었음

  [근거] 알타이 어족의 공통 특질론: ① 모음 조화 존재, ② 어두 자음군이 없음, ③ 단어의 형태가 2음절 이상인 것이 많음, ④ 어순의 공통성 ⑤ 관계대명사가 없음 등

- 알타이 어족설의 한계 - ①~⑤ 등의 특징은 세계 여러 언어에 흔히 나타나므로 하나의 어족으로 묶을 만큼 특별하지 않음. 최근에는 알타이 어족보다는 알타이 제어라고 부르는 것이 일반적임

- 오늘날에는 알타이 어족설 자체가 부정되기도 하므로 국어의 형성과 계통에 대해서는 아직 분명하게 알 수 없는 상황임

- 언어 자료의 미비로 인해 국어의 계통을 밝히는 작업이 어려워지자 유전학적, 인류학적 입장의 접근 방식도 시도되었으나 이는 언어 외적인 요소를 통해 언어의 계통을 밝히는 방법이므로 한계가 있음

- 삼국의 언어는 원시 부여어 계통인 고구려어와 원시 한어 계통인 백제어, 신라어의 갈래로 나뉨. 고려의 건국을 계기로 중앙어가 성립되어 '중세 국어'로 이어짐

차자 표기법의 원리

- 음^{音}/훈^{訓}의 원리: 한자의 뜻을 빌려 쓰는 방법을 훈차^{訓借}, 음을 빌려 쓰는 방법을 음차^{音借}라고 함. 대체로 실질 형태소의 경우 뜻을 빌리고, 형식 형태소의 경우 음을 빌림

- 독^{讀}/가^{假}의 원리: 한자를 빌려 쓰되 본뜻을 살려 이용한다면 '독^{讀}'의 원리, 한자의 본뜻은 버리고 음이나 훈의 소리를 이용하는 경우 '가^{假}'의 원리가 적용됨

- 두 가지의 원리를 조합하면 음독音讀, 음가音假, 훈독訓讀, 훈가訓假의 네 가지로 유형화됨

  - 음독音讀: 한자의 음을 읽으면서 의미도 살림

  - 음가音假: 한자의 음을 읽지만 의미는 버림

  - 훈독訓讀: 한자의 훈을 읽으면서 의미도 살림

  - 훈가訓假: 한자의 훈을 읽지만 의미는 버림

  예 돌을 던지다: 石乙投多

  : 石(돌 석/훈독) 乙(새 을/음가) 投(던지다 투/훈독) 多(많을 다/음가)

  예 봄이 오다: 春是來如

  : 春(봄 춘/훈독) 是(이 시/훈가) 來(오다 래/훈독) 如(다흐다 여/훈가)

- 말음첨기末音添記: 뜻 글자 뒤에 단어의 형태를 나타내기 위해 소리 글자를 받쳐 적는 것. 단어의 형태를 정확히 알려 주기 위해 음절의 말음 혹은 마지막 음절 전체의 소리를 나타내는 글자를 덧붙여 적음

  예 밤: 夜音 / 구름: 雲音 / 별(벼리): 星利 / ᄀᆞ슬: 秋察

  * 종성의 'ㅅ'을 나타낼 때는 주로 '叱'이 사용됨 (예: '것거' 折叱可 〈헌화가〉)

(1) 고대 국어 음운의 특징

① 예사소리 계열을 기본으로 함

   거센소리 계열은 발달 중으로 추정됨 (*거츨-[荒], *잋-[厭])

   된소리 계열은 존재하지 않음

② 음절 말 자음은 제 음가대로 발음하였던 것으로 추정되며 아직 불파음화가 일어나지 않은 것으로 보임

   예 향가 〈모죽지랑가〉에서 '*다봊'을 '蓬次(봉차)'로 표기

   * 종성인 'ㅈ'을 표기하기 위해 음가자 '次(차)'를 씀

③ 중세 국어의 모음 체계(ㅣ, ㅡ, ㅜ, ㅓ, ㅗ, ㅏ, ·)와 같은 7모음 체계였던 것으로 추정됨

(2) 고대 국어 문법의 특징

① 체언 뒤에 다양한 조사들이 결합하는 곡용 체계를 지님

　　예 주격(伊, 是), 관형격(矣, 衣, 叱), 부사격(中, 良中, 留), 목적격(乙, 肐) 조사 및 보조사(隱, 置, 刀, 沙) 등

② 용언 어간 뒤에 다양한 어미들이 결합하는 활용 체계를 지님

③ 주체 높임법(-으시/ᄋᆞ시-)과 객체 높임법(-ᄉᆞᇦ/ᄉᆞᇦ/ᄌᆞᇦ-)의 사용이 확인됨

④ 어미 '-ㄴ, -ㄹ'이 기본적으로 명사형 어미로 쓰이고 관형사형 어미로의 쓰임도 보임

(3) 고대 국어 어휘의 특징

① 고대 국어 자료에서 확인할 수 있는 고유어의 예

　　수사: 一等隱(*ᄒᆞ돈), 二肹(*두블, *두블), 千隱(*즈믄)

　　명사: 夜音(*밤), 雲音(*구름), 川理(*나리), 世理(*누리)

　　동사: 奪叱(*앗-), 折叱(*겨-), 餘音(*남-), 慕理(*그리-)

　　부사: 密只(*그ᅀᅳᆨ/*그스기), 唯只(*오직), 不冬(*안둘), 毛冬(*모둘)

② 중국을 통해 유교 및 불교와 관련한 한자어들이 유입됨

　　예 敎訓(교훈), 國家(국가), 聖人(성인), 學校(학교), 阿修羅(아수라, asura), 佛體/佛陀(부처, buddha) 등

③ 한자의 영향력이 커지면서 일부 고유 명사가 한자어로 바뀜

　　예 거서간, 차차웅, 이사금, 마립간 > 왕王. 밤나무골 > 율곡栗谷, 뱀골 > 사곡蛇谷

도착

현대 국어

여행을 마치며:
현대 국어의 역사성

천 년이 넘는 세월을 넘나드는 우리말 역사 여행이 끝났습니다. 현대 국어 플랫폼에서 시작된 우리 여행은 근대 국어와 중세 국어, 고대 국어 역을 차례로 지나 다시 처음의 출발지로 되돌아 왔습니다.

여행을 시작했을 때의 마음을 다시 떠올려 봅시다. 여행 전과 여행 후, 여러분의 마음은 어떻게 달라져 있나요? 우리가 이번 여행을 통해 새롭게 알게 된 사실들과 느끼게 된 감정들을 생각하며 이번 여행을 정리해 봅시다.

우리가 알게 된 두 가지 사실이 있습니다. 하나, 우리가 사용하고 있는 오늘의 국어는 아주 오랜 세월을 거쳐, 천천히, 역동적으로, 끊임없이 변화해 온 결과라는 것입니다. 그 변화는 우리말 안에서 스스로 일어나기도 했지만, 다른 언어와의 접촉이나 사회의 변화 등 언어를 둘러싼 세상에 의해 이끌어지기도 했습니다. 또 언어 변화는 말소리에서, 단어에서, 문장에서 저마다 다양하게 일어났고, 미세했던 변화가 점점 뚜렷해지거나, 좁은 범위에서 나타난 변화가 더 넓은 범위로 퍼져 나가는 방식으로 진행되었습니다.

우리가 알게 된 사실 둘, 크고 작은 변화에도 불구하고, 우리가 사용하고 있는 국어는 '한국어'라는 공통된 뿌리를 항상 유지하고 있다는 것입니다. 씨앗에 새싹이 돋아 나무가 되고, 꽃이 피었던 자리에 열매가 맺고, 물들었던 잎이 시들었다가 새로 돋으며 나이테가 깊어져도 식물의 본질은 늘 같습니다. 천여 년이 넘는 세월 동안 변화를 겪었더라도 우리말의 본질은 변하지 않았고, 역사는 계속 이어집니다. 우리가 사용하는 지금의 국어 또한 흘러가는 역사의 한 장면이 되겠지요.

언어가 시간의 흐름에 따라 끊임없이 변화한다는 것, 언어로 이루어지는 우리의 삶 역시 언어의 변화와 같이 호흡하며 이어진다는 것을 알아차리면 우리말에 대해 새로운 시각과 경험을 갖게 될 수 있습니다. 낯선 지역의 식당에서 밥을 먹다가 나오는 사뭇 다른 지역민들의 말소리에 귀 기울여본 적이 있나요? 나와 열 살쯤 차이 나는 이와 대화를 하다가 사뭇 다른 말버릇에 '세대 차이'를 느끼고 깔깔거렸던 경험은 어떤가요? 흘러가는 옛 노래와 오래된 테이프 속 영화에서 기억 속 저편에 묻혀 있던 단어가 들렸을 때 반가움을 느낀 적은 없었나요?

세상의 변화와 함께, 나의 변화와 함께 바뀌어 가는 언어를 느껴보는 일은 내가 사용하는 언어를 애정 있게 바라보도록 해 줍니다. 과거의 언어 모습에 호기심을 갖게 하고, 지금 일어나는 변화를 기민하게 느끼며 앞으로 달라지게 될 모습을 상상하게 합니다. 십여 년의 세월을 살아 왔을 뿐인 학습자에게는 말의 변화가 아직 체감되지 않을 수도 있지만, 이후 수십 년의 세월을 국어로 말하고 듣게 될 것이기에 '변화'를 느끼며 누리는 언어 생활은 전보다 풍요로워질 수 있지요.

선생님들께서 교실에서 펼칠 국어사 수업은 지루하고 어려운 옛말의 문법 지식을 정리하고 나열하는 시간으로 그치지 않았으면 합니다. 모두가 싫어하고 피하고 싶은 수업이 아니라, 우리말이 겪어 온 변화의 역사를 차근차근 짚어 보고 오늘날의 우리말과 비교해 보는 시간, 언어가 변화하는 원리와 과정을 이해하고, 과거의 삶과 언어가 담긴 문헌을 흥미롭게 들추어 보며 여행을 떠난 듯 즐거움을 느끼는 시간이 되었으면 합니다.

우리가 새롭게 만들어 나갈 앞으로의 국어사 수업, 기대되지 않나요?

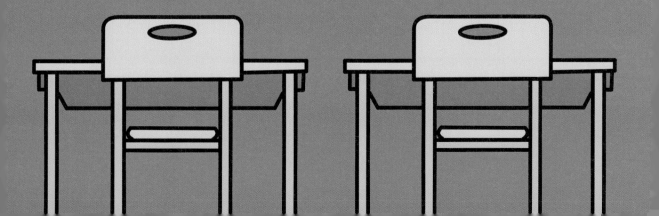

제3부

교실 안 우리글 역사 이야기

여행을 시작하며:
우리 한글에 대해 얼마만큼 알고 있나요?

대한민국 사람이라면, 게다가 국어를 가르치는 교사라면, 마땅히 알아야 한다고 생각하는 한글 상식이 있습니다. 한글은 누가 만들었을까요? 훈민정음의 뜻은 무엇일까요? 한글이 우수하다고 말하는 근거는 무엇일까요? 한글날은 왜 10월 9일일까요? 이 모든 질문의 답을 정확하게 설명할 수 있으신가요? 만약 그렇다면, 다음의 두 자료를 보고 이상함을 짚어낼 수도 있으신지요? 한글에 대해 우리가 얼마나 잘 알고 있는지 점검하며 우리글 역사 수업의 첫걸음을 떼어 봅시다.

무엇으로 보이십니까?

혹시 알파벳 'E'로 보시지 않으셨습니까?
많은 분들이 우리말의 'ㅌ'보다는 알파벳의 'E'라고 생각하셨을 것입니다.
지금 우리의 아이들은 우리말의 'ㅌ'보다 알파벳의 'E'를 먼저 배우고 있습니다.
아이에서부터 어른에 이르기까지 국어보다 영어에 익숙해진 우리들.
자랑스러운 우리말은 우리 민족의 정신입니다.

우리말을 사랑합시다

우한용 외(2013), 『중학교 국어 6』,
좋은책신사고, 139쪽.

 : 허허, 나뿐만 아니라 [2]정인지, 최항, 신숙주 등을 비롯한 훌륭한 학자들이 함께 노력했어요. 그 덕분에 훈민정음을 완성하고 백성에게 반포할 수 있었습니다.

2 정인지, 최항, 신숙주 조선 전기의 학자. 훈민정음 창제에 크게 공헌하였다.

김진수 외(2019), 『중학교 국어 2-2』, 비상교육, 73쪽.

한글과 관련된 잘못된 상식은 생각보다 우리의 일상생활에 은밀하게, 그리고 공고하게 스며 있습니다. 위 자료는 실제로 수업에서 활용되어 왔던 교과서입니다. 국어 교과서에도 오개념이 존재했다니 뜻밖인데요, 첫 번째 자료는 '말'과 '글'의 차이를 혼동하고 있습니다. 'ㅌ'은 '우리말'이 아니라 '우리글'이지요. 문자 'ㅌ'과 'E'를 구별하는 문제를 우리말을 사랑하자는 주장과 관련시키는 것도 영 자연스럽지 않습니다. 두 번째 자료는 어떤가요? 훈민정음은 세종이 단독으로 창제하였음이 정설로 받아들여짐에도 불구하고, 교과서에는 오해를 불러일으킬 수 있는 표현이 실려 있습니다. 이 밖에 우리가 한글에 대해 흔히 잘못 알고 있는 사실들에는 무엇이 있을까요? 수업을 준비하기 전 국어 교사가 알고 있어야 할 지식은 무엇인지, 이러한 지식을 어떻게 수업에서 풀어낼 수 있을지 3부의 내용을 통해 함께 생각해 봅시다. 그럼 출발합니다!

한글 관련 오개념 점검하기

한글과 관련하여 잘못 알고 있는 상식이 없는지 점검하는 것이 교실 속 우리글 수업의 시작이 될 수 있습니다. 아래의 〈스스로 점검 퀴즈〉를 한번 풀어 보세요. 우리 주위에서 흔히 쓰이는 한글 관련 상식을 다섯 가지로 유형화하였습니다.

나는 한글에 대해 얼마만큼 알고 있을까?

옳은 설명에 O로, 틀린 설명에 X로 표시해 보세요.

8개 중 얼마나 맞혔는지 확인하면서, 틀린 내용을 바로잡아 제대로 설명할 수 있는지 스스로 점검해 봅시다.

1	(1) 우리나라의 자음은 기역, 니은, 디귿, 리을, 미음, 비읍, 시옷, 이응, 지읒, 치읓, 키읔, 티읕, 피읖, 히읗으로 총 14개이다.	O	X
	(2) 영어보다 어순이 자유로운 한글은 영어보다 우수하고 실용적인 언어이다.	O	X
2	(3) 한글 창제 이전에는 우리만의 문자가 없었지만, 중국의 문자인 한자를 활용해 우리말을 표현하는 여러 방법들이 있었다.	O	X
3	(4) 세종대왕과 집현전 학사들이 힘을 합쳐 한글을 만들었다.	O	X
	(5) 한글은 글자의 모양이 소리의 특성을 반영한다는 점에서 완벽한 자질 문자이다.	O	X
4	(6) 한글은 유네스코 세계 문화 유산으로 지정되었다.	O	X
5	(7) 조선시대 사대부 남성은 한문만을 사용하였고, 한글은 배우거나 사용하지 않았다.	O	X
	(8) 문자가 없어 소멸할 위기에 처한 찌아찌아어를 보존하기 위해, 인도네시아의 소수민족 찌아찌아족은 한글을 공식 문자로 채택하고 보급했다.	O	X

답: XXOXXXXX

*해설지는 이 책 3부의 <도착>에 있습니다. 3부와 함께 공부한 뒤에 다시 문제를 풀어 보세요.

앞으로 3부는 어떤 내용?

　퀴즈를 잘 풀어 보셨나요? 퀴즈 표 왼쪽의 1, 2, 3, 4, 5는 '1. 언어와 문자의 구분', '2. 훈민정음 탄생 이전의 문자 생활', '3. 문자 훈민정음', '4. 책『훈민정음』', '5. 훈민정음을 이용한 문자 생활의 변화'를 의미한답니다. 1은 이 책이 2부와 3부로 따로 구성된 이유이고, 2~5는 3부를 구성하는 네 개의 [Airport]에 해당하지요. 앞으로 3부에서 우리는 비행기를 타고 네 개의 [Airport]를 거쳐, 하늘에서 우리글 역사를 한눈에 조망해 볼 수 있는 여행을 떠날 것입니다. 이 내용은 여러분이 더 풍성한 훈민정음 수업을 설계하도록 도와줄 거예요. 앞으로 3부와 함께 공부한다면 〈퀴즈〉의 정답과 해설도 자신 있게 말할 수 있게 될 테니 믿고 따라오세요! 그렇다면 지금부터 '교실에서 펼치는 우리글 역사 이야기' 여행을 시작합시다, 출발!

훈민정음 수업 시작 이렇게 해 보세요.

2013년부터 한글날이 다시 공휴일로 지정되었습니다. 매년 한글날이 되면 다양한 매체들에서 여러 행사를 준비하여 대중에게 선보입니다. 단골 행사는 '외래어 순화하기', '순우리말 쓰기'와 같은 이벤트이지요. 하지만 뭔가 이상하지 않은가요? 외래어의 사용은 한글이 아니라 한국어와 관련되는 문제니까요. 한국어는 우리의 언어이고, 한글은 한국어를 적기 위해 만든 문자입니다. 한국어와 한글의 관계는 영어와 알파벳, 일본어와 가나의 관계와 같은 것이지요. 외래어를 한글로 표기한 것은 오히려 한글이 외국어의 소리를 쓰는 데 유용하게 사용되고 있는 사례이기에 행사의 취지가 한글날을 기념하는 것과는 거리가 멀다고 할 수 있겠지요.

훈민정음 수업을 시작하기에 앞서 **한글과 한국어를 구분하는 문제**에 대해 학생들과 먼저 이야기를 나눠 볼 필요가 있습니다. 한글과 한국어를 구분해서 사랑하는 자세를 갖도록, 한글날의 진정한 의미를 알고 정말 기념해야 할 것을 기념할 수 있도록 이야기를 나누어 주세요.

한글 관련 오개념 점검표(학생용)

학생들과 '한글'에 대한 사전 지식, 오개념 등을 점검하며 수업을 시작해 보면 좋습니다. 아래 퀴즈를 학생들에게 풀도록 하고 같이 답을 맞혀 봅시다. 학생들이 가진 오개념을 점검하고 수업 동기를 유발할 수 있습니다. (답: (4), (6)만 O, 나머지는 X)

*나는 한글에 대해 얼마나 알고 있을까?

*학번 _____ 이름 _____

* 다음 내용을 보고 옳으면 O에, 틀리면 X에 동그라미 표시해 보자. (잘 모르겠다면 ?에 표시할 것.)

	O	X	?
(1) 우리나라의 자음은 기역, 니은, 디귿, 리을, 미음, 비읍, 시옷, 이응, 지읒, 치읓, 키읔, 티읕, 피읖, 히읗으로 총 14개이다.	O	X	?
(2) 세종대왕이 없었으면 우린 아직도 중국어를 쓰고 있었을 텐데, 얼마나 감사한 일이냐.	O	X	?
(3) 세종대왕과 집현전 학사들이 힘을 합쳐 한글을 만들었다.	O	X	?
(4) 옛날 한글에는 지금 현대에는 없는 글자들이 있었다.	O	X	?
(5) 한글을 이용하면 세상에 있는 모든 언어의 소리를 다 정확하게 적을 수 있다.	O	X	?
(6) 한글은 만든 사람·시기·원리·목적이 기록으로 남은 세계 유일의 문자이다.	O	X	?
(7) 한글은 유네스코 세계 문화 유산으로 지정되었다.	O	X	?
(8) 조선시대 사대부 남성은 한문만을 사용하였고, 한글은 배우거나 사용하지 않았다.	O	X	?

한글 관련 오개념을 학생들에게 쉽게 소개하는 자료들

수업 도입부 동기유발에 활용하면 좋은 자료입니다. 수업 동기유발에서 질문지를 활용한 뒤 답지나 보충 해설지로 활용해도 좋습니다. 학생들에게 수업 자료로 나누어 주고 같이 읽어 보면 학생들이 수업 이후에도 내용을 오래 기억할 수 있을 것입니다.

(1) 국립국어원 온라인 소식지 〈쉼표, 마침표.〉 – 한글에 대한 참과 거짓

'한글과 한국어는 같은 말이다?', '한글날은 한글이 만들어진 날이다?', '한글은 창제자가 있는 유일한 문자다?', '한글은 원래 띄어쓰기가 없었다?', '한글로 모든 언어를 발음하는 대로 쓸 수 있다?', '한글은 '가장' 과학적인 글자다?'에 대한 설명 자료입니다. 한글에 관한 더 다양한 정보는 이 소식지의 '한글날 특별호'를 참고해 보세요!

> 한국어와 한글을 혼동해서 쓰는 사람들이 많습니다. 쉽게 말해서 '한국어'는 '우리말'을 가리키고, '한글'은 '우리말을 적는 우리글'입니다. 언론에서 신조어나 줄임말의 과도한 사용 등을 거론하며 '한글이 파괴되고 있다'며 걱정하곤 하는데요. 사실 '낄끼빠빠'라고 써도 '한글'이 망가진 건 아니지요. 하지만 이런 말을 많이 쓰면 '말'이 안 통하니까, '(한)국어' 또는 '우리말'이 파괴되고 있다며 걱정할 수는 있습니다. '로마자'가 '영어'를 적는 문자이듯이, '한글'은 '한국어'를 적는 문자입니다. 이제 헷갈리지 마세요.

(2) 국립한글박물관 온라인 소식지: 한글이 한국어 아니야?

   – 문자와 언어의 차이

(3) [영상] [반만 알고 있는 우리말 상식] 한국어와 한글의 구분 – 4:52

(4) [영상] [한글날 기념] 한글과 훈민정음에 관한 7가지 오해! (심화) – 13:08

(1)	(2)	(3)	(4)

Airport 1

훈민정음 탄생 이전의
문자 생활

안녕하십니까.

저는 여러분을 훈민정음의 세계로 모시고 가는 기장입니다.
오늘도 저희 항공사를 찾아주셔서 대단히 감사합니다.

항로상의 날씨는 대체로 양호할 것으로 예상되나, 우리글에 대한
여러분의 관심이 낮아질 때마다 비행기가 다소 흔들릴 수 있습니다.
좌석에 앉아계실 때에는 항상 우리글 역사 이야기에 귀를 기울여
주시기 바랍니다. 앞으로 저희 비행기는

(1) 훈민정음 탄생 이전의 문자 생활, (2) 문자 훈민정음,
(3) 책 『훈민정음』, (4) 훈민정음을 이용한 문자 생활의 변화를

큰 벼리로 하여 여행을 떠날 것입니다.

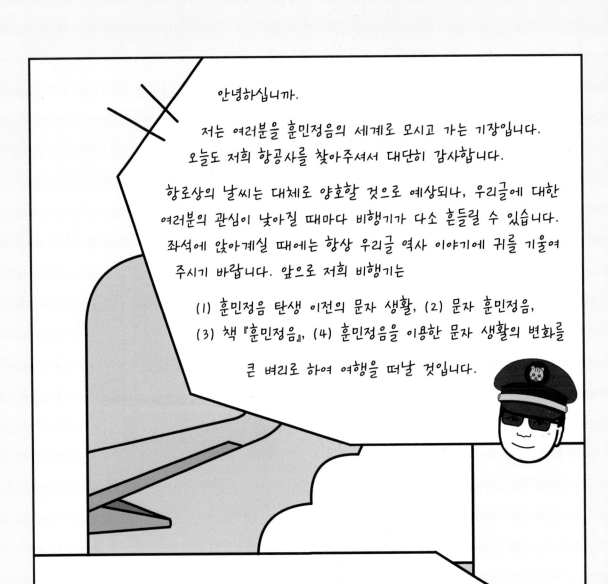

마지막으로 저희 비행기만의 특색있는 면세품 항목입니다.
저희는 정규 교육과정에 있는 한글의 제자 원리 내용뿐 아니라,
수업을 위한 배경지식으로 활용될 수 있는 풍부한 역사적·문화적 맥락을
문자사의 흐름을 따라 제공할 예정입니다. 국어 교사뿐 아니라,
한글을 사랑하는 한국인이라면 꼭 알아야 하는 유익하고도 상식적인
상품들이 많이 준비되어 있으니, 승무원의 안내에 따라 잘 읽고
잘 활용해 보시길 바랍니다. 감사합니다.

'제 뜻들 시러 펴디 몯홇 노미 하니라'는 어떤 의미인가요?
언문일치의 필요성

훈민정음 창제 이전, 국어 화자는 구어로는 한국어를 쓰고 문어로는 한문을 써야 했습니다. 말하는 한국어와는 완전히 다른 발음, 어휘, 문법 등을 가지고 한문의 체계에 맞게 글을 써야 했던 불편이 있었던 것입니다. 이 상황에서 새 문자 훈민정음은 어떤 의의가 있었을까요? 언어와 문자의 차이에 대해 정확히 짚어 보고, 언문일치의 관점에서 한글 창제의 의미를 살펴봅시다.

○━ 들어가며

세종의 훈민정음 창제를 다룬 드라마 '뿌리 깊은 나무' 중 한 장면

"병에 대비하라는 이 방을 보지 못했느냔 말이냐!"

"까막눈이 보면 뭐합니까요."

"… 해서 이렇게 다 죽었단 말이냐?"

드라마 '뿌리 깊은 나무'에서 세종과 백성의 대화입니다. 세종실록 세종 16년 6월 5일 기사에 따르면, 전염병이 돌자 세종이 치료법을 직접 방문으로 써서 각 고을의 수령에게 내린 뒤 집집이 치료법을 전해 주도록 명한 바 있답니다. 하지만 이때는 우리 글자가 없었기에 왕의 뜻을 백성들에게 직접 전하지 못하고 한자를 아는 수령들에게만 전할 수 있었죠. 드라마는 훈민정음이 창제되기 전 일반 백성은 생명에 직결되는 정보조차 쉽게 얻을 수 없었던 상황을 각색하여 보여 주고 있습니다. '언문 불일치' 상황은 어떤 불편함을 주었을까요? 새 문자 훈민정음은 왜 필요하였던 것일까요?

"선생님, 훈민정음이 만들어지기 전에는 중국말을 썼나요?"

설마 학생들이 이걸 모르냐고요? 하지만 실제로 학생들이 이런 질문을 한답니다. 심지어 '세종대왕이 한국어를 창제(?)했다'라고 알고 있기도 하지요. 학생들이 이미 배운 '나랏말ㅆ미 듕귁에 달아…'에서도, '우리나라의 말이 중국과 다르다'라고 한 건 '우리말'이 분명히 존재하고 있음을 전제하고 있는데 말이죠. 학생들이 '우리말'과 '우리글', '한국어'와 '한글'을 자주 혼동하는 것은 언어와 문자 개념을 구분하지 못해서랍니다. 우선 이 개념부터 알아볼까요?

언어와 문자의 구분 – '한글'과 '한국어'는 다르다!

'언어'와 '문자'는 서로 다른 개념입니다. 먼저 언어는 우리가 생각이나 감정을 표현하고 의사를 전달하는 체계입니다. 그리고 문자는 언어를 기록하고 전달하는 기호이자 수단입니다. 얼핏 보아도 서로 다른 개념이 일상에서 자주 혼동되는 까닭은, **언어가 문자를 포함하는 상위 개념이라고 잘못 생각하기가 쉽기 때문입니다.** 흔히 언어가 표현되는 형식이 음성인지 문자인지에 따라 '음성언어'와 '문자언어'를 구별하지요. 하지만 이것은 실용적인 관점에서의 분류이고, 문자는 언어의 구성 요소가 아니기에 '문자언어'라는 표현은 자연스럽지 않습니다. 언어는 음성(형식)과 의미(내용)를 가진 청각적인 기호이고, 문자는 이 음성 기호를 시각적으로 표현하는 또 다른 기호일 뿐이니까요. '한국어'와 '한글'도 마찬가지랍니다. 한국어는 언어의 하나이고, 한글은 문자이기에 둘은 서로 구별되지요.

[언어]	[문자]
'말', '한국어'	'글', '한글'
청각적	시각적

[언 어]

나는 학꾜에 감니다

[문 자]

1. 로마자
Na neun hakkyoe gamnida.
2. 한글
나는 학교에 갑니다.
3. 가나 문자
ナ ヌン ハクキョ エガムニダ.
4. 가상의 상형 문자

우리 고유의 문자가 없었다고 해서 우리말이 없었을 리는 없지요. 입으로는 우리말을 쓰지만, 문자 생활을 할 때는 고유의 문자를 가지고 있지 않으니 중국의 한자를 빌려 쓴 것뿐입니다. 하지만 한자는 중국어를 적기 위해 만들어진 문자이기에, 중국어가 아닌 언어를 한자로 쓰는 일은 마치 몸에 맞지 않는 옷을 입은 것처럼 어색하였지요. 구어^{口語}로는 한국어를 쓰지만 문어^{文語}로는 한문을 쓰는 언문 불일치^{言文不一致} 상황이 오랫동안 이어져 온 것입니다.

한글이 없던 시절에는 어떤 어려움이 있었을까?

민족 고유의 문자가 없다는 것만으로 언문 불일치라 하지는 않습니다. 지금도 베트남처럼 로마자를 빌려 자국어를 표기하는 나라가 있지만, 말할 때와 글 쓸 때의 언어가 다르지는 않습니다. 말하는 대로 곧바로 글로 쓸 수 있지요. 그러나 훈민정음 창제 이전, 우리가 한자를 썼다는 것은 단순히 글자만 빌려 왔다는 뜻이 아니라 '한문'으로 글을 썼다는 것을 의미합니다. 즉 한문의 어순, 어휘, 문법 등 한문의 체계를 학습해서 그 체계에 맞게 글을 써야 했다는 의미이죠.

　　가. 일상의 말하기: [ə.ɾin.bʌjkˀ.sˀjəŋ.i.]
　　나. 기존의 글쓰기: 愚民
　　다. 새로운 글쓰기: 어린 빅셩이

일상에서는 (가)처럼 말해도, 글을 쓸 때는 (나)처럼 적는 것이 기존의 글쓰기였습니다. 우리글이 없던 시절에 말글살이를 하려면 한문이라는 별도의 세계를 머릿속에 탑재해야 했던 것이죠. 물론 (나)에 더해 우리말 어순을 반영하고 한자를 빌려 우리말 문법 요소를 적는 이두식 표기법이 오랫동안 발달해 왔지만, 기초 한자도 모르는 일반 백성에게는 여전히 글쓰기가 먼일이었지요. 한문의 어휘와 문법 요소, 어순을 익혀 글을 읽는 연습을 오랫동안 한 사람만이 문자 생활을 누릴 수 있었던 것입니다.

말하고 생각하는 바를 곧바로 글로 쓸 수 없는 상황, 말로 하는 언어와 글로 쓰는 언어가 어긋나는 상황을 '언문 불일치'라고 합니다. 『훈민정음』 해례본에서는 우리 문자가 없던 시절의 상황을 다음과 같이 설명하고 있지요.[1]

1　『훈민정음』 해례본의 뜻과 그 구성을 잘 모르겠다면 'Q7 새 문자가 만들어진 원리를 어떻게 알게 되었나요? / 『훈민정음』 해례본'을 먼저 읽어 보세요.

우리나라 말은 중국말과 달라서 한자로 쓴 글과 서로 통하지 않는다.
「어제 서문」 중(현대어역)

대개 중국 이외 나라의 말은 소리는 있으나 글자가 없다. 따라서 중국의 글자를 빌려 사용하고 있는데, 이는 모난 자루가 둥근 구멍에 들어맞지 않는 것과 같으니 어찌 막힘없이 잘 통할 수 있겠는가?
「정인지 서문」 중(현대어역)

하지만 훈민정음이 창제된 이후, 우리는 (다)와 같이 말하는 언어와 일치하는 글을 쓸 수 있게 되었습니다. 말하는 언어를 그대로 문자로도 쓸 수 있게 된 것입니다. 이렇게 새 문자 훈민정음은 말하기와 글쓰기가 일치하는 언문일치言文一致의 이상에 다가가게 해 주었고, 백성의 말글살이를 획기적으로 편하고 쉽게 해 주었답니다.

새 문자의 이름은 왜 '훈민정자(訓民正字)'가 아니라 '훈민정음(訓民正音)'인가요?

세종대왕이 만든 문자는 엄밀히 말하자면 '소리'가 아니라 '문자'이므로, '훈민정음(訓民正音, 백성을 가르치는 바른 소리)'보다는 '훈민정자(訓民正字, 백성을 가르치는 바른 글자)'가 더 적절한 이름처럼도 보입니다. 그럼에도 새 문자의 이름이 '훈민정음'인 것은 세종이 '말과 글의 일치'를 새 문자의 기본 정신으로 삼고 새 문자의 표음 문자적인 특성을 강조했기 때문으로 볼 수 있습니다.

우리나라는 오랫동안 우리말을 한자를 이용해 적어 왔으므로, 입으로 소리 내는 말과 손으로 쓰는 글이 일치하지 못했습니다. 세종대왕은 이에 대해 심각하게 고민하고 '말과 글의 일치'를 새 문자의 기본 정신으로 삼았습니다. 새 문자의 이름이 '훈민정자'가 아니라 '훈민정음'인 것도 말소리가 바로 문자가 되고, 문자를 소리 내어 읽으면 그것이 곧 말소리가 되도록 한 세종대왕의 깊은 뜻이 새 문자에 담겼기 때문으로 볼 수 있습니다.

이차돈의 성은 이 씨인가요?
차자 표기의 이해

우리가 흔히 '이차돈'異次頓이라 알고 있는 신라의 승려는 이 씨가 아니라 박 씨랍니다. 그 이유를 알기 위해서는 이차돈의 이름을 적은 방법인 차자 표기에 대해 알아야 합니다. 차자 표기는 우리글이 없는 한계 속에서 우리 말소리와 문법을 살려 문자 생활을 하려는 노력의 산물이었습니다. 이번 장에서는 차자 표기의 원리와 명사 표기, 이두, 구결에 대해 알아봅니다.

○— 들어가며

중국에서는 외래어를 한자로 어떻게 표기할까요? 그림은 우리가 잘 아는 별다방 커피, 스타벅스의 중국 매장 모습입니다. 'starbucks coffee'가 '星巴克咖啡(xīngbākè kāfēi)'라고 적혔네요. 'starbucks'에서 'star'의 뜻을 표현하기 위해 '星(성)'을, 'bucks'의 발음을 표현하기 위해 '巴克(파극)'을 적었습니다. '星'에서는 뜻을 취하고, '巴, 克'에서는 소리를 취한 셈입니다. 'coffee'에 대응하는 '咖啡(가배)' 역시 소리가 비슷한 한자음을 가지고 외국어의 음을 나타냈습니다.

외국어의 소리나 새로운 단어를 적기 위해 한자의 뜻과 소리를 조합하는 방법은 한자를 활용하는 또 다른 방법으로서 오랜 전통을 가지고 있답니다. '星巴克咖啡'와 같은 현대 중국어의 외래어 표기법은 우리나라에 문자가 없던 시절 선조들이 활용하던 차자 표기법과도 기본적인 원리가 일치한다고 하는데요, 자세히 알아볼까요?

차자 표기의 원리 – 음/훈의 원리와 독/가의 원리

앞서 우리는 훈민정음의 창제가 언문일치言文一致의 이상에 다가가게 해 주었다는 사실을 배웠습니다. 하지만 훈민정음이 창제되기 훨씬 이전부터, 우리 조상들은 말과 글을 일치시킬 수 있는 표기법을 찾고자 노력하고 있었답니다. 우리말의 발음이나 문법 형태소, 어순을 살려 우리말을 표현하는 문자 생활을 하려는 것이었죠. 그 노력의 방법이 바로 '차자 표기법'입니다.

'차자 표기법借字表記法'은 다른 나라의 글자를 빌려와 고유어를 표기하는 방법입니다. 우리나라는 예로부터 중국의 한자를 빌려 우리말을 표기하는 전통이 있었지요. 차자 표기법의 기본 원리로는 '음音/훈訓의 원리'와 '독讀/가假'의 원리가 있습니다. '음音/훈訓의 원리'는 한자를 빌릴 때 한자의 소리, 즉 '음音'을 빌리거나 한자의 뜻, 즉 '훈訓'을 빌린다는 것입니다. '독讀/가假'의 원리는 한자를 빌릴 때 본뜻을 살리거나[讀], 한자의 본뜻은 버린다는[假] 것입니다. 한자의 본뜻을 살리는 것을 '독讀', 본뜻을 버리고 표음자로만 이용하는 것을 '가假'라 합니다.

'음/훈'과 '독/가'의 원리를 조합하면 차자 표기의 유형은 '음독音讀, 음가音假, 훈독訓讀, 훈가訓假'의 네 가지로 분류될 수 있습니다.

	음音	훈訓
독讀	음독音讀 한자의 음을 읽으면서 의미도 살림	훈독訓讀 한자의 훈을 읽으면서 의미도 살림
가假	음가音假 한자의 음을 읽지만 의미는 버림	훈가訓假 한자의 훈을 읽지만 의미는 버림

예컨대 '돌을 던지다'라는 우리말 문장을 '石乙投如(석을투다)'로 적었다고 가정해 봅시다. 石(돌 석), 乙(새 을), 投(던지다 투), 如(다ᄒ다 여)에서 '石'과 '投', '如' 모두 훈으로 읽는 글자지만, 그 본뜻이 살아 있는지의 여부는 서로 다릅니다. '石(석)'은 "돌"이라는 뜻이, '投(투)'는 "던지다"의 뜻이 살아 있지만 '如(여)'는 훈인 '다'가 "같다"라는 본 의미를 버린 채 종결 어미 '-다'를 나타내기 위한 표음자로만 취해졌습니다.[2] '石'과 '投', '如'는 모두 '훈'의 원리를 따르지만 '石'과 '投'는 훈독자, '如'는 훈가자인

---

2 '如'(같을 여)자는 차자 표기에 자주 쓰였던 훈가자이며, '다'로 읽습니다. '如'의 훈은 "같다"를 뜻하는 '다ᄒ다'로 볼 수 있는데, 훈의 소리를 취해 '다'로 읽되 "같음"의 본뜻은 버린 것입니다.
　　예 다호라(다ᄒ-+-오-+-라) 〈동동 3, 7, 11, 13연〉

것이지요. '乙(을)'의 경우 소리를 취하되 본래의 뜻인 "새"는 버렸으니 음가자가 되는 것입니다.

예 돌을 던지다 = 石乙 投如

石	乙
돌 석	새 을
돌	을
훈독	음가

投	如
던지다 투	다ㅎ다 여
던지	다
훈독	훈가

차자 표기로 문장을 기록할 때, 대개 어절의 앞부분에 놓이는 어휘 형태에는 '독讀'의 원리가 적용된 글자가 주로 쓰이고, 어절의 뒷부분에 놓여 문법 형태 혹은 어휘 형태를 보충하는 첨기자로는 '가假'의 원리가 적용된 글자가 주로 쓰입니다.

우리에게 익숙한 향가 〈처용가〉와 〈제망매가〉의 일부 구절로 다시 예를 들어 보겠습니다.

예 밤드리 노니다가 = 夜入伊 遊行如可 "밤이 들도록 놀러 다니다가" 〈처용가〉

夜	入	伊
밤 야	들다 입	저 이
밤	들	이
훈독	훈독	음가

遊	行	如	可
놀다 유	니다 행	다ㅎ다 여	옳다 가
노	니	다	가
훈독	훈독	훈가	음가

〈처용가〉의 '夜入伊 遊行如可(=밤드리 노니다가)'입니다. 앞의 음절 '夜入伊(야입이)'에서 어휘 형태인 '夜[밤]'과 '入[들-]'은 훈독자이고, 문법 형태를 표기하는 '伊[-이]'는 음가자입니다. 뒤의 음절인 '遊行如可(유행여가)'에서도 어휘 형태인 '遊[놀-]'과 '行[니-]'³는 훈독자이고, 문법 형태인 '如可[-다가]'는 각각 훈가자와 음가자입니다.

죠타 죠타 네 말 다ㅎ니라 〈월인석보 12:35a〉

3   '니다[行]'는 "가다"의 의미를 가진 옛말입니다. '거닐다(<걷니다)', '다니다(<돋니다)' 등의 동사에 "가다"를 의미하는 '니다'가 포함되어 있습니다.

교실에서 펼치는 우리말 우리글 역사 이야기

예 도닷가 기드리고다 = 道修良 待是古如 "도 닦아 기다리겠다" 〈제망매가〉

道	修	良
길 도	닦다 수	알/아다 량
도	닦	아
음독	훈독	훈가

待	是	古	如
기다리다 대	이 시	옛 고	다ㅎ다 여
기드리	이	고	다
훈독	훈가	음가	훈가

〈제망매가〉의 '道修良 待是古如(=도 닷가 기드리고다)'입니다. 앞의 음절 '道修良(도수량)'에서 어휘 형태인 '道[도]'와 '修[닦->닭-)]'은 각각 음독자와 훈독자입니다. 문법 형태인 어미를 나타내는 '良 [-아]'는 훈인 '알다(또는 아다)'의 소리를 취하되 본뜻은 버렸으니 훈가자입니다.[4] 뒤의 음절인 '待是 古如(대시고여)'에서 어휘 형태인 '待[기드리-]'는 훈독자이고, '기드리-'의 말음을 적기 위해 보충해 주는 첨기자 '是[이]'는 훈가자입니다. 이어지는 '古[-고-]'와 '如[-다]'는 모두 문법 형태를 나타내며, 각각 음가자와 훈가자입니다.

차자 표기의 종류 – 단어의 표기

차자 표기법은 단어 단위와 문장 단위로 모두 활용되었습니다. 단어 단위에서는 고유 명사와 일반명사를 표기하였습니다. 『삼국사기』(1145)나 『삼국유사』(1281) 등에서 인명[人名], 지명[地名], 관명 [官名] 등 우리말의 고유 명사를 차자 표기한 사례가 나타나고, 『향약구급방』(13세기 중엽) 등의 문헌에 서는 약재와 같은 사물을 가리키는 일반명사를 차자 표기한 사례가 나타나지요.

① 고유 명사 표기

'이차돈'이라는 신라의 승려를 들어 보았나요? 불교의 공인을 위해 순교한 신라 법흥왕 대의 인 물이지요. 역사책에서 이차돈의 이야기를 흔히 들어 본 우리는 흔히 이차돈이 '이[李]'씨 성을 가진 인

---

4 양주동(1965)을 비롯한 다수의 향가 해독자들은 '良'를 '아'로 해독하고 있습니다. 향가에서 나타나는 처격 조사 '良中, 良希, 良衣, 良矣' 등이 중세 국어에서 '애/이, 이/의, 예'로 이어진다는 점과 관련됩니다. 특히 서재극(1975) 에서는 ≪光州千字文≫에서 한자 '良'이 '알 량'으로 적혔다는 근거를 더하여 '良'를 훈가자로 보았습니다. 반면 김 완진(1980:14)에서는 '良'을 기본적으로 '라'로 읽으며, '라'가 일정한 규칙에 따라 'ㄹ'을 탈락시켜 '아'로도 나타난 다고 가정합니다. '良'을 '라'로 읽은 것은 '良'의 음을 고려한 독법이라 할 수 있습니다.

　　예 처용가 '脚烏伊四是良羅' (가루리 네히어라_양주동/가로리 네히러라_김완진)

물일 것이라 짐작합니다. 하지만 과연 그럴까요?

『삼국유사』에는 이차돈에 대해 다음과 같은 구절이 나옵니다.

> 이에 내양한 자[內養者]가 있어, 성은 박朴, 자는 염촉猒髑 【혹은 이차異次라고 하고, 혹은 이
> 처伊處라고도 하니, 방언의 음이 다르기 때문이다. 번역하면 염猒이 된다. 촉髑, 돈頓, 도道, 도覩,
> 독獨 등은 모두 글쓰는 사람의 편의에 따른 것으로, 곧 조사助辭이다. 이제 윗자만 번역하고 아랫
> 자는 번역하지 않으므로 염촉猒髑 또는 염도猒覩 등이라고 한 것이다.】 이었다.
>
> (粤有內養者姓朴, 字猒髑 【或作異次, 或云伊處, 方音之別也. 譯云猒也. 髑·頓·道·覩·獨等皆隨書者之
> 便, 乃助辭也. 今譯上不譯下, 故云猒髑, 又猒覩等也】) 〈『삼국유사』 권3 흥법3 '원종흥법염촉멸신'〉

성은 박이고, 자字는 염촉猒髑이라고 적힌 것을 보니 성씨는 이 씨가 아니라 박 씨였네요. '염촉猒
髑'이라는 이름에서 '염'을 '이차異次'나 '이처伊處'라고 부른다고 하였습니다. 어떻게 '이차돈'이란 우리
말 이름이 '猒髑(염촉)'으로 적힌 걸까요?

박 염촉 = 박 이차돈

猒		異	次
		다르다 이	버금 차
잊다 염	=	伊	處
		저 이	곳 처
훈으로 읽음		음으로 읽음	

"**염촉猒髑** 【혹은 이차異次라고 하고, 혹은 이처伊處라고도 하니, (…) 번역하면 염猒이 된다."

이차돈의 이름은 '잊다'라는 옛 어휘를 먼저 알아야 이해할 수 있습니다. '잊다'는 "싫어하다, 염
증을 내다" 정도의 의미를 가진 옛말입니다. '猒(싫어할 염)'의 훈이 바로 '잊다'이니, '猒髑(염촉)'의 '猒
(염)'은 훈으로 읽어서 '잊' 정도의 소리를 나타낸 것이지요. 거꾸로 '이차(異次)'나 '이처(伊處)'는 '잊'

이라는 이름을 음으로 읽은 것이고요.[5] 아울러 이해하면 '이차돈'이란 이름은 '번뇌에 찬 세상을 싫어하는 사람, 그래서 불교를 통해 해탈을 꿈꾸는 사람' 정도의 뜻을 지녔다고 볼 수 있습니다.

　신라의 시조 '박혁거세' 역시 본래 우리말 이름을 가졌을 것으로 짐작할 수 있답니다. 박혁거세의 이름은 '弗矩內(불구내)'로도 표기되었는데, '혁거세(赫居世, 붉을 혁, 살 거, 누리 세)'의 각 이름을 풀어서 '弗矩內(불구내)'와 연결하면 '밝은 누리(세상)'라는 이름을 가진 인물임을 알 수 있는 것이지요. 해골물을 마신 승려로 유명한 '원효(元曉)' 역시 본래의 이름을 정확히 재구하기 어렵지만, '처음의 아침(始旦)'이라는 뜻을 가진 신라어 이름이었을 것으로 추측할 수 있답니다. 항상 한자를 소리로 읽는 현대 한국인들에게는 이름을 뜻으로 읽는 것이 어색하지만, 이웃 나라인 일본은 한자를 음으로도, 훈으로도 읽는 관습이 계속 유지되고 있습니다.

② 일반명사 표기

　일반명사가 차자 표기되는 경우도 있었습니다. 『향약구급방』鄕藥救急方은 13세기 경 대장도감大藏都監에서 간행된 의서로, 우리나라 약[鄕藥]으로 위급함을 구하는[救急] 방법[方]을 다루는 책입니다. 한국에서 가장 오래된 의학서로 평가되기도 하지요. **이 책에는 약재로 사용된 180여 종의 동물명·식물명·광물명의 한자어와 향명**鄕名**이 기록되어 있는데요,** 향명鄕名은 이들 약재의 우리말 이름입니다. 다음의 예를 볼까요?

　　가. 蒴(삭) 馬尿木(마뇨목) (*몰오좀나모)
　　나. 桔梗(길경) 道羅次(도라차) (*도랏)
　　다. 百合(백합) 犬乃里花(견내리화) (*가히나리곶)

　(가~다)는 각각 왼쪽이 한자어이고, 오른쪽이 같은 대상의 향명을 차자 표기한 것입니다. (가)의 '蒴(삭)'은 속칭 '말오줌나무'라고 부르는 식물인데, '馬尿木(마뇨목)'에서 각 글자를 모두 훈독하여 '*몰오좀나모'로 읽습니다.[6] (나)의 '桔梗(길경)'은 오늘날 '길경'이라고도, '도라지'라고도 부르는 약재

5　뒷부분의 촉(髑), 돈(頓), 도(道), 도(覩), 독(獨) 등은 모두 같은 소리를 서로 다르게 적은 부분인데, 아마 '도'나 '돈' 정도의 소리가 '먹보'의 '보'처럼 사람을 나타내는 말이었을 것으로 짐작됩니다. '髑(촉)'의 옛 한자음이 '톡' 정도로 재구되므로 모두 비슷한 소리였음을 짐작할 수 있습니다.

6　* 표시는 해당 어형이 재구형임을 의미합니다. 한자로 차자 표기된 어휘의 형태를 15세기 국어를 기준으로 추정해 본 어형이라는 것이지요.

입니다. '道羅次(도라차)'는 각 글자를 음으로 읽어 '*도랓'을 기록한 것이지요. '道', '羅', '次'의 음만 취했을 뿐 의미는 버렸으니 모두 음가자들입니다. (다)의 '백합(百合)'은 오늘날의 '개나리꽃'에 해당하는 향명을 '犬乃里花(견내리화)'로 적었습니다. '犬(개 견)'을 훈독하여 '가히'로, '乃里(내리)'를 음으로 읽어 '나리'로, '花(꽃 화)'를 다시 훈독하여 '곶'으로 읽어 '*가히나리곶'을 표기한 것이지요.

차자 표기의 종류 – 문장의 표현: 이두(吏讀)

문장 단위의 차자 표기법은 한자를 우리말의 어순에 따라 배열하는 방식에서부터 조사나 어미 등 우리말의 문법 형태를 갖추어 적는 방식으로 꾸준히 발전해 나갔습니다. 한자를 빌려 우리말 어순대로 한국어 문장을 적는 방법을 '이두吏讀'라 부릅니다. 이두는 주로 행정을 위한 공문서에 널리 쓰였습니다. 공문서를 작성하는 서리胥吏, 즉 하급 관리들은 지배층만큼 고급 한문 교육을 받지 못했기에, 한문의 문법을 우리말에 맞게 쉽게 변형하여 사용하였습니다. 실용적인 목적을 가진 일종의 변체變體 한문이자 중간언어interlanguage로서 태동했던 이두가 하나의 표기 체계로 굳어진 것이죠.

이두는 매우 오랜 시간을 거쳐 발달했습니다. 초기의 이두는 삼국 시대부터 나타납니다. 처음에는 한문의 어순을 우리말의 어순으로 바꾸는 단순한 단계에서 이두가 시작되었지요. 그러나 한자를 어순만 바꾸어서는 명확한 의미를 전달하기 어려우니, 통일신라와 고려를 거치면서는 이두 표기법이 한자를 우리말 어순대로 배열할 뿐만 아니라 조사나 어미 등 우리말의 문법 요소를 차자 표기하여 덧붙이는 방식으로 점차 발전해 나갑니다. 훈민정음이 창제된 이후에도 조선 시대 내내 이두 표기법이 유지되지요.

> 가. 大罪得(큰 죄를 얻다) 〈임신서기석(552/612)〉
>   *大: 크다 대, 罪: 죄 죄, 得: 얻다 득
> 나. 他人矣 四肢乙 截割爲旀(타인의 사지를 절할(끊고 베다)하며) 〈대명률직해(1395)〉
>   * 矣(의): 어조사 의, 乙(을): 새 을, 爲旀(ᄒᆞ며): '旀'는 '彌'(미륵/오랠 미)의 속자로 어미 '-며'를 표기함.

(가)는 초기의 이두를 보여 주는 대표적인 자료, '임신서기석壬申誓記石'의 일부입니다.[7] 만약 한문

---

7   임신서기석(壬申誓記石)은 임신(壬申)년에 맹세[誓]를 기록한[記] 돌[石]이라는 뜻으로, 기록된 내용은 신라의 두 청년이 임신년과 신미년에 한 맹세입니다. 이때의 '임신년'은 552년 혹은 612년일 것으로 짐작되고 있어요.

의 어순을 따른다면 '得大罪(득대죄)'라 써야 할 것이지만, 여기서는 '큰 죄를 얻다'라는 우리말 어순을 따라 '大罪得(대죄득)'으로 쓰고 있습니다. 이 자료에 새겨진 문장은 한문으로는 어색한 문장이지만, 한자를 나열된 순서대로 읽으면 자연스러운 한국어 문장이 됩니다. 다만 이 시기의 이두에는 문법 형태로 볼 수 있는 분명한 요소가 없습니다. '임신서기석'을 비롯한 6~7세기의 이두 자료는 한국어의 어순을 반영하되 한국어의 문법 요소는 반영하지 않는 초기의 이두를 보여 줍니다.

이후 이두는 한자를 빌려 한국어의 어휘와 문법 형태를 적는 방식으로 점차 발전해 갑니다.[8] 7~8세기에 신라의 승려 설총이 한문으로 된 유교의 경전을 한국어로 풀이하면서 이두를 집대성하였다고 알려지며, 8세기 이후의 이두에서는 차자 표기된 문법 형태소가 본격적으로 나타나지요. (나)는 발전된 모습의 이두를 보여 주는 조선시대의 법전 『대명률직해』(1395)입니다.[9] '矣(의)'와 '乙(을)', '爲旀(ᄒ며)'와 같은 토를 각각 차자 표기해 적었지요. 이때 우리말의 문법 요소를 적기 위해 빌려 온 글자는 한문의 문법과는 전혀 관계가 없습니다. 『대명률직해』는 한문 문법과 관계 없는 한자를 가져다가 우리말 문법 요소를 적는 데 활용하는 발전된 모습의 이두를 보여 줍니다.

이두는 삼국 시대로부터 19세기 말까지 천년 넘게 사용된, 매우 긴 역사를 가진 표기법입니다. 한글이 창제된 이후에도 재산의 상속이나 매매에 관한 문서 등 관청에서 발급하는 공문서를 비롯한 실용문에는 계속 이두가 사용되었습니다. 다만 17세기 이후에는 이두의 사용이 관습화되면서 현실 언어와 많이 멀어지게 되었고, 이두문의 작성 방법과 이두의 독법을 정리한 『유서필지』 등의 이두 학습서가 편찬되어 널리 보급되기도 하였지요. 19세기 말, 나라의 공문서는 국문으로써 본을 삼는다는 칙령[10]이 공포되고 나서야 이두는 공식적으로 그 생명을 다하게 됩니다.

이두는 차자 표기법이 한글 창제 이전에만 쓰였던 것이 아니라, 오랜 생명력을 가지고 한문과 한글 사이에서 공존하였던 표기법임을 보여 줍니다. 차자 표기법을 고대 국어의 교육 내용으로만 한정할 수

---

8   이두로 적은 우리말 문법 요소(토)의 예로는 '-亦(이여), -良中(아긔/아히), -沙(사/사), -是尼(이니), -是旀(이며), 爲去乙(ᄒ거늘), 爲白遣(ᄒ ᄉᆞᆲ고)' 등이 있고, 우리말 어휘의 예로는 '加于(더옥/더욱), 更良(가시아), 並以/幷以(아오로), 同(오힌), 導良(드듸여/드ᄃᆡ여), 使內白如乎(브리ᄉᆞᆲ다온)' 등의 수식언과 용언, '庫叱(곳), 捧上(받자), 分衿(분깃), 㖰音(마름)' 등의 체언이 있습니다. 이두식 표기 중 일부는 우리말 한자어로 남아 있기도 합니다. "가말다, 주관하다"를 뜻하는 옛말 'ᄀᆞᅀᆞᆯ알다'의 이두식 표기 '次知'가 오늘날 '차지하다'로 남은 것, 고유어 '밧자' 혹은 '밧자위'에 대한 이두식 표기 '外上'이 이두식으로는 '외자'로 읽히다가 오늘날 한자의 발음 그대로 '외상'으로 남은 것 등이 대표적인 예입니다.

9   『대명률직해』(1395)는 명나라 법전 『대명률』을 이해하기 쉽게 이두로 번역한 책입니다. 한문을 이두문으로 옮겼을 뿐 아니라 명나라의 법률을 우리나라의 현실에 맞게 고치기도 하였습니다.

10   "第14條 法律勅令 總以國文爲本 漢文附譯 或混用國漢文 (법률과 칙령은 모두 국문으로써 근본을 삼고 漢文을 덧붙여 번역하며 혹은 國文과 漢文을 혼용한다.) 〈1894.11.21. 勅令 第1號 公文式〉"

없는 이유이기도 합니다. 차자 표기법이 한글 창제와 동시에 종료된 것이 아니며, 오랜 시간 동안 연속성을 가지고 발달해 왔던 역사임을 학생들에게도 일깨워 줄 필요가 있겠지요.

임신서기석(壬申誓記石)

대명률직해(大明律直解)

차자 표기의 종류 – 문장의 이해: 구결(口訣)

구결^{口訣}은 한문으로 된 글을 읽을 때 한문 해독에 도움이 되도록 한문 구절에 토를 끼워 넣어 읽는 표기 체계입니다. 한문 사이에 끼워 넣는 토를 '구결자'라고 하고, 토를 끼워 넣은 문장을 '구결문'이라고 합니다. 그러나 실제로 '구결'이라는 용어는 한문 문장에 넣는 토(구결자)를 이야기하기도 하고, 토를 사용하는 차자 표기법 자체를 이르기도 합니다.[11]

---

11 토를 끼워 넣는 것을 '토를 단다'라고 하고, 한자어로는 '현토(懸吐)'라고 하지요. 오늘날 남의 잔소리에 궁시렁대며 말을 덧붙일 때 '토를 단다'라고 하는 것이 여기서 유래한 것입니다.

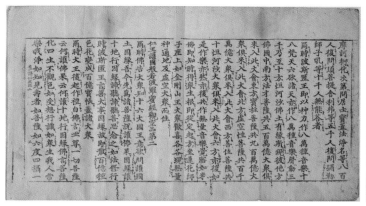

『구역인왕경』 3장 (수덕사 소장)

그림은 대표적인 구결 자료인 『구역인왕경』(13세기)[12]입니다. 오른쪽은
왼쪽의 그림을 자세히 볼 수 있도록 확대한 것입니다. 한문 문장의 사이사
이에 작은 글씨로 빼곡한 글씨가 적힌 것이 보이지요. 이 작은 글자가 바로
구결자입니다. 한문과 이 구결자를 같이 읽으면 한문을 우리말의 어순대로, 또
우리말의 어휘와 문법 형태를 살려서 쉽게 읽을 수 있게 됩니다. 다만 구결문을
읽기 위해서는 먼저 간단한 원리를 익혀야 합니다.

쉽게 영어로 먼저 예를 들어 볼까요?

수업 도우미

KBS 역사스페셜
〈천 년 전 이 땅에 또 다
른 문자가 있었다〉
2002.10.12 방송

    가. Minsu supports Sujin
    나. Minsu가 supports하다 Sujin을·
    다. Minsu가 Sujin을 supports하다

---

12   『구역인왕경』은 구마라집(鳩摩羅什)이 한문으로 번역한 『인왕경』입니다. 구결이 기입된 시기는 13세기로 추정됩
니다. 이 자료는 1973년 충남 서산군 문수사에서 금동여래좌상(金銅如來坐像)의 복장(腹藏) 유물로 발견되었습니
다. 최초로 발견된 석독구결 자료로서, 기존에 알려졌던 음독구결 자료와 다른 석독구결 자료가 존재함을 알리며
구결 연구에 새로운 지평을 열어 주었습니다. 상권의 일부(2, 3, 11, 14, 15장)가 낱장으로 남아 있고, 현재는 예산
수덕사에 소장되어 있습니다.

(가)의 영어 문장을 쉽게 이해하기 위해, 영어 문장은 그대로 두고 (나)처럼 단어의 사이사이에 우리말의 조사와 어미, 즉 '토'를 작게 적어 넣었다고 가정해 봅시다. 그리고 간단한 규칙을 약속하는 것입니다. 첫째, 위에 적은 글자를 먼저 읽어 나가고, 아래 적은 글자는 우선 읽지 않을 것. 둘째, 점(·)을 찍은 부분을 만나면 읽지 않았던 곳으로 돌아가, 아래 적은 글자를 읽을 것. 두 가지 규칙을 약속하면 (나)를 (다)처럼 읽을 수 있게 됩니다. (가)에 (나)처럼 표시해 둔다면 '가'나 '을' 같은 조사 덕분에 주어와 목적어가 무엇인지 쉽게 알 수 있고, 우리말과 다른 영어의 어순도 쉽게 파악할 수 있겠지요? 문장이 길고 복잡해질수록 토와 어순 표시가 유용할 것입니다.

간단한 두 가지 규칙을 잘 기억하고, 이제 구결문을 읽어 봅시다. 위에서 그림으로 살펴보았던 『구역인왕경』(13세기)의 한 구절입니다.

『구역인왕경』 03:13

가. 佛卽知時 *부처 불, 바로 즉, 알다 지, 때 시

나. 佛ㄱ卽ㄋ知二ㄅ時刂厺ㄋㄱの乚、

다. 佛ㄱ 卽ㄋ 時刂 厺 ㄋ ㄱ の 乚 知二ㄅ

라. 佛은 卽오 時이거온ᄃᆞᆯ 아ᄅᆞ시며

마. 부처는 바로 때인 것을 아시며

구결자	ㄱ	ㄋ	二	ㄅ	刂	厺	の/入	乙
독음	은	오	시	며	이	거	ᄃᆞ	을
바탕자	隱	五	示	彌	是	去	入	乙

(가)는 한문 원문입니다. '佛卽知時(불즉지시)'라는 문장은 한문 문법에 익숙하지 않은 독자에게는 뜻을 알기 어려운 문장이지요. 이 문장에 붓으로 작게 토를 적어서, 왼쪽의 사진 자료, 곧 (나)와 같이 쓴 것입니다. 어떤 것은 한자의 오른쪽 아래에, 어떤 것은 한자의 왼쪽 아래에 적었지요. '時(시)'에 달린 토의 끝에는 점(·)을 찍었습니다. 이 점의 이름은 '역독점逆讀点'입니다. 사진 자료를 읽기 위해 다시 두 가지 규칙이 적용됩니다. 첫째, 오른쪽 아래 토가 달린 글자부터 읽어 내려갈 것. 둘째, '역독점逆讀点'을 만나면, 다시 위로 올라가, 왼쪽 아래 토가 달린 글자를 읽을 것. 규칙을 적용해 읽으면 (다)와 같은 순서로 읽을 수 있게 되고, 이 문장을 고려의 언어로 읽으면 (라), 현대어로 해석

해 보면 (마)가 됩니다.

한자의 아래 달린 낯선 글자는 구결자입니다. 한자의 소리나 뜻을 빌리되, 바탕자의 획을 일부 취하거나 변형하여 빠르게 쓸 수 있도록 만들었습니다. 예컨대 목적격 조사를 나타내는 ㄴ(을)은 '乙(새을)'의 소리를 취한 구결자로, 본래 한자의 자형을 보다 간략히 해 썼습니다. 한편 높임의 선어말 어미를 나타내는 ㅋ(시)는 '示(보일 시)'의 소리를 취한 구결자인데, 바탕자의 위 두 획을 취해 간단히 적은 것입니다. 'ㅔ(이)'라는 글자는 '是(이 시)'의 뜻을 취한 구결자로, 바탕자 是의 첫 획과 두 번째 획을 변형하여 만든 글자입니다.[13]

이렇게 한문을 읽으면 역독점을 활용하여 우리말 어순대로 읽을 수 있고, '知ㅋ ㅊ'를 '아르시며'로 읽는 것과 같이 한국어 어휘를 반영하여 읽을 수 있습니다. 한문을 한국어의 어휘와 어순이 반영된 한국어 문장으로 번역하여 읽을 수 있게 한 구결을 '석독구결釋讀口訣' 혹은 '역독구결逆讀口訣'이라고 부릅니다.[14] 또한 구결자를 적어 넣은 구결을 '자토구결字吐口訣' 혹은 '문자구결文字口訣'이라고 부릅니다.[15] 따라서 앞에서 살펴본 『구역인왕경』은 '자토 석독구결'로 분류되는 자료입니다. 훈민정음이 창제된 이후에는 구결자로 한글을 사용하는 일도 있었지요.

넓게 보아 구결은 한문이라는 외래 요소를 최대한 쉽게 이해하고 수용하려는 노력으로써 발달해 온 것입니다. 한자나 구결자를 활용한 구결에서 차자 표기가 활용되기는 하지만, 한글이나 점, 선 등의 요소도 다양하게 활용되었으므로 구결의 잠재력을 차자 표기의 한 유형으로만 한정할 필

---

13 일본에서 사용하는 가나 역시 한자의 자형 일부를 취해 글자를 만들었다는 점에서 구결자와 형성 원리가 같습니다. 다만 고려의 구결자와 바탕자나 독법이 일치하지는 않습니다.

14 반대로 한문의 어순대로, 모든 한자를 빠짐없이 음으로 읽되 구마다 토를 끼워 넣은 방식을 음독구결(音讀口訣) 또는 순독구결(順讀口訣)이라 합니다. 한문 문장을 적절히 분절하고 우리말 문법 요소를 덧붙여서 그 의미를 쉽게 이해하도록 해 주지요. 음독구결은 15세기 이후 언해 자료에서도 쉽게 발견할 수 있습니다. 『훈민정음』 언해의 첫 구절, '國之語音이 異乎中國호야 與文字로 不相流通홀시…'를 기억하나요? 이렇게 '이'나 '호야' 같은 토를 붙여 한문의 어순대로 읽는 방식이 대표적인 음독구결입니다. 음독구결의 방식은 한글이 창제된 15세기 이후의 언해 문에서 줄곧 활용되었으므로, '구결이 한글 창제 이전에만 쓰였다'라고 말한다면 옳지 않습니다. 오늘날 한문 공부를 할 때 '學而時習之면 不亦說乎아!'와 같이 구절마다 토를 붙여 읽는 일이 있지요. 이 또한 음독구결의 전통이 남아 있는 흔적이랍니다.

15 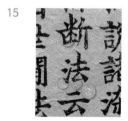 반면 글자 대신 특수한 점이나 선 구결을 사용한 '점토구결(點吐口訣)'도 있습니다. '부호구결(符號口訣)'이라 부르기도 합니다. 점토구결은 대개 각필이라는, 끝을 뾰족하게 깎은 나무 도구로 종이 위를 눌러 점이나 선의 자국을 냅니다. 한자 위에 찍힌 점과 선의 위치가 일정한 소리와 의미를 가진 토에 대응하여서, 점과 선의 위치와 모양을 정밀하게 판독하여 구결문을 읽어 냅니다. 고도의 관찰력과 훈련이 필요한 작업이지요. 왼쪽 사진은 11세기 자료인 『유가사지론』 권66입니다. 자료를 자세히 살펴보면 동그라미 친 부분에서 글자 주변에 새겨진 점과 부호를 확인할 수 있습니다.

요는 없답니다. 활용 목적과 특징 모두에서 이두나 향찰과는 또 다른 면모를 가지고 있지요.

특히 석독구결은 고대 국어의 이해를 위해 매우 중요한 자료입니다. 한글 창제 이전 시기 국어의 모습을 알 수 있게 해 주어 국어의 역사를 연속적으로 파악할 수 있게 해 주지요. 석독구결의 문장이 15세기의 한글 언해문과 구조 면에서 유사한 경우가 많고, 15세기 언해문에서 매우 드물게 발견되는 문장의 기원을 구결문이 설명해 주기도 합니다. 또한 석독구결의 차자 방법과 용법이 향찰과 밀접하게 관련되므로 향가 해독에도 실마리를 제공해 줍니다.

'선화공주님은'에서 '공주'가 음차인지 훈차인지 헷갈려요.
'공주(公主)'에는 '귀하다', '님'이란 뜻도 살아 있으니까 뜻을 빌려온 것 아닌가요?

차자 표기 자료의 예로 가장 자주 사용되는 〈서동요〉의 첫 구절을 두고, 대부분의 교과서에서는 '善花公主主隱'에서 '善花公主(선화공주)'와 '隱(은)'은 소리를 빌린 글자고, '主(주)'만 '님'으로 읽으니 뜻을 빌린 글자라고 설명합니다. 그런데 '善花公主(선화공주)'와 '隱(은)'을 동일하게 설명하다 보니 혼란이 생깁니다. 분명 '公主(공주)'에 "귀하다"와 "님"의 실질적인 의미가 있는데, 왜 뜻을 빌린 것이 아닌지 의문스러워지는 것이죠.

이는 차자 표기의 원리를 단순히 음과 훈으로만 이분하여 가르칠 때 나타날 수밖에 없는 의문이자 한계입니다. 한자를 빌려 국어를 적는 차자 표기의 원리로는 '음/훈의 원리'뿐 아니라 '독/가의 원리'도 존재합니다. '독/가의 원리'를 다루지 않는다면 '善花公主主隱'에서 두 가지 '主(주)'의 차이를 모호하게 설명할 수밖에 없습니다. 쉬운 길을 찾으려다 오히려 혼란을 부추기게 되는 셈이지요.

善	花	公	主	主	隱
착하다 선	꽃 화	공평하다 공	님 주	님 주	숨다 은
선	화	공	주	님	은
음독	음독	음독	음독	훈독	음가

〈서동요〉의 '善花公主主隱'에서 '善花公主'와 '隱'은 모두 음을 취한 글자지만, 전자는 그 의미가 살아있는 반면, 후자는 그 의미가 버려졌습니다. 따라서 전자는 '음독자'로, 후자는 '음가자'로 구분되는 것이지요. 또 같은 '主'이지만 첫 번째 '主(님 주)'는 음을 취하면서 그 의미가 살아 있으니 음독자이고, 두 번째 '主(님 주)'는 훈을 취하면서 그 의미가 살아 있으니 훈독자가 되는 것입니다.

독/가의 원리는 교육 현장에서 적극적으로 다루어지지 않고 있지만, 음/훈의 원리에 더해 독/가의 원리를 함께 다루면 차자 표기 교육에서 발생할 수 있는 교사와 학습자의 혼란을 줄이고 차자 표기의 체계성을 더욱 깊이 이해할 수 있습니다.

향찰로 적힌 향가를 도대체 어떻게 해독했나요?

향찰 표기와 향가 해독

향가는 주로 신라시대에 불린 우리나라의 노래이며, 향찰은 향가를 적기 위해 특별히 사용된 차자 표기 방식입니다. 향찰은 이전부터 발달해 온 명사 표기, 이두의 원리가 집대성된 것으로, 차자 표기법 중에서 우리말을 가장 정밀하게 적을 수 있었던 방식입니다. 이번 장에서는 향찰 표기의 기본 원리 및 이두와 향찰의 차이에 대해 알아봅시다.

○─ 들어가며

수업 도우미

국사편찬위원회
『삼국유사』해제, 전체
원문, 국역, 원본 이미지

『삼국유사』에 실린 '모죽지랑가' (1512년 규장각본)

『삼국유사』(1281)는 고려의 승려 일연이 고조선에서부터 후삼국까지의 일들을 모아 편찬한 역사서입니다. 정사正史의 기록인『삼국사기』(1145)와 달리『삼국유사』에는 불교에 관한 기사, 신화, 전설 등이 수록되어 있습니다. 우리에게 익숙한 서동요, 제망매가, 처용가, 모죽지랑가, 찬기파랑가 등 신라 시대 향가 14수도 이 문헌에 실려 있지요.

사진은『삼국유사三國遺事』권2「효소왕대 죽지랑孝昭王代 竹旨郎」부분입니다. 화랑 죽지랑이 낭도 득오를 강제 부역에서 구해 준 일화가 기록되어 있고, "처음에 득오곡이 낭을 사모하여 노래를 지었으니, (그 노래는) 이러하다初得烏谷慕郎而作歌曰"라는 구절 이후 한 노래가 실려 있습니다. 하지만 이 노래를 정확히 해독할 수 있게 된 것은 얼마 되지 않은 일입니다. 노래 가사라고는 하는데 한문의 문법으로는 전혀 읽히지 않으니, 후대의 사람들에게는 오랫동안 미상未詳의 구절로만 남아 있었을 것입니다. 이 노래를 읽기 위해서는 향찰이라는 표기법에 대해 알아야 합니다. 향찰은 어떤 원리를 가진 표기법일까요?

향가, 향찰이란 무엇일까?

향가鄕歌는 신라 시대부터 고려 초기까지 창작된 우리나라 고유의 정형시입니다. '향鄕'은 본래 '시골'의 뜻이지만, 중국과 대비해 우리나라를 지칭하는 말이기도 했습니다. 우리나라 고유의 음악을 당나라의 음악인 당악唐樂과 대비하여 향악鄕樂이라 하였죠. 향가는 주로 신라 때 불린 노래입니다. 현재까지 전해지는 향가는 『삼국유사』에 실린 14수, 고려 승려 균여의 전기 『균여전均如傳』(1075)에 실린 11수로 총 25수이며, 그중 6세기부터 9세기에 걸쳐 신라인에 의해 창작된 향가는 『삼국유사』에 실린 향가입니다. 진성여왕 때 『삼대목三代目』이란 이름의 향가 모음집이 왕명에 의해 편찬되었다고 하나 아쉽게도 전해지지 않지요.

작품명	작자	내용
서동요	서동 (백제 무왕)	서동이 선화 공주를 얻기 위해 아이들에게 부르게 한 노래
혜성가	융천사	심대성을 침범한 혜성을 물리치기 위해 부른 노래
풍요	작자 미상	영묘사의 불상을 만들 때 부역을 왔던 백성들에게 양지가 부르게 한 노래
원왕생가	광덕(?)	광덕이 자기가 극락왕생하기를 바라며 부른 노래
모죽지랑가	득오실	화랑 죽지랑을 따르던 낭도 득오가 그를 사모하며 부른 노래
헌화가	노옹	소를 몰고 가던 어느 노옹이 수로부인에게 꽃을 꺾어 바치며 부른 노래
원가	신충	효성왕이 약속을 지키지 않자 신충이 지어 잣나무에 붙였다는 노래
도솔가	월명사	하늘에 해가 둘 나타나자 하나의 해를 없애기 위해 부른 노래
제망매가	월명사	승려 월명사가 죽은 누이의 명복을 빌며 부른 노래
찬기파랑가	충담사	승려 충담사가 화랑 기파랑의 높은 인품을 추모하여 부른 노래
안민가	충담사	경덕왕의 요청에 의해 지어져 임금과 신하와 백성의 도리를 이야기한 노래
도천수관음가	희명	눈먼 자식의 눈을 뜨게 하기 위해 아이로 하여금 부르게 한 노래
우적가	영재	영재가 도적 무리를 만나 부르자 도적들이 감명하여 승려가 되었다는 노래
처용가	처용	처용이 자기 아내를 범한 역신에게 지어 불렀더니 역신이 물러갔다는 노래

<『삼국유사』에 실린 신라 시대 향가 14수>

향가를 적기 위해 특수하게 사용된 차자 표기 방식을 향찰^{鄕札}이라고 부릅니다. 향찰은 이전부터 발달해 오던 명사 표기, 이두의 원리가 집대성된 차자 표기의 완성 단계라고 볼 수 있습니다. 우리말의 문법 요소뿐 아니라 어휘까지도 차자 표기로 나타냈기 때문에 우리말을 전면적으로 표기할 수 있는 표기법이었습니다.

향찰 표기의 기본 원리

향찰 표기의 기본 원리는 **훈주음종**^{訓主音從}입니다. 훈주음종은 뜻[訓]을 위주[主]로 하고, 소리[音]를 종속적[從]인 것으로 한다는 것으로, 향찰 표기 전반에 걸쳐 발견되는 특징입니다. 예를 들어 '앞의'를 뜻하는 '*알픠'는 향찰로 '前衣(전의)'라고 표기되어 있는데, "앒(>앞)"의 뜻을 나타내는 '前(앞 전)'을 먼저 적고, 조사 '이(>의)'의 소리를 나타내는 '衣(옷 의)'를 뒤에 적었습니다. '*ᄆᆞᅀᆞ미'를 적은 '心未(심미)', '*듣고'를 표기한 '聞古(문고)', '*가ᄂᆞ닛고'를 표기한 '去內尼叱古(거내니질고)'에서도 "마음", "듣다", "가다"의 뜻을 나타내는 '心(마음 심)', '聞(듣다 문)', '去(가다 거)'를 먼저 적고, 문법 요소의 소리를 나타내는 '未(아니다 미)', '古(옛 고)', '內尼叱古(내니질고)' 등을 뒤에 적었습니다. 이 원리는 『삼국유사』에 기록된 '譯上不譯下(역상불역하: 위 글자[上]는 번역하고[譯], 아래 글자[下]는 번역하지 않는다[不譯])'와도 통하는 것입니다.[16]

앞에 뜻을 나타내는 글자를 적고 뒤에 소리를 나타내는 글자를 적을 때, 앞말의 끝소리를 나타내는 글자를 덧붙여줌으로써 앞말의 어형 정보를 분명하게 알려 주는 경우가 있습니다. 뜻 글자 뒤에 단어의 형태를 나타내기 위해 소리 글자를 받쳐 적는 것을 말음첨기^{末音添記}라 부릅니다. '말음첨기'란 곧 마지막 소리[末音]를 덧붙여[添] 적는다[記]는 뜻이며, '끝소리 받쳐 적기'라고도 합니다. 예컨대 'ᄆᆞᅀᆞᆷ(>마음)'을 표기할 때에는 뜻을 나타내는 '心(심)'을 먼저 적고, 'ᄆᆞᅀᆞᆷ'의 끝소리 'ㅁ'을 나타내는 '音(음)'자를 뒤에 받쳐 적어 '心音(심음)'으로 표기합니다. 그럼으로써 앞말을 뜻으로 읽으며, 그 뜻으로 읽는 단어는 끝소리가 'ㅁ'이라는 어형 정보가 분명히 드러납니다.

'내'의 옛말인 '나리[川]'를 '川理(나리 천, 마을 리)'로, '그리다[慕]'의 어간을 '慕理(그리다 모, 마을 리)'로, "달라지다, 변하다"를 뜻하는 '가싀다(>가시다)[改]'의 어간을 '改衣(가싀다 개, 옷 의)'로 표기한 것

도 앞말의 끝소리를 뒤에 받쳐 적은 것입니다. 뒤에 받쳐 적는 글자는 앞 단어의 끝 음절을 표기한 경우도 있습니다. 'ᄀ술(>가을)'의 경우 "가을"을 의미하는 '秋(추)'를 먼저 적고, 끝 음절과 소리가 비슷한 '察(찰)'을 뒤에 덧붙여 '秋察(가을 추, 살피다 찰)'로 적었습니다. 언급된 예들에서 '音', '理', '衣', '察'과 같은 소리 글자들이 말음첨기에 사용된 글자들입니다. 말음첨기는 고대 국어의 음운과 형태, 통사 정보를 알려 주는 구체적인 자료가 된다는 점에서 가치가 큽니다.

이두와 향찰의 차이

이두와 향찰은 어떻게 다를까요? 우선 이두는 주로 공문서 등 실용문을, 향찰은 문학작품인 향가를 표기하기 위해 쓰였으니 사용된 목적이 서로 다릅니다. 또한 향찰이 이두보다 훨씬 세밀하고 복잡한 표기 체계였다는 점에서도 서로 구별됩니다.[17] 앞서 이두가 한자를 우리말 어순대로만 배열하였던 초기의 모습에서 조사와 어미 등의 문법 형태를 갖추어 적었던 후기의 모습까지 발달해 왔음을 설명하였습니다. 향찰은 조사와 어미를 한자를 이용해 적는 데서 더 나아가, 어휘와 문법 형태를 '세밀하게' 적어 주었던 표기법입니다. 우리말 어순으로 적은 두 문장을 비교해 볼까요?

> 가. 奴婢**亦** 家長**乙** 犯打**爲在乙良 竝只** 斬齊 〈대명률직해〉
> [노비**이** 가장**을** 범타**ᄒᆞ견으란 다모기** 참**졔**]
> (노비가 가장을 때리면 모두 참형이다.)
> 나. 於內 秋察 早隱 風未 〈삼국유사 – 제망매가〉
> [어/느 ᄀ술/술 이르/ㄴ ᄇᆞ롬/매]
> (어느 가을 이른 바람에)

이두 자료인 (가)에서 '亦(역)', '乙(을)', '齊(제)'는 각각 주격 조사 '이', 목적격 조사 '을' 종결 어미 '-제'를 나타냅니다. '爲在乙良(위재을량)'은 'ᄒᆞ견으란'으로 읽고, '~하는 경우는'으로 해석할 수 있습니다. 문법 요소뿐 아니라 어휘 요소도 차자 표기했습니다. '竝只(병지)'는 부사 '*다모기'를 적은 것이

---

17 다만 향찰 역시 한자를 빌려 우리말 문장을 세밀하게 표기하는 연속선상에 놓이기 때문에 본질적인 측면에서는 이두와 구별하기 어려운 것도 사실입니다. 이 때문에 이두를 "삼국 시대부터 한자(漢字)의 음과 뜻을 빌려 우리말을 적던 표기법"을 가리키는 광의(廣義)의 개념으로 쓰고, 향찰을 이두에 속하는 한 유형으로 보려는 관점도 있습니다.

며, "모두"를 의미합니다. 이두문의 문법 요소와 어휘는 비교적 고정적이고, 반복적으로 나타납니다. 소리의 문제 또한 크게 고려하지 않았습니다.

향찰 자료인 (나)는 (가)보다 훨씬 정밀합니다. 부사 '어느'의 두 음절을 정확히 옮기기 위해 '於(어)'와 '內(내)' 두 글자를 사용하여 '於內(어내)'로 적었습니다. '秋(추)'를 훈인 'ᄀᆞᆯ(가을)'로 읽어야 함을 분명히 알려주기 위해, 'ᄀᆞᆯ'의 마지막 음절 'ᆯ'과 소리가 비슷한 글자로 '察(찰)'을 함께 적었습니다. '秋察'을 묶어 'ᄀᆞᆯ'로 읽게 되지요. 어간 '이르-'를 나타내는 '伊(조)'에 관형사형 어미 '-ㄴ'을 '隱(은)'을 붙여 '이른'으로 읽도록 했습니다. 'ᄇᆞᄅᆞᆷ'에 부사격 조사 '애'가 결합하면 'ᄇᆞᄅᆞ매'로 읽히니, 소리를 정확히 밝혀 주기 위해 '風(풍)' 뒤에 초성 /ㅁ/을 가진 '未(미)'를 붙여 'ᄇᆞᄅᆞ매'로 읽도록 했습니다. 똑같이 문법 요소와 어휘 요소를 적더라도, 향찰이 이두에 비해 소리와 어형에 대한 고려가 더욱 세밀했던 것입니다.

어떤가요? 향찰 표기법은 일반적인 이두 표기보다도 훨씬 복잡하지요? 우리말을 최대한 세밀하게 적으려는 표기이다 보니 자연히 복잡해지고 어려워졌습니다. 향찰과 같이 복잡한 표기가 고안된 것은 섬세한 감정을 표현하는 문학작품을 가능한 한 왜곡 없이 우리말 그대로를 옮겨 내기 위한 노력이라고 볼 수도 있겠습니다. 그러나 향찰은 읽기도 쓰기도 가장 어려운 차자 표기 방식이었기에, 오래 쓰이지 못하고 고려 중엽 이후 사라지게 됩니다.

지금까지 차자 표기법에 대해 살펴보았습니다. 차자 표기법은 한자를 한국어에 맞게 창의적으로 응용해 왔던 우리 조상의 슬기를 보여 줍니다. 하지만 한자를 빌려 우리말을 온전히 표기하기에는 결국 한계가 있었기 때문에, 우리말을 표기하기 위한 우리만의 글자, 훈민정음이 탄생하게 된 것입니다. 다음 [Airport 2]에서는 문자 훈민정음 이야기가 펼쳐집니다. 이제 두 번째 공항, 세종대왕이 살던 1400년대로 떠나 볼까요?

향가 해독의 역사와 그 두 주역, 양주동과 김완진

수업 도우미

향가 해독의 역사에
관한 기사

양주동(1903~1977)

김완진(1931~2023)
사진 출처: 국립한글박물관 누리집

고려 중기 이후 사라지고 20세기에 연구가 시작될 때까지 수백 년 동안 베일 속에 싸여 있었던 향가와 향찰 표기. 이 오랜 수수께끼를 도대체 어떻게 풀어낸 걸까요? 교과서에서 향가를 다룰 때 '양주동 번역'과 '김완진 번역'이 같이 제시된 경우를 보았을 겁니다. 양주동과 김완진, 두 분은 누구실까요?

향가 연구는 우리나라 연구자가 아닌, 일제강점기의 일본인 연구자들에 의해 먼저 시작되었습니다. 일본에도 만요가나万葉仮名라는, 한자의 음과 훈을 빌려 고대 일본어를 표기하는 방식이 있었습니다. 만요가나의 형태가 간략화되어 지금 일본의 문자인 히라가나와 가타카나가 되었죠. 일본 연구자들은 만요가나의 해석을 바탕으로 향가 해독의 열쇠를 풀어 나갔습니다. 1918년 가나자와 쇼자부로金澤庄三郎가 최초로 〈처용가〉를 해독하였고, 오구라 신페이小倉進平는 『향가 및 이두의 연구』(경성제국대학, 1929)에서 최초로 향가 25수 전체를 해독했답니다. 특히 오구라 신페이는 손짓발짓으로 조선어를 배우기 시작해서, 결국에는 경성제국대학 조선어문학과 교수로서 조선어를 연구하고 휴가 때도 조선 곳곳을 답사하면서 방언을 조사했다고 하죠.

우리나라에서 최초로 향가를 연구한 사람은 무애无涯 양주동 선생입니다. 사실 양주동 선생은 국문학자가 아니라 영문학자였답니다. 어느 날 그는 교수로 재직하던 숭실전문학교 도서관에서 책을 한 권 발견하고 충격과 경악을 금치 못했는데요, 그 책이 다름 아닌 오구라 신페이의 『향가 및 이두의 연구』였답니다. 책의 방대한 분량에 경탄하면서도, 천 년 동안 아무도 해독하지 못한 향가를 일본인이 처음으로 풀어냈다는 점에 비

분강개했지요. 국문학자가 아니었음에도 그는 본격적으로 향가 연구에 착수했습니다. 해독해야 할 향가 25수를 안방부터 화장실까지 집안 곳곳에 붙여 놓았을 정도였다고 하네요. 연구에 몰두한 끝에 양주동은 1937년, 논문 「향가 해독, 특히 원앙생가에 취하여」를 발표하고, 드디어 1942년, 한국인 최초로 향가 25수를 완역한 『조선고가연구』를 출간하게 됩니다.

양주동은 시인으로서의 전력을 지닌 만큼 문학성 있는 번역으로 인정받는답니다. 하시만 나른 해독에 비해 어학적 근거와 실증성이 부족하다는 비판도 있지요. 하지만 그의 학문적 성과 덕에 이후 향가 연구가 활발하게 진행되었고, 1980년에는 **향가 해독 연구사에서 양주동에 버금가는 비중을 지닌 김완진의 『향가해독법 연구』**가 출판되었습니다. 김완진 선생은 이 책에서 향가 해독을 위한 엄격하고 과학적인 언어학적 기준을 제시하였고, 철저한 원전 비판을 통해 향가 해독의 새로운 모범을 제시했습니다. 김완진 선생의 업적으로 향가 해독은 어학적 타당성을 더욱 확보할 수 있었고, 고대 국어의 음운과 통사에 대한 새로운 인식을 얻는 데까지 나아갈 수 있었습니다.

훈민정음의 창제 배경

한글 창제의 원리나 한글의 우수성을 설명하기 전, 한글 창제의 배경과 문자가 없던 시절의 불편함을 이해하는 것은 매우 중요하죠. 왜 한글이 만들어졌는지, 한글이 없었다면 우리의 문자 생활은 어떠했을지 생각해 보도록 하는 과정이 필요합니다. 교실에서는 어떻게 할 수 있을까요?

(1) 우리 문자가 없는 상황의 불편함 나누기

우선 새 문자가 만들어지기 전에도 우리말은 있었다는 사실을 분명히 인지시키는 게 중요하므로, 훈민정음이 창제되기 이전 우리나라 사람들이 어떤 언어를 썼을지 질문을 던지며 수업을 시작해도 좋겠습니다. 그후에 학생들에게 "우리말은 있는데 우리글이 없다면 어떨까?", "할 말이 있는데 그 말을 전할 글이 없다면 어떤 기분일까?"와 같은 질문에 대해 생각해 보도록 해 주세요.

한문으로 적힌 안내문을 이해하지 못하는 사람들의 모습, 병에 대비하라는 문서를 읽지 못해 백성들이 목숨을 잃었던 당대의 상황을 담은 드라마 영상 자료를 함께 보는 것도 학습자의 이해를 도울 수 있습니다. 한문 교육을 받을 형편이 되지 않은 평민들은 지식과 정보를 얻지 못하고, 이것이 직접 그들의 삶과 생계에 영향을 주었음을 먼저 알려 주세요.

'언문 불일치'의 상황을 풀어서 설명해 주어도 좋겠습니다. 머릿속에 떠올리고 입으로 말하는 바를 그대로 글로 옮기지 못하고, 한문의 문법을 따로 익혀야만 글을 쓸 수 있었던 상황이었다는 것을 말이죠. 연결하여 새 문자의 이름이 왜 '훈민정자訓民正字'가 아니라 '훈민정음訓民正音'인지를 알려 주는 것도 좋겠습니다.

(2) 차자 표기법 알아보기

훈민정음이 없는 시기에 사람들이 겪었던 문자 생활의 어려움을 나눴다면, 우리말을 적기 위해 고안되었던 문자 생활을 소개해 주세요. **중학교 학습자**의 경우 차자 표기법의 방법과 원리를 자세히 설명하기보다는 쉬운 문장으로 간단한 예를 보여 주는 편이 좋겠습니다. **고등학교 학습자**의 경우 차자 표기법이 한글 창제 이후에도 꾸준히 활용되었다는 사실, 오늘날 중국어의 외래어 표기법처럼 한자의 음과 뜻을 빌려 새로운 말을 적는 표기법은 언제든 활용될 수 있는 것임을 소개해 주세요. 또 학교 현장의 상황상 향찰은 상세히 다뤄지지만 이두나 구결은 내용이 소략한 경우가 많지요. 하지만 학생들의 궁금증을 해결해 주고 차자 표기법의 발달 과정을 연속성 있게 설명하려면, 이 네 가지 표기를 차이점 위주로 간략하게나마 알려 주면 좋을 거예요.

어휘 표기		명사 표기	○ 실질 형태소만 차자 표기 ○ 한문으로 번역할 수 없는 인명[人名], 지명[地名], 관명[官名] 등 우리말의 고유 명사를 한자로 쓰기 위한 고민으로부터 차자 표기가 시작됨 ≒ 'starbucks'등 외래어의 현대 중국어 표기 [예] 밝은누리 → 혁거세[赫居世, 붉을 혁, 살 거, 누리 세]
문장 까지 표기	우리말을 한자로 쓸 때	이두	○ 처음엔 한자를 우리말 어순으로 배열하는 것에서 시작되어, 우리말의 어휘와 문법 요소를 상세히 적는 데까지 발전해 나감. ○ 조선 후기까지도 공문서 등에 널리 쓰였음. [예] 다른 사람의 팔다리를 → 他人(타인)矣[어조사 의] 四肢(사지)乙[새 을]
		향찰	○ 국어의 실질 형태소와 형식 형태소 모두를 전면적으로 표기한 차자 표기의 완성 단계. ○ 향가(노래 가사)라는 문학 작품을 최대한 있는 그대로 적기 위해, 우리말을 전면적으로 표기하였던 정밀한 차자 표기법.
	한문을 우리말로 읽을 때	구결	○ 한문 원문을 읽을 때 편리하도록 다양한 부호를 이용해 우리말 조사나 어미를 끼워 넣은 것. [예] 영어로 비유하자면 'Minsu supports Sujin'이란 원래 문장을 'Minsu는 supports한다 Sujin을'이라고 표시해 두는 것.

차자 표기를 쉽게 설명하는 자료들

(1) [영상] 국립한글박물관, 온라인 한글문화강좌: 향가의 이해, 표기와 해독을 중심으로

차자 표기 전반부터 향가의 개념, 해독 역사, 향찰의 원리 등을 쉽게 설명합니다.

> 2호선 전철역 가운데 잠실 옆에 예전에 '신천역'(新川驛)이 있었어요. 이것이 연세대학교가 있는 '신촌'이랑 발음이 비슷해서 헷갈리죠? '신천역'(新川驛)이었는데 지금 이름이 뭐로 바뀌었는지 아시나요? 잠실 새내역입니다. 왜 신천이 새내가 됐을까요? ('신천'을 한자로 적으면) 새 신(新)자, 내 천(川)자에요. 이것을 음독하게 되면 '신천'이 되는 것이고, 훈독하게 되면 '새내'가 되는 것입니다.
>
> 이순신 장군의 명량해전을 다룬 영화 〈명량〉이라는 영화가 있었는데요, 명량을 우리말로 뭐라고 하는지 아시나요? 명량의 한자는 울 명(鳴)자, 돌 량(梁)자로 이를 우리말로 '울돌'이라고 읽습니다. 진도 앞바다 좁은 해협을 '울돌목'이라고 하는데, 이것을 한자를 빌려서 명량(鳴梁)이라고 썼던 것이죠. '명량'은 음독 표기, '울돌'은 훈독 표기라고 할 수 있습니다.

(2) [영상] 국립한글박물관, 온라인 한글문화강좌: 석독구결, 한문을 우리말로 읽고 기록하다

구결의 역사와 종류, 구결자의 생성 과정과 토를 다는 방법, 구결토를 읽는 방법 등에 대하여 쉽고 상세하게 설명합니다.

(3) [웹페이지] 국사편찬위원회 한국사데이터베이스

신라 향가와 배경 설화가 수록된 『삼국유사』의 원문 이미지와 원문, 국역 자료를 확인할 수 있습니다. 고대 금석문, 조선왕조실록, 승정원일기, 일제강점기 신문 등 한국사 자료를 검색할 수 있는 한국사 종합 데이터베이스입니다.

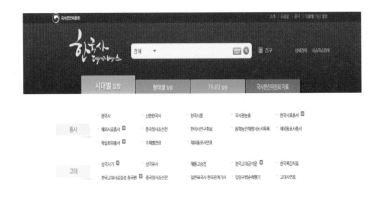

이전에 술종공(述宗公)[1]이 삭주도독사(朔州都督使)[2]가 되어 장차 임지로 가려 하는데, 이때 삼한에 병란이 있었으므로 기병 3천 명으로 그를 호송하였다. 일행이 죽지령(竹旨嶺)[3]에 이르렀을 때, 한 거사가 그 고갯길을 닦고 있었다. 공은 이를 보고 찬탄하였고, 거사 또한 공의 위세가 성함을 존대하여 서로 마음에 감동되었다. 공이 주의 치소에 부임한 지 한 달이 되던 때 꿈에 거사가 방에 들어오는 것을 보았는데, 부인도 같은 꿈을 꾸었다. 더욱 놀라고 괴이히 여겨 이튿날 사람을 보내 그 거사의 안부를 물었다. 사람들이 말하기를, "거사가 죽은 지 며칠 되었습니다"라고 하였다. 사자가 돌아와서 그 사실을 아뢰었는데, 그가 죽은 날이 꿈꾸던 바로 그날이었다. 공이 말하기를, "아마 거사가 우리 집에 태어날 것이다"라고 하였다. 다시 군사를 보내 고개 위 북쪽 봉우리에 장사지내고, 돌로 미륵불 한 구를 만들어 무덤 앞에 봉안하였다. 부인은 꿈을 꾼 날로부터 태기가 있더니 아이를 낳자 이름을 죽지(竹旨)라고 하였다. 장성하여 벼슬길에 나아가 부수(副帥)가 되어 유신공과 함께 삼한을 통일하였고, 진덕(眞德)·태종(太宗)·문무(文武)·신문(神文)의 4대에 걸쳐 재상이 되어 나라를 안정시켰다.

<u>모죽지랑가</u>

처음에 득오곡이 낭을 사모하여 노래를 지었으니 이렇다.

 (1)   (2)   (3)

Airport 2

문자 훈민정음

훈민정음은 한자를 대체하기 위해 만들어진 것 아닌가요?

훈민정음의 창제 의도

세종이 「어제 서문」에서 밝힌 대로, 훈민정음의 가장 큰 창제 의도는 백성을 편하게 하려는 것이었습니다. '편민(便民)'을 훈민정음 창제의 근본적인 의도라고 한다면, 한자음을 정비하여 학문을 진작시키는 것과 외국어 학습을 위한 실용 등도 훈민정음 창제의 의도로 볼 수 있습니다. 이 장에서는 다양한 관점에서 훈민정음이 창제된 의도를 알아봅시다.

○─ 들어가며

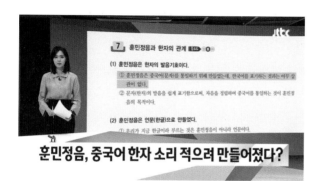

훈민정음, 중국어 한자 소리 적으려 만들어졌다?

수업 도우미

JTBC 보도
(2021.10.22.)

훈민정음은 왜 창제되었을까요? 최근 한 출판사의 대학 검정고시 국어 교재에 "훈민정음은 중국어의 한자 소리를 적으려 만들어졌으며, 한국어를 표기하는 것과는 아무 상관이 없다"라는 내용이 실리며 역사 왜곡 논란이 불거졌습니다. 그런데 왜 이런 주장이 나오게 된 걸까요? 일반적으로는 훈민정음의 창제 동기를 '백성들이 우리말에 맞는 글을 읽고 쓸 수 있게 하기 위함'으로 알고 있을 텐데요. 물론 이것이 근본적인 창제 의도인 것은 자명하지만, '훈민정음의 창제 의도'는 백성을 위한 이유 이상으로 다층적으로 파악될 수 있습니다. 그만큼 훈민정음은 다방면에서 가치를 지닌 발명품이라는 뜻이기도 합니다. 훈민정음의 창제 의도에 대해 자세히 알아볼까요?

근본 의도: 언문일치로 이뤄낸 편민(便民)

훈민정음이 왜 창제되었는지에 관해 논란이 있을 때, 답을 얻는 가장 확실한 방법은 당연히 창제자인 세종대왕에게 물어보는 것이겠죠? 세종대왕님은 이미 돌아가셨는데 어떡하냐고요? 걱정할 것 없이, 이미 세종은 자신이 훈민정음을 창제한 이유를 직접 밝혀 두었답니다. 새 문자 해설서 『훈민정음』해례본에서 세종이 직접 저술한 '어제 서문'이 바로 세종의 공식 입장인 셈이죠.

> 우리나라 말은 중국말과 달라서 한자로 쓴 글과 서로 통하지 않는다. 그러므로 백성 중에는 하고 싶은 말이 있어도 끝내 자신의 뜻을 글로 표현하지 못하는 사람이 많다. 내가 이를 딱하게 여겨 새로 28자를 만드니 사람마다 쉽게 익혀 날마다 사용함에 있어 편안케 하고자 할 따름이다. 〈정음1ㄱ:2~6〉

여기서 '우리나라 말이 한자로 쓴 글과 통하지 않는다'라는 것이 바로, 앞서 Q1에서 다뤘던 언문 불일치 상황을 말하는 것이랍니다. 이 때문에 백성들이 어려움을 겪은 것을 '자신의 뜻을 글로 표현하지 못하는 사람들이 많다'라고 한 것이죠. 즉 훈민정음은 **언문일치**言文一致를 통해서, 한문식으로 바꾸지 않고도 백성들이 자신이 하는 말을 바로 글로 쓸 수 있는 새로운 세상을 열어 주었습니다. 이를 통해 우리는 훈민정음의 주된 창제 의도가 '**편민**便民', 즉 백성들을 편안하게 만들기 위해서임을 알 수 있습니다. 백성들을 아끼는 세종대왕의 애민정신이 훈민정음 창제로까지 이어진 것이죠.

두 번째 의도: 한자음 정비

창제자인 세종이 어제 서문으로 직접 밝혔듯, 말과 글의 일치를 통한 편민이 훈민정음 창제의 근본 의도인 것은 부정할 수 없는 사실이죠. 그런데 당대의 기록을 살펴보면, 창제 의도로 또 한 가지 중요한 것이 있었음을 알 수 있습니다.

> 또 네가 운서韻書를 아느냐. 사성 칠음四聲七音에 자모字母가 몇이나 있느냐. 만일 내가 그 운서를 바로잡지 아니하면 누가 이를 바로잡을 것이냐. 〈세종실록 103권, 세종 26년(1444년) 2월 20일 경자 1번째기사〉

훈민정음 창제 후 1444년에, 최만리 등 7명의 신하가 훈민정음 창제에 반대하는 상소문을 올린 일화는 유명하죠? 그때 세종의 답변 중에는 훈민정음을 통해 '운서를 바로잡는' 것에 대한 필요성을 역설하는 대목이 있답니다. '운서韻書'란 한자의 소리를 그 구성성분인 운에 따라 분류하여 배열한 한자 사전을 총칭하는데요, 간단히 말해 한자를 소리에 따라 정리한 사전이라 볼 수 있죠. 여기서 '운서를 바로잡는다'라는 것이 바로 '한자음 정비'를 뜻합니다.

한자음 정비란 무엇이고, 왜 해야 했을까요? 한반도 땅에 한자가 들어온 정확한 시기는 알 수 없지만, 고구려『신집新集』(600년), 백제『서기書記』(375년), 신라『국사國史』(545년) 등의 역사서 편찬 기록이나 〈광개토대왕비廣開土大王碑〉(414년) 등의 금석문 자료를 보면 삼국 시대부터 일찍이 우리가 한자와 한문을 받아들이고 사용해 왔음을 짐작할 수 있습니다. 처음에는 한자를 최대한 당시의 중국어와 가깝게 발음하려 노력했겠지만, 중국어와 한국어의 음운 구조가 다르기 때문에 한자음 역시 자연스럽게 우리말의 음운 체계에 맞게 변형되었습니다. 중국어의 한자음 역시 시대에 따라 변하였으므로, 중국 한자음과 한국 한자음의 차이는 점점 멀어져 갔지요.

한국 한자음이 중국 한자음과 얼마나, 어떻게 달랐냐고요?『동국정운東國正韻』(1448)의 서문에 서술된 조선의 한자음이 중국 한자음과 달라진 점을 옮겨 보면 다음과 같습니다.[18]

(1) 가령 아음으로 말한다면, 계모(k'-)에 속하는 글자들이 거의 견모(k-)로 발음되니, 이것은 자모가 변한 것이다.
[주] 중국에서 ㅋ음으로 발음되던 한자음들이 우리나라에서는 ㄱ으로 발음됨을 말하는 것임.

(2) 계모(k'-)에 속하는 자음 가운데 간혹 효모(h-)로 발음하는 것이 있으니, 이것은 칠음 즉 조음 위치가 변한 것이다.
[주] 중국에서 ㅋ음으로 발음되던 자음들이, 우리나라에서는 ㅎ음으로 발음됨을 말하는 것임.

(3) 우리나라 어음도 그 청·탁이 구별됨은 중국의 자음과 다를 바 없거늘, 우리나라 한자음에 있어서만 홀로 탁음이 없으니 어찌 이럴 수가 있겠는가.
[주] 우리나라 한자음에서는 된소리로 발음되던 자음이 없음을 말하는 것임.

(4) 질質운, 물勿운 등은 마땅히 단모(ㄷ음)로 종성을 삼아야 하는데, 일반적으로 래모(ㄹ)로 종

---

18   번역과 주석은『수정증보 훈민정음 연구』(강신항, 2003)의『동국정운』서문 역을 따랐습니다.

성을 삼고 있으니, 그 음이 느려져서 입성으로서는 마땅치 않으니, 이것은 사성이 변한 것이다. ㄷ음이 ㄹ음으로 변한 것은 오직 종성만이 아니어서 예를 들면 차뎨→차례, 모단→모란과 같은 따위로, 초성이 변한 것도 많다.

이렇게 혼란이 있었기 때문에, 혼란을 교정하기 위해서는 한자음의 통일된 표준을 정해야 했습니다. 이때 훈민정음은 표준 한자음을 표기하기 위한 일종의 발음 기호처럼 쓰일 수 있었습니다. 훈민정음은 음소뿐만 아니라 일부 변이음에 대응하는 말소리까지 나타낼 수 있는 표음문자였기 때문에, 한자를 어떻게 정확하게 발음하는지를 알려 주는 기호가 되었던 것입니다.

한자음에 이르러서는 마땅히 중국 본토의 자음과 부합되어야 하는데, 여러 번 발음하고 발음하는 사이에 (…) 한자음이 변한 까닭인 것이다. (…) 그러나 일찍이 책을 지어 그 바른 것을 전해주는 것이 없었다. (중략) 삼가 생각하옵건대 우리 주상 전하께서는 (…) 이 문제까지 격정하시어 (신숙주 등에게) 그 본말을 밝히지 않음이 없도록 해서 그 올바른 것을 회복하도록 명령하시었다. (중략) 이에 어제御製 훈민정음을 가지고 그 음(한자음)을 정하였으며, (…) 옛 습관의 잘못됨이 이에 이르러 모두 고쳐졌다. 책이 이루어짐에 (전하께서) '동국정운'이라는 이름을 내리시고, 이어서 신숙주에게 서문을 짓도록 명하였다.

-『동국정운』 서문 중

『동국정운』은 한자음 정비의 목적에 따라 간행된 운서입니다. '동국정운東國正韻'이란 우리나라의 바른 음이라는 뜻이죠. 서문 내용을 보면 『동국정운』의 편찬 목적을 자세히 알 수 있는데요. 세종은 『동국정운』으로 규범적이고 이상적인 표준 한자음을 정하여 이를 사회적으로 장려하려 하였습니다. 이 『동국정운』에 사용된 표기가 바로 '동국정운식 한자음 표기'랍니다.[19] 당대에 한문과 한자는 지혜를 담는 데 필수적인 도구였기에, 세종은 잘못된 한자음을 바로잡아 학문이 더욱 융성할 수 있도록 한 것입니다. 이제 훈민정음이 한자를 대체하기 위해 만들어진 것은 아니란 사실을 잘 알 수 있겠지요?

---

19 동국정운식 한자음에 대해 자세히 알고 싶다면, 이 책의 2부 'Q9 '셍종엉졩 훈민졍픔'? '욇인쳔강징콕'? 대체 어떻게 읽는 거죠? / 동국정운식 한자음'을 참고하세요.

27자+ㆆ=28자! 한자음 표기를 위한 히든카드 여린히읗(ㆆ)

훈민정음이 순수하게 국어만을 표기하려 했다면 여린히읗(ㆆ)은 불필요한 문자였을 것입니다. 훈민정음은 언문일치를 통한 편민便民에 근본적인 목적이 있었지만, 훈민정음의 창제 목적이 편민에만 그치는 것은 아니었습니다. 새 문자는 기존의 한자를 대체하려는 목적으로 창제된 것이 아니며, 오히려 한자음을 정확히 표기함으로써 한자 사용에 도움을 얻으려는 의도도 있었기 때문입니다.

훈민정음 28자는 초성 17자와 중성 11자로 이루어져 있습니다. 초성 17자 중 'ㆆ'은 '여린히읗' 혹은 '된이응'이라고 불리며, 음가는 후두 파열음[ʔ]으로서 목구멍을 막았다 터뜨리며 내는 소리입니다. 그러나 국어의 음운에는 후두 파열음[ʔ]이 존재하지 않습니다. 국어 화자는 [ʔ]를 별개의 소리로 인식하기 어렵고, 대개 음가가 없다고 인식한다는 것입니다.

그러나 국어와 달리 중국어에서는 36개 자모 체계에서 후음의 예사소리(전청/全淸)에 해당하는 후두 파열음[ʔ]이 음운으로 존재하였습니다. 이를 고려하면 훈민정음의 'ㆆ'은 우리말을 표기하기 위한 목적보다는 중국어의 후두 파열음을 표기하기 위한 목적으로 만들어졌다고 볼 수 있습니다. 한자음 표기를 위해 중국어의 자모 체계에 맞춰 구상된 문자라는 것이죠.

실제로 'ㆆ'은 音(흠), 戌(숧) 등의 한자음 표기에 사용되었으며, 고유어 표기에서는 매우 제한된 쓰임을 보입니다. 초성에 사용된 예는 없고, 훈민정음 간행 초기 문헌에서 관형사형 어미 {-ㄹ} 뒤의 경음화 표기 혹은 관형격 조사 'ㅅ'의 이표기로 일부 사용되었을 뿐입니다. '갏 사ᄅᆞ미(갈 사람이)', '주긇 저긔(죽을 적에)' 등에서 '-ㅭ'의 예가, '先考ㆆ 뜯(선친의 뜻)'에서 'ㅅ' 대신 쓰인 'ㆆ'가 보이지요. 'ㆆ'이 고유어 표기가 아니라 한자음 표기를 위해 별도로 만들어진 글자라고 보는 근거입니다.

최만리 등의 상소문에는 "二十七字諺文(이십칠자언문)"이라는 표현이 나옵니다. 여기서는 훈민정음의 문자 수를 '28자'가 아닌 '27자'로 언급하고 있는데, 이 기록에 미루어 'ㆆ'이 본래 초성자에 포함되지 않았으나 한자음 표기를 위해 뒤늦게 추가된 글자라고 추측하는 의견도 있습니다.

우리는 흔히 '세종대왕과 집현전 학사들이 힘을 합쳐 한글을 만들었다'라고 생각합니다. 혹은 세종의 딸인 정의공주나 당대의 승려 신미 대사가 역사 속에 묻힌 결정적인 조력자였단 정보를 접하기도 하지요. 하지만 여러 설을 그저 수용하거나 무조건 틀렸다고 하기보다 정확한 사실과 그 근거가 무엇인지 알아야겠습니다. 이 장에서 훈민정음의 창제자를 둘러싼 여러 주장과 그 근거를 짚어 봅시다.

○─ 들어가며

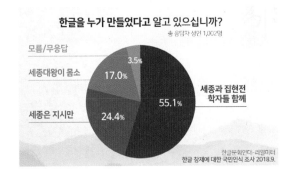

수업 도우미

예능 프로그램
'유퀴즈온더블럭'에
소개된 한글 퀴즈

2019년, '훈민정음을 창제한 인물이 승려라면?'이라는 가정을 소재로 삼은 영화 <나랏말싸미>가 개봉되었습니다. 훈민정음 친제설을 부정하고 불교계 인물 협찬설을 전면적으로 내세웠기에 역사 왜곡 논란에 휩싸였는데요, 여러분들은 훈민정음의 창제자가 누구라고 알고 계신가요? 혹시 세종대왕과 집현전 학사들이 같이 창제하였다고 생각하고 있지는 않나요? 한 설문조사 결과에 따르면 응답자의 80%가 집현전 학사들이 한글 창제에 참여했다고 답변했습니다. 하지만 이는 우리가 흔히 가지는 오해입니다. 훈민정음은 **세종이 직접, 혼자서 창제했다는 것**이 정설로 받아들여지고 있기 때문이지요. 더 자세히 알아볼까요?

훈민정음 창제자 논의의 정설: 세종 친제설(親制說)

훈민정음 창제자에 대한 논의는 창제자를 세종으로만 보느냐, 세종 이외에 다른 참여자가 있다고 보느냐에 따라 '친제설'과 '협찬설'로 나눕니다. 세종이 훈민정음을 단독으로 창제했다는 친제설은 아래의 사료를 통해 뒷받침됩니다. 세종이 직접, 혼자서 훈민정음 28자를 만들었고, 집현전 학사들은 그 이후에 훈민정음을 활용한 여러 작업에 참여하였다는 것이죠.

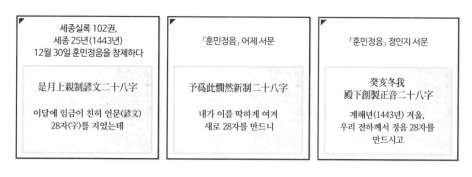

세종의 창제를 강조하는 역사적 기록이 공동의 업적을 임금께 돌리는 시대적 관습 아니었냐고요? 예리한 지적이지만, 그렇다고 보기는 어려울 것 같습니다. 『세종실록』에는 누군가 세종의 한글 창제를 도왔다든지, 누군가 세종의 명을 받았음을 암시하는 기록을 전혀 찾아볼 수 없습니다. 뿐만 아니라, 실록에 기록된 세종의 수많은 업적 중 '친제親制'라는 표현을 쓴 경우는 훈민정음 창제와 관련해서가 유일합니다. 문자 창제라는 매우 중대한 사건을 밝히는데, 정확한 날짜도 없을 정도로 기록이 짧고 소략하다는 점은 세종이 훈민정음 창제를 비밀스럽게 추진하다가 기습적으로 밝혔으리라는 사실을 보여 주는 것으로 평가됩니다. 『조선왕조실록』이 분량의 방대함과 기록의 엄격함으로 세계에서 유례없는 역사서임을 미루어 보면, '친제'라는 표현을 단순한 수사修辭로 보기는 어려울 것입니다.[20]

또 다른 이설: 친제 협찬설

친제설이 유력한 정설로 받아들여지는 한편, 친제 협찬설 또한 꾸준히 주장되어 왔습니다. 새 문자를 창제하는 일을 세종이 혼자서 하기에는 매우 어려웠을 것이라는 추측에 기반하여, 세종이

20　이 절의 내용은 이기문(1992)을 참고하였습니다.

훈민정음을 창제할 때 분명 다른 사람들의 도움을 받았을 것이라 보는 것입니다. 문자 창제의 협찬자로는 주로 집현전 학사들, 왕실의 대군들과 공주들, 불교계 인물들이 거론되고 있습니다. 그러나 역사 기록에는 협찬설을 뒷받침할 수 있는 구체적인 근거가 부족합니다. 자세한 내용을 하나씩 살펴볼까요?

(1) 집현전 학사들

먼저 훈민정음 창제에 집현전 학사들이 도움을 주었다는 견해입니다. 새 문자를 창제하고 해설인 「예의」를 저술하는 일이 세종 혼자서 하기에 매우 어려운 일이고, 세종이 집현전과 긴밀한 관계를 맺고 있던 것이 사실이므로, 세종이 한글을 창제하는 데에 집현전 학사들의 도움을 받았다고 보는 것이 자연스럽다는 주장입니다.

다만 정황에 미루어 보는 추측 외에는 집현전 학사들이 세종의 한글 창제를 도왔다고 볼 수 있는 근거가 없습니다. 또한 정인지가 쓴 『훈민정음』 후서^{後序}, 신숙주가 쓴 『동국정운』의 서문에는 신하들이 직접 왕께서 친히 훈민정음을 만들었음을 일관되게 언급하고 있습니다. 집현전 학사들은 새 문자를 직접 창제한 것이 아니라, 해설서를 편찬하고 언해서를 마련하는 등 새 문자와 관련된 여러 사업에 참여하였다고 볼 수 있는 것이지요.

(2) 왕실의 대군들과 공주들

가. 　그리고 내가 나이 늙어서 국가의 서무^{庶務}를 세자에게 오로지 맡겼으니, 비록 세미^{細微}한 일일지라도 참예하여 결정함이 마땅하거든, 하물며 언문이겠느냐? (且予年老, 國家庶務, 世子專掌, 雖細事固當參決, 況諺文乎?) 〈세종실록 103권, 세종 26년(1444년) 2월 20일〉

나. 　세종이 우리말과 한자가 서로 통하지 못함을 딱하게 여겨 훈민정음을 만들었으나, 변음과 토착을 다 끝내지 못하여서 여러 대군에게 풀게 하였으나 모두 풀지 못하였다. 드디어 (정의)공주에게 내려보내자 공주는 곧 풀어 바쳤다. 세종이 크게 칭찬하고 상으로 특별히 노비 수백을 하사하였다. (世宗憫方言不能以文字相通 始製訓民正音 而變音吐着 猶未畢究 使諸大君解之 皆未能 遂下于公主 公主卽解校以進 世宗大加稱賞 特賜奴婢數百口) 『죽산안씨 대동보^{竹山安氏大同譜}』

(가)는 최만리 등이 올린 한글 창제 반대 상소에 대한 세종의 답변입니다. 여기서 세자는 세종의 맏아들, 곧 훗날의 문종인데, 문종이 건강이 악화된 세종의 정무를 대신하였던 사실을 고려하여 문종이 훈민정음 창제에도 관여했을 것이라는 주장이 제기되었습니다. 하지만 1444년은 훈민정음이 창제된 후입니다. 상소문에서 신하들은 문종이 언문 관련 사업에 신경을 쓰느라 학업에 정진하지 못함을 걱정하였고, 세종은 그 답변으로 세자가 국가의 서무에 참여하는 것은 당연하다고 답한 것이었습니다. 문종, 수양대군 등 왕실의 대군은 훈민정음을 활용한 여러 사업에 참여하였지만, 세자들이 훈민정음 문자 창제에 관여하였다는 정황은 찾기 어렵습니다.

　(나)는 세종의 딸 정의공주의 시가인 죽산 안씨 집안의 족보 기록입니다. 한글을 창제하던 세종이 풀지 못한 문제를 정의공주가 대신 해결하였다는 내용이지요. 이 기록을 근거로 정의공주가 훈민정음 창제에 공을 세웠다는 주장이 제기되었습니다. 『성종실록』(성종 8년 2월 11일 4번째 기사)에 따르면, 정의공주는 성품이 총명하고 지혜로우며 천문학과 수학에 능하여 세종의 사랑을 받았다고 하지요. 하지만 (나)의 기록을 신뢰하기는 어렵습니다. 『죽산안씨대동보』는 정의공주를 며느리로 맞이한 죽산 안씨의 족보族譜로서, 1976년 편찬된 것이고 진위 논란이 있는 야사野史이기 때문입니다. 기록에 언급된 '변음'과 '토착'이 무엇을 뜻하는지 명확하지 않을뿐더러, '노비 수백'을 주었다는 내용 역시 당대 개국 공신에게 내린 노비가 7~30명이었던 사실[21]과 비교해 보면 신빙성이 떨어지는 기록입니다.

(3) 불교계 인물들

　신미 대사를 비롯한 불교계 인물들이 훈민정음 창제에 영향을 주었다는 주장이 있습니다. 이는 세종에게 숭불崇佛 성향이 있었다는 점, 또 훈민정음이 몽골의 옛 문자 중 '파스파 문자'와 그 기원이 된 산스크리트Sanskrit어를 나타내는 문자인 '범자梵字'와 유사하다는 점을 근거로 듭니다. '파스파 문자'는 원나라 초기에 쿠빌라이 칸이 당시 세계 문자를 통일하기 위해 티베트 승려 파스파를 불러 제작한 문자이고, '범자'는 산스크리트어를 적는 인도 문자를 통틀어 이르는 말입니다. 산스크리트어가 고대 인도어로서 불교와 깊은 연관이 있는데, 이를 잘 알고 있는 불교계 인물들이 훈민정음 창제에 관여하였기에 이러한 유사성이 나타난다는 주장이지요.

21　「의안백 이화 개국공신녹권」(1392)에 따른 기록. 이화는 태조 이성계의 이복형제로 조선 개국에 공을 세워 의안백에 봉해졌는데, 이 녹권에 포상 내용과 노비 수여 사항이 기록되어 있습니다.

<訓民正音과 字形이 유사하다고 지적된 범자와 파스파 문자의 사례>

범자	ㄱㅏ	ㅈㅕ	ㅍㅕ	ㅈㅎ	ㅠ
훈민정음	ㄴ	ㅅ	ㅁ	ㄱ	ㅇ

파스파 문자						
훈민정음	ㄱ	ㄷ	ㄷㅂ	ㅅ	ㅇ	ㄹ	ㅿ

그러나 직선과 곡선으로 이루어진 두 문자 사이의 유사성이란 어느 경우에나 이야기해 볼 수 있는 것으로, 각 글자의 음가의 유사성이나 전체 문자의 체계적인 유사성이 아니라 일부 문자 간의 디자인적 유사성만을 가지고 문자들 사이의 기원 관계를 논하는 것은 적절하지 않다고 볼 수 있습니다. 훈민정음의 범자 기원설은 조선 시대부터 여러 학자에 의해 언급되었지만 자형에 대한 주관적인 판단만이 근거로 제시되었다는 점에서 설명력이 부족합니다.[22]

훈민정음 창제에 관여했다고 주장되는 핵심 인물인 신미 대사는 세조와 깊은 관계를 맺었던 승려로, 언어학에 능통하여 『목우자수심결언해』(1467), 『사법어언해』(1467)와 같은 불경을 언해하며 15세기 한글 보급에 큰 역할을 했던 인물입니다. 세종 역시 말년에 신미와 관계를 맺었지만, 그 시기가 한글이 창제된 시기와는 어긋납니다. 『문종실록』 문종 즉위년 4월 6일자 기사에 따르면 세종은 1446년에 신미 대사의 이름을 처음 들었다고 합니다.[23] 훈민정음은 1443년에 창제되었으므로 신미 대사가 세종대왕의 문자 창제 과정에 도움을 주었다고 보기는 어렵겠지요.

---

22 다만, 음소문자를 블록 형태로 모아 음절 단위를 나타내는 파스파 문자의 운용 방식은 한글의 창제와 운용법에 시사점을 주었을 것으로 추정됩니다. 파스파 문자에도 음가가 없음을 나타내는 문자가 존재하였던 사실 역시 훈민정음의 'ㅇ'과 유사성이 있습니다. 파스파 문자의 음절 모아쓰기에 대한 자세한 내용은 'Q14 한글이 세계에서 가장 우수하고 과학적인 문자 맞죠? / 한글의 우수성에 대한 정확한 이해'를 참고하세요. 다만 이 사실이 불교계 인물 협찬설의 적극적인 근거가 되기는 어려워 보입니다. 세종은 외국 문자에 관심이 많았고, 신숙주는 『사성통고』에서 파스파 문자를 사용해 한자음을 표기한 바 있습니다. 파스파 문자는 불교계 인물들만이 알고 쓰던 문자가 아니라 당대의 학자들에게도 어느 정도 알려진 문자였음을 짐작해 볼 수 있습니다.

23 "大行王, 自丙寅年始知信眉名, (대행왕(大行王)께서 병인년(1446 세종 28년)부터 비로소 신미(信眉)의 이름을 들으셨었는데)"
〈문종실록 1권, 문종 즉위년 4월 6일 기묘 2번째기사〉

Q6 한글 창제를 반대한 최만리는 고지식한 사대주의자이겠지요?
훈민정음 창제 당시의 상황

1443년 12월, 세종은 새 문자 훈민정음을 창제했습니다. 그리고 대략 석 달 후인 1444년 2월 20일, 최만리 등 7인은 이에 반대하는 상소를 올렸지요. 그로부터 약 2년 후인 1446년 9월 상한에는 드디어 세계에서 유일무이한 문자 해설서, 『훈민정음』 해례본이 편찬되었습니다. 이 사이에 어떤 일이 있었을까요? 그리고 흔히 그렇듯 최만리를 답답하고 고지식한 사대주의자로만 평가해도 괜찮을까요?

◐─ 들어가며

> **미나** 그런데 한글을 만드는 것에 반대가 심하지 않았나요?
>
> **세종** 왜 아니 그렇겠는가? 특히 부제학 최만리의 반대가 극심했지.
>
> 부제학, 왜 그리 반대를 했는지 이 젊은 친구들에게 말해 보시오.

이도영 외(2013), 『중학교 국어 6』, 창비, 93쪽

집현전 부제학 최만리는 세종대왕에게 한글 창제를 반대하는 상소문을 올린 인물입니다. 중학교 국어 교과서에서 최만리의 상소문이 건의문의 사례로 제시되기도 하여 학습자들도 최만리에 대해 들어본 적이 있지요. 하지만 정작 상소문의 자세한 내용이나 최만리라는 인물에 대한 설명은 소략한 경우가 많아서, 최만리가 세종에게 반기를 들고 한글 창제를 막은 악인으로 비추어지기 쉽습니다. 혹시 그동안 최만리를 양반의 기득권을 위해, 혹은 중국에 대한 사대를 위해 훈민정음을 반대한 사람으로 기억하고 있지는 않았나요? 이번 장에서는 최만리의 상소문에 대한 편견과 오해를 벗기고, 최만리라는 인물에 얽힌 흥미로운 에피소드를 살펴봅시다.

조정에서 일어난 훈민정음 갑론을박!

'훈민정음'은 세종대왕이 재위 기간이 끝날 무렵에 이루어낸 업적이었습니다. 세종은 1418년 22세의 나이로 즉위하여 1450년 54세의 나이로 승하하였는데, 1443년 12월 47세의 나이로 문자 훈민정음을 창제하였고, 1446년 50세에는 『훈민정음』해례본을 편찬하였지요. 이 무렵 세종은 눈병을 얻어 실명하기 직전이었고, 사랑하는 두 아들과 아내가 먼저 세상을 떠나 극한의 고통을 겪고 있었습니다. 이런 세종에게 '훈민정음'이란 필생의 역작이 아니었을까 싶습니다. 하지만 훈민정음이 널리 쓰이기까지의 길이 마냥 순탄하지만은 않았답니다.

'훈민정음' 창제 이전	
1441년(세종23년) 2월 20일	"내가 눈병을 얻은 지 이제 10년이나 되었다."
1441년(세종23년) 4월 4일	"눈이 흐릿하고 깔깔하며 아파서 봄부터는 음침하고 어두운 곳은 지팡이가 아니고는 걷기에 어려웠다."
『훈민정음』해례본 편찬 이전	
1444년(세종26년)	다섯째 아들 광평대군의 죽음
1445년(세종27년)	일곱째 아들 평원대군의 죽음
1446년(세종28년) 3월	아내 소헌왕후의 죽음

'훈민정음' 창제 전후 세종의 상황

1444년 2월 20일, 당시 집현전 부제학이었던 최만리를 필두로 한 신하들이 언문 창제의 부당함을 아뢰는 상소문을 올렸습니다. 상소를 올린 해가 갑자년(1444년)이어서 '갑자상소'라고도 하지요. 이 상소문의 전문과 세종의 답변, 최만리의 재반박, 세종이 대신들에게 내린 처벌에 관한 이야기 모두가 『세종실록』에 기록되어 있지요.

수업 도우미

세종실록의
갑자상소 기사

열띤 논박을 거쳐, 최만리 상소 사건으로부터 약 2년 뒤인 1446년 9월 상한上澣에 마침내 문자 훈민정음의 해설서인 『훈민정음』해례본이 편찬되고, 집현전 학사 8인을 대표하여 정인지가 책의 후서를 씁니다. 당시 훈민정음을 두고 조정에서 한바탕 갑론을박이 있었던 것인데요. 세종과 신하들은 각기 어떤 주장을 하였고, 반대 의견을 서로 어떻게 반박하였을까요?

<조정에서의 훈민정음 갑론을박 타임라인>

1443년 12월	1444년 2월 20일	1446년 9월 상한(上澣)
세종이 훈민정음 창제	최만리 등 7인이 상소문 올림, 세종의 논박	정인지가 『훈민정음』 해례본의 정인지 서문 집필
『세종실록』 102권, 세종 25년(1443년) 12월 30일 경술 2번째 기사 (이달에 임금이 친히 언문(諺文) 28자(字)를 지었는데, (…) 이것을 훈민정음(訓民正音)이라고 일렀다.)	『세종실록』 103권, 세종 26년(1444년) 2월 20일 경자 1번째 기사	『훈민정음』 해례본 중 「정인지 서문」 마지막 부분 (정통 11년(1446년) 9월 상한에 (…) 정인지가 두 손을 모으고 머리를 조아려 삼가 쓰다.)
세종	세종, 최만리 등	정인지

Drop the Beat! 최만리, 세종, 정인지의 논박 자세히 들어보기

갑자상소 논쟁은 **최만리의 상소문**에서 시작되었답니다. 최만리 등의 신하들은 여섯 항목의 이유를 들어 언문 창제에 반대했습니다. 여기서 1항과 2항은 새 문자의 창제가 중국에 대한 사대 정신에 어긋난다는 것이고, 3항과 4항은 새 문자가 현실에서 필요하지 않다는 것이며, 5항과 6항은 전체적인 왕실의 상황을 근거로 한 것이었습니다.

〈갑자상소의 내용 정리〉[24]

하나. 한자의 구성 원리와 어긋나는 표음문자인 언문을 창제하는 것은 중국에 대한 사대 정신에 어긋난다.

하나. 중국 주변의 오랑캐들인 몽골·서하·여진·일본·서번과 마찬가지로 고유문자를 만들어

---

24 번역과 요약은 강신항(2003)에 따랐습니다.

중국을 버리고 오랑캐들과 같이 되는 것은 옳지 못하다.

하나. 신라 이후 이두를 써 오고 있었으나 아무런 불편이 없었고 오히려 이두 사용이 학문 발전에 도움을 주었는데, 이제부터 언문만으로 관리가 될 수 있다면 한자 공부에 힘쓰지 않아 성리학 연구가 쇠퇴할 것이다.

하나. 이두 기록으로는 정치의 형벌이 제대로 안 되고 언문으로 기록해야만 제대로 된다고 하지만, 이는 전적으로 형벌을 행하는 사람의 자질 여하에 달린 것이지 표기 문자의 차이에 달린 것은 아니다.

하나. 언문 창제와 같은 중대한 일을 여론도 들어보지 않고 졸속으로 결정했고, 더군다나 운서의 수록자에다가 새로운 한자음을 언문으로 달아 급히 공포하려는 것은 잘못이다.

하나. 한참 성리학 연구에 몰두해야 할 동궁(문종)이 무익한 언문 연구에 정신을 쏟고 있는 것은 옳지 못하다.

세종은 상소문을 보고 직접 답변하였고, 신하들을 크게 꾸짖으며 자신의 주장을 끝까지 관철했답니다. 세종은 상소문을 쓴 7인인 부제학 최만리, 직제학 신석조, 직전 김문, 응교 정창손, 부교리 하위지, 부수찬 송처검, 저작랑 조근을 의금부義禁府에 가두었다고 합니다. 세종은 평소 토론을 즐겨하고 신하의 의견을 존중하는 자애로운 임금이었지만, 최만리를 비롯한 신하들과의 논쟁에는 꽤 상심하였나 봅니다. 하지만 세종은 의금부에 갇힌 신하들을 이튿날 석방하도록 명하였습니다.

갑자상소에 대한 세종의 답변 요약

상소문 1항: 한자의 구성 원리와 어긋나는 표음문자인 언문을 창제하는 것은(…)
설총의 이두도 역시 음이 다르지 않으냐.

상소문 3항: 신라 이후 이두를 써 오고 있었으나 아무런 불편이 없었고 오히려 이두 사용이 학문 발전에 도움을 주었는데(…)
이두를 제작한 본뜻이 백성을 편리하게 하려 함이 아니하겠느냐. 만일 그것이 백성을 편리하게 한 것이라면 이제의 언문 역시 백성을 편리하게 하려 한 것이다. 너희들이 설총은 옳다 하면서 군상君上의 하는 일은 그르다 하는 것은 무엇이냐.

상소문 5항: 운서의 수록자에다가 새로운 한자음을 언문으로 주음하여 급히 공포하려는 것은 잘못이다.
또 네가 운서韻書를 아느냐. 사성 칠음四聲七音에 자모字母가 몇이나 있느냐. 만일 내가 그 운서를 바로잡지 아니하면 누가 이를 바로잡을 것이냐.

상소문 3항 내용 중: 옛것을 싫어하고 새 것을 좋아하는 것은 고금에 통한 우환이온데, 이번의 언문은 새롭고 기이한 한 가지 기예技藝에 지나지 못한 것으로서(…)

내 늘그막에 날[日]을 보내기 어려워서 서적으로 벗을 삼을 뿐인데, 어찌 옛것을 싫어하고 새 것을 좋아하여 하는 것이겠느냐.

상소문 5항 내용 중: 언문 같은 것은 국가의 급하고 부득이하게 기한에 미쳐야 할 일도 아니온데, 어찌 이것만은 급급하게 하시어 몸조리하시는 때에 번거롭게 하시나이까.

또는 전렵田獵으로 매사냥을 하는 예도 아닌데 너희들의 말은 너무 지나침이 있다.

상소문 6항: 동궁(문종)이 무익한 언문 연구에 정신을 쏟고 있는 것은 옳지 못하다.

내가 나이 늙어서 국가의 서무庶務를 세자에게 오로지 맡겼으니, 비록 세미細微한 일일지라도 참예하여 결정함이 마땅하거든, 하물며 언문이겠느냐. 만약 세자로 하여금 항상 동궁東宮에만 있게 한다면 환관宦官에게 일을 맡길 것이냐. 너희들이 시종侍從하는 신하로서 내 뜻을 밝게 알면서도 이러한 말을 하는 것은 옳지 않다.

갑자상소로부터 2년여 뒤, 『훈민정음』해례본의 「정인지 서문」에도 상소문과 반대되는 내용이 실립니다. 시기적으로는 갑자상소보다 정인지 서문이 뒤에 적혔지만, 내용적으로는 정인지 서문의 논의를 갑자상소가 반박하는 듯한 양상입니다. 이를 두고 아마 훈민정음이 발표된 후 집현전 안에서 새 문자의 효용과 장점에 대해 거듭 논의가 있었기 때문이라 추정하고 있습니다.

새 문자의 효용성과 장점을 항목화하였는데, 최만리 등은 그에 대한 반박을 열거하였음에 대하여 정인지는 해례본 서문을 통해 의견을 드러낸 것으로 추측됩니다. 신하들 사이에서의 찬반 논의를 정리한 것이 각각 상소문과 정인지 서문으로 나타난 것이죠.

갑자상소와 관련한 정인지 서문의 내용 요약

상소문 2항: 중국 주변의 오랑캐들인 몽골·서하·여진·일본·서번과 마찬가지로 고유문자를 만들어 중국을 버리고 오랑캐와 같이 되는 것은 옳지 못하다.

대개 중국 이외 나라의 말은 소리는 있으나 글자가 없다. 따라서 중국의 글자를 빌려 사용하고 있는데, 이는 모난 자루가 둥근 구멍에 들어맞지 않는 것과 같으니 어찌 막힘없이 잘 통할 수 있겠는가?

상소문 3항: 신라 이후 이두를 써 오고 있었으나 아무런 불편이 없었고 오히려 이두 사용이 학문 발전에 도움을 주었는데(…)

옛날 신라의 설총이 처음 이두를 만들어 지금까지도 관부와 민간에서 사용하고 있다. 그러나 모두 한자를 빌려서 쓰는 것이라 사용하기에 껄끄럽기도 하고 막힘이 있기도 하다. 이두는 비루하고 근거가 없을 뿐 아니라 말과 말 사이에 만 분의 일도 통할 수가 없다.

상소문 4항: 이는 전적으로 형벌을 행하는 사람의 자질 여하에 달린 것이지 표기 문자의 차이에 달린 것은 아니니다.

재판을 담당하는 사람은 한자로 쓰인 기록을 통해 그 복잡한 사정을 제대로 파악하기 어려움을 근심한다… (우리 전하께서 정음 28자를 창제하시니…) 이로써 송사訟事를 살피면 그 사정을 알 수 있게 되었다.

최만리는 정말 비난받아야 하는 악인일까?

가끔 상소문을 최만리 혼자서 쓴 것으로 잘못 아는 경우가 있고 또 실제로 교과서에서도 오해의 소지가 있게 서술하고는 하지만, **갑자상소를 쓴 신하들은 최만리를 필두로 한 7인이며 이들은 모두 집현전 학사들이었답니다.** 이를 통해 조정에서, 심지어 세종이 총애했던 집현전에서조차 훈민정음 창제 반대 의견이 크게 있었음을 알 수 있죠. 이 7인은 집현전의 원로 학자였고, 집현전의 실무 최고 책임자인 부제학 최만리조차 앞장서 상소를 올리고 이 사건을 계기로 사직한 뒤 낙향할 정도였으니까요. 그래서인지는 몰라도, 『훈민정음』 해례본 편찬 작업에 참여한 8인은 대부분 젊은 신진 학자였답니다. 당시 51세였던 정인지를 제외하고는, 최항이 38세였고 다른 사람들이 30~31세 정도였지요. 또 이 중 이개, 성삼문, 박팽년은 세조 2년(1456)에 단종의 복위를 꾀하다가 처형된 사육신死六臣에 포함됩니다.

★『훈민정음』어벤저스 ★

교실에서 펼치는 우리말 우리글 역사 이야기

오늘날 우리의 눈에 최만리는 임금의 뜻을 거스르고, 우리 훌륭한 문자인 한글 사용에 반대했던 악인으로 비추어지기도 합니다. 하지만 우리는 반대 상소를 쓴 최만리와 신하들을 무조건 비난하거나, 악인 혹은 방해꾼으로 단순하게 평가해서는 안 될 것입니다. 최만리의 상소문에도 의의가 있습니다. 상소문 전문을 조목조목 읽어 본다면, 내용적으로는 사대적인 측면이 있을지라도 논리적으로 결함이 있는 글은 결코 아님을 알 수 있지요. 당시 중국과 교류하며 사대 관계를 맺고 있던 우리나라의 상황을 고려하면 상소문은 조선의 신하로서 국가의 안위에 대한 염려라고 볼 수 있습니다. 세종 역시 상소문의 내용을 쉽게 부정할 수 없었지요. 당시 한문은 국가 문화의 기반이었기 때문에, 상소문에는 유교를 국시로 한 조선에서 문화와 학문을 보수하려는 뜻도 담겨 있습니다. 결국, 상소문을 쓴 이들은 그 당시 지식인이자 조선의 신하로서, 언문 창제 상황을 심각하게 인식하고 논리를 정연하게 갖추어 충실하게 임금께 직언한 것이라고 이해할 수 있습니다.

　　또한, 이 상소는 『훈민정음』 해례본 편찬의 디딤돌 역할을 해 주었다고도 해석할 수 있습니다. 앞서 보았듯이, 최만리 등의 상소문과 『훈민정음』 해례본의 정인지 서문은 연결되는 쟁점들이 많았습니다. 상소문 같은 반대 의견이 있었기에, 세종과 집현전 학사들은 이러한 비판을 반박하면서 당시 사대부 계층에게도 훈민정음 사용을 납득시킬 수 있는 방안을 더욱 모색하게 되었고, 그러한 고민의 결과로 훈민정음의 원리와 특성을 아주 자세히 설명하는 문자 해설서, 『훈민정음』 해례본이 나오게 된 것입니다. 다음 [Airport]부터는 약 3년 뒤 1446년으로 건너뛰어, 이 『훈민정음』 해례본에 대해 더 살펴보도록 해요.

① 갑자상소는 최만리 혼자 쓴 것이다?

▶ X. 갑자상소는 최만리를 필두로 한 집현전 학사 7인이 같이 올린 상소입니다.

② 최만리는 한글 창제를 반대하였으므로 집현전 학사들과는 반대 세력이었다?

▶ X. 최만리도 집현전 학사였으며, 그중 부제학이라는 실질적인 최고직이었습니다. 집현전에서 부제학보다 높은 자리는 '영전사', '대제학', '제학'인데 이는 겸직이 되는 일종의 명예직이었고, 부제학부터가 실무직이 자 전임직이었답니다.

③ 세종의 한글 창제가 알려진 뒤 반대 상소가 매우 많았고, 그중 가장 유명한 것이 갑자상소다?

▶ X. 한글 창제 반대 상소가 올라온 것은 갑자상소 단 한 번뿐입니다.

④ 갑자상소는 한글 창제를 막으려 한 상소문이다?

▶ X. 갑자상소는 이미 세종이 한글을 다 창제한 후에 올려진 것입니다.[25]

⑤ 최만리는 간신이다?

▶ X. 최만리는 이미 뛰어난 학자들이 모인 집현전의 수장을 지낼 만큼 당대 최고 수준의 지식인이었으며, 1444년 갑자상소를 계기로 사직하여 낙향할 때까지 집현전에서만 24년을 근무하였습니다. 그는 세종 2 년(1420) 집현전이 확대된 바로 그 해부터 집현전 박사로 등용되어, 차근차근 승진하여 실무 최고직인 부 제학까지 올랐으니 이는 세종의 총애와 신뢰가 없이는 불가능하였지요. 그는 집현전 부제학으로서 갑자상 소를 포함해 상소를 14차례나 내는 등 임금께 직언을 아끼지 않습니다. 20여 년 뒤 세조도 최만리를 두

---

25 갑자상소는 훈민정음이라는 문자 자체에 대한 반대라기보다는 후에 이어지는 한자음 정비나 운서 사업의 반대 에 더 중점이 놓여 있다고 보고, '한글 창제 반대 상소'가 아니라 '한자음 개혁 반대 상소'로 불러야 상소문 취지에 합당하다는 주장도 있습니다. 상소 4일 전인 2월 16일에 세종은 『고금운회거요(古今韻會擧要)』의 자음을 한글로 달라고 명하였는데, 한자음 개혁을 공론 절차 없이 졸속으로 추진하려는 것을 반대하기 위해 갑자상소가 촉발되 었다는 것입니다.

고 "세자를 보필하면서 작은 잘못이 하나라도 있으면 반드시 간언했다. 지금 생각해도 그 임무를 다했다고 할 만하다"(1467년 7월 11일 갑술 1번째 기사)라고 평했는데, 이는 최만리의 강직하고 청렴결백한 면모를 잘 보여 줍니다. 조선 말기의 인물 사전에서는 최만리가 세종조의 청백리로도 선발된 바 있답니다.

문자 훈민정음

지금까지 [Airport 2]는 문자 훈민정음에 관한 이야기였습니다. 훈민정음의 창제 의도, 훈민정음의 창제자, 훈민정음 창제 당시 상황에 대해 살펴보았는데요. 이것들은 교육과정 내용에 명시되어 있지는 않지만 수업에서 활용될 수 있는 역사적·사회적 맥락이랍니다. 훈민정음 수업을 하게 되면 이 내용들을 곁들여 수업을 더 풍성하게 만들어 보면 어떨까요?

(1) 훈민정음의 창제 의도

'나랏말ᄊᆞ미 듕귁에 달아~'로 시작하는 세종의 어제 서문은 교과서에 늘 수록됩니다. 하지만 텍스트를 통해 중세 국어 문법을 배우거나 어제 서문에 담긴 세종의 창제 정신을 항목화하고 끝나는 경우가 많지요. 어제 서문은 훈민정음의 창제 의도를 설명하려고 쓰인 텍스트인데, 정작 창제 의도에 대해서는 제대로 다뤄지지 않는 것 같습니다. 훈민정음의 창제 의도를 제대로 짚고 갈 수 있는 수업 흐름을 제안해 보겠습니다.

언해본 『훈민정음』의 어제 서문을 수업 제재로 다루게 된다면, 서문의 내용을 함께 읽으며 훈민정음 창제의 근본 의도가 '편민'임을 알려 주세요. 여기에서 더 나아가, 훈민정음의 창제 의도는 다층적으로 파악할 수 있고, 한자음 정비와 같은 실용적인 목적도 있었다는 사실을 소개해 주세요. 'ㆆ(여린히읗)'처럼 그 음가는 우리말에 없는 소리이지만 한자의 발음을 표기하기 위해 만든 별도의 글자가 있다는 사실을 소개해 주면 한자음 정비의 목적을 이해하기 더 쉬울 것입니다. 훈민정음이 한자를 대체하기 위해 만들어진 문자는 아니라는 것이지요. 심화 학습으로 『동국정운』과 '동국정운식 한자음 표기'를 소개해 주어도 좋겠습니다. 『동국정운』은 훈민정음을 이용해서 정확한 한자음을 정리해 놓은 책이고, 이 책에서 마련된 '동국정운식 한자음 표기'에서 훈민정음이 한자음 표시를 위한 발음기호로 요긴하게 쓰였으니까요. 만약 한자가 곧 없어질 문자였다면, 이렇게 매 한자마다의 발음을 하나하나 알려 주는 수고를 할 필요가 없었겠지요?

(2) 훈민정음의 창제자

많은 사람들이 잘못 알고 있지만, 훈민정음은 집현전 학사들과 함께 만든 게 아니라 세종이 혼자서 창제했다는 사실을 꼭 짚어 주세요. 근거가 되는 〈세종실록〉과 『훈민정음』의 어제 서문, 정인지 서문 등 기록을 제시해 주세요. 실록에 기록된 세종의 수많은 업적 중 '친제親制'라는 표현을 쓴 경우는 훈민정음 창제가 유일하다고 말이죠.

또 새 문자 훈민정음을 만들 때 세종은 47세였는데 눈병을 얻은 지 10년이 넘어 거의 실명 직전까지 가 있었고, 54세의 나이로 승하하기 전 이는 거의 막바지의 업적이었음을 추가로 알려 주면 좋을 것입니다. 이는 훈민정음 관련 수업 어디서라도 수업 도입부에서 동기유발로 활용할 수 있는 주제랍니다. 이렇듯 동기유발로 훈민정음 창제의 배경을 먼저 알려준 뒤 본격적인 수업을 시작하면 어떨까요?

(3) 최만리의 상소문

최만리를 그저 악인으로 다루는 것이 아니라 편견을 깬 더 넓고 균형 잡힌 시각을 학생들에게 길러주는 것이 중요하겠습니다. 만일 국어사 수업에서 이를 다룬다면 어제 서문을 다루며 최만리의 일화를 소개해도 좋습니다. 조선왕조실록 웹페이지에 들어가 실제 기사를 학생들과 같이 확인해 본 뒤, 본문의 〈더 알아보기: 갑자상소와 최만리에 대한 몇 오해들을 정리해 보자!〉를 통해 많은 사람들의 오해를 바로잡아 주고 갑자상소의 의의를 말해 주세요. 이때 '최만리 상소'라는 표현보다는 '최만리 등의 상소', '갑자상소'라는 표현이 더 좋겠습니다. 상소문에 얽힌 역사적 배경과 흥미로운 에피소드를 풍성하게 알려 주되, 학습자가 스스로 최만리와 상소문에 대해 평가하고 자유로운 생각을 나눌 수 있도록 해 주세요.

문자 훈민정음과 관련한 자료들

(1) [웹페이지] 국사편찬위원회 조선왕조실록

목차를 보면 연, 월, 일별로 정렬된 기사 수를 보면서 그 방대함을 느낄 수 있답니다. 검색 기능을 이용할 수 있고, 각 기사의 국역, 원문 이미지 등을 볼 수 있습니다. 특히 '훈민정음을 창제하다'는 세종 25년(1443) 12월 30일 경술 두 번째 기사에, '집현전 부제학 최만리 등이 언문 제작의 부당함을 아뢰다'는 세종 26년(1444) 2월 20일 경자 첫 번째 기사에, 『훈민정음』이 이루어지다. 어제와 예조 판서 정인지의 서문'은 세종 28년(1446) 9월 29일 갑오 네 번째 기사에서 찾을 수 있습니다.

(2) [영상] 'JTBC 뉴스룸', '[팩트체크] 훈민정음, 중국어 한자 소리 적으려 만들어졌다?' – 3:01

(3) [영상] '유퀴즈온더블럭', '한국인은 모르는 한국어의 특징? 한국어 배우는 외국인은 1000% 공감 중 EP38' – 1:38 (14분 24초부터 16분 02초까지)

(1)	(2)	(3)

Airport 3

책 『훈민정음』

Q7 새 문자가 만들어진 원리를 어떻게 알게 되었나요?

『훈민정음』 해례본

문자 훈민정음의 창제 원리를 설명한 책 『훈민정음』 해례본은 「어제 서문」·「어제 예의」가 있는 정음 편과 「제자해」·「초성해」·「중성해」·「종성해」·「합자해」·「용자례」·「정인지 서문」이 있는 정음해례 편으로 나뉘고, 1446년에 지어졌지만 그로부터 494년 뒤인 1940년에야 발견되었답니다. 이번 장에서는 세계에서 유일무이한 문자 해설서, 『훈민정음』 해례본에 대하여 알아봅시다.

○— 들어가며

'세종이 화장실에 있다가 창살의 모양을 보고 훈민정음을 창제했다'라는 주장을 혹시 들어본 적 있나요? 소위 '창문 상형설'은 독일인 선교사 에카르트[P. Andres Eckardt]가 전통 가옥의 창살 모양을 보고 제기한 주장인데요. 지금에야 얼토당토않게 느껴지지만, 이 주장을 제대로 반박할 수 있게 된 시기가 불과 100년도 채 되지 않았다는 사실을 알고 있나요? 우리 문자 훈민정음의 '진짜' 창제 원리에 담긴 비밀은 1940년대에야 알 수 있게 되었답니다. 극적으로 발견되어 우리 품에 들어온 보물, 세계에서 유일무이한 문자 해설서 『훈민정음』 해례본 덕분입니다. 도대체 어떻게 된 일일까요?

훈민정음이랑『훈민정음』이랑 다르다고?: 훈민정음의 두 가지 뜻

〈표준국어대사전〉에서 표제어 '훈민정음'을 찾아볼까요? 「1」, 「2」의 두 가지의 항이 나온답니다. '훈민정음'에는 문자로서의 훈민정음과 책으로서의『훈민정음』, 두 가지 뜻이 있기 때문이죠.

> 훈민정음
>
> 「1」『언어』 백성을 가르치는 바른 소리라는 뜻으로, 1443년에 세종이 창제한 우리나라 글자를 이르는 말. ≒정음.
> 「2」『역사』 조선 세종 28년(1446)에 훈민정음 28자를 세상에 반포할 때에 찍어 낸 판각 원본. 세종이 훈민정음 창제의 취지를 밝힌 어제 서문御製序文, 자음자와 모음자의 음가와 운용 방법을 설명한 예의例義, 훈민정음을 해설한 해례, 정인지 서序로 되어 있다. 1997년에 유네스코 세계 기록 유산으로 지정되었다. 우리나라 국보이다. ≒정음, 해례, 해례본, 훈민정음해례, 훈민정음해례본.

새 문자만 만들어 둔다면 문자를 처음 보는 사람들이 새 문자를 어떻게 써야 하는지 알 방법이 없겠지요? 그렇기에 세종은 왜 새로운 문자를 만들었는지, 어떤 원리로 만들었는지, 어떻게 써야 하는지를 상세하게 설명한 해설서를 내놓았답니다. 그리고 그 책의 이름도 똑같이『훈민정음』이라 하였지요. 그렇기에 우리가 훈민정음이라 하면 1번 뜻처럼 '문자' 자체를 가리키기도 하고, 2번 뜻처럼 그 문자를 해설한 '책'을 가리키기도 하는 것입니다.

이 두 가지 뜻이 왜 중요하냐구요? 훈민정음에 관한 많은 오개념이 이 둘을 구분하지 못해서 생기기 때문이지요. 다음 표를 볼까요?

	「1」 문자로서의 훈민정음	「2」 책으로서의『훈민정음』
만든 시기	1443년 12월	1446년 9월 상한上澣
만든 이	세종	세종(정음편) + 집현전 학사 8인(정음해례편)
비고		• 유네스코 세계 기록 유산 • 대한민국 국보 •『훈민정음』의 편찬일이 현대의 한글날의 기준이 됨.

'문자로서의 훈민정음'과 '책으로서의 『훈민정음』'은 만든 사람과 만든 시기부터 차이가 있답니다. '문자를 만든 것'과 『훈민정음』 책을 만드는 등 그 문자를 이용해서 여러 사업을 한 것'은 분명 다른데, 이 둘을 혼동하여 집현전 학사들도 함께 문자를 만들었다고 잘못 생각하는 것이죠.

또 훈민정음이 유네스코 세계 유산으로 지정되었다는 사실을 한글이 우수한 문자로 세계적으로 인정받았다는 의미로 오해하기도 합니다. 하지만 유네스코에 등재된 것은 문자가 아니라 기록물로서의 책 『훈민정음』이랍니다. 10월 9일 한글날은 한글이 만들어진 날이 아니라 책 『훈민정음』이 편찬된 날이 기준이 된 것이죠. 혹시 이 두 가지 뜻이 헷갈려 이런 오해가 있었다면, 이번 기회에 확실히 알아 두도록 합시다.

해례본은 무슨 내용인가요?: 『훈민정음』 해례본의 서지 구성

정음편
세종대왕 지음

정음해례편
신하들이
자세히 풀어씀

(정인지, 최항,
박팽년, 신숙주,
성삼문, 강희안,
이개, 이선로)

정음편
세종 서문 — 훈민정음 창제 동기와 목적, 내용 — 세종서문
예의 — 자음자, 모음자 규정과 사용 방법 — 규정 — 자모규정 / 운용규정

정음해례편
해례 — 훈민정음 만든 원리와 뜻, 사용법 — 해(풀이) — 제자해 / 초성해 / 중성해 / 종성해 / 합자해 — 례(보기) — 용자례
정인지 서 — 훈민정음 창제 취지, 경위, 의의, 가치 설명 — 정인지서

서울특별시, 《훈민정음》 해례본 발견 80주년 기념,
《훈민정음》 해례본 이야기 28', 2020.10.09.

『훈민정음』 해례본은 총 33장 한문으로 된 책으로, 크게 세종이 집필한 '정음 편'과 집현전 학사 8인이 집필한 '정음해례 편'으로 나뉜답니다. 이는 학자에 따라 '예의 편과 해례 편', '본문과 해례' 등의 명칭

으로 달리 부르기도 하는데, 『훈민정음』 책 판심제[26] 에는 '정음', '정음해례'라는 명칭을 쓰고 있지요.

'정음' 편은 세종대왕이 지은 책의 서문인 「어제 서문」과, 새 글자를 간략히 소개한 「어제 예의」로 구성되어 있습니다. '어제御製'란 임금이 몸소 짓거나 만들었다는 뜻이지요. 「어제 서문」은 세종이 직접 문자를 만든 까닭을 설명한 부분으로, 이 부분을 언해하면 우리가 잘 아는 '나랏말쓰미 듕귁에 달아~'가 되는 것이랍니다. 「어제 예의」는 새 문자를 간략하게 소개한 부분으로, 새 문자 28자의 음가와 운용 방법을 소개합니다.

'정음해례' 편은 세종대왕의 명에 따라 집현전 학사들이 어제 예의를 상세하게 해설해 적은 것입니다. 「제자해」, 「초성해」, 「중성해」, 「종성해」, 「합자해」, 「용자례」로 구성되었고, 끝에 「정인지 서문」이 덧붙여 있습니다. 「제자해」부터 「합자해」를 아울러 5해, 「용자례」를 1례라 하여 '5해 1례'라고도 합니다. 다시 말해 '해례'는 글자 훈민정음에 대하여 상세히 해설하고[解] 예를 들어 설명한다[례例]라는 뜻이지요. 이러한 '해'와 '례'라는 표현을 따서 이 부분을 훈민정음 해례라고 부르며, 또한 이러한 정음해례 편이 들어가 있는 책의 이름도 『훈민정음』 해례본'이라 부르는 것입니다.

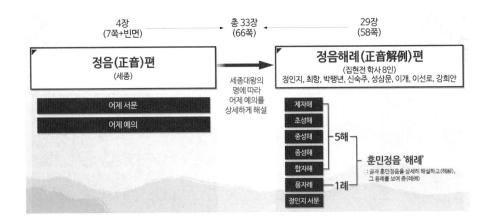

---

26   판심제(版心題)란 옛 책에서 책장의 가운데를 접어서 양면으로 나눌 때에 그 접힌 가운데 부분(판심)에 적힌 책 이름입니다.

  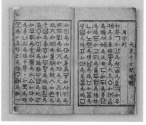

해례본의 첫 장. 후대에 복원된 부분이다. 세종대왕의 서문과, 어제예의의 한 줄이 들어가 있다.

원본과 비교해 후대에 복원된 부분(오른쪽)은 색상 등이 확연히 차이가 난다.

해례본 「용자례」

○ 「어제 서문」: 세종대왕이 쓴 책의 서문

○ 「어제 예의」: 초·중·종성자, 운용 방법을 간략히 설명한 부분

  (해례의 초성해, 중성해, 종성해, 합자해 내용은 이를 자세하게 설명한 것이다.)

○ 「제자해」: 훈민정음의 제자 원리를 설명한 부분

○ 「초성해」: 초성자를 설명한 부분

○ 「중성해」: 중성자를 설명한 부분

○ 「종성해」: 종성자를 설명한 부분

○ 「합자해」: 초·중·종성자를 합해 쓰는 법을 설명한 부분

○ 「용자례」: 훈민정음이 쓰인 단어를 제시하는 부분. 예 초성자 ㄱ의 예는 감, 골…

○ 「정인지 서문」: 집현전 학사 8인을 대표하여 정인지가 쓴 책의 서문

  (어제 서문이 책의 맨 앞에 놓인 반면, 맨 뒤에 놓였으므로 정인지 후서(後序)라고도 불린다.)

갑자기 등장한 『훈민정음』 해례본?: 해례본의 발견 과정

『훈민정음』 해례본은 1446년에 편찬되었습니다. 하지만 해례본은 1940년에 발견되기 전까지, 무려 494년 동안이나 그 존재가 묻혀 있었다는 점, 알고 있었나요?

해례본의 정음 편과, 언해본은 내용이 무척 간략합니다. 그 내용이 『세종실록』과 『월인석보』 등에도 실려 있어 일찍이 알려져 왔지요. 한동안은 언해본이 훈민정음에 대한 기록의 전부이자, 원본이라 생각해 왔습니다. 그도 그럴 것이, 494년 동안 누군가가 해례본을 보았다는 근거나 보았을 것으

로 추정되는 공식 기록이 전혀 없었기 때문입니다. 일부 학자들만이 언해본이 아닌 별개의 원본이 있으리라 추정할 뿐이었지요.

그러던 와중, 극적으로 『훈민정음』 해례본이 발견되었습니다. 어떻게 된 일일까요?

<『훈민정음』 해례본의 발견 과정>

극적으로 발견된 『훈민정음』 해례본의 이 판본은 현재 간송문화재단이 소장하고 있어 '간송본'이라고도 부릅니다. 하지만 이렇게 중요한 책인 해례본을, 딱 한 권만 간행하지는 않았겠지요? 비슷한 시기에 간행된 『용비어천가』를 550질 인쇄했다는 기록이 있는 것을 보아, 해례본도 1446년 당대에는 상당한 부수로 인쇄하지 않았을까 추측한답니다. 하지만 한동안 간송본 이외의 책은 더 이상 발견되지 않았는데, 2008년 경상북도 상주시에서 소

수업 도우미

상주본에 관한 뉴스

교실에서 펼치는 우리말 우리글 역사 이야기

위 '상주본'이라고 부르는『훈민정음』해례본의 이본이 새로 발견되어 지금까지 총 두 종이 남아 있답니다.

해례본이 발견된 것은 왜 중요할까?: 해례본의 의의

해례본이 없을 때는 훈민정음 글자의 창제 원리를 추측할 수밖에 없었습니다. 그렇기에 몽골 문자 기원설, 창문 상형설 등 의견만 분분할 뿐 진실은 오리무중이었지요. 하지만『훈민정음』해례본이 발견된 후 우리는 비로소 훈민정음의 창제 원리를 알게 되었고, 우리 문자가 과학성, 체계성, 실용성, 게다가 철학성까지 담은 훌륭한 문자임을 알 수 있었답니다.

현대의 우리는 훈민정음을 '누가, 언제, 어디서, 무엇을, 어떻게, 왜' 만들었는지에 대하여 모두 빠짐없이 알 수 있답니다. 바로 그 문자 해설서인『훈민정음』해례본 덕분이지요. 한글은 창제자뿐만 아니라 창제 시기, 창제 목적, 창제 원리가 모두 밝혀진 세계 유일의 문자이며, 해례본은 현존하는 '유일한 문자 해설서'로 인정받고 있습니다. 이것이 유네스코가 이 책을 세계기록유산으로 선정한 이유이기도 합니다.『훈민정음』해례본이 있기에 우리 한글과 한글문화가 더욱 빛나고, 이것이 오늘까지도 우리 민족의 자긍심이 되는 것입니다.

해례본의 글자 크기와 글씨체의 비밀은?

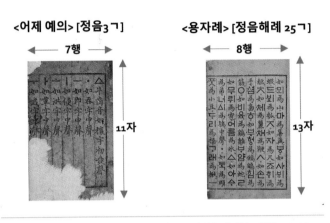

<어제 예의> [정음3ㄱ]   <용자례> [정음해례 25ㄱ]

김유범 외(2020), 『대한민국이 함께 읽는 훈민정음 해례본』, 역락, 48-49.

다음의 두 사진을 비교해 볼까요? 왼쪽은 세종이 집필한 정음 편의 일부이고, 오른쪽은 집현전 학자들이 집필한 정음해례 편의 일부입니다. 차이가 보이시나요?

우선, 정음 편의 글자 크기가 정음해례 편의 글자 크기보다 더 크다는 것을 확인할 수 있습니다. 이렇게 글자 크기에 차이를 둔 것은, 왕과 신하를 구별하고자 했던 당대 집필자들의 의도가 반영된 것이지요.

정음 편	聲	於	而	成
정음해례 편	聲	於	而	成

김유범 외(2020), 『대한민국이 함께 읽는 훈민정음 해례본』, 역락, 48-49.

뿐만 아니라, 정음 편과 정음해례 편은 글씨체도 다르다는 것을 알 수 있습니다. 위의 사진을 비교해 보면, 정음 편의 글씨체가 정음해례 편의 글씨체보다 반듯합니다. 이것은 당시 왕이 직접 지은 글을 신하가 대필할 경우 매우 정연한 글씨체인 '해서체'를 쓰는 것이 관례였기 때문입니다. 즉, 세종의 글을 신하가 대필하게 되면서 이러한 차이가 나타나게 되었다는 것입니다. 이를 통해서도 『훈민정음』 해례본의 정음 편과 정음해례 편의 지은이가 다름을 알 수 있습니다.

'나랏 말ᄊᆞ미 듕귁에 달아'가 세종대왕이 쓴 문장이 아니라고요?
『훈민정음』 언해본

세종대왕과 집현전 학사들이 한문으로 『훈민정음』을 지었다는 사실, 알고 있었나요? 『훈민정음』 해례본은 "國之語音◦異乎中國"처럼 한문으로 쓰였고, 이것이 "나·랏:말ᄊᆞ·미 中듕國·귁·에달아"처럼 언해되어 쓰인 책은 『훈민정음』 언해본입니다. 보통 언해본이 『훈민정음』의 전부인 것으로 아는 경우가 많아 해례본과 언해본의 차이를 아는 것이 중요합니다. 언해본의 내용과 간행 목적을 이 장에서 알아봅시다.

○─ 들어가며

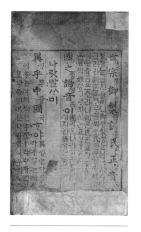

『훈민정음』 해례본의 첫 쪽   『훈민정음』 언해본의 첫 쪽

'나랏 말ᄊᆞ미 듕귁에 달아...' 우리가 흔히 알고 있는 『훈민정음』의 문장입니다. 훈민정음을 창제한 세종의 애민 정신이 담긴 글임을 우리는 잘 알고 있지요. 왼쪽의 사진은 무엇일까요? 한글은 'ㄱ' 외에 보이지 않고, 한문만 가득하네요. 그리고 보니 오른쪽의 사진에도 '나랏말ᄊᆞ미...'의 한글 문장뿐 아니라 작은 글씨와 한자가 많네요. 어떻게 된 일일까요? 사실 우리 눈에 익숙한 언해본은 세종대왕이 쓴 원문이 아니라, 한문으로 기록된 해례본을 후대에 언해한 번역문입니다. 이번 장에서는 우리에게 가장 익숙하지만 그래서 더 낯선, 『훈민정음』 언해본에 대해 더 자세히 알아봅시다.

언해본이 뭐예요?『훈민정음』해례본과 언해본의 차이

『훈민정음』언해본이란,『훈민정음』해례본 중「어제 서문」과「어제 예의」만을 언해한 책입니다. 예컨대, 해례본의 '國之語音○異乎中國(국지어음 이호중국)'이라는 한문은, 언해본에서 "나·랏:말ㅆ·미 / 中듕國·귁·에달아"로 번역됐습니다.

여기서 중요한 것은, 책『훈민정음』의 원문이 '언해본'이 아니라 '해례본'이라는 사실입니다. 언해본은 해례본의 일부 내용만을 단순히 번역한 것일 뿐이며, 세종과 집현전 학사 8인이 직접 쓴 책은 한문으로 된 해례본입니다. 그러니 세종이 우리가 흔히 아는 것처럼 "나·랏:말ㅆ·미 中듕國·귁·에달아 文문字·쫑·와·로서르ㅅ뭇·디아·니홀·씨"란 언문으로 서문을 쓴 것이 아니라, "國之語音○異乎中國○與文字不相流通○"란 한문으로 서문을 쓴 것이죠. 오해하기 쉬우니 주의해 주세요.

[해례본과 언해본의 차이]

	해례본(한문본)	언해본
주요 표기 수단	한자 예 國之語音	훈민정음 예 나랏말ㅆ미
내용	어제 서문, 어제 예의, 5해1례, 정인지 서문	어제 서문, 어제 예의
편찬자	세종과 집현전 학사들	후대의 인물로 추정
이본	간송본, 상주본	월인석보 권두본 외 (『월인석보』 앞머리에 실린 것으로, 현재 서강대학교에 보관)

해례본을 왜 언해하였을까요? 텍스트가 쓰인 목적을 고려할 때, 해례본은 '공시문'이고 언해본은 '교육용 텍스트'라는 차이가 있답니다. 서리들의 시험으로 훈민정음을 부과하거나(세종실록 세종 28년 12월 26일) 지방의 관리들을 뽑는 데 훈민정음을 시험하게 한 것(세종실록 세종 29년 4월 20일)에서 세종 당시에 새 문자 훈민정음을 널리 알리기 위해 노력했음이 보이는데, 여기에『훈민정음』언해본이 핵심 역할을 했을 것으로 추측되지요.

최초의 언해본은 세종 대에 해례본의 정음 편만을 번역하여 단행본으로 발행됐을 것으로 추정됩니다. 하지만 안타깝게도 이 최초의 언해본은 전해지지 않습니다. 현재 전해지는 언해본은『월인석보月印釋譜』(1459년, 세조 5) 권1의 앞부분에 실려 있답니다. 흔히 아는 '세종어제훈민정음'이란 제목으로 시작하는 언해문이죠. '세종'이라는 묘호는 왕의 승하 후 정해지니, 세종 당대에 만들어진 언해본의 제목은 이것과는 달랐을 것을 예상할 수 있겠네요.

더불어 현재의 언해본이 『월인천강지곡月印千江之曲』(1447)과 『석보상절釋譜詳節』(1447)을 합한 『월인석보』(1459)의 권1 앞부분에 실려 있음을 고려하면 『석보상절』 권1에도 언해본이 있을 가능성이 점쳐집니다. 하지만 아쉽게도 『석보상절』 권1은 아직 발견되지 않았답니다.

언해본은 무슨 내용인가요?: 언해문의 번역 방식과 「어제 서문」, 「어제 예의」

출처: 조규태 외(2007), 「훈민정음 언해본 이본 조사 및 정본 제작 연구」, 문화재청 학술연구 용역사업 보고서, 85쪽

먼저 언해본의 번역에 대해 알아볼까요? ① 원래 한문으로 쓰여 있는 해례본을 짧은 구절로 나누어, 한자마다 동국정운식 한자음을 표기하고 우리말로 조사와 어미를 단 뒤 ② 그 아래 두 줄로 일부 한자에 대한 협주夾註27를 단 다음 ③ 줄을 바꾸어 그 구절 전체를 언해하는 것이었습니다. 사진을 보니 이해가 되지요? 예컨대 해례본 원문에 "國之語音(국지어음)"이란 부분은 "나랏말ᄊᆞ미"라고 번역되었답니다.

그럼 언해본의 내용을 자세히 살펴볼까요? 편의상 번역문만 제시하고, 원문에는 띄어쓰기가 없지만 여기서는 띄어쓰기를 했으며, 〈 〉 안에 소제목을 추가하고 어제 서문은 /로 줄바꿈을 하였답니다.

---

27 본문보다 작은 글자로 괄호로 묶거나 본문 속에 끼워 넣어 본문을 알기 쉽게 풀이하여 놓은 글.

「어제 서문」

世·솅宗종御·엉製·졩訓·훈民민正·졍音ᅙᅳᆷ

나·랏 :말ᄊᆞ·미 / 中듕國·귁·에 달·아 / 文문字·ᄍᆞᆼ·와·로 서르 ᄉᆞᄆᆞᆺ·디 아·니ᄒᆞᆯ·ᄊᆡ / ·이런 젼·ᄎᆞ·로 어·린 百·ᄇᆡᆨ姓·셩·이 니르·고·져 ·홇 ·배 이·셔·도 / ᄆᆞ·ᄎᆞᆷ:내 제 ·ᄠᅳ·들 시·러 펴·디 :몯ᄒᆞᇙ ·노·미 하·니·라 / ·내 ·이·ᄅᆞᆯ 爲·윙·ᄒᆞ·야 :어엿·비 너·겨 / ·새·로 ·스·믈 여·듧 字·ᄍᆞᆼ·ᄅᆞᆯ ᄆᆡᆼ·ᄀᆞ노·니 / :사ᄅᆞᆷ:마·다 :ᄒᆡ·ᅇᅧ :수·ᄫᅵ 니·겨 ·날·로 ·ᄡᅮ·메 便뼌安ᅙᅡᆫ·킈 ᄒᆞ·고·져 ᄒᆞᇙ ᄯᆞ

ᄅᆞ·미니·라

수업 도우미

15세기 발음으로 읽어 본 '어제 서문'

「어제 예의」

〈1. 초성자의 음가〉

ㄱ·ᄂᆞᆫ :엄쏘·리·니 君군ㄷ字·ᄍᆞᆼ ·처ᅀᅥᆷ ·펴·아 ·나ᄂᆞᆫ 소·리 ·ᄀᆞᄐᆞ·니

ᄀᆞᆯ·ᄫᅡ ·쓰·면 虯끃ㅸ字·ᄍᆞᆼ ·처ᅀᅥᆷ ·펴·아 ·나ᄂᆞᆫ 소·리 ·ᄀᆞ·ᄐᆞ니·라

ㅋ·ᄂᆞᆫ :엄쏘·리·니 快·쾡ㆆ字·ᄍᆞᆼ ·처ᅀᅥᆷ ·펴·아 ·나ᄂᆞᆫ 소·리 ·ᄀᆞ·ᄐᆞ니·라

ㆁ·ᄂᆞᆫ :엄쏘·리·니 業·ᅌᅥᆸ字·ᄍᆞᆼ ·처ᅀᅥᆷ ·펴·아 ·나ᄂᆞᆫ 소·리 ·ᄀᆞ·ᄐᆞ니·라

ㄷ·ᄂᆞᆫ ·혀쏘·리·니 斗:둫ㅸ字·ᄍᆞᆼ ·처ᅀᅥᆷ ·펴·아 ·나ᄂᆞᆫ 소·리 ·ᄀᆞᄐᆞ·니

ᄀᆞᆯ·ᄫᅡ ·쓰·면 覃땀ㅂ字·ᄍᆞᆼ ·처ᅀᅥᆷ ·펴·아 ·나ᄂᆞᆫ 소·리 ·ᄀᆞ·ᄐᆞ니·라

ㅌ·ᄂᆞᆫ ·혀쏘·리·니 呑ᄐᆞᆫㄷ字·ᄍᆞᆼ ·처ᅀᅥᆷ ·펴·아 ·나ᄂᆞᆫ 소·리 ·ᄀᆞ·ᄐᆞ니·라

ㄴ·ᄂᆞᆫ ·혀쏘·리·니 那낭ㆆ字·ᄍᆞᆼ ·처ᅀᅥᆷ ·펴·아 ·나ᄂᆞᆫ 소·리 ·ᄀᆞ·ᄐᆞ니·라

ㅂ·ᄂᆞᆫ 입시·울쏘·리·니 彆·볋字·ᄍᆞᆼ ·처ᅀᅥᆷ ·펴·아 ·나ᄂᆞᆫ 소·리 ·ᄀᆞᄐᆞ·니

ᄀᆞᆯ·ᄫᅡ ·쓰·면 步·뽕ㆆ字·ᄍᆞᆼ ·처ᅀᅥᆷ ·펴·아 ·나ᄂᆞᆫ 소·리 ·ᄀᆞ·ᄐᆞ니·라

ㅍ·ᄂᆞᆫ 입시·울쏘·리·니 漂푷ㅸ字·ᄍᆞᆼ ·처ᅀᅥᆷ ·펴·아 ·나ᄂᆞᆫ 소·리 ·ᄀᆞ·ᄐᆞ니·라

ㅁ·ᄂᆞᆫ 입시·울쏘·리·니 彌밍ㆆ字·ᄍᆞᆼ ·처ᅀᅥᆷ ·펴·아 ·나ᄂᆞᆫ 소·리 ·ᄀᆞ·ᄐᆞ니·라

ㅈ·ᄂᆞᆫ ·니쏘·리·니 卽·즉字·ᄍᆞᆼ ·처ᅀᅥᆷ ·펴·아 ·나ᄂᆞᆫ 소·리 ·ᄀᆞᄐᆞ·니

ᄀᆞᆯ·ᄫᅡ ·쓰·면 慈ᄍᆞᆼㆆ字·ᄍᆞᆼ ·처ᅀᅥᆷ ·펴·아 ·나ᄂᆞᆫ 소·리 ·ᄀᆞ·ᄐᆞ니·라

ㅊ·ᄂᆞᆫ ·니쏘·리·니 侵침ㅂ字·ᄍᆞᆼ ·처ᅀᅥᆷ ·펴·아 ·나ᄂᆞᆫ 소·리 ·ᄀᆞ·ᄐᆞ니·라

ㅅ·ᄂᆞᆫ ·니쏘·리·니 戌·슗字·ᄍᆞᆼ ·처ᅀᅥᆷ ·펴·아 ·나ᄂᆞᆫ 소·리 ·ᄀᆞᄐᆞ·니

ᄀᆞᆯ·ᄫᅡ ·쓰·면 邪썅ㆆ字·ᄍᆞᆼ ·처ᅀᅥᆷ ·펴·아 ·나ᄂᆞᆫ 소·리 ·ᄀᆞ·ᄐᆞ니·라

ㆆ·ᄂᆞᆫ 목소·리·니 挹·ᅙᅳᆸ字·ᄍᆞᆼ ·처ᅀᅥᆷ ·펴·아 ·나ᄂᆞᆫ 소·리 ·ᄀᆞ·ᄐᆞ니·라

ㅎ·ᄂᆞᆫ 목소·리·니 虛헝ㆆ字·ᄍᆞᆼ ·처ᅀᅥᆷ ·펴·아 ·나ᄂᆞᆫ 소·리 ·ᄀᆞᄐᆞ·니

ᄀᆞᆯ·ᄫᅡ ·쓰·면 洪ᅘᅩᆼㄱ字·ᄍᆞᆼ ·처ᅀᅥᆷ ·펴·아 ·나ᄂᆞᆫ 소·리 ·ᄀᆞ·ᄐᆞ니·라

ㅇ·눈 목소·리·니 欲·욕字·쭝 ·처엄 ·펴·아 ·나눈 소·리 ·ㄱ·투니·라

ㄹ·눈 半·반혀쏘·리·니 閭령ㆆ字·쭝 ·처엄 ·펴·아 ·나눈 소·리 ·ㄱ·투니·라

ㅿ·눈 半·반·니쏘·리·니 穰양ㄱ字·쭝 ·처엄 ·펴·아 ·나눈 소·리 ·ㄱ·투니·라

〈2. 중성자의 음가〉

·· 눈 呑툰ㄷ字·쭝 가·온·딧 소·리 ·ㄱ·투니·라

ㅡ·눈 卽·즉字·쭝 가·온·딧 소·리 ·ㄱ·투니·라

ㅣ·눈 侵침ㅂ字·쭝 가·온·딧 소·리 ·ㄱ·투니·라

ㅗ·눈 洪薯ㄱ字·쭝 가·온·딧 소·리 ·ㄱ·투니·라

ㅏ·눈 覃땀ㅂ字·쭝 가·온·딧 소·리 ·ㄱ·투니·라

ㅜ·눈 君군ㄷ字·쭝 가·온·딧 소·리 ·ㄱ·투니·라

ㅓ·눈 業·업字·쭝 가·온·딧 소·리 ·ㄱ·투니·라

ㅛ·눈 欲·욕字·쭝 가·온·딧 소·리 ·ㄱ·투니·라

ㅑ·눈 穰양ㄱ字·쭝 가·온·딧 소·리 ·ㄱ·투니·라

ㅠ·눈 戌·슗字·쭝 가·온·딧 소·리 ·ㄱ·투니·라

ㅕ·눈 彆·볋字·쭝 가·온·딧 소·리 ·ㄱ·투니·라

〈3. 종성자〉

乃:냉終즁ㄱ 소·리·눈 다·시 ·첫소·리·롤 ·쓰·느니·라

〈4. 연서〉

ㅇ·룰 입시·울쏘·리 아·래 니·서 ·쓰·면 입시·울 가·비야·본 소·리 두외ᄂᆞ·니·라

〈5. 병서〉

·첫소·리·롤 어·울·워 ·뿛 ·디·면 골·바 ·쓰·라 乃:냉終즁ㄱ 소·리·도 ᄒᆞᆫ가·지·라

〈6. 부서〉

·· 와 ㅡ 와 ㅗ 와 ㅜ 와 ㅛ 와 ㅠ 와·란 ·첫소·리 아·래 브·텨 ·쓰·고 ㅣ 와 ㅏ
와 ㅓ 와 ㅑ 와 ㅕ 와·란 ·올훈 녀·긔 브·텨 ·쓰·라

〈7. 음절 단위로 모아쓰기〉

믈읫 字·쭝ㅣ 모·로·매 어·우러·사 소·리 :이느·니

〈8. 점찍기〉

:왼녀·긔 호 點:뎜·을 더으·면 ·뭇 노·푠 소리·오 點:뎜·이 :둘히·면 上:쌍聲셩·이·오 點:

뎜·이 :업스·면 平뼝聲셩·이·오 入·십聲셩·은 點:뎜 더·우·믄 호가·지로·듸 쌘루·니·라

어떤가요? 「어제 서문」은 익숙하지만 「어제 예의」는 조금 낯설지요? 「어제 예의」는 새로 만든 글자들의 음가와 운용 방법을 간략히 설명한 부분입니다. 소제목을 붙인다면 여덟 개 정도로 구분할 수 있는데요, 〈1~3〉에서 초·중·종성자, 〈4~8〉에서 운용 방법(연서, 병서, 부서, 모아쓰기, 방점 찍기)을 설명하는 것이랍니다. 체계적이지요?

〈1. 초성자의 음가〉에서는 초성 17자를 설명할 때 그 음가가 나타내는 조음 위치를 분류해서 아음→설음→순음→치음→후음→반설음→반치음 순서로 제시하고 있답니다. 또 글자가 나타내는 음가를 한자의 음을 통해 소개하는데, 예컨대 "ㄱ은 어금니소리로 '君(군)'자의 초성 발음과 같다."와 같은 식이죠. 요즘에도 아이들이 처음 한글을 배울 때 'ㄱ'은 '구름', 'ㄴ'은 '나비'… 와 같이 예시로 배우는 것처럼 말이에요! 〈2. 중성자의 음가〉도 설명 방식이 같습니다. 중성 11자를 기본자, 초출자, 재출자 순서로 제시하지요. 그런데 이때 음가를 설명하기 위해 사용한 한자들은 초성자의 음가를 설명할 때 사용한 한자들을 다시 사용했답니다. 그만큼 매우 신중하게 한자를 선정했다는 것을 알 수 있지요. 〈3. 종성자〉는 '終聲復用初聲(종성부용초성)'이라고 간단하게만 설명합니다. 종성에 쓸 글자는 따로 만들지 않고 초성에 쓰는 것들을 그대로 가져다 쓴다는 것인데, 이는 음절 구조상 초성과 종성엔 모두 자음이 오기 때문이지요. 이렇게 종성 글자를 따로 만들지 않은 것에서 뛰어난 음성학적 관찰과 음운론적 해석이 돋보이지요.

〈4~8〉의 글자 운용 방법은 다음 다섯 가지로 정리될 수 있답니다. 다 읽어 보니 어떤가요? 정음 편에 담겨 있는 세종의 깊은 뜻을 알 수 있겠지요?

▷ 이어 쓰기 (연서, 連書)
ㅇ 글자를 순음(입술소리) 글자 아래 이어 쓰면 순경음(입술가벼운소리) 글자가 된다.

▷ 나란히 쓰기 (병서, 竝書)
초성자끼리, 혹은 종성자끼리 합쳐 쓰려면 가로로 나란히 쓴다. (각자 병서뿐만 아니라, 합용 병서도 포함한 내용이다.)

교실에서 펼치는 우리말 우리글 역사 이야기

▷ 붙여쓰기 (부서, 附書)

· , ㅡ, ㅗ, ㅜ, ㅛ, ㅠ는 초성자의 아래에, ㅣ, ㅏ, ㅓ, ㅑ, ㅕ는 초성자의 오른쪽에 붙여 쓴다.

▷ 모아쓰기

초성자, 중성자, 종성자를 모아서 하나의 음절을 표시하는 글자를 구성한다.

▷ 점찍기

글자의 왼쪽에 점 하나를 찍으면 높은 소리인 거성, 두 개를 찍으면 낮다가 높아지는 소리인 상성, 찍지 않으면 낮은 소리인 평성으로 발음한다.

언해본에만 기록된 신기한 글자들

해례본의 번역문인 언해본 『훈민정음』에는 해례본에 없던 새로운 규정이 추가된 부분도 있는데요, 바로 '한음치성(漢音齒聲, 중국 소리의 잇소리)'에 관한 규정입니다.

ㅈ ㅊ ㅉ ㅅ ㅆ – 치두음자
ㅈ ㅊ ㅉ ㅅ ㅆ – 정치음자

국어와 달리 중국어에는 치두음齒頭音, 즉 '혀끝을 윗니 뒤에 가까이 하고 내는 잇소리'와 정치음正齒音, 즉 '혀를 말아 아래 잇몸에 가까이 하고 내는 잇소리'의 구별이 있었습니다. 언해본 『훈민정음』에서는 ㅅ 계열 글자의 왼쪽 획을 길게 그어 치두음자로 삼고, 오른쪽 획을 길게 그어 정치음자로 삼는다는 내용이 있습니다.

다만 치두음과 정치음의 구별은 중국어에서만 있었고 우리말에서는 없었기 때문에 이 글자들은 일부 문헌을 제외하고는 쓰이지 않았으며, 자연스럽게 사라졌답니다.

새 문자가 만들어진 원리는 무엇인가요?

훈민정음의 제자 원리, 운용 원리

『훈민정음』 언해본은 정음 편까지밖에 없었지만, 정음해례 편까지 있는 『훈민정음』 해례본이 1940년 발견되면서 우린 드디어 훈민정음의 제자 원리를 알게 되었습니다. 자음자 17자는 상형의 원리와 가획의 원리로, 모음자 11자는 상형의 원리와 합성의 원리로 만들어졌죠. 이 훈민정음 28자를 운용하는 원리로는 연서, 병서, 중성자의 합용, ㅣ상합, 부서, 모아쓰기가 있답니다. 더 자세하게 살펴봅시다.

○— 들어가며

나랏글 자판
(자음 최소형 자판)

천지인 자판
(모음 최소형 자판)

여러분은 스마트폰 키패드로 어떤 자판을 쓰시나요? 흔히 사용하는 천지인 자판이나 나랏글 자판은 한글의 창제 원리를 잘 반영하고 있습니다. 한글의 창제 원리는 교육과정에서 꼭 가르치는 내용인 만큼, 교사의 수업 역량이 다른 장보다 더욱 중요하겠죠. 우리는 이 창제 원리를 어떻게 알게 되었을까요? 바로 『훈민정음』 해례본에서 집현전 학사들이 쓴 정음해례 편 덕분이랍니다. 이 장에서는 해례에 나온 한글의 창제 원리와 더불어, 수업에 곁들여 학생들의 더 정확하고 심도 있는 이해를 도와줄 여러 이야기들을 알아봅시다.

「제자해」에서 밝혀진 훈민정음 28자의 '제자 원리'

"내 이를 어여삐 여겨 새로 스물여덟 자를 만드니…"에서 보듯, 글자 훈민정음의 개수는 28개이고 여기서 자음자가 17개(ㄱㅋㆁ ㄴㄷㅌㄹ ㅁㅂㅍ ㅅㅈㅊㅿ ㅇㆆㅎ), 모음자가 11개(ㆍ ㅡ ㅣ ㅗ ㅏ ㅜ ㅓ ㅛ ㅑㅠㅕ[28])입니다. 이 28자의 제자원리는 많이들 알고 있을 텐데요, 이 기본적인 내용부터 정리해 봅시다.

1) 자음자 17자의 제자 원리: 상형의 원리, 가획의 원리

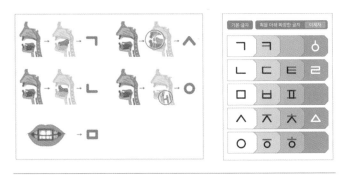

국립한글박물관(2022), <훈민정음 표준 해설서>

① 상형의 원리

훈민정음의 자음 기본자 5자(ㄱㄴㅁㅅㅇ)는 발음 기관의 모양 또는 그 움직임을 본떠서 만들었습니다(상형의 원리). 우선 그 글자의 음가가 나타내는 소리를 조음위치에 따라 아·설·순·치·후음 5가지로 구분한 뒤[29], ㄱ은 혀뿌리가 목구멍을 막는 모양, ㄴ은 혀가 윗잇몸에 닿는 모양, ㅁ은 입의 모양, ㅅ은 이의 모양, ㅇ은 목구멍의 모양으로 각각의 기본자를 상형하였지요.

---

28   창제 당시의 정확한 자형을 반영하고 싶다면 '문체부 훈민정음체' 폰트를 활용해 보세요. 이 폰트로는 'ㅅ'은 세리프(serif, 글자의 돌출선) 없이 정확한 대칭형으로, 'ㅗ'나 'ㅏ'와 같은 모음자는 'ㅡ'와 'ㅣ', 'ㆍ'를 분리한 형태로 표시할 수 있습니다. 창제 당시의 제자 원리를 더욱 쉽게 이해할 수 있겠지요.

29   이 조음 위치 구분에 대한 더 자세한 내용은 'Q14 한글이 세계에서 가장 우수하고 과학적인 문자 맞죠?'의 '한글은 '과학적'인 문자이다 – 근거: 발음 기관 상형의 원리'를 참고하세요.

② 가획의 원리

또 기본자 각 글자들이 나타내는 음가에서 소리가 세질수록 획을 더하여 ㅋ ㄷㅌ ㅂㅍ ㅈㅊ ㆆ ㅎ를 창제하였습니다(가획의 원리). 예컨대 /ㅋ/는 /ㄱ/에 비해 소리가 조금 더 세기 때문에 글자에 획을 더한 것이며, 이러한 방식으로 ㄴ에 획을 더해 ㄷ와 ㅌ를, ㅁ에 획을 더해 ㅂ와 ㅍ를, ㅅ에 획을 더해 ㅈ와 ㅊ를, ㅇ에 획을 더해 ㆆ와 ㅎ를 만들었지요. 기본자에 획을 한 번 더한 것을 1차 가획, 두 번 더한 것을 2차 가획이라고 합니다.

③ 더하여: 이체

한편 제자해에서는 ㆁㄹㅿ를 "異其體(이기체, 그 체를 달리했다)"라고 설명합니다. 이들은 그 글자가 나타내는 소리값이 소리가 더 세진 것이 아닌데도 글자에 획을 더했다고 하여 특별히 '이체자異體字'라고 부릅니다. ㆁ은 아음자지만 후음자인 ㅇ에 획을 더했고, ㄹ은 ㄴ처럼 설음자긴 하지만 그 음가가 비음과 유음으로 조음 방식만 다르며, ㅿ 역시 ㅅ처럼 치음자긴 하지만 그 음가는 유성음과 무성음이란 조음 방식 차이로, 오히려 /ㅿ/의 소리의 세기는 /ㅅ/보다 약하지요(그 소리가 약해서 쉽게 탈락하기에 결국에는 ㅿ자가 소실된 것이고요). 따라서 이체자들은 획을 더하기 했지만 일반적인 가획의 원리를 따르지 않았으니 문자의 체體제가 다르다異고 볼 수 있지요.

2) 모음자 11자의 제자 원리: 상형의 원리, 합성의 원리

국립한글박물관(2022), <훈민정음 표준 해설서>

① 상형의 원리

훈민정음의 모음 기본자 3자(ㆍㅡㅣ)는 각각 천지인의 모양을 본떠 만들었습니다(상형의 원리). 하늘의 둥근 모양을 본떠 'ㆍ', 땅의 납작한 모양을 본떠 'ㅡ', 사람이 서 있는 모양을 본떠 'ㅣ'를 만들었지요. ·는 하늘의 양^陽을, ㅡ는 땅의 음^陰을, ㅣ는 사람의 음과 양을 겸하는 뜻을 담아 음양의 철학적 원리를 반영했습니다. 그러나 이는 자음자의 제자 원리처럼 조음 기관이라는 구체적인 대상을 상형한 것이 아니기에 '추상적 상형'이라 합니다.

② 합성의 원리

또 이 기본자를 서로 결합시켜 나머지 모음자 8자를 창제하였습니다(합성의 원리). 처음에는 ㅡ의 위쪽과 ㅣ의 바깥쪽에 ·를 합하여 ㅗ, ㅏ라는 양성^{陽性} 모음자를 먼저 만들었고, 다음에는 ㅡ의 아래쪽과 ㅣ의 안쪽에 ·를 합하여 음성^{陰性} 모음자를 만들었지요. 이렇게 모음 기본자끼리 합쳐서 처음[初] 나온[出] 글자를 **초출자**^{初出字}라고 합니다. 그 다음 이렇게 만들어진 초출자 ㅗ ㅏ ㅜ ㅓ에 ·를 하나 더해 ㅛ ㅑ ㅠ ㅕ를 만들었습니다. 이렇게 초출자에 ·를 다시 한 번[再] 더해 나온 [出] 글자를 **재출자**^{再出字}라고 하지요.

28자 외의 글자들과 글자들을 합해 쓰는 법은 훈민정음의 '운용 원리'

앞서 살펴본 훈민정음 28자(자음자 17자, 모음자 11자)를 만든 원리를 훈민정음의 '제자 원리'라고 합니다. 하지만 우리가 아는 것에는 이 28자 외에도 'ㄲㄸㅃㅆㆅ', 'ㅐㅔㅚㅟ[30]' 같은 글자들이 있죠. 이 글자는 '운용 원리'에 의해, 훈민정음 28자를 활용하여 만들어진 것입니다. 이 글자들이 훈민정음의 자모 28자에 포함되지 않으니, '제자 원리'와 '운용 원리'를 꼭 구분해 주세요! 제자 원리는 해례본 「제자해」에만 적혀있지만, 운용 원리는 「제자해」, 「중성해」, 「합자해」 등 곳곳에 적혀 있답니다.

'운용 원리'란 1차적으로 제자된 28자를 2차적으로 운용하는 모든 원리라 할 수 있는데요. 연서(連書/이어 쓰기), 병서(並書/나란히 쓰기), 중성자의 합용^{合用}, ㅣ상합^{相合}을 통해 28자 이외의 글자를 만들 수 있습니다. 병서와 연서는 자음 17자의 운용 원리이고, 중성자의 합용과 ㅣ상합은 모음 11자의 운용 원리입니다. 또 이렇게 만들어진 자음자와 모음자들을 가지고, 부서(附書/붙여쓰기), 모아쓰기 등의 방법으로 합해 쓸 수 있습니다. 성조 표시를 위해 별도의 '점찍기'가 이루어지기도 하지요.

---

30 현대와 달리 훈민정음 창제 당시 ㅐ, ㅔ, ㅚ, ㅟ의 음가는 이중 모음이었고, ㅐ, ㅖ, ㅙ, ㅞ의 음가는 삼중 모음이었을 것으로 추정됩니다. 그 근거는 우리 책의 2부, 'Q7 ㅏ, ㅡ, ㅐ, ㅔ … ' 모두 단모음 아닌가요? / 중세 국어의 이중 모음'을 참조하세요.

1) 자음 17자의 운용 원리: 연서, 병서

① 연서

연서란 순음 글자 ㅂ, ㅍ, ㅃ, ㅁ 아래 ㅇ을 이어 써서 순경음(입술가벼운소리) 글자를 만드는 방법을 말합니다. 순경음 글자에는 'ㅸ, ㆄ, ㅹ, ㅱ'가 있답니다. 이 중 ㅸ는 '사ᄫᅵ'(>새우), 객체 높임 선어말 어미 '-ᅀᆞᆸ-' 등 고유어 표기에도 쓰였지만, 'ㆄ, ㅹ, ㅱ'는 한자음 표기에만 나타납니다.

② 병서

<table>
<tr><td rowspan="5">병서</td><td colspan="3">각자 병서</td><td>ㄲ ㄸ ㅃ ㅆ ㅉ ㆅ</td><td>*본래 중국의 유성음을 적기 위해 만들어졌다. 고유어의 된소리를 표기하기도 한다.</td></tr>
<tr><td rowspan="4">합용 병서</td><td rowspan="3">초성자</td><td>ㅅ계 합용 병서</td><td>ㅺ ㅼ ㅽ</td><td>*고유어의 된소리를 표기한다(각자 병서보다 더 주된 방식).</td></tr>
<tr><td>ㅂ계 합용 병서</td><td>ㅲ ㅄ ㅶ ㅷ</td><td>*두 자음의 연쇄를 표기한다. 어두 자음군 표기.</td></tr>
<tr><td>ㅄ계 합용 병서</td><td>ㅴ ㅵ</td><td>*ㅂ과 된소리의 연쇄를 표기한다. 어두 자음군 표기.[31]</td></tr>
<tr><td>종성자</td><td colspan="3">ㄳ, ㅦ, ㅧ, ㅨ, ㄺ, ㄻ, ㄼ, ㄽ, ㄿ, ㅭ, ㅬ, ㅯ, ㅮ, ㅰ, ㅄ, ㆂ, ㅩ</td></tr>
</table>

2) 모음 11자의 운용 원리: 중성자의 합용, ㅣ상합

③ 중성자의 합용

중성자의 합용이란 두 개의 중성자를 합해 쓰는 것입니다. 중성자를 합용한 글자로는 ㅘ, ㆇ, ㅝ, ㆊ가 있습니다. 중성 11자에서 기본자를 제외한 8자(ㅗ ㅏ ㅜ ㅓ ㅛ ㅑ ㅠ ㅕ)를 같이 쓸 때, 서로 특성이 같은 것끼리는 어울려 쓸 수 있습니다. 예컨대 ㅗ와 ㅏ는 모두 ㆍ로부터 나왔으므로 동일한

31 합용 병서와 어두 자음군의 차이에 대해서는 2부의 'Q8 합용 병서와 어두 자음군, 같은 말 아니었나요? / 중세 국어 오개념 바로잡기'를 참고하세요.

특성을 가지기에 어울려 쓸 수 있습니다.[32]

④ ㅣ상합

ㅣ상합은 다른 중성자와 ㅣ를 서로 합하는 것입니다. ㅣ상합자에는 두 종류가 있습니다. 첫째는 중성 11자에 ㅣ를 합하는 것이고(단, ㅣ는 제외되므로 총 10개의 ㅣ상합자가 만들어짐), 둘째는 앞서 말한 합용자 4자에 ㅣ를 합하는 것입니다(총 4개의 ㅣ상합자가 만들어짐). 『훈민정음』의 중성해에서는 ㅣ를 어디에나 붙일 수 있는 이유를 ① /ㅣ/는 전설 고모음이라 발음이 쉽기 때문, ② ㅣ는 천지인 중 '사람'인데 사람은 사물을 여는 데 두루 참여하여 돕기 때문이라고 하여, 음성적 측면과 철학적 측면을 모두 설명한답니다.

ㅣ상합자	한 개의 중성자 + ㅣ	ㆎ ㅢ ㅚ ㅐ ㅟ ㅔ ㆉ ㅒ ㆌ ㅖ(10개)
	두 개의 중성자 + ㅣ	ㅙ ㅞ ㆈ ㆋ (4개)

3) 글자들을 합해 쓰는 운용 원리: 부서, 모아쓰기, 점찍기

⑤ 부서(附書/붙여쓰기)

ㆍ, ㅡ, ㅗ, ㅜ, ㅛ, ㅠ는 초성자의 아래에, ㅣ, ㅏ, ㅓ, ㅑ, ㅕ는 초성자의 오른쪽에 붙여 씁니다.

⑥ 모아쓰기

초성자, 중성자, 종성자 셋을 모아서 하나의 음절을 표시하는 글자를 구성합니다.

⑦ 점찍기

음절 단위로 모아 쓴 글자의 왼쪽에 점 하나를 찍으면 높은 소리인 거성, 두 개를 찍으면 낮다가 높아지는 소리인 상성, 찍지 않으면 낮은 소리인 평성으로 발음합니다.

---

32 「중성해」에서는 이를 "二字合用者。ㅗ與ㅏ同出於ㆍ。故合而爲ㅘ。ㅛ與ㅑ又同出ㅣ。故合而爲ㆇ。ㅜ與ㅓ同出於ㅡ。故合而爲ㅝ。ㅠ與ㅕ又ㅣ。故合而爲ㆊ。以其同出而爲類。故相合而不悖也。"(두 글자를 합하여 쓸 때에는 ㅗ와 ㅏ는 모두 ㆍ에서 나온 것이므로 합하면 ㅘ가 된다. ㅛ와 ㅑ 또한 모두 ㅣ에서 나온 것이므로 합하면 ㆇ가 된다. ㅜ와 ㅓ는 모두 ㅡ에서 나온 것이므로 합하면 ㅝ가 된다. ㅠ와 ㅕ 또한 모두 ㅣ에서 나온 것이므로 합하면 ㆊ가 된다. 이들은 각각 같은 것(ㆍ 또는 ㅣ 또는 ㅡ)으로부터 나와 동일한 특성을 지니므로 서로 어울려도 어그러지지 않는다.)라고 하였습니다.

이체자는 정말 3개일까? ㆁ과 ㄹ·ㅿ 사이의 차이점

교과서에서는 보통 훈민정음 초성자 중 ㆁ, ㄹ, ㅿ 3자를 이체자로 설명하고 있습니다. 하지만 『훈민정음』 해례본의 〈제자해〉를 꼼꼼히 살펴보면 이러한 설명에 이견의 여지가 있어 보입니다. 다음 문맥을 살펴보면 ㆁ은 '이체자'가 아니라, '가획자'의 예외적인 경우로 볼 수 있기 때문입니다.

> ㅋ比ㄱ。聲出稍厲。故加畫。ㄴ而ㄷ。ㄷ而ㅌ。ㅁ而ㅂ。ㅂ而ㅍ。ㅅ而ㅈ。ㅈ而ㅊ。ㅇ而ㆆ。ㆆ而
> ㅎ。其因聲加畫之義皆同。而唯ㆁ爲異。半舌音ㄹ。半齒音ㅿ。亦象舌齒之形而異其體。無加畫之義焉。
> (ㅋ은 ㄱ에 비해 소리가 조금 세므로 ㄱ에 획을 더하여 만들었다. ㄴ에서 ㄷ, ㄷ에서 ㅌ, ㅁ에서 ㅂ, ㅂ에서 ㅍ,
> ㅅ에서 ㅈ, ㅈ에서 ㅊ, ㅇ에서 ㆆ, ㆆ에서 ㅎ을 만든 것이 모두 소리가 세어지는 원리에 따라 획을 더한 뜻이 같은
> 데, 오직 ㆁ만은 다르다. 반설음(반혓소리) 글자 ㄹ과 반치음(반잇소리) 글자 ㅿ 또한 각각 혀가 윗잇몸에 닿는 모
> 양과 이의 모양을 본떴지만 그 體體를 달리한 것으로 획을 더한 뜻은 없다.)

〈제자해〉 중 [정음해례 1ㄴ-2ㄱ]

여기서 "오직 ㆁ만은 다르다"라는 서술이 그 단초를 제공해 줍니다. 해당 문장을 보면, 다른 가획자들과 ㆁ을 먼저 비교해 오직 ㆁ만이 차이가 있다고 언급하고 있습니다. 그 뒤에 별도의 새로운 문장에서 ㄹ과 ㅿ을 언급하며 이 둘이 '체를 달리해 가획한 뜻은 없다'고 이야기하고 있지요. 왜 문장을 이렇게 나누었고, 하필 ㆁ에 대하여 '오직'이라는 표현을 써서 따로 설명했을까요? 아래 표를 보면 ㆁ이 다른 가획자들과 어떤 면에서 같고 다른지, 또 ㄹ·ㅿ과는 어떤 면에서 구별되는지 알 수 있습니다.

제자 과정	ㄱ → ㅋ 등 (9가지)	ㅇ → ㆁ	ㄴ → ㄹ, ㅅ → ㅿ
1) 자형: 새로운 글자의 자형을 만들 때 기본자에 획을 더하였는가?	O	O	O
2) 소리의 세기: 획을 더하기 전후를 비교했을 때 그 글자가 나타내는 소리가 세졌는가?	O	O * [ø] → [ŋ]	X * 비음 → 유음 * 무성음 → 유성음
3) 조음 위치: 획을 더하기 전후를 비교했을 때 그 글자가 나타내는 소리의 조음 위치가 같은가?	O	X * 후음 → 아음	O * 설음 → 반설음 * 치음 → 반치음
만들어진 글자의 구분	가획자 * 소리가 세어지는 뜻에 따라 획을 더했음.	가획자이나 예외적인 경우 * 소리가 세어지는 뜻에 따라 획을 더했으나, 다른 가획자와 달리 같은 조음 위치가 아님.	이체자 * 소리가 세어지는 뜻에 따라 획을 더한 것이 아님.

즉 해례본의 기술대로 '가획의 원리'가 '소리가 세어지는 뜻에 따라 획을 더한다'라는 뜻이라면, ㆁ은 가획자에 포함된다고 볼 수 있습니다. 그러나 "오직 ㆁ만은 다르다"라고 한 것은, ㆁ은 다른 가획자들과는 달리, 획을 더하기 전과 후의 글자가 나타내는 소리의 조음 위치가 다르기 때문으로 볼 수 있습니다.

이상의 사실을 고려하면 ㆁ을 이체자가 아니라 가획자로 볼 가능성도 열려 있는 셈입니다. 적어도 'ㆁ'을 'ㄹ, ㅿ'과 동일한 이체자로 묶어 설명하는 것은 적절한 설명이라고 할 수 없습니다. 교사인 우리는 '이체자'로 쉽게 묶이는 ㆁ과 ㄹ·ㅿ이 어떤 점에서 구별되는지 해례본의 기술을 근거로 따져 보고, 설명할 수 있어야 하겠습니다.

'합성(合成)의 원리'라는 용어가 적절할까?

교과서에서 중성의 세 기본 자(· , ㅡ, ㅣ)를 '합성'하여 나머지 8자의 중성자(초출자 ㅗ ㅏ ㅜ ㅓ, 재출자 ㅛ ㅑ ㅠ ㅕ)를 만들었다고 하며 '합성의 원리'라는 표현을 사용하는 경우가 있습니다. '합성'이라는 말이 널리 사용되고 있지만, 『훈민정음』 해례본을 꼼꼼히 살펴보면 '합성의 원리'라는 용어에 재고의 여지가 있어 보입니다.

(1)   ㅗ …(중략)… 其形則 ·與ㅡ合而成 (ㅗ …(중략)… 글자의 모양은 ·와 ㅡ가 합쳐져 이루어졌으니) 〈제자해〉

(2)   初中終三聲 合而成字 (초성자, 중성자, 종성자 셋을 모아서 하나의 음절을 표시하는 글자를 구성한다) 〈합자해〉

(1)의 제자해에서는 ㅗ, ㅏ, ㅜ, ㅓ의 제자 원리를 설명하면서 '合而成(합이성)'이라는 표현을 쓰고 있습니다. '合而成(합이성)'은 제자 과정은 물론 그 결과까지도 아우른 표현입니다. (2)에서는 '合而成(합이성)'이 중성자의 제자가 아닌 초성자, 중성자, 종성자가 합쳐져 하나의 음절을 표시하는 글자를 이루는 것을 지칭하는 표현으로 쓰입니다.

병서並書, 연서連書, 합용合用, 가획加畫, 이기체異其體, 초출初出, 재출再出 등과 달리, '合而成'은 하나의 용어라고 보기에는 어려움이 있습니다. 해례의 곳곳에서 나타나는 '合而成'은 중성자의 제자 원리만을 가리키는 용어가 아니라, 기존의 요소를 합쳐 새로운 요소를 만들어 내는 경우를 아울러 이르는 일반적 성격의 용어입니다. 그렇기에 '合而成'을 줄여 '합성合成'이라는 용어로 사용하는 것은 적절하지 않다고 볼 수 있습니다. 이미 많이 사용되어 왔던 용어로서 편리함이 있지만, 부적절한 측면도 있음을 염두에 두면 좋겠습니다.

「제자해」에 담긴 훈민정음의 철학성

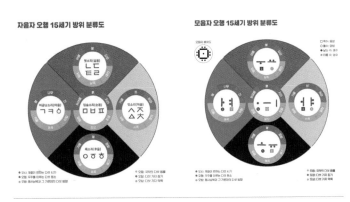

서울특별시, 《훈민정음》 해례본 발견 80주년 기념,
《훈민정음》 해례본 이야기 28', 2020.10.09.

훈민정음에는 다양하고 정교한 음양오행 철학이 담겨 있고, 그 구체적인 내용이 해례본의 '제자해'에 설명되어 있습니다. 자세한 내용을 여기서 모두 살펴보기는 어렵지만, 대표적인 몇 가지 내용만 소개하겠습니다. 먼저 모음 11자에는 1부터 10까지 부여된 고유한 숫자가 있습니다. 양성 모음자인 ㅗ, ㅏ, ㆍ, ㅛ, ㅑ는 각각 1, 3, 5, 7, 9(홀수, 하늘의 수, 양陽)이고, 음성 모음자인 ㅜ, ㅓ, ㅠ, ㅕ, ㅡ는 각각 2, 4, 6, 8, 10(짝수, 땅의 수, 음陰)이랍니다. 이때 중성 모음자인 ㅣ에는 수가 정해져 있지 않습니다. '사람'은 양과 음이 오묘하게 결합해 있어 수를 정할 수 없는 복잡한 존재이기 때문이죠.

또 '아설순치후' 오음五音은 각각 음양오행에서 오행五行, 그중 각각 목木, 화火, 금金, 토土, 수水에 대응됩니다. ㆁ은 아음(나무)자인데도 ㅇ 후음(물)자와 비슷한데, 이를 철학적으로 설명하면 나무의 새싹이 물에서 생겨나는 이치와 같다고 합니다. ㆁ은 나무의 새싹, ㄱ은 나무의 바탕, ㅋ은 나무가 무성하게 자란 것, ㄲ은 나무가 오래되어 웅장한 것을 표현한 것이죠.

음양오행의 철학적 원리는 성리학을 대표하는 중심 사상이었습니다. 훈민정음은 당대인들의 세계관까지 담고 있는 철학적 문자였으며, 『훈민정음』 해례본은 음양오행에 기반한 설명을 통해 성리학을 중시하던 당대의 지식인에게도 훈민정음에 담긴 의미와 가치를 설득해 나갈 수 있었습니다.

아이들의 말과 시골의 말까지 고민했던 세종과 집현전 학사들

가. 반설음(/ㄹ/)에는 가벼운 소리([ɾ])와 무거운 소리([ll]) 두 가지가 있는데, …(중략)… ㅇ을 ㄹ의 아래에 이어 쓰면 반설경음(반혀가벼운소리) 글자가 된다.

나. ㅣ의 소리 다음에 ·의 소리가 오는 경우와 ㅣ의 소리 다음에 ㅡ의 소리가 오는 경우가 …(중략)… 아이들의 말이나 시골말에서 간혹 있는데, 이를 적고자 한다면 마땅히 '**ᆡ**', '**ᆜ**'와 같이 두 글자를 합쳐서 적어야 한다.

(가)와 (나)는 해례본 합자해의 마지막 부분에 실린 내용입니다. (가)는 반설음 'ㄹ'에는 가벼운 소리도 있고 무거운 소리도 있으니, 둘을 구별하고자 한다면 가벼운 소리를 '**ᄛ**'으로, 무거운 소리를 'ㄹ'로 표기할 수 있음을 설명한 것입니다. 국어의 'ㄹ'이 가질 수 있는 변이음의 성격을 포착하고 변이음을 구별해 표기하는 방안을 마련한 것은 음성과 음운에 대한 분명한 인식을 보여 주는 대목으로 평가할 수 있습니다. (가)를 참고하면 영어를 한글로 적을 때 영어의 /r/은 '**ᄛ**'로, /l/은 'ㄹ'로 표기하거나 /v/를 'ᄫ'로, /b/은 'ㅂ'로 표기하여 구별하는 아이디어를 떠올려 볼 수도 있지요.

(나)는 특수한 지역이나 계층에서 사용되었던, 반모음 ㅣ [j] 뒤에 단모음 ·[ʌ]와 ㅡ[ɨ]가 따르는 이중 모음을 표기하는 방안을 마련한 대목입니다. (나)에서 '아이들의 말이나 시골말'에 있다고 표현한 이 소리는 오늘날의 지역 방언에서도 쉽게 들을 수 있습니다. 어떤 지역에서는 '영감'을 '이응감'과 비슷하게 발음하지요. 현대의 표기로는 이 발음을 옮길 방안이 마땅치 않지만, 해례본의 설명을 참고한다면 '**ᆜ**감'과 같은 표기를 떠올려 볼 수 있지요.

'**ᄛ**'나 '**ᆡ**', '**ᆜ**' 등의 표기는 실제로 사용되지는 않지만, 세종과 집현전 학사들이 우리 음성과 음운, 특수한 지역과 계층의 말소리에까지 폭넓은 관심을 가졌다는 사실을 보여 줍니다.

Q10

한글날은 왜 10월 9일인가요?
『훈민정음』 해례본과 한글날

한글날이 원래 '가갸날'로도 불렸던 사실을 알고 계신가요? 10월 9일이라는 한글날의 날짜는 문자 훈민 정음이 만들어진 날이 아닌, 「정인지 서문」에 적힌 '정통 11년 9월 상한'이란 『훈민정음』 해례본의 편찬일을 기준으로 삼았습니다. 9월 상한 중 마지막 날인 9월 10일을 양력으로 변환한 것이죠. 이번 장에서 한글날 지 정의 역사, 한글날 일자의 기준, 북한의 한글날까지 자세히 알아봅시다.

○— 들어가며

추석, 개천절, 한글날…. 우리의 2학기 달력을 흐뭇하게 만드는 이름들입니다. 아마 이들이 연속으로 이어져서 황금연휴가 만들어지기를 기다리는 사람들도 많을 것입니다. 그런데 여러분은 한글날이 왜 10월 9일이 되었는지, 생각해 보신 적 있으신가요? 만약 실제 교실에서 학생들이 이런 질문을 하면 뭐라고 답해 줄 수 있을까요? 이 질문에 대한 답은 『훈민정음』 해례본에서 찾아볼 수 있습니다. 우리의 한글날은 언제 부터 기념하기 시작했고, 언제부터 10월 9일이 된 것일까요? 그리고 해례본에 어떤 기록이 남아 있을까요? 지금부터 함께 살펴봅시다.[33]

---

33   이 장의 내용은 책 『한글문화사』(김동언, 2021) 41~44쪽의 내용을 주로 참고하여 구성되었습니다.

신문을 통해 본 '한글날' 지정의 역사

한글 창제의 기념에 대한 초기의 기록은 동아일보의 1924
년 2월 1일 자 기사에서 확인할 수 있습니다. 기사에 따르면 조
선어연구회에서는 음력 12월 27일에 훈민정음 반포 기념식을 열었
습니다. 여기서 음력 12월은 훈민정음 창제 날짜에 근거한 것이
었지만, 27일은 조금 특별한 의미가 담겨 있는 것이었습니다.
세종 25년에 훈민정음이 창제되었지만, 반포는 세종 27년에 이
루어졌다는 점에 의미를 담기 위해 '27일'을 기념일로 정한 것
입니다. 그러나 실제로는 세종 28년(1446년)에 훈민정음이 반포
되었기 때문에 적절한 기념일 날짜가 될 수는 없었습니다. 게다
가 이 훈민정음 반포 기념식도 그 해에만 이루어지고 다음 해까
지 이어지지는 못하였다고 합니다.

동아일보 1924.2.1.

동아일보 1926.11.4.

수업 도우미

세종실록의
해례본 편찬 기록
(1446.9.29.)

1926년 11월 4일(음력 9월 29일)에는 "「한글」의 새로운 빛 오늘이 「가갸날」, 긔념강연은 엿셋날"
이라는 제목의 기사가 등장하게 됩니다. 이날은 『세종실록』 세종28년 9월 29일 기록 중 "이달에
『훈민정음』이 이루어졌다.(是月, 訓民正音成.)"에서의 "이달"이었던 9월을 기념한 것입니다. 이름도

'한글날'이 아닌 '가갸날'임을 알 수 있는데요, 사실 기념일 이름으로 '가갸날'이 확정된 것은 아니었다고 합니다. '가갸날'은 당시 토론에서 제안되었던 이름 중 하나였는데, 사전에 기념식 이름을 공지할 때 '가갸날'이라는 명칭을 사용하였기 때문에 '가갸날'로 보도되었다고 합니다.

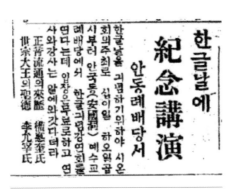

동아일보 1928.11.12.

1928년부터 이 기념일은 '한글날'로 불리기 시작했습니다. 그러나 이때부터 한글날이 10월 9일이었던 것은 아니고, 양력 환산 문제 등으로 인해 날짜가 계속해서 바뀌다가, 1934년에 조선어학회에 의해 한글날은 10월 28일이 되었고, 『훈민정음』 해례본이 발견된 1940년 이후 한글날이 10월 9일이 되었습니다. 다만 이 당시는 정세가 불안정한 시기였으므로 한글날 기념행사를 10월 9일에 진행한 것은 우리나라의 해방 이후였다고 합니다.

정인지 서문: 편찬 일자와 한글날의 관련성

그럼 한글날은 왜 10월 9일이 되었을까요? 『훈민정음』해례본의 '정인지 서문'에서 답을 찾아볼 수 있습니다. 정인지는 "정통 11년 9월 상한에 자헌대부 예조판서 집현전 대제학 지춘추관사 세자우빈객 신 정인지가 두 손을 모으고 삼가 쓰다."라는 말로 서문을 끝맺습니다. 여기서 "정통 11년 9월 상한正統十一年九月上澣"이라는 표현이 주목되는데요, 이 날짜가 바로 해례본의 편찬일입니다. 이때 '편찬'이라는 것은 책이 완전히 인쇄되어 출판된 시점이라기보다는 정인지 서문의 내용이 완성된 시점을 의미합니다.

우리가 말하는 10월 9일의 한글날은 한글이 만들어진 날로 여겨지는 '1443년 12월경'이 아니라, 해례본의 편찬일인 '1446년 9월 상한'을 기준으로 정해졌다는 거죠. 이를 '훈민정음의 반포일'로 설명하기도 하는데, 이때 실제로 훈민정음 반포식 같은 것을 거행한 것은 아니지만 책 해례본이 만들어진 것을 문자 훈민정음을 반포한 것으로 여겨 이러한 표현을 쓰는 것이랍니다. 우리가 평소에 그저 기념일로만 여겼던 한글날의 날짜도 『훈민정음』해례본의 기록과 관련되어 있다니, 정말 신기하지요?

정인지 서문에서 말하는 '상한'이란 한 달을 삼등분했을 때 초하루부터 초열흘까지의 기간을 말합니다. 이때 10일 중 정확히 어느 날인지는 알 수 없어서, 조선어학회에서도 많은 고민을 했다고 해요. 그러다 고심 끝에 10일로 합의하였고, 이를 양력으로 변환한 10월 9일을 한글날로 지정하게 된 것입니다.

이렇게 지정된 한글날은 1946년에 군정법률 제9호 「근무규정」에 의하여 처음으로 공휴일로 지정되었습니다. 그러다 1990년에 정부는 공휴일이 너무 많아 경제 발전에 방해가 된다며 공휴일 축소 정책을 실시하였고, 이때 한글날도 법정 공휴일에서 제외되고 단순 기념일로만 남게 되었죠. 이후 한글의 위상을 더 높여야 한다는 목소리가 커지며, 결국 2013년부터 한글날은 다시 공휴일이 되었답니다.

북한에서도 우리처럼 한글날을 기념할까?

북한에서도 한글날을 기념하고 있을까요? 사실 북한에서는 '한글'이라는 단어를 사용하지 않습니다. '조선글' 또는 '조선 글자'라고 표현하죠. '한글날' 역시 '조선글날' 혹은 '훈민정음 창제 기념일'이라고 부릅니다. 그럼 남한과 북한은 같은 날을 명칭만 다르게 쓰며 기념하는 것일까요? 그것도 아닙니다. 북한에서는 10월 9일이 아니라 1월 15일을 '훈민정음 창제 기념일'로 삼고 있기 때문이죠. 왜 그럴까요?

수업 도우미

국립국어원,
북한의 한글날(영상)

훈민정음은 1443년에 창제되었지요. 『세종실록』 1443년 음력 12월 30일자 기사에 "이달에 임금이 친히 언문 28자를 지으셨다."라는 기록이 있습니다. 북한은 바로 이 기록에 따라 "이달"이었던 12월의 중간인 15일을 창제일로 잡고, 그 날짜를 양력으로 계산한 1월 15일을 기념일로 삼았습니다. 즉, 남한이 해례본의 편찬일을 기준으로 한글날을 지정하였다면, 북한은 훈민정음 창제일을 기준으로 훈민정음 창제 기념일을 지정한 것입니다.

	남한	북한
명칭	한글날 (과거에는 '가갸날')	조선글날 / 훈민정음 창제 기념일
일자	10월 9일	1월 15일
지정 기준	책 『훈민정음』 해례본의 편찬일	문자 훈민정음의 창제일
관련 기록	「정인지 서문」 "정통 11년(=1446년) 9월 상한 (…) 정인지가 두 손을 모으고 삼가 쓰다."	세종실록의 기사(1443년 12월 30일) "이달에 임금이 친히 언문 28자를 지으셨다"
지정 경위	「정인지 서문」의 완성일을 해례본의 편찬일로 보고, 9월 상한上澣의 마지막 날인 10일을 양력으로 변환	"이달"(12월)의 중간인 12월 15일을 양력으로 변환

교실에서 펼치는 우리말 우리글 역사 이야기

한글날이니까 외래어를 쓰지 말아야 한다?

여러분은 '한글날 기념'하면 무엇이 떠오르시나요? 매년 10월 9일이면 삼행시 짓기, 무료 공연 등 전국 곳곳에서 한글날을 기념하는 행사가 열립니다. 때로는 '외래어 순우리말로 바꿔 쓰기', '신조어 쓰지 않기'와 같은 엉뚱한 이벤트가 열리기도 합니다. '한글날'에 대해 정확히 안다면 우리는 한글날에 무엇을 축하하고 기념해야 할지 알 수 있을 것입니다. 열심히 기념식을 준비했는데, 정작 주인공이 빠지면 섭섭하겠지요!

책 『훈민정음』과 훈민정음의 창제 원리

[Airport 3]에서 다룬 책 『훈민정음』에는 한글의 창제 원리가 적혀있죠. 한글의 창제 원리는 교육과정에서 꼭 다루는 내용인데, 언뜻 쉬워 보이지만 사실 그리 간단하지 않기 때문에 선생님들의 걱정도 크실 것입니다. 수업을 준비하는 교사에게는 두 가지 고민이 있을 듯합니다. 1. 틀리거나 모호하게 설명하기 쉬운 오개념이 없는지, 2. 쉽고 풍부하게 알려 주는 방법이 없을지 말이지요. 두 가지 고민을 풀어나갈 수 있는 몇 가지 방안을 제시해 보겠습니다.

1. 훈민정음의 창제 원리 – 주의해야 할 오개념

1) 이체자는 '가획'한 것인가? (X): 이체자 'ㄹ, ㅿ, ㆁ' 역시 기본자에서 획이 더해진 자형이지만, 이체자를 설명할 때 '가획'이라는 명시적 용어는 사용하지 않는 편이 좋겠습니다. 『훈민정음』 해례본 제자해에서는 이체자에 대하여 "無加畫之義(무가획지의)"라 하여, 가획한 뜻이 없다고 언급한 바 있습니다. 즉 일반적으로 '가획'은 소리가 세어짐에 따라 획이 더해지는 '가획의 원리'와 관련해서 사용되는 용어입니다. 이체자의 자형을 설명할 때는 '획을 더했다'는 일반적인 표현을 사용하는 편이 더 좋겠습니다.

2) '이체의 원리'라는 표현이 적절한가? (X): '이기체異其體'는 규칙의 예외를 설명한 표현이기 때문에 '원리'로 아우르기는 어려워 보입니다. '상형의 원리'와 '가획의 원리'로 문자를 창제하였고, 모양이 다른 문자가 있어 이 문자들을 편의상 '이체자'라고 부릅니다. 자음자의 제자 원리는 '상형의 원리'와 '가획의 원리'이고, 원리에 따라 만들어진 문자를 구분하여 '기본자', '가획자', '이체자'로 부를 수 있습니다.

3) '합성의 원리'라는 표현이 적절한가? (△): '합성의 원리'는 이미 많이 사용되어 왔던 편리한 용어이기도 하지만, 앞서 '더 알아보기'를 통해 살펴보았듯 '합성의 원리'라는 용어가 적절하지는 않습니다. '합성의 원리'라는 용어를 사용해도 되지만 이 용어의 문제점 역시 염두에 두는 것이 좋겠습니다.

4) 종성자도 합용 병서인가? (○): 해례본 '어제 예의'에서는 병서竝書를 설명하면서 "初聲合用則竝書◦終聲同"(초성합용즉병서◦종성동)이라 하고 있습니다. '돐'과 같은 음절에서 받침의 'ㄲ' 역시 합용 병서 표기에

해당합니다.

5) 문자 'ㅿ'을 가리키는 용어로 '반치음'과 '반시옷' 중 무엇이 맞는가?: '반치음'은 표준국어대사전에도 "훈민정음에서, 'ㅿ'를 이르는 말."로 등재될 만큼 문자 'ㅿ'의 명칭으로 흔히 쓰이고 있습니다. '반치음' 이란 용어를 사용해도 되지만 엄밀한 관점에서 '반치음'은 'ㅿ' 글자가 나타내는 소리를 가리키는 용어 이니, 글자의 이름으로는 '반시옷'이 더 적절하겠습니다.

6) '합용'이라는 용어를 어떻게 쓰는 것이 정확한가?: '합용合用'은 모음의 기본자를 'ㅘ ㅝ ㅛㅑ ㆇ'와 같이 조 합하는 운용 원리를 가리킵니다. 다만 해례본 합자해에서 '종성자의 합용 병서'와 같이 자음자에 대해 서 '합용'이라는 용어가 사용된 경우도 있어 중의적으로 해석될 여지가 있습니다. 따라서 모음자의 합 용을 가리키고자 한다면 되도록 '중성자의 합용'이라는 명확한 표현을 사용해 주는 것이 좋겠습니다.

7) '모아쓰기'의 한자어 명칭은 무엇인가?: 한자어 '연서, 병서, 부서'를 글자 그대로 풀어 쓰면 고유어 용 어인 '이어 쓰기, 나란히 쓰기, 붙여쓰기'에 대응하는 데 반해 '모아쓰기'는 대응하는 한자어 용어가 없 습니다. 대개 우리말 용어는 언해본에서, 한자어 용어는 해례본에서 따오는데, 모아쓰기의 경우 해례 본에 '合而成音(합이성음)', '合而成字(합이성자)'(「합자해」) 정도로만 기술되어 있어 용어화하기가 다소 어 렵습니다. '모아쓰기'를 '성자법'이라 부르기도 한다는 점을 참고할 수 있습니다.

8) '창제 원리', '제자 원리', '운용 원리'의 차이는 무엇인가?: '창제 원리'는 '제자 원리'와 같은 뜻으로 사용 될 수 있지만, '제자 원리'와 '운용 원리'는 구분됩니다. '창제'란 용어는 「정인지 서문」의 "殿下創製正音 二十八字(전하창제정음이십팔자)" 등에서 찾아볼 수 있으며, '제자 원리'는 훈민정음 28자(자음자 17자, 모 음자 11자)를 만든 원리입니다. '운용 원리'는 연서, 병서, 합용 등 창제된 28개의 글자를 활용하는 방법 들을 가리킵니다.

제자 원리(=창제 원리)	운용 원리
1) 자음 17자 제자 원리: 상형, 가획 (☞ 기본자, 가획자, 이체자) 2) 모음 11자 제자 원리: 상형, 합성 (☞ 기본자, 초출자, 재출자)	1) 자음 17자의 운용 원리: 연서, 병서 2) 모음 11자의 운용 원리: (중성자의) 합용, ㅣ 상합 3) 글자들을 합해 쓰는 원리: 부서, 모아쓰기, 점찍기

2. 훈민정음을 쉽고 풍성하게 알려 주는 방법

1) 쉽게 알려주기 - 사라진 문자의 발음은?

수업 시간에 훈민정음을 소개하다 보면 학생들이 'ㆁ'나 'ㅿ'처럼 오늘날에 사라진 글자들의 발음을 꼭 궁금해 하지요. 소실된 문자의 음가와 관련해서는 우리 책의 2부, 'Q6 ㅸ? ㅿ? ㆁ? 15세기 문헌에 처음 보는 글자가 있어요. 어떻게 읽나요? / 소실된 중세 국어 음운과 글자'에서도 자세히 소개한 바 있습니다.

하지만 수업에서는 때로 정확하고 객관적인 설명보다 쉽고 재미있는 설명이 더 효과적일 때가 있지요. 아래에 교육 현장에서 중학생 학습자들도 쉽게 이해할 수 있는 설명 방법과 예시를 제시해 보았습니다. 쉽고 직관적인 설명 뒤에는 IPA에 근거한 실제 발음을 들려주어 균형을 맞추어 주는 것이 좋겠지요.

① ㆁ(옛이응, 연구개 비음 [ŋ])

쉬운 설명	▲ 받침 ㅇ이 나타내는 소리[ŋ]와 같다. ▲ 초성 자리에 온 ㆁ을 읽을 때는 앞에 '응'을 붙여 빠르게 읽으면 비슷하게 발음할 수 있다. ex) 어[응어]
쉬운 예시	▲ 베트남에는 초성의 [ŋ]이 존재한다. 베트남에서 흔한 성씨인 'Nguyen'은 대부분의 한국 사람이 '응웬'으로 발음하지만, 옛 문자인 'ㆁ'을 활용하면 '웬'으로 쓸 수 있다. ▲ 물고기 어魚: 한자 '魚(어)'는 옛 한자음이 초성에 'ㆁ[ŋ]'을 가진 '어'였다. 물고기 이름 '붕어', '상어', '잉어' 등은 본래 한자어 '鮒魚(*부어)', '鯊魚(*사어)', '鯉魚(*리어)'였는데, 오늘날에는 첫 음절에 받침 'ㅇ'을 가진 단어로 남아 있다.

"선생님, 왜 ㆁ은 ㅇ과 모양이 닮았나요?"

『훈민정음』「제자해」에서는 아음자 ㆁ가 나타내는 소리에 대해, "혀뿌리가 목구멍을 막지만 소리의 기운이 코로 나와 그 소리가 불청불탁에 해당하는 후음자 ㅇ의 음가와 서로 닮았다. 운서에서는 의모疑母와 유모喩母가 서로 많이 혼용되고 있다. 아음 글자 ㆁ은 목구멍의 모양을 본뜬 것으로 아음 글자를 만들 때에 기본으로 삼지 않았다."라고 설명한다.

성운학의 36자모 체계에서 의모는 초성의 연구개 비음[ŋ]으로서 훈민정음에서 아음의 불청불탁음인 ㆁ에 해당하고, 유모는 초성에 음가가 없는 것으로 훈민정음에서 후음의 불청불탁음인 ㅇ[ø]에 해당한다. 중국어에서는 근대음(12세기 경) 이후 의모가 차츰 음가를 잃어 유모와 구분할 수 없게 되었다. 중세 국어의 현실 언어에서도 어두 음절의 초성에서 ㆁ 음은 쓰이지 않았다. 어두 음절의 초성에서 ㆁ 음은 불청불탁음인 ㅇ 음과 구별하기 어렵다고 하여, 아음자 ㆁ을 후음자 ㅇ에 획을 더하여 비슷하게 만들었다.

또 『훈민정음』「제자해」에서는 'ㆁ'과 'ㅇ'의 차이를 음양오행의 철학에 빗대어 설명하기도 한다. '아설순치후'의 오음五音은 각각 음양오행의 오행五行인 목木, 화火, 금金, 토土, 수水에 대응된다. ㆁ은 목木인데도 ㅇ, 즉 수水와 비슷한데, 이는 나무의 새싹이 물에서 생겨나는 이치와 같다고 설명한다. ㆁ은 나무의 새싹, ㄱ은 나무의 바탕, ㅋ은 나무가 무성하게 자란 것, ㄲ은 나무가 오래되어 웅장한 것을 표현한 것이라고 하였다.

② ㆆ(여린히읗, 후두 파열음[ʔ])

쉬운 설명	▲ 후두 파열음이란 성대의 좁은 틈을 일시적으로 막았다가 그것을 터뜨리며 내는 소리를 말한다. ▲ 입을 살짝 벌리고, 목 근육을 살짝 수축시켜 성대의 공기 흐름을 멈췄다가 풀어 주며 발음한다.	
쉬운 예시	▲ button, cotton의 영어 발음: button['bʌtn/'bʌʔn], cotton['katn/'kɑʔn]처럼 [tn]의 연쇄에서 앞 음절을 발음할 때 숨을 참았다가 뒤 음절을 발음할 때 목에 힘을 빼면 비슷한 소리가 난다. 옛 문자인 'ㆆ'을 활용하면 '벝흔'으로 쓸 수 있다. ▲ 오늘날 경상 방언에 후두 파열음이 존재한다고 보고되고 있다. '일(一, 게)'과 '이(齒, 게)'는 '일(事, il)'과 '이(二, i)'와는 달리 초성이 후두 파열음으로 발음되며, 경상 방언 화자들 사이에서는 서로 다른 소리가 구별된다. ▲ 한자 '一(일)'과 '日(일)'은 옛 한자음이 'ㆆ'을 가진 '힗'이었다. '일백일십일만'이나 '일본'에서 '일'은 고유어 '일자리'의 '일'보다 초성이 힘주어 발음된다.	

③ ㅿ(반시옷, 유성 치경 마찰음[z])

쉬운 설명	▲ 영어의 알파벳 'z'의 발음이다. ▲ 혀끝과 잇몸 사이의 간격을 좁히고, 혀끝을 내리면서 마찰되는 공기를 강하게 내뱉으면 [z] 소리가 난다. 조음할 때 목에 손가락을 대고 성대가 울리는지 확인한다.	
쉬운 예시	▲ zoo[zuː], zip[zɪp]의 초성 발음	

④ ·(아래아, 후설 평순 저모음[ʌ])

쉬운 예시	▲ nut[nʌt], drug[drʌg], mother['mʌðə(r)]의 모음 발음	

"제주방언에 아래아가 남아 있다고요?"

오늘날 중앙어에서는 아래아가 소멸하였지만, 제주방언에는 아래아가 남아 있는 것으로 분석되고 있습니다. 제주의 장년층 화자는 '물[馬]'과 '말[言]', 술[膚]'과 '살[矢]', '돌[月]'과 '돌[石]', '둘다[懸·甘]'와 '돌다[回]' 같은 어휘들을 구분해서 발음하며, '혼저옵서예(어서오세요)', '몸국(제주 지역의 향토 음식)', '호꼼(조금)' 등의 제주 어휘에도 아래아가 포함되어 있습니다. 하지만 음가가 중세 국어 당시(ʌ)와 완전히 같지는 않고, 평균적으로 후설 원순 저모음(ɒ) 정도로 발음된다고 분석되고 있습니다.

2) 풍성하게 알려주기: 해례본에 대한 이야기 나누기

(1) 한글날의 유래, 문자 훈민정음과 책『훈민정음』의 차이 - 동기유발

한글 창제의 배경을 충분히 논의해 보았다면, 『훈민정음』 해례본을 깊게 알아봐야겠지요. 본격적인 내용에 들어가기 전에 우리의 생활 속 기억으로부터 수업이 시작될 수 있도록 학생들에게 질문해 보세요. "여러분 한글날이 언제인지 아나요?" 미처 기억하지 못하는 학생도 있겠지만, 대부분의 학생들은 10월 9일이라고 잘 대답할 것입니다. 그럼 한 번 더 질문해 보세요. "왜 한글날이 10월 9일인지 아나요?" 이 질문에는 아마 대답하지 못하는 학생들이 더 많을 것 같습니다. 우리가 한글날을 국경일로 지정하여 기념하는 이유를 정확하게 알려 주는 것이 중요하겠지요.

우리의 한글날은 '한글'의 생일이 아닙니다. 쉽게 말하자면 '『훈민정음』 해례본'의 생일이라고 할 수 있지요. 학생들에게 책『훈민정음』 속 정인지 서문에 언급된 해례본의 편찬일을 기준으로 한글날이 정해졌다는 것을 알려 주세요. 이와 연결하여 문자 훈민정음과 책『훈민정음』의 차이를 알려 주세요. 해례본이 얼마나 중요하기에 해례본 편찬일을 한글날로 기념하는지 함께 탐구해 보면 좋을 것입니다.

(2) 해례본의 뜻과 의의, 발견 과정, 언해본과의 차이 - 한글의 제자 원리를 배운 뒤 연결

해례본에 대한 이론적 내용, 다양한 논의는 본문에서 충분히 다루었습니다. 교실에서는 한글 창제 원리를 배운 후, '그런데 이 원리들을 우리가 어떻게 알게 되었을까?'란 질문으로 연결해서 수업을 펼쳐 보세요. 해례본의 역사를 학생들에게 재미있게 전하기 위해 수업에서 활용할 수 있는 이야기 흐름을 제안하고자 합니다.

① '해례본'과 '언해본'의 차이부터 알려 주세요. 특히, 세종이 직접 쓴 '어제 서문'은 '國之語音 異乎中

國…'의 한문이자 '해례본'『훈민정음』이며, 우리가 잘 아는 '나랏말싸미 듕귁에 달아…'는 '언해본'『훈민정음』의 첫 구절이라는 사실을 강조해 주세요. '세종'이라는 묘호는 왕이 승하한 이후 정해지기 때문에, 언해본에 '세종어제훈민정음'이라는 제목이 달린 언해본을 세종이 썼을 수는 없겠지요.

② 해례본의 발견 과정을 설명해 주세요. 해례본과 언해본 중 먼저 발견되었던 문헌은 언해본이고, 해례본은 1446년에 편찬되었지만 500년 가까이 아무도 그 존재를 모르다가 1940년에야 비로소 그 모습을 드러내게 되었다는 사실을 강조해 주세요. 굳은 신념으로 소중한 문화재를 지켜 후손에게 물려준 간송 전형필에 대해서도 간략히 소개해 주세요.

③ 해례본의 의의와 가치를 알려 주세요. 한글은 창제자분만 아니라 창제 시기, 창제 목적, 창제 원리가 모두 밝혀진 세계 유일의 문자입니다. 이 문자에 대해서 '언제, 어디서, 누가, 무엇을, 어떻게, 왜'를 하나도 빠짐없이 해설해주는 책『훈민정음』해례본 덕분이죠. 해례본이 현존하는 유일한 문자 해설서임을 강조해 주세요. 해례본이 발견되기 전에는 창문의 모양을 본떠 훈민정음을 만들었다는 다소 황당한 설도 있었음을 알려준다면 더 흥미롭겠지요.

[영상] 만화로 보는
간송 전형필
(2:09~4:19)

〈『훈민정음』해례본의
발견 과정〉
만화 이미지 다운로드

2014학년도 중등 교사 임용 시험

① 혹 문자의 사용 설명서를 본 적이 있는가? 인류의 문자사에서 문자 제작자가 직접 제공한 문자의 사용 설명서가 존재하는 경우는 거의 찾아보기 힘들다. 그러나 한글은 창제자에 의해 그것의 사용 설명서가 분명하게 제공되었다는 점에서 다른 문자들과 차이가 있다. 1446년 세종과 집현전 학자들에 의해 만들어진 해례본 『훈민정음』이 바로 그것이다.

② '훈민정음'은 신문자^{新文字}의 이름이자 책의 이름이기도 하다. 해례본 『훈민정음』의 앞부분에는 본문에 해당하는 어제서문과 예의가 있다. 그 뒤를 이어서 다섯 개의 '解'(제자해, 초성해, 중성해, 종성해, 합자해)와 하나의 '例'(용자례)의 순서대로 구성된 해례가 자리하고 있다. 책의 마지막에는 편찬에 참여한 8명의 집현전 학자들을 대표해 대제학 정인지가 쓴 서문이 실려 있다.

③ 다섯 개의 '解' 중 첫 번째인 제자해에는 신문자의 제자 원리가 분명하게 설명되어 있다. 제자해의 모든 설명은 중국의 성운학과 성리학의 형이상학적 세계관을 바탕으로 하고 있는데, 특히 신문자의 제자와 운용에 천지만물의 원리가 담겨 있음을 강조하였다.

④ 초성은 오음^{五音}과 청탁^{淸濁}을 기준으로 분류되었다. 'ㄱ, ㄴ, ㅁ, ㅅ, ㅇ' 5개의 글자가 각각 오음을 대표하는 기본자인데, 이 기본자는 사람의 발음 기관을 상형한 것이다. 'ㄱ'은 혀뿌리가 목구멍을 막는 모양을, 'ㄴ'은 혀가 윗잇몸에 닿는 모양을, 'ㅁ'은 입의 모양을, 'ㅅ'은 치아의 모양을, 'ㅇ'은 목구멍의 모양을 본뜬 것이다. 문자의 모양이 그것을 발음하는 기관의 모양을 본떠 만들어졌다는 이러한 설명은 실로 놀라운 것이다. 현대 조음 음성학의 관점에서 볼 때 당시 발음되는 말소리에 대한 정확한 조음 위치와 조음 방법을 알지 못했다면 이와 같은 설명은 불가능한 것이었기 때문이다. 그리고 이러한 기본 글자에 획을 더하여 'ㄱ → ㅋ, ㄴ → ㄷ → ㅌ, ㅁ → ㅂ → ㅍ, ㅅ → ㅈ → ㅊ, ㅇ → ㆆ → ㅎ'과 같은 방식으로 다른 글자들을 만들어 냈다. 이때 획이 더해지는 것은 소리가 조금씩 세어지는 특성과 관련이 있는데, 이러한 점에 착안해 후대의 학자들은 한글이 말소리의 음성적 특성, 즉 변별적 자질을 문자 제작에 반영한 유일무이한 자질 문자라는

주장을 하기도 한다.

5 중성의 경우에는 천지인^{天地人} 삼재^{三才}를 상형해 기본자 3개(ㆍ, ㅡ, ㅣ)를 만들고, 이를 다시 서로 결합하여 초출자(ㅗ, ㅏ, ㅜ, ㅓ)와 재출자(ㅛ, ㅑ, ㅠ, ㅕ)를 만들었다. 초출자의 경우 'ㆍ'와 'ㅡ'가 결합된 'ㅗ, ㅜ'는 천지가 처음 만난 뜻을, 'ㆍ'와 'ㅣ'가 결합된 'ㅏ, ㅓ'는 천지의 작용이 사람을 매개로 사물에 발현된 뜻을 지니고 있다. 재출자의 경우에는 공통적으로 '起於ㅣ'의 특성을 지니고 있다고 했는데, 이것은 재출자가 반모음 'ㅣ'로 시작되는 상향 이중 모음임을 말한 것이다. 또한 'ㅗ, ㅏ, ㅛ, ㅑ'에서는 'ㆍ'가 'ㅡ'와 'ㅣ'의 위쪽과 바깥쪽에, 'ㅜ, ㅓ, ㅠ, ㅕ'에서는 'ㅡ'와 'ㅣ'의 아래쪽과 안쪽에 위치하는데, 여기에는 각각 하늘과 땅에서 생겨나 양과 음이 되는 원리가 반영되어 있다. 이처럼 음양의 원리로 중성을 설명한 것은 모음 조화에 대한 이해를 바탕으로 한 것이다.

6 음절을 이루는 세 요소인 초·중·종성에 대해 해례에서는 각각 초성해, 중성해, 종성해를 마련해 설명하고 있다. 초성과 중성에 대해서는 제자해에 이어 초성해와 중성해에서 다시 한 번 언급되고 있다. 초성해에서는 음절에서 초성이 무엇인지를 설명했고, 중성해에서는 중성이 무엇인가와 더불어 상합^{相合}에 대한 내용을 언급하였다. 종성해에는 완급^{緩急} 대립과 8종성에 대한 설명이 있다. 오음에서 'ㆁ'과 'ㄱ', 'ㄴ'과 'ㄷ', 'ㅁ'과 'ㅂ', 'ㅿ'과 'ㅅ', 'ㅇ'과 'ㆆ'이 각각 종성에서 서완^{舒緩}함과 촉급함의 발음 특성으로 대립되고 있으며, 실제로 8개의 종성(ㄱㄷㄴㅂㅁㅅㄹ)으로 종성 표기가 가능하다는 점이 언급되었다. 이것은 동일 조음 위치에서 발음되는 자음들이 조음 방식에 따라 그 발음이 어떻게 다른지, 그리고 종성 위치에 나타났던 음절 말 중화 현상에 대한 인식이 어떠했는지를 보여 주는 대목으로 당시 말소리에 대한 음성학적, 음운론적 이해의 수준을 짐작할 수 있게 해 준다.

7 초·중·종성이 하나의 음절로 합하여 표기되어야 하며 중성에 따라 초성과 중성의 결합 양상이 상하 또는 좌우로 달라진다는 점이 설명되었다. 또한 '짜', '홰', '낛'에서처럼 초·중·종성에서 2자와 3자가 합용될 수 있음도 언급되었다. 그리고 각 음절의 성조 표시를 위한 방점 표기의 마련은 분절음이 아닌 초분절음을 표기법에 반영하고 있다는 점에서 특별하다. 반설경음 및 특이한 이중 모음 표기에 대한 언급은 해례 편찬자들이 얼마나 세밀하게 당시의 말소리를 관찰했는가를 잘 보여 준다. 이처럼 합자해에는 초·중·종성의 음절 표기 및 합용에 대한 설명, 방점 표기, 그리고 세밀한 음성적 표기에 대한 설명이 들어 있다.

8 끝으로 용자례에는 94개의 국어 어휘들에 대한 실제의 표기 용례가 실려 있다. 용자례는 신문자의

실험장으로서뿐만 아니라 당시 존재했던 어휘들의 모습을 한자리에서 볼 수 있는 어휘 자료로서도 중요한 가치를 지닌다. '러울'[獺], '사비'[蝦], '비육'[鷄雛], '슈룹'[雨繖] 등과 같이 이곳 용자례에서만 찾아볼 수 있는 어휘 표기의 존재가 소중하다.

⑨ 이처럼 우리는 해례본 『훈민정음』의 곳곳에서 언어에 대한 당시 학자들의 놀랄 만한 관찰과 이해를 보여 주는 대목과 만날 수 있다. 이것은 마치 20세기 구조주의 언어학자들의 눈으로 당시의 언어를 관찰하고 기술한 것 같은 느낌을 준다. 독보적인 문자와 그것의 사용 설명서를 제대로 이해하고 이를 소중히 여길 줄 아는 것이 우리에게 필요한 자세가 아닐까 한다.

밤에 빗소리가 들렸는데 아침 하늘은 맑았다. 좋은 징조이려나. 전형필은 먹는 둥 마는 둥 아침상을 물리고, 돈을 준비해 한남서림으로 갔다. 김태준이 한 시에 나타나면 이순황을 오후 기차에 태워 내려가게 할 생각이었다. 여름 날씨가 더워서인가, 기다림에 땀이 나서인가. 전형필은 연신 부채질을 하며 창밖을 바라봤다. 하루가 여삼추가 아니라, 일각이 여삼추로 흘렀다.

저만치 말끔히 정장을 하고 안국동 쪽에서 걸어오는 김태준의 모습이 보였다. 전형필은 용수철이 튀어오르듯 일어나 뛰쳐나가서는 김태준의 손을 붙잡고 한남서림으로 들어왔다.

"간송! 일전에 얘기했지만, 안동에서 《훈민정음》이 나타났다는 소문이 있어 직접 확인해 봤더니 진본이 틀림없었소. 그러나 앞의 두 장은 연산군 때 언문 탄압을 피하느라 찢어진 걸[34] 저와 소유자가 복원을 했소이다. 간송이 구입하시면 좋을 것 같아 알려드리려고 했소만⋯⋯."

김태준은 이순황이 건넨 물을 벌컥벌컥 들이켰다.

"《훈민정음》이라니! 정말 놀랍고 반갑구려. 천태산인이 직접 확인까지 하셨다니 진위는 따져 볼 것도 없고⋯⋯. 큰 경사요, 경사!"

전형필은 이제 《훈민정음》이 거의 다 들어왔다는 생각에 가슴이 두근거렸다.

"소유주가 얼마를 말씀하셨소?"

전형필이 조심스럽게 묻자, 김태준이 심호흡을 하더니 말했다.

"값이 좀 셉니다."

김태준이 망설이자 전형필이 어서 말해 보라는 듯 고개를 끄덕였다.

"천 원을 달랍니다."

김태준은 너무 큰 액수를 말한 것은 아닐까 걱정하며 전형필을 바라보았다. 그러자 전형필이 빙그레 미소를 지으며 말했다.

"천태산인, 그런 귀한 보물의 가치는 집 한 채가 아니라 열 채라도 부족하오."

김태준은 무슨 소리인가 하는 표정으로 전형필의 표정을 살폈다. 전형필이 눈짓을 하자 이순황이 보자기 두 개를 전형필에게 건넸다. 전형필은 그중 천 원이 담긴 보자기를 김태준에게 밀었다.

---

34 과거에는 해례본의 낙장이 연산군 때의 언문 탄압 사건 때문이라고 이해하는 경우가 있었으나, 최근의 연구 성과는 낙장과 관련한 다른 정황을 설명해 줍니다. 최근 연구에서 해례본 책의 뒷면에 쓰인 낙서가 『십구사략언해』를 필사한 것임이 밝혀졌는데, 『십구사략언해』는 18세기에 간행된 책입니다. 이에 따라 16세기 전후에 재위하였던 연산군의 언문 탄압으로 인해 낙장된 것이 아님을 짐작할 수 있습니다. 연산군의 언문 탄압설에 대한 자세한 내용은 'Q11 훈민정음이 창제된 지 50년 만에 한글 편지가 적혔다고요? / 훈민정음의 사용'을 참고하세요!

"이건 《훈민정음》 값이 아니라, 천태산인께 드리는 사례요. 제가 성의로 천 원을 준비했소."

김태준은 놀란 눈빛으로 전형필을 바라봤다. 사례비가 너무 많다고 말하려는데, 전형필이 말을 이었다.

"《훈민정음》 값으로는 만 원을 쳤습니다. 《훈민정음》 같은 보물은 적어도 이런 대접을 받아야 해요. 그러나 제 입장이 있고 또 남의 이목도 있으니, 《훈민정음》을 인수하는 건 여기 이순황 선생이 맡아 주실 겁니다. 이해해 주시겠지요?"

김태준은 만 원이라는 소리에 다시 한번 놀랐다. 전형필의 배포가 남다르고, 부르는 값이 낮아도 정당한 값을 계산해서 치른다는 말은 들었지만, 만 원이라니! 《훈민정음》이 아무리 귀하다고 해도 그로서는 구경조차 해 본 적이 없는 큰돈이라, 할 말을 잊은 채 한동안 전형필을 바라보았다.

"간송의 후덕한 인품에 감탄할 뿐이오. 사례비로 천 원은 너무 큰돈이지만, 현재 내가 처한 상황이 여의치 못하니 염치 불고하고 받겠소. 그리고 나중에라도 어디서 나왔는지 소문이 나지 않게 해 주시면 고맙겠소. 나도 간송이 구입하신다는 말을 하지 않았소."

"천태산인, 그건 염려하지 마세요. 너무나 잘 아시겠지만, 시국이 매우 엄중하기 때문에 《훈민정음》의 존재는 비밀에 부칠 수밖에 없습니다. 훗날 조선이 해방되면 그때 세상에 내놓겠지만, 그때도 출처에 대해서는 함구하겠소."

"맞아요. 간송의 판단이 정확하오. 지금은 이 책이 세상에 나와서는 안 되지만, 해방이 되면 조선의 보물이 될 게요. 그때까지 간송이 잘 간직해 주시오."

"고맙소, 천태산인. 그 와중에도 내가 《훈민정음》을 찾는다는 사실을 잊지 않고 기억했다가 이렇게 연결해 주셨구려."

전형필은 김태준의 손을 잡으며 눈시울을 붉혔다. 김태준도 전형필의 손을 꽉 잡으며 고개를 끄덕였다.

"나도 간송께 정말 고맙소. 내가 다시 일경에 붙잡히게 되더라도, 이 일은 끝까지 함구할 테니 염려하지 마시오."

이번에는 김태준의 눈시울이 붉어졌다. 그는 알고 있었다. 지금 전형필이 어떤 모험을 하고 있는지.

마침내 전형필 앞에 놓인 《훈민정음》! 한글을 만든 원리와 문자 사용에 대한 설명과 용례를 상세하게 밝힌 해례본이었다. 전형필은 밤이 새도록 《훈민정음》을 읽고 또 읽었다. 만들어진 지 500년 만에 발굴된 보물 중의 보물이었고, 전형필이 수집을 시작한 지 십여 년 만에 성취한 대발굴이었기에, 눈물을 흘리다가는 웃었고, 웃다가는 다시 눈물을 흘렸다. 그리고 새벽 동이 틀 무렵 오동나무 상자에 넣어 집에서 가장 깊숙한 곳에 갈무리했다.

전형필은 《훈민정음》을 자신이 수장하고 있는 수집품 중 최고의 보물로 여겼다. 6·25 전쟁 당시 피난을 갈 때도 품속에 품었고, 잘 때는 베개 속에 넣고 지켰다.

오랜 기다림과 우여곡절 끝에 발굴되었고, 일제 강점기와 6·25 전쟁의 와중에도 무사히 지켜진 《훈민정음》! 1956년 통문관에서 학계의 연구를 위해 영인본으로 출판하고 싶다고 하자, 전형필은 이를 흔쾌히 허락했다. 그리고 손수 한 장 한 장 해체해서 사진을 찍게 했다. 이렇게 출판된 《훈민정음》 영인본을 통해 많은 학자가 체계적으로 한글 연구를 할 수 있었다.

전형필에 의해 발굴되고 지켜지고 세상에 알려진 《훈민정음》은, 1962년 12월에 국보 제70호로 지정되었다. 그리고 1997년 10월 유네스코[UNESCO] 세계 기록 유산으로 등재되었으니, 전형필이 살아 있었다면 춤을 추며 기뻐했을 일이다.

– 이충렬, 『간송 전형필』 中
국어2-2 교과서, 박영목 외, 천재교육(2015 개정 교육과정)에 수록

한글의 창제 원리와 『훈민정음』해례본 관련 자료

(1) [영상] 국립한글박물관, '한글의 창제 원리'(2020)

한글의 창제 원리를 다양한 이미지와 내레이션을 통해 설명하는 자료로, 박영목 외 〈중학교 국어 2-2〉(천재교육, 2018) 교과서에 실리기도 하였습니다.

(2) 2020년 한글날 기념 서울도서관 〈훈민정음 해례본 이야기 28〉 전시자료

『훈민정음』해례본 발견 80주년을 맞아 서울시가 주최하고 세종국어문화원이 주관하여 여러 전문가들의 자문을 받아 서울도서관 외벽에 전시된 자료로, 훈민정음 해례본 전반에 관한 28개의 이야기를 쉽고 깔끔한 인포그래픽과 함께 제공합니다.

(3) 국립한글박물관, 『훈민정음 표준해설서』(2022)

'훈민정음이란 무엇인가?', '훈민정음의 제자 원리', '훈민정음의 자모 순서', '훈민정음의 자모 명칭'에 관한 내용을 이미지와 함께 고등학생 및 일반인이 이해할 수 있도록 쉽게 설명한 자료입니다.

(4) 국립국어원, 『알기 쉽게 풀어 쓴 훈민정음』(2008)

『훈민정음』해례본의 한문 원문을 쉬운 현대 한국어로 번역한 내용과 그 영어 번역을 주된 내용으로 제시하고 있으며, '훈민정음'이라는 문자의 언어학적 가치와 『훈민정음』이라는 책의 서지적 특징을 해설한 두 편의 논문도 함께 제시합니다.

『훈민정음』해례본과 언해본의 원문 이미지 연계(링크)도 각각 제공합니다.

(5)『대한민국이 함께 읽는 훈민정음 해례본』(김유범 외, 2020, 역락)

『훈민정음』 해례본의 전문에 대한 상세한 해설과 도움말이 필요할 때 옆에 두고 보기 좋은 책으로, 깊고 전문성 있는 내용 이해의 길잡이가 되어 줍니다.

※ 4부 '교실 안 책장'의 '우리말 역사를 알기 위해 보아야 할 자료는?'에서 『훈민정음』 해례본, 언해본의 원문 이미지 보기 및 다운로드 링크의 QR코드를 확인할 수 있습니다.

(1)	(2)	(3)	(4)

Airport 4

훈민정음을 이용한
문자 생활의 변화

훈민정음이 창제된 지 50년 만에 한글 편지가 적혔다고요?

훈민정음의 사용

우리의 문자 훈민정음은 모두의 삶과 생활에 빠르게 퍼져 나갔습니다. 과거 시험 과목에 훈민정음이 포함되었고, 성균관 유생들에게도 훈민정음 강의가 이루어졌으며, 왕도 사적인 편지글이나 백성들에게 내리는 글에 훈민정음을 사용했죠. 백성들도 마음을 담은 편지, 집안만의 요리법 기록, 억울함을 호소하는 벽서와 투서 등에서 훈민정음을 사용했답니다.

○─ 들어가며

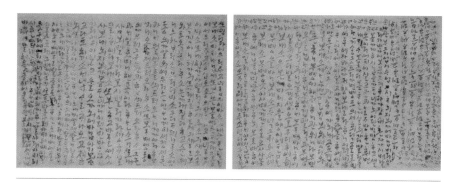

지금까지 발견된 가장 오래된 언간 자료인 <신창 맹씨 묘 출토 언간>(1490년대)

드디어 만들어진 우리만의 문자! 그렇다면 이제 한자는 안 쓰게 되었을까요? 그렇지는 않았답니다. 훈민정음은 한자를 대체하려는 의도로 만들어진 것이 아니었으니 한자는 여전히 필요했지요. 하지만 새 문자는 백성들의 생각과 감정이 담긴 일상을 글로 남길 수 있게 해 주었습니다. 한글 편지는 이전까지 기록되지 못했던 보통 사람들의 삶의 모습을 생생하게 담고 있지요.

흔히 훈민정음이 양반 사대부에게 외면받았기에 일반 백성들에게 퍼지는 데도 오랜 시일이 걸렸으리라고 생각하곤 합니다. 양반도, 왕도 한글을 배우고 활용했다는 사실은 잘 알려져 있지 않죠. 이 장에서는 왕실의 훈민정음 보급 노력과 사용, 신분을 가리지 않고 훈민정음을 활용했던 백성들의 언어생활을 살펴봅니다.[35]

---

35 이 장의 내용은 김유범(2022), 정주리·시정곤(2011), 백두현(2021) 등의 내용을 참고하여 구성되었습니다. 또한 실록의 기록은 국사편찬위원회의 현대어역을 따르며, 언간 등의 원문을 인용 시 편의상 띄어쓰기를 했음을 밝힙니다.

왕실의 훈민정음 보급 노력과 훈민정음 사용

(1) 관리들이 훈민정음을 알도록 하여라!

> 수양 대군에게 명하여 대간臺諫의 죄를 일일이 들어 책망한 언문서諺文書 몇 장張을 가져와서 보이며 "경 등이 내 뜻을 알지 못하고서 왔으니, 만약 이 글을 자세히 본다면 알 수 있을 것이다."
>
> -세종 28년(1446) 10월 13일

> 금후로는 이과吏科와 이전吏典의 취재取才 때에는 《훈민정음訓民正音》도 아울러 시험해 뽑게 하되, 비록 의리義理는 통하지 못하더라도 능히 합자合字하는 사람을 뽑게 하라.
>
> -세종 28년(1446) 12월 26일

> 이제부터는 함길도 자제로서 이과 시험에 응시하는 자는 …(중략)… 먼저 《훈민정음訓民正音》을 시험하여 입격한 자에게만 다른 시험을 보게 할 것이며, 각 관아의 이과 시험에도 모두 《훈민정음》을 시험하도록 하라.
>
> -세종 29년(1447) 4월 20일

1446년 9월 상한에 해례본 『훈민정음』을 편찬하고 얼마 지나지 않아, 세종대왕은 훈민정음을 알리려는 노력에 박차를 가했답니다. 그해 세종과 조정 대신들은 불교 행사의 문제를 두고 한바탕 대립을 벌였는데, 10월에 세종은 신하들의 죄를 직접 언문으로 써서 의금부와 승정원에 보이게 했다 합니다. 조정 대신들이 훈민정음을 배우지 않을 수가 없었겠죠? 세종이 불교 문제를 논의하다가 거의 20여 장이나 언문으로 글을 써 신하들에게 보였다는 기록도 있답니다(세종 31년 6월 20일). 또한 그해 12월에 세종은 행정 실무를 맡아 보는 하급 관리를 선발할 때 과거 과목에 훈민정음을 넣었답니다. 이는 관공서의 이두 문서를 언문 문서로 대체하려는 목적이었을 것이라 추측되죠.

> 《훈민정음訓民正音》은 선왕先王께서 손수 지으신 책이요, 《동국정운東國正韻》·《홍무정운洪武正韻》도 모두 선왕께서 찬정撰定하신 책이요, …(중략)… 청컨대 지금부터 문과 초장文科初場에서 세 책을 강講하고 …
>
> -세조 6년(1460년) 5월 28일

> 그래서 외딴 시골의 거친 사람은 혹은 언문諺文을 어려서부터 습독習讀하다가 과거에 오르게 되면, 서찰書札의 수응酬應도 하지 못하기 때문에, 바야흐로 지금 문관文官이 사람의 수는 비

록 많다고 하더라도 삼사^{三司}의 관직에는 매양 사람이 없음을 근심하고 있으며…

-숙종 10년(1684) 9월 11일

세조 때에는 문과 초장에서까지, 또 그해 9월 17일 기록에서는 성균관 학생들에게까지 『훈민정음』, 『동국정운』, 『홍무정운』을 강설하도록 했다는 기록이 있답니다. 『훈민정음』은 당시 주요 관직에 가기 위한 필독서이자 교과서였던 셈이죠. 이런 교육과정은 지방의 향교 등 다른 교육 기관에도 영향을 미쳤을 것입니다. 숙종 대 기록을 보면 관리들이 언문을 너무 많이 써서 한문 편지 한 장을 쓰지 못하는 이들이 많다고 걱정하기도 했다니, 훈민정음 교육은 국가 정책의 하나로 시행될 만큼 중요했으며 또 관리들에게 영향력도 컸음을 알 수 있습니다.

(2) 왕실 사람들도 훈민정음을 배우고 썼다고?

지금 서연관^{書筵官} 열 사람에 언문^{諺文}과 의서^{醫書}를 제하면…

-세종 29년(1447) 11월 15일

《소학^{小學}》·《효경^{孝經}》 가운데에서 알기 쉬운 좋은 말을 뽑아 언서^{諺書}로 번역하여 동궁^{東宮}의 보모^{保姆}를 시켜 아침저녁으로 가르치게 하기를 청하니, 임금이 그대로 시행하게 하였다.

-숙종 17년(1691) 9월 13일

훈민정음은 세자의 교육에도 사용되었습니다. 세종 대의 기록을 보면 세자를 교육하는 자리인 서연의 과목으로 언문이 있었음을 알 수 있고, 숙종, 현종 등의 기록을 보면 어려운 한문 경서를 언문으로 번역하여 가르쳤다는 기록이 있답니다. 국가의 가장 중요한 교육제도라 할 수 있는 서연에서 언문을 가르쳤다니, 훈민정음은 그만큼 큰 파급 효과를 갖고 있었겠죠.

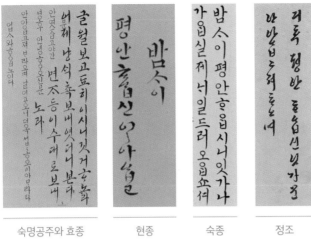

| 숙명공주와 효종 | 현종 | 숙종 | 정조 |

이렇게 가르쳐진 언문을 왕실 사람들은 주로 편지글에서 사용했답니다. 양녕대군은 그의 조카였던 문종에게 김경재를 서울로 돌아오게 할 것을 청하는 언문 편지를 보낸 바 있고(문종 1년(1451) 11월 17일, 세종 이후 언문 사용 최초 기록), 정조가 원손元孫이었을 때부터 정조 22년(1798)까지 쓴, 큰외숙모 여흥 민씨의 안부를 묻는 편지 16점이 어필첩御筆帖으로 남아 있지요.

(3) 왕이 백성들에게 전하노니- 언문 교서

> 성상聖上께서는 그러함을 밝게 아시고 앞장서서 절검節儉을 힘쓰시어, 몸소 행하고 이를 이끌으시며, … 하니, 임금이 한글[諺字]로 번역하고 인출印出을 해서 중외中外에 반포하여 부인婦人과 소자小子들까지도 두루 알지 아니함이 없도록 하라고 명하였다.
>
> -성종 3년(1472) 9월 7일

왕은 백성들과 직접 소통할 때 국왕의 명령을 담은 문서인 교서敎書를 내리기도 했습니다. 기록상으로 최초의 한글 교서는 성종 대로, 해례본 편찬 후 30여 년 정도 후인 것을 보면 그때 시골에 사는 백성들 중에서도 언문을 아는 이가 적지 않았음을 짐작해 볼 수 있습니다.

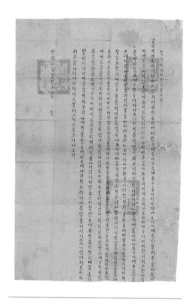

<선조국문유서>(1593)

이제란 너희 그런 의심을 먹디 말오 서로 권ᄒ여 다 나오면 너희를 각별이 죄주디 아닐 쑨
니 아니라 …(중략)… 아무란 공 이시면 냥천 믈론ᄒ여 벼슬도 ᄒ일 거시니 너희 싱심도 젼의
먹던 ᄆᆞ음믈 먹디 말오 ᄲᆞᆯ리 나오라 (이제는 너희 그런 의심을 먹지 말고 서로 권勸하여 다 나오면 너희
를 각별히 죄주지 않을 뿐이 아니라 …(중략)… 어떤 공功이 있으면 양천良賤 물론勿論하여 벼슬도 시킬 것이니
너희가 절대 전에 먹었던 마음을 먹지 말고 빨리 나오라)

-〈선조국문유서〉의 내용 일부

현전하는 것 중 가장 오래된 것은 선조의 국문 유서입니다. 임진왜란 당시 민심을 회유하고 백
성들을 전쟁에 참여시키기 위해, 피란을 간 선조가 왜군과 싸워 공을 세운 사람에게 땅과 관작을
내리겠다며 하루빨리 살던 곳으로 돌아오라고 간곡히 말하는 내용이지요. 보통 임금이 내리는 글
은 한문으로 작성한 뒤 언문으로도 번역하여 함께 반포하였는데, 선조의 국문 유서는 전체가 언문
으로 작성되어 있습니다. 또한 후대에 임금이 내린 교서는 제목에 '綸音(윤음)'[36]이란 말이 들어갔는
데, 이 글은 '빅셩의게 니ᄅᆞ논 글이라'로 시작하고 있습니다. 이렇게 새 문자는 국가가 백성들과 직
접 소통할 수 있게 해 준 메신저 역할을 해 줬답니다.

---

36 윤음(綸音)이란 임금이 신하나 백성에게 내리는 말을 뜻합니다.

백성들의 말글살이 변화

(1) 언문으로 억울함을 호소하다

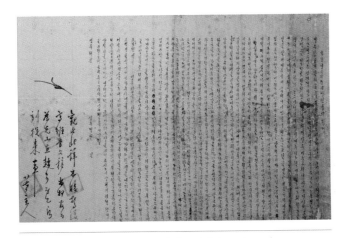

<해평 윤씨 부인 한글 원정>(1861)

홀연 고기 ᄒᆞ나이 반이니도ᄒᆞ야 무한곤경의 천고불문디 욕설을 ᄒᆞ거놀 미망인이 그 ᄌᆞ리
예 목슘을 갈고 시부디 죽ᄉ온즉 셜치할 길리 업논 고로 (홀연히 고가 하나가 돌이켜 다가와 무한히
곤란한 상황에 이제껏 들어보지 못한 욕설을 하거늘 미망인이 그 자리에서 죽고 싶었으나 그렇게 되면 치욕
을 씻을 길이 없게 되므로,) …

-〈해평 윤씨 부인 한글 원정〉(1861)

새 문자가 보급되자 백성 중에는 새 문자로 직접 서장을 작성해 상언하는 사람들이 생겼습니다. 대표적으로 '철비'라는 여인이 자신의 천민 신분을 면하게 해 달라는 언문 상언을 올린 일(중종 4년(1509) 9월 11일), 광해군 때 경기도 관찰사를 지낸 이홍로가 당쟁으로 인해 역적으로 몰려 죽고 집안이 가난해지자 그의 처 기씨가 상언한 일(광해 2년(1610) 5월 5일)이 있었죠.

백성들의 언문 상소는 조선 후반기에 이르면 빈번하게 이루어지고 그 사연도 다양해지는데요, 〈해평 윤씨 부인 한글 원정〉이란 문서는 산의 나무를 몰래 베어간 것으로 생긴 욕설 문제로 송사를 한 것입니다. 그때 윤씨 부인이 느꼈던 모멸감과 억울함이 마치 옆에서 이야기를 듣는 듯 생생하게 느껴지지 않나요? 한자가 아닌 한글로 썼을 때 내가 쓰는 말 그대로를 여실히 표현할 수 있기 때문에, 우리말 화자에게는 결코 두 문자의 가치가 결코 같을 수가 없겠지요.

(2) 언문으로 사랑하는 마음을 전하다

> 또 분ᄒᆞ고 바롤 여ᄉᆞᆺ 사 보내뇌 지븨 가 몯 ᄃᆞᆫ녀가니 이런 민망ᄒᆞᆫ 이리 어디 이실고 울오
> 가뇌 어마님 아기 뫼ᅌᅩᆸ고 다 됴히 겨소 (또 분하고 바를 것을 여럿 사 보내네. 집에 가 못 다녀가니 이런
> 민망한 일이 어디 있을꼬? 울고 가네. 어머님 아기 모시고 다 좋게 계시오.)
>
> -〈신창 맹씨 묘 출토 언간〉(1490년대)

언문은 사랑하는 마음을 고스란히 전해 주었습니다. 지금까지 발견된 가장 오래된 언간인 〈신창 맹씨 묘 출토 언간〉은 신창맹씨의 남편인 나신걸이 멀리 함경도의 군관으로 부임 받아 가면서 보낸 편지입니다. 당시 구어의 특징과 부인에게 'ᄒᆞ소'체의 높임을 사용했음을 알 수 있죠. 내용에서도 말씨에서도 부인을 챙기는 다정한 마음씨가 여실히 느껴지지 않나요? 이렇게 언문이 일상생활에서 가장 많이 활용된 분야는 편지였는데 이는 대부분 가족 간에 주고받은 것들입니다. 한글 편지는 모두 여성이 썼다고 생각하기 쉽지만 현전하는 한글 편지 자료를 검토해 보면 발신자가 남성인 것과 여성인 것이 거의 반반 정도로 차이가 크지 않답니다. 사대부 남성도 여성과 소통할 때는 언문을 사용했기 때문이죠.

(3) 여성들의 언문 생활

언문 사용의 주체로서 여성은 굉장히 중요했습니다. 『조선왕조실록』에는 대비나 중전 등 왕실 여성이 언문을 사용하였다는 내용이 다수 기록되어 있습니다. 왕실 여성의 언문 사용에 대한 실록 최초의 기록은 세조 4년(1458)이고, 이후 왕실의 여성들이 언문서를 통해 임금의 행적, 죄인의 처벌 등 국정에 관여하였던 사실이 꾸준히 기록되어 있습니다. 궁의 시녀들이 언문을 썼다는 기록도 실록에 많이 나타납니다. 최초의 기록은 시녀 묘단이 다른 하급 궁녀들이 별감과 내통한 사실을 혜빈에게 아뢰었다는 단종 1년(1453) 4월 2일의 기록입니다. 『훈민정음』 해례본이 편찬되고 6년 반 정도의 짧은 시간이 지난 시점에 궁의 시녀들까지 언문을 알고 있었다니 대단하죠.

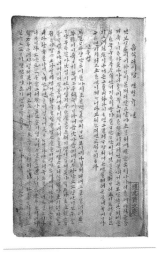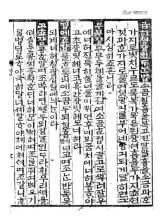

『음식디미방(飮食知味方)』
(1670경, 경북대학교 도서관 소장)

『규합총서(閨閣叢書)』
(1869, 동양언어문화학교본)

가. 면 몰 제 더운물에 눅게 므라 누르면 비치 희고 조혼 면이 되ᄂᆞ니라 교퇴ᄂᆞ 싀면 교퇴 ᄀᆞ치 하라 (면을 반죽할 때에 더운물에 눅게 반죽하여 누르면 빛이 희고 깨끗한 면이 되느니라. 고명은 세면(실국수)의 고명과 같게 하라.) 〈음식디미방 '면병류-면麵'〉(1670경)

나. 이 칙을 이리 눈 어두온디 간신히 써시니 이 ᄯᅳ즐 아라 이ᄶᅢ로 시힝ᄒᆞ고 ᄯᆯᄌᆞ식들은 각각 벗겨 가오디 이 칙 가뎌 갈 싱각을안 싱심 말며 부디 샹치 말게 간쇼ᄒᆞ야 수이 ᄶᅥ러 버리디 말라 (이 책을 이렇게 눈이 어두운데 간신히 썼으니, 이 뜻을 알아 이대로 시행하고, 딸자식들은 각각 베껴 가되, 이 책을 가져 갈 생각일랑 절대로 내지 말며, 부디 상하지 않게 간수하여 빨리 떨어져 버리게 하지 말아라.) 〈음식디미방 필사기筆寫記〉(1670경)[37]

또한 언문은 편지뿐 아니라 다양한 일상생활의 분야에서 사용되었습니다. 『음식디미방』은 정부인貞夫人 장계향(1598~1680)이 집안의 부녀들에게 전해주려는 목적으로 기록한 음식 조리서로, 예로부터 전해 내려오거나 스스로 개발한 조리법을 총 146개 항으로 써 놓았죠. 빙허각 이씨(1759~1824)가 편찬한 『규합총서』(1809)에는 음식 조리법, 세탁법과 염색법, 태교법이나 채소 재배법 등 여성의 생활 살림에 필요한 내용이 망라되어 있고, 조선 후기의 여성들에 의해 기록되고 필

37　'필사기'는 필사자가 필사 작업을 시작하거나 완성하고 나서, 글을 쓰게 된 목적을 밝혀 두거나, 훗날에 이 글을 읽을 사람에게 당부한 말을 적은 것입니다. 필사자와 독서자 사이에 이루어지는 소통의 한 모습으로 볼 수 있습니다(백두현, 2021: 218).

사되었던 수많은 음식 조리서에도 옛 음식들의 조리법과 선인들의 식문화가 생생하게 기록되어 있습니다. 언문은 여성들의 일상적인 삶과 생활에도 큰 도움을 주었던 것입니다.

(4) 백성들이 주체가 된 상향적 소통에 이용된 언문 - 벽서와 투서

하연河演은 까다롭게 살피고 또 노쇠하여 행사에 착오가 많았으므로, 어떤 사람이 언문으로 벽 위에다 쓰기를, '하 정승河政丞아, 또 공사公事를 망령되게 하지 말라.'고 하였다.

-세종 31년(1449) 10월 5일

이덕량 등이 물러간 지 얼마 안되어 다시 와서 언문諺文 두 장張을 가지고 들어와 아뢰었는데, 이는 곧 저자 사람이 판서判書와 참판參判을 비웃고 헐뜯는 말이었다. …(중략)… 이덕량이 이에 아뢰기를, "이 글은 어떤 사람이 신의 동생 집에 몰래 던진 것입니다…

-성종 16년(1485) 7월 17일

새 문자는 매우 빠른 속도로 사람들의 삶 속으로 퍼져가기 시작했습니다. 최초의 언문 익명서 기록은 『훈민정음』 해례본이 만들어지고 불과 3년 후에 나타나는데요, 이는 왕이 하연에게 영의정부사 관직을 제수하자 벽에 쓰인, 소위 '저격하는' 글이었다고 해요. 성종 때는 저잣거리 상인들이 시장 이전 계획에 반대하며 언문 투서를 보낸 사건이 있었는데, 되려 상인들이 처벌받으며 끝나긴 했지만 언문이 많은 백성들에게 언로를 열어 주었음을 알 수 있지요.

이렇게 언문은 한문보다 사용자층이 더 넓었다고 할 수 있습니다. 언문은 왕족의 교육이나 사대부 남성들에게도 필수로 사용되었고, 여성들과 평민들, 천민들 가릴 것 없이 쓰였지요. 이제 'ᄆᆞᆺ춤내 제 ᄠᅳᆮ들 시러 '펴는' 노미 하니라'라고 말할 수 있는 새로운 세상이 도래한 것입니다.

'언문'이란 말에 낮춤의 의도나 비하의 의미가 담겨 있다고 볼 수 없어요. 세종도 자기가 만든 글자를 '언문'이라 불렀는걸요. 세종 24~26년경(1445~1446)에 창설된 훈민정음 배포 기관의 이름이 '언문청'('정음청'이라 하기도 함)이기도 하였죠. '언문諺文'은 '언어諺語'를 적는 글자라는 뜻입니다. '언어諺語'는 중앙에서 떨어져 있는 지역의 말을 일컫는 말로, 중국을 중심으로 주변국의 말을 가리키기도 하여 우리말을 가리키는 말로 쓰이기도 했지요. '언문'은 중국 주변국의 '언어諺語'를 표기하는 수단을 일컫는 말이기도 하지만, 일반적으로는 1443년 12월에 세종대왕이 창제한 '문자 체계'를 일컫는 말로 사용되었습니다.

우리 새 문자는 창제 당시 공식적으로는 '정음正音'이라 불렸으나 널리 사용된 용어는 아니고, 조선조 500년 동안 '언문諺文'이란 말이 일반적으로 사용되었습니다. 한자나 한문을 떠받드는 풍조가 강해지면서 한때 언문을 낮춤의 의도로 쓰기도 했지만, '언문'이란 말에는 본래 낮춤의 의도가 없답니다. 〈표준국어대사전〉에서도 '언문'의 뜻을 "'한글'을 속되게 이르던 말"에서 "예전에, '한글'을 이르던 말"로 고치기도 했지요.

연산군과 언문 익명 투서 — 연산군이 언문 사용을 탄압했다?

연산군 대의 언문 투서 사건을 들어본 적있나요? 임금을 헐뜯은 궁녀들을 처벌해야 한다는 내용의 투서가 나돌았는데, 이 투서가 실제로는 연산군의 폭정을 비판하는 의도였지요. 이를 안 연산군은 크게 노하였습니다. '언문 학습 및 사용 금지', '언문을 아는 자 색출', '언문 서적 소각', '언문 필적 대조' 등의 '언문 탄압' 명령을 내리지요.

하지만 언문 서적 분지령으로 실제로 언문 서적이 다수 소실되었는지 알 수 없고, 언문 사용 금지령 위반으로 극형을 받은 자가 있었는지, 언문을 안다고 박해를 받은 사실이 있었는지 확실한 기록이 없답니다. 물론 연산군 말년 전후 3년간을 익명서 사건 범인 체포 문제로 시종하였으므로 일반 백성들에게 압박이 되었으리라는 점은 짐작할 수 있지만, 이를 통해 연산군이 언문 사용을 크게 탄압하여 한글이 대수난을 겪었다고 주장하는 것은 다소 지나칠 수도 있습니다.

연산군 때에도 언문은 여전히 활용되었답니다. 언문으로 역서曆書를 번역한 일(연산 10년 12월 10일), 궁인의 제문을 번역한 일(연산 11년 9월 15일), 대비의 생일에 올린 글을 언문으로 번역한 일(연산 12년 6월 24일), 언문을 아는 여자를 궁인으로 뽑은 일(연산 12년, 즉 마지막 년 5월 29일) 등을 통해 그 사실을 짐작할 수 있지요.

훈민정음은 갑오개혁 때 국가의 공식 문자가 되어 '국문'이라 불렸지만, 곧 일제강점기가 되며 국문은 일본의 글자가 됩니다. 하지만 우리 말글을 지키기 위한 노력은 계속되어, '한글'이란 명칭이 만들어지고, 동아일보와 조선일보의 한글 보급 운동이 전개되었으며, 『말모이』, 『조선어사전』, 『조선말 큰사전』 같은 사전이 집필되었습니다. 이 장에서는 민족 수난의 시기에 훈민정음이 지켜져 온 역사를 알아봅시다.

○— 들어가며

가람 이병기 선생
(1891~1968)

> 1926년 7월 7일(수)
> 맑다, 무덥다. 4학년 조선어 시험 답안을 보다가 화가 난다. 이 과정에 대하여서는 너무들 성의가 없다. 온 세상 사람들이 거의 다 추세로 사니 학생들만 나무랄 것 없지마는, 화는 아니 날 수 없다. 어제도 조선어 시간에 2학년 누구가 조선어도 시험 보나요 하기에 한바탕 야단을 쳤었다. 그러고 나서 생각하면 우스운 일이지마는 그런 말을 듣는 때에는 과연 그저 있을 수 없다. 진실로 무엇을 배우는 셈인지 무엇을 위하여 사는지 모르겠다.
>
> 『가람일기』1 중에서

위의 일기는 가람 이병기 선생[38]이 고등학교 교사로 있었을 때의 일기입니다. 조선어가 필수 과목이던 시절이었음에도 불구하고, 조선인 학생들은 조선어를 학습해야 할 동기를 느끼지 못했습니다. 중요한 이유 중 하나는 상급 학교 진학을 위한 입시 과목에 조선어가 없다는 것이었지요. 충격적인 일입니다. 조선어야 집에서 자연스럽게 쓰고 있는데 사회에서 쓰는 글은 거의 일본어였으니, 별로 배움의 필요성을 느끼지 못한 것이죠.[39] 일제의 식민 통치 기간이 길어질수록 우리 말글은 설 자리를 잃었습니다. 그럼에도 불구하고 우리 민족의 정신인 우리 말과 글을 지키기 위한 노력은 꺾이지 않고 계속되었답니다.

---

38 저명한 시조 시인이자 국문학자입니다. 1921년에 조선어문연구회를 조직하였고, 1930년에는 조선어 철자법 제정위원으로 활동했습니다. 1942년에 조선어학회 사건으로 수감되기도 하였습니다. 1946년부터 서울대학교 교수로 재직하였고, 후에 서울대학교 중앙도서관에는 가람문고가 설치되었습니다.

39 『가람일기』의 현대어역과 그 해설은 최경봉(2012)을 참고하였습니다.

훈민정음이 국문이 되고, 한글이 되기까지

훈민정음이 국가의 공식 문자가 된 시기는 갑오개혁이 일어난 1894년입니다. 고종은 칙령을 반포하여, 그전까지 언문이라 불렸던 훈민정음의 지위를 국문으로 격상하고 주된 표기 수단으로 쓰라고 규정했습니다. 이때부터 우리말은 '국어國語'로, 우리글은 '국문國文'으로 불렸지요.

> 1894년 칙령 제1호 공문식 14조
> 공문식 제1조. 법률·칙령은 임금의 칙유勅諭로 공포한다. … 제14조. 법률·칙령은 모두 국문國文을 기본으로 하고 한문漢文으로 번역을 붙이거나 혹은 국문과 한문을 혼용한다. (公文式 第一條 法律勅令 以上諭公布之 … 第十四條 法律勅令 總以國文 爲本 漢文附譯 或混用國漢文)

그러나 곧바로 모든 문서가 한글로 쓰였던 것은 아니었습니다. 생각과 지식을 담는 글은 오랫동안 한문으로 썼기 때문에, 갑자기 모든 글을 한글로 쓰는 것은 새로 배운 언어로 글을 쓰는 것만큼이나 어려운 일이었습니다. 20세기 초까지도 한동안 한글과 한자를 섞어 쓰는 과도기적 문체, 소위 '국한문혼용체'가 널리 쓰였습니다. 다만 국문으로 글을 쓰고 생각을 전개하려는 노력이 꾸준히 이어져 왔지요. 국문 전용을 표방한 〈독립신문〉이 그러한 노력 중 하나입니다.

> 우리신문이 한문은 아니쓰고 다만 국문으로만 쓰는거슨 상하귀쳔이 다보게 홈이라 또 국문을 이러케 귀졀을 쎄여 쓴즉 아모라도 이신문 보기가 쉽고 신문속에 잇는 말을 자셰이 알어 보게 홈이라
>
> -〈독립신문〉 창간호 (1896.04.07)

훈민정음이 '한글'이라는 이름을 갖게 된 것은 오래지 않은 일입니다. 세종이 창제한 우리 문자의 이름은 '훈민정음'이었지만, 이후의 조선시대에는 이 이름보다는 '언문, 언자, 반절' 등으로 불렸습니다. 19세기 후반에는 자주 독립 의식이 고양되면서 '국문'이라는 용어가 널리 쓰였습니다. 앞에서 살펴본 고종의 칙령에서도 우리 글을 '국문'으로 지칭하였지요.

그렇다면 훈민정음은 언제 '한글'이라는 이름을 갖게 되었을까요? 현재 '한글'이라는 명칭이 최초로 확인되는 문헌은 1913년 '배달말글몯음(조선언문회)'의 창립 총회 기록에 나타나는 '한글모'입니다. '배달말글몯음'이라는 명칭을 '한글모'라 개칭하겠다는 내용이었지요. '한글' 이름의 작명자는

불분명하지만, 대체로는 주시경이라고 여겨지고 있습니다. 주시경이 1911년 '한말'이라는 용어를 썼기 때문입니다. 이밖에 최남선이 1910년 10월에서 12월 사이에 조선광문회에서 조선 문자의 이름을 거론하는 과정에서 '한글'이란 명칭을 거론했다고 보는 관점도 있습니다.

'한글'이란 명칭의 뜻은 확실하지 않습니다. '한'이 '한국韓國'을 의미하여 '한나라 글', '한국의 글'이라는 의미라고 보기도 하고, 고어 '하다'가 '크다[大], 많다[多]'를 의미하므로 '큰 글'이라는 뜻이라고 보기도 합니다. '한글'은 1910년대에 『아이들보이』나 『조선말본』 등의 잡지와 서적에 단편적으로 사용되었고, 1920년대 이후에는 우리 문자를 가리키는 일반적인 명칭이 되었습니다. 조선어학회에서 1928년에 기념일 '가갸날'의 명칭을 '한글날'로 변경한 일이 상징적이지요.[40]

한글 보급 운동을 전개하다, 동아일보사와 조선일보사[41]

1910년, 우리가 일제에 나라를 빼앗기게 되면서 국어는 일본어가 되고, 국문도 일본의 글이 되고 맙니다. 일제강점기에는 우리 문자를 사람들에게 보급하려는 노력이 **애국계몽운동의** 일환으로서 본격적이고 체계적으로 전개되기 시작했습니다. 하와이 호놀룰루에 '우성학교'라는 국어학교를 설립하여 직접 초등 교과서를 만든 독립운동가 박용만 선생처럼 개인의 노력도 있었고, 청년회나 향우회, 조선어학회처럼 단체의 주도로 문자 보급 운동이 전개되기도 했습니다. 그중 특히 큰 효과를 거둔 것은 **신문 주도의 한글 보급 운동**이었습니다.

먼저 **동아일보사**는 1931년부터 1934년까지 4회에 걸쳐 '**브나로드 운동**'(러시아어로 '인민 속으로'라는 뜻)을 전개하여 4년 동안 배부된 교재가 210만 부, 일본과 만주를 포함하여 강습지 합계가 1320곳, 총 수강생이 98,598명에 달하는 성과를 거두었답니다. **조선일보사**는 1929년부터 '**귀향남녀학생 문자보급운동**'을 전국 규모로 시작했습니다. 여름방학을 맞아 귀향하는 학생들을 자원봉사자로 모집하여 시골 사람들에게 한글을 가르치도록 하는 것이었습니다. 이때 조선일보사는 『한글원본』, 『문자보급교재』 등 여러 종류의 교재를 내고 "아는 것이 힘, 배워야 산다"라는 구호를 제정했지요. 이 운동은 1932~1933년에 중단된 것을 제하면 1936년까지 지속되었답니다.

---

40 '한글'의 명칭에 관한 기술은 김동언(2021), 40-41쪽의 내용을 일부 참고하였습니다.

41 한글 보급 운동에 대한 더 상세한 설명은 홍윤표(2013)를 참고할 수 있습니다.

| 브나로드 운동 포스터와 관련 기사
<동아일보>(1932.8.17.) | 『문자보급반 한글원본』
(1930) |

말과 글의 곳집, 사전을 편찬하다

일제강점기의 말기는 '일제 암흑기'라 불리는 어두운 시대였습니다. 1931년 만주사변과 1937년 시작된 중일전쟁 이후 우리 민족에 대한 탄압은 더욱 거세졌고, 각급 학교에서 조선어과목 폐지(1938), 창씨개명 강요(1939), 조선어학회 사건(1942)까지 우리의 말글도 수난을 겪었습니다. 그럼에도 한글과 국어 문화를 지키려는 노력은 계속되었는데, 그중 대표적인 것이 한글 중심의 국어사전 편찬이었습니다.

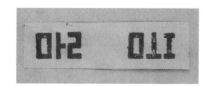

최초의 우리말 사전은 1911년 집필되기 시작된 『말모이』 원고였습니다. 주시경은 조선광문회에서 제자들과 함께 우리말을 모은 '사전'이라는 뜻의 『말모이』를 만들려고 했습니다. 『말모이』 원고는 사전 출판을 위해 특별히 제작한 240자 원고지에 단정한 붓글씨체가 적혀 있으며, '알기', '본문', '찾기', '자획찾기'의 네 부분으로 구성되어 있습니다. 230쪽으로 거의 원고가 완성되었지만, 1914년 주시경이 갑자기 사망하며 실제 사전으로 편찬되지는 못했지요.

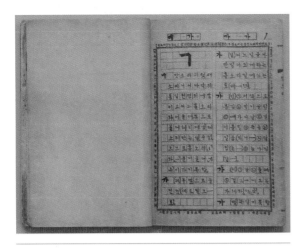

[영상] 우리말 사전이 만
들어지기까지
(국립한글박물관)

말모이 원고(1914년 경), 국립한글박물관 소장

이후 조선총독부가 식민통치를 위하여 1920년 『朝鮮語辭典(조선어사전)』을 발간했지만 조선어를 일본어로만 풀이한 사전이었습니다. 초등학생용 학습 사전을 제외하면 **우리나라에서 출판된 최초의 국어사전은 조선어학회 회원이었던 문세영이 1938년에 출간한**『朝鮮語辭典(조선어사전)』입니다. 문세영은 일본의 동양 대학에서 공부할 때 중국인 학생으로부터 "너희 나라에 사전이 있는가"라는 질문을 받고 사전을 만들겠다 마음먹었다고 해요. 이 사전은 1,690쪽의 방대한 분량입니다. 초판 1,000권이 매진되고 약 5개월 후 재판 2,000권을 펴내었고 1940년에는 1만 개 이상의 표제항을 새롭게 추가한 수정 증보판을 내는 등 인기가 있었습니다.

그런데 이보다 더 예전에, 자그마치 13년 동안 원고지 2만 6천 5백여 장 분량의 사전을 집필한 일도 있답니다. 바로 **조선어학회에서 1929년부터 집필되기 시작한**『조선말 큰사전』입니다. 주시경의 제자들을 중심으로 꾸려진 조선어학회는 주시경의 뜻을 이어받아 사전 편찬을 재개했지만, 1942년 일제가 조선어학회 회원 및 관련 인물들을 탄압했던 '조선어학회 사건'으로 인해 사전 간행 작업이 중단되었지요. 이 원고는 이때 증거물로 일본 경찰에 압수되었다가 광복 이후 1945년 9월 8일에 경성역 조선 통운 창고에서 발견되었고, 비로소 사전으로 출판될 수 있었습니다. 1947년부터 『조선말 큰 사전』, 조선어학회가 한글학회로 이름이 바뀐 후 1950년부터는 『큰 사전』이라는 이름으로 1957년까지 총 6권을 완간했습니다.

이러한 노력 덕분에, 우리의 말과 글은 일제강점기 속에서도 그 명맥을 지킬 수 있었고, 광복 이후 다시 국어와 국문의 지위를 회복하여 현재까지 소중히 보전될 수 있었답니다.

1941년경 사전편찬실의 모습

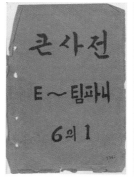

조선말큰사전 편찬원고
(한글학회, 독립기념관 소장)

① '조선어학회'는 주시경이 1908년에 조직한 '국어연구학회'로부터 시작하여 '조선언문회', '한글모', '조선어연구회'로 이어지다가 1931년 '조선어학회'로 이름을 고친 것입니다. 광복 이후 1949년부터는 '한글학회'로 이름을 바꾸어 오늘에 이르고 있습니다.

- 1926년 '가갸날' 정함(한글날의 시초)
- 1929년 한글날에 '조선어사전편찬회' 조직, 우리말 사전 집필 시작
- 1931년부터 조선일보, 동아일보의 문맹퇴치운동을 도와 교재 집필, 강사 파견
- 1933년 한글날에 『한글 마춤법 통일안』 발표
- 1936년 한글날에 『사정한 조선어 표준말 모음』 공개
- 1941년 『외래어 표기법 통일안』 간행
- 1942년 '조선어학회 사건'
- …

② 이들은 1929년 '조선어사전편찬회'를 조직하고, 우리말 사전을 집필하기 시작합니다.

→ 1933년 『한글 마춤법 통일안』 (현대 한글맞춤법의 근간)

1936년 『사정한 조선어 표준말 모음』 (총 9,457개의 낱말 정리)

무려 13년이 걸려, 1942년 모든 원고가 완성되었답니다. 그런데 교정이 시작될 무렵 '조선어학회 사건'으로 인해 사전 편찬이 중단되고 말았습니다. 어떻게 된 일일까요?

③ 사건의 발달은 한 여학생의 일기장이었습니다. 함경남도 홍원읍에서 박병하라는 조선인이 일본 경찰의 검문을 받다 가택수사까지 당하게 되었는데, 이때 그 조카딸의 2년 전 일기장이 발견된 것이죠. (참고: 박영희 씨의 1982년 중앙일보 인터뷰)

"국어를 사용하는 자를 처벌하였다."
※ 당대 '국어'는 일본어였다.

혼난 선생이 누구냐!

박영희 (함흥영생고등여학교 4학년)

야스다 (본명 안정묵)

④ 교사를 사직하고 조선어학회에서 사전 편찬을 하던 정태진은 모진 고문을 견디지 못하고 100여 종 조목을 열거한 허위 자백서를 쓰고 맙니다.

사실 조선어학회는 그저 학술단체가 아닌 독립을 원하는 민족주의 단체이고 …

정태진 (1903~1952)

당장 잡아들여!!!

'치안유지법'에 의해 총 33명이 검거되었고, 이윤재, 한징 두 분은 옥사하실 정도로 이들은 대체로 1년여 동안 온갖 고문을 받습니다.

※ 이 중 16명이 기소되어 재판은 1945년 1월까지 계속되었고, 5명이 징역 2~6년의 실형을 받았다.

⑤ 이극로, 최현배, 이희승, 정인승 4명이 판결에 불복해 상고했으나 8월 13일 기각되었습니다. 그런데 이틀 뒤 8월 15일 조국이 광복되고 이들은 8월 17일에 풀려납니다.

광복은 되었으나, 사전 원고가 없어져 13년의 노력이 물거품이 될 위기. 그때…

경성역입니다. 역 운송부 창고에 조선말을 풀이한 원고 뭉치가 한 무더기 있는데 와서 확인해 보시죠.

⑥ 광복 24일 후인 1945년 9월 8일 조선어학회로 걸려 온 한 통의 전화. 조선어학회 사건의 증거물로 일본 경찰에 압수당한 지 3년 만에 사전 원고가 조선어학회의 품으로 되돌아온 순간이었습니다.

※ 회원들이 상고했을 때 증거물로서 서울로 이송되었다가 광복이 되어 그대로 방치되었던 것.

그로부터 2년 뒤 조선어학회는 조선말큰사전 권1을 편찬했고, 1957년 총 6권의 사전이 완간되었답니다.

지금 쓰이는 한글 자모의 이름과 순서는 언제 어떻게 정해졌나요?

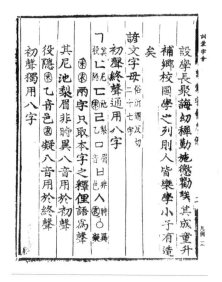

최세진, 『훈몽자회』(1527)

오늘날 쓰이는 한글의 명칭은 최세진이 지은 학습서 『훈몽자회』(1527)에서 유래한 것입니다. 언문자모^諺^{文子母} 중 '초성종성통용팔자^{初聲終聲通用八字}'에 첫소리와 끝소리에 모두 쓰는 여덟 글자가 제시되어 있는데요, 'ㄱ, ㄴ, ㄷ, ㄹ, ㅁ, ㅂ, ㅅ, ㆁ' 글자에 대해 각각 "其役(기역), 尼隱(니은), 池ⓜ(디귿), 梨乙(리을), 眉音(미음), 非邑(비읍), 時ⓘ(시옷), 異凝(이응)"으로 설명했습니다. 'ㄱ~ㆁ'을 첫소리와 끝소리로 갖는 대표적인 한자를 하나씩 제시하여 글자의 소리를 알려준 것이랍니다.

다만 한자 중에서 '윽', '읃', '읏'의 소리를 가진 글자는 없었습니다. 부득이 'ㄱ'이 말음으로 오는 글자로는 '役(부릴 역)' 자를 쓰고, ㄷ의 말음과 ㅅ의 말음은 각각 글자의 뜻을 빌리도록 하여 '末(귿>끝 말)'과 '衣(옷 의)'를 썼지요. 대신 두 글자에는 동그라미를 쳐 소리가 아닌 뜻으로 읽어야 함을 분명히 했습니다. 글자의 소리를 적어넣는 방법에서 우리가 배운 차자 표기의 원리를 살펴볼 수 있네요. 여기서 유래하여, 오늘날에도 '니은', '리을', '미음' 등은 'ㅣ ㅡ'의 틀이 고정되어 있지만 '기역', '디귿', '시옷'만은 이름의 패턴이 다르게 되었습니다. (북한에서는 통일성을 고려하여 '기윽', '디읃', '시읏'이라는 이름을 쓰고 있어요. 남한은 전통성을, 북한은 통일성을 더 중시했다고 볼 수 있지요.)

'ㅋ, ㅌ, ㅍ, ㅈ, ㅊ, ㅿ, ㅇ, ㅎ' 등은 초성에만 쓰인 글자였기 때문에 '箕(키), 治(티), 皮(피), 之(지), 齒(치), 而

(ㅿ), 伊(이), 屎(히)'와 같이 한 글자만 적혀있어요. '箕(키 기)'는 마찬가지로 훈으로 읽는 글자입니다. 시간이 흘러 자모의 이름을 정할 때 다른 글자처럼 두 글자의 이름을 붙여주기 위해 '읏~읗'을 더해 '키읔, 티읕, 피읖, 지읒, 치읓, 히읗'이 되었습니다. 『훈몽자회』는 독자에게 글자의 소리를 정확히 알려주고 싶었을 뿐 자모의 이름을 정할 의도까지는 없었겠지만, 오늘날의 우리는 『훈몽자회』의 지혜를 활용하여 자모에 멋진 이름을 붙여준 셈입니다.

　훈민정음 창제 당시에 각 글자의 이름을 무엇으로 불렀을지는 명확하지 않지만, 『훈민정음』 해례본에서 'ㄱ는 엄쏘리니'와 같이 글자 뒤에 조사 '는'을 붙인 것을 보아 앞 음절이 양성 모음 또는 중성 모음으로 끝나는 음절을 가진 소리였을 것으로 추정합니다. 'ㄱ'이라면 'ㄱ·'나 '기', 'ㄴ'이라면 'ᄂᆞ'나 '니' … 정도의 소리가 이 조건에 부합하지요. 『훈몽자회』에서 글자를 설명할 때 '기, 니, 디, (…) 히' 같은 소리를 가진 글자를 사용했음을 고려하면, '기, 니, 디 (…)' 등이 훈민정음 창제 당시 자음자의 이름이었을 가능성이 가장 클 것으로 추정되고 있습니다.

어문 규범이 정립되면서 우리는 현대와 같은 규칙으로 글을 쓰게 되었습니다. 1933년 조선어학회의 「한글 마춤법 통일안」에서 띄어쓰기를 포함한 정서법의 기본을 마련하였고, 1948년 「한글 전용에 관한 법률」 등에서 국한문혼용을 거쳐 한글전용을 규정하였으며, 가로쓰기는 교과서에 먼저 시행되어 신문 등으로 확대되어 나갔습니다. 이 장에서는 이러한 글쓰기 어문 규범의 변화 과정을 자세히 살펴봅니다.

○━ 들어가며

<조선일보> 창간호(1920.03.05.) 1면 　　　오늘날 인터넷에서 볼 수 있는 <조선일보>의 기사

　백 년 전의 옛날 신문과 오늘날의 신문을 나란히 보니 어떤가요? 옛날 신문이 꽤 낯설지요? 한자가 많고, 글자가 빼곡하고, 위에서 아래로, 또 오른쪽에서 왼쪽으로 읽지요. 까마득한 백 년 전이라 감이 잘 안 잡힌다고요? 사실 몇십 년 전만 해도 한자가 빼곡한 세로쓰기 신문을 쉽게 찾아볼 수 있었습니다. 오늘날처럼 한글로만 글을 쓰고 읽는 시기가 얼마 되지 않았다니, 우리의 어문 규범에 어떤 변화의 바람이 불었던 걸까요?

현재의 한글 맞춤법이 확립되기까지

맞춤법에 대한 최초의 체계적인 연구서는 **국문연구소의 『국문연구의정안』**(1909)입니다. 국문연구소는 1907년 대한제국 학부에 설치된 기관으로, 훈민정음 창제 당시의 정음청 이후 한글을 연구하기 위해 설립된 최초의 국가기관입니다. 어윤적, 주시경, 이능화 등이 주축이 된 10명의 의원이 국어의 음운과 맞춤법에 관련한 10가지 문제에 대해 의결하였습니다. 내용의 일부를 보이면 다음과 같습니다.

> 2. 초성자 중 ㆁ, ㆆ, ㅿ, ◇[42], ㅱ, ㅸ, ㆄ, ㅹ는 더이상 사용하지 않기로 한다.
> 3. 된소리 표기로는 합용 병서가 아닌 'ㄲ, ㄸ, ㅃ, ㅆ, ㅉ'의 각자 병서로 통일하여 사용하고 'ㆅ'는 폐지한다.
> 5. 종성자로는 ㅅ뿐만 아니라 ㄷ, ㅈ, ㅊ, ㅋ, ㅌ, ㅍ, ㅎ 일곱자도 모두 종성에 사용하기로 한다.
> 7. 성조 구분은 하지 않으며 장음長音에 한해서 글자의 왼쪽 어깨에 점을 하나 찍는다.
> 8. 자음의 이름을 'ㆁ 이응, ㄱ 기윽, ㄴ 니은, ㄷ 디읃, ㄹ 리을, ㅁ 미음, ㅂ 비읍, ㅅ 시읏, ㅈ 지읒, ㅎ 히읗, ㅋ 키읔, ㅌ 티읕, ㅍ 피읖, ㅊ 치읓'과 같이 2음절로 정한다.
> 10. 철자법은 풀어쓰기가 아닌 『훈민정음』 예의대로 모아쓰기로 결정한다.

하지만 국문연구의정안은 이후 일제에 나라를 빼앗기면서 결국 공포되지 못했습니다. 일제강점기에는 조선총독부의 주도로 여러 언문철자법이 제정되었지만, 조선어학회에서는 온전히 우리 민족의 힘으로 표기법을 만들고자 하였습니다. 당시 조선총독부는 발음 위주의 표기 즉 표음주의 표기법을 채택하였지만, 조선어학회는 주시경과 국문연구소의 입장인 형태주의 표기법을 관철시키기 위해 조선총독부의 조선어 정책에 적극적으로 개입하였고, 결국 1930년 개정안에서 형태주의 표기법을 조선총독부의 공식 표기법으로 만드는 데 성공했답니다.

조선어학회는 이를 수정하여 **1933년 『한글 마춤법 통일안』을 완성했습니다.** 총론 3항, 각론 7장

42 '◇'은 조선 영조 대 학자인 박성원의 『화동정음통석운고』(1747)에 나오는 문자입니다. 이 책에서 'ㆁㅇ◇此三字 出聲相近(ㆁㅇ◇, 이 세 개는 그 소리가 비슷하게 나온다)'라고 설명하고 있어서 'ㅱ'을 표기하기 위한 글자로 추정됩니다.

(자모, 성음(聲音)에 관한 것, 문법에 관한 것, 한자어, 약어(略語: 준말), 외래어 표기, 띄어쓰기) 63항, 부록 2항(표준어, 문장부호)으로 구성되어 있지요. 오늘날의 『한글 맞춤법』과 구성이 비슷하죠? 띄어쓰기나 총론 1항 "한글 맞춤법은 표준어를 소리대로 적되, 어법에 맞도록 함을 원칙으로 한다."도 여기서 처음 규정되었습니다.

『한글 마춤법 통일안』은 이후 여러 차례 부분적으로 개정되었습니다. 1940년 제2차 개정에서는 이름도 『한글 맞춤법 통일안』으로 변경되었고요. 1948년에 대한민국 정부가 『한글 맞춤법 통일안』을 우리나라 정서법의 표준으로 공식 채택하였습니다. 이후 현실 언어와 맞지 않는 부분들을 고치기 위해 1979년부터 약 10년에 걸쳐 맞춤법 개정작업이 착수되었고, 1988년 정부에서 문교부를 통해 고시하여 1989년부터 시행되고 있는 것이 지금의 『한글 맞춤법』입니다.

'한자 폐지 논쟁'과 한글 전용체

① 공문서

광복 후 한글이 국문의 지위를 회복하자, 1945년 8월 미 군정청 학무국의 조선교육심의회는 교과서에 한자를 제외하고 한글만 사용하기로 결정했습니다. 이후 한글 전용주의자와 한자 폐지 반대론자 사이에 격렬한 논쟁이 일어났는데, 그럼에도 불구하고 1948년에는 「한글전용에 관한 법률」이 제정되었지요. 이는 "대한민국의 공용 문서는 한글로 쓴다. 다만, 얼마동안 필요한 때에는 한자를 병용할 수 있다."라는 내용이 전부로, 국한문 혼용체가 지배적이었던 당시 사회상에 비추어 볼 때 혁신적인 조치였지만 제한적이고 구체성이 없었답니다. 이를 보완한 것이 1958년 1월부터 시행된 '한글전용 실천요강'이었습니다.

ㄱ) 공문서는 반드시 한글로 쓴다. 그러나 한글만으로써 알아보기 어려운 말에는 괄호를 치고 한자를 써 넣는다.

ㄴ) 각 기관에서 발행하는 간행물은 반드시 한글로 한다.

ㄷ) 각 기관의 현판과 청내 각종 표지는 모두 한글로 고쳐 붙인다. 특히 필요한 경우에 한하여 한자나 다른 외국어로 쓴 현판 표지를 같이 붙일 수 있으되, 반드시 한글로 쓴 것보다 아래로 한다. …(후략)…

이를 통해 공문서의 경우는 한글 전용이 전면 시행되었답니다. 이것의 후신이 오늘날의 「국어 기본법」 제14조(공문서의 작성)이랍니다.

경향신문(1968.10.26.)

② 교과서

공문서는 한글 전용이 되었으나 뿌리 깊은 한문 사용의 전통은 일상생활에서 쉽게 사라지지 않았습니다. 학교에서도 한자 및 한문 교육이 계속 이루어졌으며 1965년부터는 국어과 교과서에 한글과 한자를 섞어 사용했죠. 하지만 1968년 11월에는 대통령령으로 '한글전용연구위원회'가 구성되고 교육 한자 1,300자가 폐지되었으며, 그동안 찬반 논쟁이 심했던 국어과 교과서의 국한 혼용은 1971년 3월부터 한글 전용으로 바뀌었답니다.

띄어쓰기, 가로쓰기가 대중화되기까지

동양 문화권에서는 붙여쓰기와 세로쓰기가 일반적이었습니다. 중국의 한자는 본디 거북의 등껍질이나 뼈에 새기며 시작되었고, 종이가 만들어지기 전 죽간에 글을 새길 때는 세로결에 맞게 글자를 써 왔지요. 한자는 수직적인 표기 방식이어서 세로로 쓰는 게 편리하였습니다. 또 문장은 늘 붙여 썼습니다. 한자 하나하나에 의미가 담겨 있으므로 문장에 중의성이 발생할 일이 적어, 문장을 띄어 써야 할 필요가 크지 않았습니다. 대신 문장의 구조를 표시하는 구두점句讀點을 찍어 오늘날의 쉼표나 마침표의 역할을 대신하였죠.

　동양 문화권에 속한 우리는 한글을 사용할 때도 붙여쓰기와 세로쓰기가 일반적이었습니다. 다만 18세기에 이르면 한글로만 이루어진 문헌에서 의미가 나뉘는 위치나 어절의 경계가 되는 지점에 점을 찍어 문장을 분절하려는 시도가 나타나기도 하였습니다. 『지장경언해』(1765)나 『규합총서』(1869)와 같은 문헌에서 점 찍기의 사례를 볼 수 있지요. 띄어쓰기에 대한 의식의 태동과 당시 화자들의 문법 의식을 보여 준다는 점에서 소중한 자료들입니다.

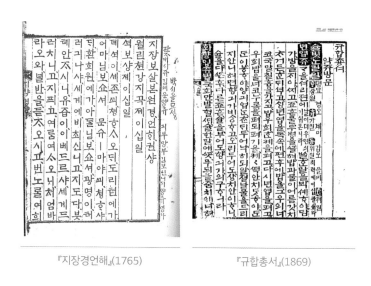

『지장경언해』(1765)　　　　　『규합총서』(1869)

　서양과 같은 근대적인 띄어쓰기의 모습은 서양 선교사들이 우리나라에서 만든 책에서 먼저 발견됩니다. 근대적인 띄어쓰기가 도입된 최초의 문헌은 스코틀랜드 출신 선교사 존 로스가 쓴 『조선어 첫걸음Corean Primer』(1877)으로 알려져 있습니다. 이후 출간된 스코트J. Scott의 『언문말칙A Corean Manual or Phrase Book』(1887), 언더우드H. Underwood의 『An Introduction to the Korean Spoken Language』(1890) 등 선교사들이 사용한 우리말 교재 곳곳에 영어와 국문을 나란히 배열하면서 띄어쓰기가 시도되었지요.

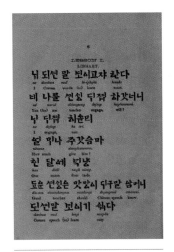

『조선어 첫걸음(Corean Primer)』(1877)　　　　독닙신문 창간호 (1896.04.07)

수업 도우미

『Corean Primer』
(1877) 구경하기

수업 도우미

〈독립신문〉 창간호
원문 텍스트/이미지

　　우리나라 사람에 의해서 처음 띄어쓰기가 본격적으로 도입된 문헌은 〈독립신문〉(1896)입니다. 이전에 박영효의 『사화기략』(1882)에서 일부 띄어쓰기가 시도되었지만 일관성이 없고 불규칙해서 〈독립신문〉의 경우를 '본격적'인 띄어쓰기로 표현했습니다. 〈독립신문〉에서는 창간호 논설에서 이 신문이 앞으로 국문 전용과 띄어쓰기를 할 것임과 그 이유를 분명하게 천명하고 있습니다.

　　　　모도 언문 으로 쓰기는 남녀 샹하귀쳔이 모도 보게홈이요 또 귀졀을 쪠여 쓰기는 알어 보
　　　기 쉽도록 홈이라 (…) 우리신문이 한문은 아니쓰고 다만 국문으로만 쓰는거슨 샹하귀쳔이 다
　　　보게 홈이라 또 국문을 이러케 귀졀을 쪠여 쓴즉 아모라도 이신문 보기가 쉽고 신문속에 잇
　　　는말을 자세이 알어 보게 홈이라 〈18960407 독닙신문 창간호〉

〈독립신문〉에서는 구절을 떼어 씀으로써 누구라도 신문의 내용을 쉽게 알아볼 수 있도록 하겠다고 언급하였는데요, 〈독립신문〉의 주필과 조필을 맡았던 서재필과 주시경의 의지로 띄어쓰기가 시도된 것으로 보입니다. 이후 조선어학회의 『한글 마춤법 통일안』(1933)에서 띄어쓰기의 규정이 마련되고, 점차 띄어쓰기가 보편화, 규칙화되었습니다.

띄어쓰기와 달리 가로쓰기가 보편화된 것은 얼마 되지 않은 일입니다. 광복 직후인 1945년 미군정 시기의 교육 자문기구 '조선교육심의회'는 한글 가로쓰기 안을 제안하였고, 이것이 채택되어 교과서가 한글 전용의 가로쓰기로 나오게 되었습니다. 하지만 신문이나 잡지 등 교과서 외의 읽을거리에는 세로쓰기의 경향이 오랫동안 유지되었습니다. 1970~80년대에 이르러서야 가로쓰기가 본격적으로 확대되었고, 그 결과 오늘날에는 세로쓰기가 어색하게 되었습니다.

인터넷에 '한글이 우수한 이유'를 검색하면 수많은 정보가 나옵니다. 하지만 우리는 과연 각각의 이유를 정확하게 알고, 한글의 우수성을 논리적으로 설명할 수 있을까요? 이 장에서는 '과학성', '체계성', '실용성'의 측면에서 한글의 우수성을 정확히 짚어 봅니다. 또 각 근거의 한계점을 생각해 보고, 올바른 한글 사랑의 태도는 무엇일지 생각해 봅시다.

○— 들어가며

한글로 쓴 찌아찌아어 교과서

한글이 병기된 찌아찌아족 마을의 간판

'인도네시아의 소수민족인 찌아찌아족이 한글을 쓰고 있다' 같은 소식을 한 번쯤 들어본 적 있을 것입니다. 하지만 그 내막을 자세히 아는 사람은 드뭅니다. 2009년, 찌아찌아족은 우연히 이 부족을 알게 된 훈민정음학회의 제안으로 부족어 표기에 한글을 사용하기로 정합니다. 그런데 얼마 지나지 않아 외교적·정치적·경제적 문제 때문에 훈민정음학회와의 협력관계가 단절되고, 서울시의 지원도 무산됐으며, 뒤이어 지원에 합류한 세종학당도 몇 개월 만에 철수했지요. 현지 교사에 따르면 현지인들이 학교를 졸업한 후에 일상적으로 한글을 접하지는 않는다고 합니다. 공식 문자로의 채택이 불가한 상태에서 교육용 문자를 넘어 한글이 확산되기에는 근본적인 한계가 있는 것입니다.

흔히들 이 내용을 잘못 알고 있거나, 잘 모르고 있다는 사실은 시사점이 큽니다. 우리는 '한글이 우수하다'라는 말을 귀에 못 박히도록 들으며 민족적인 자부심을 느껴왔지만, 우수한 면만을 취사선택하여 듣고 다른 면은 보려 하지 않았던 게 아닐까요? 한글은 분명 우수한 문자이지만, 세상에 완전무결한 문자는 없다는 사실도 분명합니다. 그렇다면 한글의 우수성을 정확히 어떻게 이해하면 좋을지 이 장에서 살펴봅시다.

한글의 우수성 - 과학성, 체계성, 실용성

한글의 우수성은 크게 **과학성, 체계성, 실용성**의 세 가지 측면에서 설명할 수 있습니다. 한글의 과학성은 **발음 기관 상형의 원리**에서, 체계성은 **가획의 원리**에서, 실용성은 **음절 단위 모아쓰기**에서 대표적으로 드러납니다. 세 가지 측면을 더 자세히 살펴보고, 각각의 한계점도 함께 알아봅시다.

1) 한글은 '과학적'인 문자이다 - 근거: 발음 기관 상형의 원리

'과학적'이란 말은 과학의 방법으로 도출된 지식일 때 붙일 수 있습니다. 이는 '1) 가설/주장/이론이 경험적(감각적)으로 실증되는가?', '2) 가설/주장/이론이 경험적(감각적)인 관찰 결과로부터 논리적으로 도출되는가?'를 요건으로 한다고 볼 수 있습니다. 칼 포퍼^{Popper, Karl}는 『과학적 발견의 논리^{The Logic of Scientific Discovery}』에서 "과학적 지식은 경험적 관찰에 기초하고 있고 동일한 조건에서 작업하는 다른 연구자들이 그 타당성을 검증할 수 있다."라고 쓴 바 있지요.

이를 바탕으로 볼 때, 한글이 '과학적'인 문자라는 것은 문자의 형상이 왜 그런 모양을 갖추었는지에 관한 설명이 경험적 관찰을 통해 실증된다는 의미입니다. 그 예로, 훈민정음의 자음 기본자는 발음 기관의 모양 또는 그 움직임을 상형하여 만들었습니다. 이러한 기본자의 형상에 관한 설명은, 실제로 그것에 대응하는 말소리가 발음 나는 위치와 방법과 대체로 일치하기 때문에 그 타당성이 확보되므로, 기본자의 형상에 관한 설명이 경험적으로 실증됩니다. 이 때문에 발음 기관 상형의 원리는 훈민정음이 과학적인 문자라는 주장의 근거가 될 수 있지요. **다른 문자와 차별화된 한글만의 과학성**으로는 이 발음 기관 상형의 원리가 대표적으로 거론됩니다. 오늘날 사용되고 있는 문자 중에서 인간의 발음 기관의 모양을 본떠 만든 문자는 세계에서 한글이 유일하다고 여겨지기 때문이지요.

1-1) '상형의 원리' 바로 알기

그러나 '발음 기관 상형의 원리'에서 한계점도 찾을 수 있답니다. 먼저 (1) 기본자 상형의 기준이 된 '아설순치후'라는 조음 위치 분류가 현대의 음성학적/음운학적 기준과 완벽히 일치하지는 않습니다

훈민정음의 조음 위치 체계	① 아음	② 설음	순음	② 치음	후음
자음	/ㄱ/	/ㄴ/	/ㅁ/	/ㅅ/	/ㅇ/
현대 문법의 조음 위치 체계	연구개음	치경음	양순음	치경음	후음

① /ㄱ/은 훈민정음에서 '아음' 즉 '어금닛소리'로 규정되었습니다. '아음牙音'이란 명칭은 혀의 뒷부분과 여린입천장이 만나는 지점 양쪽에 어금니가 있다는 사실과 관련됩니다. 하지만 어금니는 직접적인 조음 위치가 아니기 때문에 조음 위치를 기준으로 보자면 '연구개음'으로 보는 것이 더 정확합니다. ② 또한 /ㄴ/과 /ㅅ/은 조음 위치가 치경음으로 같습니다. 하지만 훈민정음의 체계에서는 '설음'과 '치음'으로 다르게 구분하지요.[43] 훈민정음에서 아·설·순·치·후의 구분은 전통적인 중국 성운학의 원리를 따른 것으로, 현대 문법의 관점에는 부합하지 않는 면도 있습니다. 이 구분을 현대 문법과는 독립적인 체계로 이해하는 것이 좋겠습니다.

'아牙', '설舌' 등 기관의 명칭이 소리의 조음 위치와 정확히 일치하지는 않지만, 결국 'ㄱ'은 '어금니'를 상형한 게 아니라 혀뿌리가 목구멍을 막는 모양을 상형한 것이고, ㄴ은 '혀'를 상형한 게 아니라 혀가 윗잇몸에 닿는 모양을 상형한 것이지요. 이렇게 'ㄱ'과 'ㄴ'의 모양만 따지자면 '발음 기관의 모양을 상형했다'라는 원리에 큰 허점은 없어 보입니다. (2) 하지만 그럼에도 'ㅅ', 'ㅁ'의 문제가 남

---

[43] 성운학에서 '설음'은 혀가 조음에 참여하는 자음을 총칭하지만, 혀는 대부분 자음의 조음에 참여하므로 옛 중국에서는 이를 다 설음이라 하지 않고 혀의 앞부분으로 숨기운을 막았다가 틀 때 나는 파열음을 특히 설음이라고 하였습니다. '치음'은 앞니나 그 부근에서 조음되는 소리를 포괄해서 일컫습니다. 치음은 모두 마찰 성분을 띠고 있어서 설음에 비해 혀의 운동이 그다지 뚜렷하지 못하고, 기류가 혀와 앞니 사이를 비집고 나갈 때 진동하는 느낌을 받을 수 있습니다. 이는 조음 위치보다는 오히려 조음 시의 감각적인 인상이 반영된 명칭이라고 하겠습니다. 현대 문법의 관점에서 볼 때 '설음'과 '치음'은 모두 조음 위치상 치경음에 해당합니다. 다만 '설음'은 조음 방법상 파열음, 비음, 유음 계통을, '치음'은 마찰음, 파찰음 계통을 일컫는답니다.

습니다. 해례본에서 이들은 각각 "像齒形(상치형)", "像口形(상구형)", 즉 '이의 모양을 본떴다', '입의 모양을 본떴다'라고 설명되어 있습니다. 이것이 구체적으로 이와 입의 어떤 모양을 본뜬 것인지는 잘 설명되어 있지 않죠. 'ㅅ'은 조음 위치인 위쪽 앞니의 모양과는 자형상 차이가 있고, 'ㅁ' 역시 네모 모양이기에 입술의 모양과 직접 연결지어 생각하기에 어려운 점이 있습니다. 이러한 점에서 'ㅅ'과 'ㅁ'이 발음기관의 실제보다는 '齒(이 치)', '口(입 구)'의 한자 자형을 참고하여 만들어졌다는 설이 제기되기도 합니다. 요컨대 'ㅅ'과 'ㅁ'은 조음기관의 모양을 그대로 본떴다고 보기에는 직관적이지 못한 부분이 있다는 것입니다.

2) 한글은 '체계적'인 문자이다 – 근거: 가획의 원리

'체계'란 "일정한 원리에 따라서 낱낱의 부분이 짜임새 있게 조직되어 통일된 전체"를 말합니다. 훈민정음은 가획의 원리, 즉 소리가 세어지는 글자에 획을 추가한다는 일관된 원리에 따라 'ㄱ→ㅋ', 'ㄴ→ㄷ→ㅌ', 'ㅁ→ㅂ→ㅍ', 'ㅅ→ㅈ→ㅊ', 'ㅇ→ㆆ→ㅎ'의 글자들이 체계를 이루고 있습니다. 가획의 원리는 한글이 '체계적인 글자'임을 보여 주는 핵심적인 근거가 될 수 있지요.

가획의 원리에 주목하여 한글을 '**자질 문자**featural writing system'라고 부르기도 합니다. 자질 문자란 문자가 나타내는 음소들의 변별적 자질feature, 즉 음운을 변별하는 데 필요한 음성적 특성이 그 글자의 외형에 체계적으로 반영되어 있는 문자 체계를 말합니다.

'자질 문자'는 영국의 언어학자 샘슨Geoffrey Sampson이 그의 저서 『문자 체계Writing Systems』(1985)에서 인류의 문자 체계를 재분류할 때 **한글의 특성을 설명하기 위해 처음 사용한 용어**입니다. 그는 세계 문자사에서 음소 문자보다 한 단계 더 발달한 단계의 문자 유형으로 '자질 문자'를 설정하고, 그 대표적인 문자 체계로 한글을 들었습니다. 다름 아닌 우리 한글의 문자적 특성을 설명하기 위해 '자질 문자'라는 용어가 만들어진 것이니, 자랑스러운 일이지요?

자음자 관련 자소 → 모두 9개
①조음점을 위한 외형: 5개(ㄱ, ㄴ, ㅁ, ㅅ, ㅇ)
②조음 방식의 변화: 4개
 ┌1차 가획(ㄷ, ㅂ, ㅈ) → [폐쇄성]
 ├2차 가획(ㅋ, ㅌ, ㅍ, ㅊ, ㅎ) → [유기성]
 ├중복(ㄲ, ㄸ, ㅃ, ㅆ, ㅉ) → [경음성]
 └모서리 구부러진 부호 첨가(ㄱ+ㄷ=ㄹ) → [유음성]

나. 모음자 관련 자소 → 모두 8개
 ①후설 모음을 위한 외형: 5개(ㅡ, ㅓ, ㅏ, ㅜ, ㅗ)
 ②전설 모음 'ㅣ'를 위한 외형: 1개
 ③후설 모음을 전설 모음으로 변환하는 원칙
  : 1개 → ['ㅣ' 첨가]
 ④후설 모음을 상향 이중모음으로 변환하는 원칙
  : 1개 → [획 중복]

한글의 자질성과 관련한 Sampson(1985)의 논의 정리

2-1) '가획의 원리' 바로 알기

한글이 자질 문자의 특성을 가진 것은 사실이지만, 완벽한 자질 문자라고 말하기는 어렵습니다. 우선 자음자의 'ㄱ, ㄴ, ㅁ, ㅅ, ㅇ'라는 기본자는, 현대 문법의 관점에서 보았을 때는 각각의 조음 위치에서의 음운론적 무표성無標性과 관련이 없습니다. 각 조음 위치에서 음운론적 무표자는 무성폐쇄음無聲閉鎖音 자입니다. 그런데 예를 들어 'ㄴ-ㄷ-ㅌ' 순으로 진행되는 설음자 제자 과정에서는 가장 무표적인 소리인 /ㄷ/이 아니라 /ㄷ/에 [+비음성nasal] 자질이 추가된 /ㄴ/의 글자가 기본자로 선정되었지요. 훈민정음 창제 당시 성운학의 체계로서는 이러한 음운론적인 무표자가 전청全清자가 될 것인데, 그럼에도 제자의 기본자는 'ㄱ, ㅅ'를 제외하고는 불청불탁不清不濁 자에서 시작하고 있습니다.

또 하나 들 수 있는 이유는 자음자의 가획 과정이 음운론적인 절차와 무관하다는 것입니다. 아래 표의 A는 각 글자가 나타내는 음가를 볼 때 [+유기성aspirated]의 자질이 일관적으로 추가됐다는 점에서, 즉 예사소리가 거센소리가 됐다는 점에서 자질 문자의 특성에 부합하는 것으로 보입니다. 그러나 B는 가획의 절차가 음운론적 이유와 무관하고 일관성이 없습니다.

A. [+유기성(aspirated)] 자질을 반영한 예	B. [+유기성(aspirated)] 자질을 반영하지 않은 예
ㄱ ⟶ ㅋ [+유기성]	ㆆ ⟶ ㅎ 파열음 · 마찰음
ㄷ ⟶ ㅌ [+유기성]	ㄴ ⟶ ㄷ 비음 · 구강음
ㅂ ⟶ ㅍ [+유기성]	ㅁ ⟶ ㅂ 비음 · 구강음
ㅈ ⟶ ㅊ [+유기성]	ㅅ ⟶ ㅈ 마찰음 · 폐찰음

이렇듯 자질 문자의 자질적 특성을 음운론에서의 변별적 자질과 동등한 수준으로 취급한다면 엄밀한 의미에서 한글은 자질 문자가 되기 어려울 것입니다. 한글은 자질을 일률적으로 부여해야 한다는 자질 문자의 최대 조건을 만족시키지 못했기 때문에 자질 문자가 아닌 '준자질 문자'에 해당한다는 것이죠.[44]

---

44 자질 문자설의 문제점에 대한 설명은 안명철(2004)을, 문자론 용어로서의 '준자질 문자'에 대한 설명은 배보은 (2013)을 참조할 수 있습니다.

완벽한 일관성만을 자질 문자의 조건으로 내세운다면 자질 문자로 인정받을 수 있는 문자는 '시화 문자visible speech'뿐일 것입니다. 이는 전화기를 발명한 벨의 아버지이자 언어학자였던 알렉산더 멜빌 벨Alexander Melville Bell이 1867년 청각장애인을 위해 창제한 것이죠. 하지만 무결한 문자로 기획된 시화 문자마저 너무 번거롭다는 이유로 결국 사장되고 말았습니다. 이론적 완벽성보다 더 의미 있는 것은 현실적인 유용성이겠지요. 한글의 진정한 가치는 흠 없는 완벽성보다는 현실적인 활용성과 유용성에서 발견할 수 있는 것이랍니다.

3) 한글은 '실용적'인 문자이다 – 근거: 음절 단위 모아쓰기

실용은 실질적인 쓸모를 말합니다. 앞서 말한 샘슨Sampson의 『문자 체계』 등 여러 연구가 밝힌 바에 의하면, 음절은 음운보다 자연스러운 단위입니다. 서면에 낱자로 연쇄된 문자 표기에서 우리는 자연스럽게 음절에 해당하는 시각적 단위를 분절하여 지각하려는 경향이 있지요. 예를 들어 'hippopotomon'이라는 복잡한 낱자 연쇄를 자연스럽게 '(hip)(po)(po)(to)(mon)'으로 지각하려 하는 것입니다. 한글은 음소 문자임에도 불구하고 알파벳처럼 풀어쓰지 않고 음절 단위로 모아쓰는데, 이는 음절에 대응하는 시각적 단위를 찾는 데 노력이 덜 듭니다. 요컨대 우리는 **소리를 음절 단위로 인식하는 방식이 익숙**하므로, 한글이 모아쓰기의 운용 원리를 선택한 것은 **음절을 시각적으로 구별하기 쉽도록 한다는 점**에서 매우 실용적입니다. 모아쓰기 방식은 음절 단위에 민감한 우리의 지각 특징을 잘 반영하고 있고, 세종이 훈민정음을 창제하면서 규정한 이래 500년 넘게 이어지고 있는 전통이기도 합니다. 훈민정음을 창제한 세종은 새 문자가 음절 단위로 모아쓰는 문자라는 점을 처음부터 분명히 염두에 두었던 것으로 보입니다. 새 문자의 해설서인 『훈민정음』 해례본의 「어제 예의」, 「합자해」에서 한글은 모아쓰는 글자임을 분명히 천명하였기 때문이지요.[45]

---

[45] 「어제 예의」에서는 '凡字必合而成音(범자필합이성음)', 즉 "무릇 글자는 반드시 초성, 중성, 종성을 합쳐 음절을 이루어 써야 한다."는 언급을 통해 모아쓰기의 원리를 분명히 밝혔습니다. 「합자해」에서는 '初中終三聲合而成字(초중종삼성합이성자)'라는 구절에서 초성자와 중성자, 종성자 셋이 모여 하나의 음절을 표시하는 글자가 됨을 설명하고, 이후 초성자와 중성자, 종성자가 놓이는 위치를 예를 들어가며 자세히 설명하였습니다.

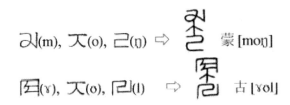

몽골의 옛 글자인 파스파 문자가 음절 단위로 운용된 모습의 예(김유범, 2018: 141)

세종이 한글의 모아쓰기를 고안한 것은 당대의 몽골 문자인 파스파 문자가 문자를 음절 단위로 운용한 것에서 영감을 받았다고 보기도 합니다. 몽골의 파스파 문자는 음소 문자이지만 글자를 위 아래로 붙여 씀으로써 음절문자처럼 운용하였습니다. 그러나 파스파 문자와 비교해도 **훈민정음의 모아쓰기 방식은 특별히 독창적**이라고 할 수 있습니다.

파스파 문자가 상중하의 결합만을 갖는 1차원적인 모아쓰기를 했다면, 새 문자 훈민정음은 상중하뿐 아니라 초성자와 중성자를 좌우로도 모아씀으로써 다차원적인 모아쓰기를 실현할 수 있었지요. 그 결과 파스파 문자에서 한 음절을 표시한 글자는 그 길이가 일정하지 않지만, 훈민정음에서 한 음절을 표시한 글자는 어떤 경우이든 항상 정사각형 안에 놓이는 미학적 성취까지 이루어내게 되었답니다.

3-1) '모아쓰기'의 이점 바로 알기

그런데 우리 한글의 운용 방식이 하마터면 풀어쓰기가 될 수도 있었다는 사실, 알고 있었나요? 지금의 우리는 모아쓰기의 방식에 너무나 익숙해져 있지만, 20세기 초에는 풀어쓰기에 대한 요구가 학계에서 매우 강력했고, 한글 정서법 논쟁의 중심이 되었답니다. 주시경, 최현배 등 우리가 잘 아는 국어학자도 풀어쓰기를 강력하게 주장했었고, 조선어학회가 엄격한 형태주의 표기법을 추구한 것 역시 주시경이 주장했던 풀어쓰기로의 전환을 염두에 둔 면도 있다고 해요. 신기하지요?

"글의 가장 좋은 것은 그 가장 잘 다듬은 말을 적은 것이오, 또 이를 가로 쓰는 것이니라. 가로 글은 쓰기와 보기와 박기에 가장 좋으니라." / 주시경의 『말의 소리』(1914) 끝부분에 실린 한글 풀어쓰기의 예

최현배가 『글자의 혁명』(1947, 1956)에서 주장한 풀어쓰기 안. 영어처럼 대문자, 소문자, 필기체 등을 고안했다.

당시의 학자들은 왜 풀어쓰기를 주장했을까요? 가장 현실적인 이유는 ① 타자기의 활자 입력이 어려웠기 때문이었습니다. 모아쓰기를 하면 글자가 네모꼴로 인쇄될 수 있도록 2,000개 이상의 한글 활자가 필요하지만, 풀어쓰기를 하면 낱글자의 개수인 20여 개의 활자만으로 인쇄를 할 수 있습니다. 인쇄가 쉬워지면 지식이 쉽게 활자화되어 퍼져나갈 수 있고, 그로써 민족 문화가 크게 발전할 수 있는 활로가 열린다고 믿었기에 당대의 풀어쓰기 주장은 매우 중대한 뜻을 담고 있었습니다. 풀어쓰기 주장에는 ② 외국 문자의 영향도 있었습니다. 당시 학자들은 알파벳 등 외국의 문자를 접하게 되었고, 풀어쓰기가 자연스러운 문자의 운용 방식이라고 생각하게 되었습니다. 주시경은 본래 음소문자로 창제된 한글을 음절문자로 모아쓰는 것은 본질에 어긋나는 일이라고 생각했고, 한글은 알파벳처럼 풀어써야 마땅하다고 주장했습니다. 최현배 역시 한글을 모아쓰는 것은 한자의 네모꼴을 따라하려는 구시대적 안목을 벗어나지 못하는 것이라고 평했습니다.

그렇다면 당시 학자들의 주장처럼, 풀어쓰기가 더 좋은 방식이었을까요? 두 방식의 비교를 통해 우리는 한글 모아쓰기의 실용성이 무엇인지 분명하게 파악해 볼 수 있습니다. 우선 타자기의 입력 문제는 당시로서는 중요하였지만, 인쇄 기술의 발달로 점차 해결되었습니다. 모아쓰기 방식이 한자의 네모꼴의 영향을 받았다는 것은 어느 정도 일리가 있지만, 모아쓰기는 음절 단위에 민감한 한국어를 표기하기에 적합한 방식이기도 하므로 한글의 모아쓰기가 단순히 한자를 추종한 결과라고 평가하기는 어렵습니다.

국어학자들의 주장과 달리 한글의 풀어쓰기는 많은 난점이 있답니다. 우선 한글을 풀어쓰면 가독성이 떨어집니다. 모아쓰기를 하면 '알'처럼 초성이 없는 음절을 표현할 때도 글자의 빈자리를 채워주기 위해 초성자 자리에 ㅇ을 쓰지만, 풀어쓰기를 한다면 빈자리를 채울 필요가 없으므로 음가 없는 'ㅇ'은 쓰지 않습니다. 하지만 'ㅇ' 없이 글자를 풀어쓴다면 'ㄴㅗㄹㅏ'가 '놀아'인지 '노라'인지 구

별되지 않고, 의미를 파악하기가 어렵게 되지요.

풀어쓰기를 하면 모아쓰기보다 글의 길이가 길어진다는 것도 문제입니다. 한국어는 언어 유형상 교착어膠着語로서, 실질 형태소 뒤에 조사·어미 같은 문법 형태소가 결합합니다. 이 때문에 우리말 어절은 대개 2개 이상의 형태소가 결합하여 만들어지며, 문법 형태소가 서너 개씩 결합하기도 하지요. 교착어인 한국어는 평균적으로 영어같은 굴절어보다 어절을 구성하는 형태소의 수가 많고 그만큼 철자의 수도 많아지기에, 풀어쓰기를 하면 글자 배열도 매우 길어지기 쉽습니다. 네 음절로 이루어진 어절 '읽습니다'는 풀어쓰면 10개의 낱자가 되고, 이보다 긴 어절 구성도 얼마든지 가능하지요. 그러니 한글을 풀어쓰기 하면 그만큼 많은 지면을 할애해야 하겠죠?

한글과 소리의 문제

소리와 관련한 문제도 한글의 우수성과 관련하여 많이 거론됩니다. 하나씩 살펴볼까요?

① 한글은 적은 수의 글자로 많은 소리를(음절을) 적을 수 있다?

맞습니다. 하지만 이는 한자와 비교했을 때 그렇다는 것이지, 세계의 다른 문자들과 차별화된 한글만의 특징은 아니랍니다. 영어의 알파벳도 26자뿐이지만 수많은 소리를 적을 수 있지요. 물론 우리나라는 한자 문화권에 있었기 때문에 한글이 없었다면 꼼짝없이 그 많은 한자를 다 외워야 했겠지요. 우리의 상황만 따지자면 정말 우수한 장점이었다고 할 수 있겠네요.

② 한글은 하나의 문자가 하나의 소리로만 발음된다?

이 문제는 '소리'를 어떻게 파악하느냐에 따라 다르게 답할 수 있겠습니다. '소리'는 음운, 음성, 음향을 다 포괄할 수 있는 개념이므로 용어의 섬세한 사용이 필요하지요.

> '음운': 언어 체계 안에서, 우리가 같은 소리라고 생각하는 추상적 소리
> '음성': 사람의 발음 기관에서 조음되는 구체적이고 물리적인 소리
> '음향': 물체에서 나는 소리

한글이 하나의 글자가 하나의 '음운'을 나타내는, 즉 음운과 표기가 일대일로 대응하는 문자인 것

은 맞습니다. 하지만 '음성'이나 '음향'의 문제로 생각한다면 한글도 소리와 일대일로 대응한다고 말할 수 없습니다. 음성적 차원에서 '변이음'의 개념을 고려해 봅시다. '감기'의 두 'ㄱ'은 같은 문자로 표기되지만 음성적 차원에서 앞의 ㄱ은 [k]로, 뒤의 ㄱ은 [g]로 서로 다른 변이음을 가집니다. '화해'에서도 앞의 'ㅎ'과 뒤의 'ㅎ'은 소리가 다르지요? '한글은 하나의 글자가 하나의 소리로만 나기 때문에 알파벳처럼 헷갈리지 않는다'라고 말하기는 어려운 것입니다. 음운에 대한 인식은 언어마다 다르니, 다른 언어권의 화자에게는 우리말 글자도 충분히 헷갈릴 수 있을 테지요.

③ 한글은 세상에 존재하는 모든 소리를 적을 수 있다?
이 문제와 관련해서는 다음의 구절이 자주 인용됩니다.

雖風聲鶴唳。鷄鳴狗吠。皆可得而書矣.(비록 바람 소리, 학 울음소리, 닭 우는 소리, 개 짖는 소리라 하더라도 모두 적을 수 있다.) - 『훈민정음』해례본「정인지 서문」중

사실 이 구절은 『훈민정음』의 정인지 서문에만 쓰인 것이 아니라, 중국 여러 문헌에 나오는 관용구라고 합니다. 중국 유명 운서인『칠음략』의 서문에도 비슷한 구절이 있어서, 정인지가 『훈민정음』서문을 쓸 때 참고한 것으로 보입니다. 정인지의 언급은 훈민정음으로 **음성상징어를 표기할 수 있게 되었다는 비유적 표현**으로 이해할 수 있고, 훈민정음으로 정말 이 세상에 존재하는 모든 소리를 표기할 수 있는 것은 아니랍니다. 한글로는 우리말의 모든 음운을 적을 수 있지만, 세상에는 한국어의 소리 외에도 수많은 소리가 있지요. 'vibe'의 '[v]'나 '[b]'는 한글로 어떻게 구별해 적을 수 있을까요? 'fat'과 'pat'의 '[f]'와 '[p]'는 또 어떻고요. '국제 음성 기호'에는 우리말에 없는 음성이 70개나 넘게 있답니다. 이 음성을 모두 한글로 적어내기에는 무리가 있지요.

국제음성기호(International Phonetic Alphabet, IPA)

④ 무조건 많은 소리를 적을 수 있어야 좋은 문자일까?

> 문자란 본래 '기억 보조 장치mnemonic device'로 마련되었으므로 처음부터 언어의 모든 면을 상
> 세히 표기하려는 시도는 없었다. 독자에게는 표기되지 않은 빠진 요소들을 채워 넣고 그것들을
> 본래의 순서대로 돌려놓는 것이 요구되었다. 꽤 정확한 음운론적 표시에 필요한 회화적 요소들
> 이 적절히 존재했지만 그것이 결코 기록 체계의 궁극적 목적은 아니었다.(Michalowski, 2004)

오늘날에도 외국어 발음을 더 정확히 표기하기 위해 한글 자모에 구별 기호를 쓰거나 'ㅿ, ㅸ, ㆆ, ㆍ'와 같은 옛 글자를 되살려 활용하자고 주장하는 사람이 꽤 많습니다. 물론 외국어 학습처럼 특수한 상황이라면 이 방법이 효과적일지도 모르지만, 모든 일상생활에서 별도의 글자를 사용할 수는 없겠지요. 〈외래어 표기법〉에서 원음과 조금 멀어지더라도 새로운 한글 자모가 아닌 본래의 글자만을 사용하도록 한 것도 같은 궤의 결정일 것입니다.[46] 표기법은 우리말을 쓰는 사람을 위해 존재하는 것이기 때문입니다. 'fact check'를 원음에 가깝게 쓰겠다고 '퉲쳌' 같은 표기를 고안해서 사용하려는 순간 우리의 어문 생활은 더 복잡해지고, 낯설어지고, 불편해질 뿐이니까요.

문자도 이와 마찬가지입니다. 우리말 음운에는 수많은 변이음이 있습니다. 모든 변이음을 빠짐없이 표기할 수 있는 것이 과연 좋을까요? 오히려 어문 생활의 혼란만 가중시키지 않을까요? 모든 소리를 빠짐없이 표현할 수 있는 문자는 존재할 수 없을 것 같습니다. IPA와 같은 발음기호라면 그것이 어느 정도 가능할지도 모르지만, IPA는 애초에 공식적인 발음기호로 고안된 것이지 문자가 아니지요. '더 많은 소리를 표현할 수 있으니 우리나라의 문자로 한글 대신 IPA를 써야 한다!'라는 주장을 받아들일 사람은 아마 없을 것 같네요.

절대적으로 많은 수의 소리를 적을 수 있다는 것이 문자의 우수성과 직결되지는 않습니다. 적고자 하는 언어를 잘 적어내는 데 적합하다면 그것이 우수한 문자라고 할 수 있지요. 한글은 무수히 많은 소리를 적을 수 있는 문자는 아닙니다. 다만 우리말에 필요한 소리는 충분히 많이 적을 수 있을 따름이죠. 그것만으로도 한글이 우수하다고 말하기에 충분합니다.

---

46 〈외래어 표기법〉의 제1장 제1항, '외래어는 국어의 현용 24자모만으로 적는다.' 기억하지요?

지나친 우수성 과장보다는 정확한 사랑이 되어야

우리 한글이가 얼마나 좋은 아이인데!!

네, 저도 그건 알긴 아는데요.
구체적으로 어떤 점이…

아, 몰라~
당신은 우리 한글이, 가져본 적 있어요?

아뇨, 없어서 지금부터 알아가려고…

하-!
그럼 내가 최고라면 최고인 거예요!
아.시.겠.어.요?

지금까지 한글의 우수성을 보여 주는 근거와 그 한계점을 논의해 보았습니다. 오해는 말아 주세요. 한글이 우수하지 않다고 평가절하하려는 의도는 결코 없답니다. 한글이 우수한 글자라는 말, 우리가 한글을 사랑해야 한다는 말은 누구나 쉽게 할 수 있어요. 하지만 사랑할수록 정확하고 객관적인 근거도 함께 알아야 한다는 것이죠. 정확한 이해가 없다면 오히려 한글을 얽매어 두는, 건강하지 못한 사랑이 될 뿐이니까요.

한글에 대한 맹목적인 태도는 한글과 다른 문자를 비교할 때 더욱 위험합니다. 한글은 과학성·체계성·실용성의 측면에서 우수하지만, 한글이 '가장' 과학적이고, '가장' 우수하다고 말하면서 문화의 우열을 정하는 태도는 바람직하지 못하지요. 각 언어권의 문자는 그 언어를 기록하기에 가장 적합한 형태로 쓰일 뿐이며, 각각의 특징과 장단점이 있을 뿐입니다. 앞으로 한글이 '세상에서 가장 우수한 문자'라고 말하기보단, '한국어를 표기하기에 가장 우수한 문자'라고 말해 보는 것이 어떨까요? 진짜 사랑은 정확하고 객관적인 이해, 때로는 비판할 수도 있는 용기에서 출발하니까요.

훈민정음 이후의 변화, 한글의 우수성

(1) 훈민정음 이후의 변화

지금까지 [Airport 4]에서는 훈민정음 이후의 변화와 현대 한글의 우수성까지를 폭넓게 살펴보았습니다. 이를 어떻게 수업에서 펼칠 수 있을까요? 훈민정음 이후의 변화는 교과 과정의 후속 활동으로 연계하면 좋을 것입니다. 예를 들어 한글의 창제 원리를 다 배우고 단원을 넘어가기 전에, 영화 〈말모이〉(2019)를 함께 보고 한글의 변화 과정을 포함한 감상문을 쓰는 수행평가를 해 보면 어떨까요? 수업 시간에 세종대왕이 훈민정음을 창제한 사실에 대해 배웠다면, 이 수행평가에서는 훈민정음이 그 이후 어떤 변화를 거쳐 오늘날까지 오게 되었는지를 다루며 현대와 연결할 수 있습니다. 이때 교사는 이 책의 내용을 활용하여 조선어학회 사건, 한글이라는 명칭과 오늘날 한글 자모 명칭이 성립된 계기 등을 사전에 학생들에게 설명해줄 수 있겠습니다. 혹은 3부 마지막에 제시될 '한글 안내서 만들기' 수행평가를 한다면, 학생들에게 훈민정음 창제 이후의 변화와 관련된 자료를 찾을 수 있는 곳으로 다음과 같은 사이트들을 안내해 줘도 좋겠습니다.

(1) [영상] 국립한글박물관, '우리말 사전이 만들어지기까지' – 2:45

(2) [웹사이트] 국가기록원 기록물 서비스, '한글이 걸어온 길'

(3) [웹사이트] 국립한글박물관 상설전시 〈훈민정음, 천년의 문자 계획〉 온라인 전시(VR) 보기

국립한글박물관 상설전시, 〈훈민정음 천년의 문자계획〉에서는 훈민정음 창제 이전의 문자 생활부터 오늘날의 한글에 이르기까지의 내용을 7부로 구성해 놓았습니다. 사진 아래 '온라인 전시(VR) 보기' 버튼을 클릭하면, 입체적인 VR로 구현된 전시실 속에서 마우스를 클릭해 공간을 이동하고 전시 자료들을 살펴볼 수 있습니다. 서울 용산구에 위치한 국립한글박물관을 학생들과 함께 직접 방문한다면 더욱 좋겠지요?

(1) (2) (3)

(2) 한글의 우수성

인터넷에 '한글의 우수성'을 검색하면 수많은 이유가 나옵니다. 하지만 무질서한 여러 자료를 보여 주는 것보다 대표적인 근거를 과학성, 체계성, 실용성으로 나눈 뒤 체계적인 근거를 제시하면 학습자가 개념을 정립하는 데에 더 유익할 것입니다. 이외에도 한글의 우수성은 철학성(음양오행 등 당대 사람들의 철학적 사상을 담은 글자임), 기록성(창제자뿐만 아니라 창제 시기, 창제 목적, 창제 원리가 모두 밝혀진 세계 유일의 문자임) 등으로 다양하게 제시할 수 있습니다. 하지만 ① 오개념이 없을 것 ② 문자 자체가 가진 우수성과 직접 관련될 것 ③ 다른 문자들과 차별화되는 한글만의 특징일 것, ④ 학생들 수준에서 이해 가능한 수준일 것 등의 기준을 고려한다면 교수 학습 내용을 크게 다음과 같이 정리할 수 있을 것 같습니다.

한글은 우수한 문자이다		
이유	● 과학성 : 한글은 과학적인 문자이기 때문이다.	● 체계성 : 한글은 체계적인 문자이기 때문이다.	● 실용성 : 한글은 실용적인 문자이기 때문이다.
근거	● 발음 기관 상형의 원리 ○ '과학적'이란 과학의 방법으로 도출되는 지식, 즉 경험적 관찰을 통해 실증되는 지식이라는 뜻임. 즉 과학적 지식은 추상적이지 않고 우리가 실제로 관찰 가능한 구체적인 사실에 기초해야 하고, 그 사실로부터 논리적으로 타당하게 결과가 도출되어야 함. ○ 발음 기관 상형의 원리: 발음 기관의 모양과 움직임이라는 경험적 사실에 기초하여, 기본자의 형상이란 결과를 논리적으로 타당하게 도출하고 있음. 이 때문에 훈민정음이 과학적인 문자라는 것의 근거가 될 수 있음. ○ 현재 상용되고 있는 문자 중에서 인간의 발음 기관의 모양을 상형한 문자는 세계에서 한글이 유일하므로, 발음 기관 상형의 원리는 다른 문자와 차별화되는 한글만의 과학성임.	● 가획의 원리 ○ 체계란 "일정한 원리에 따라서 낱낱의 부분이 짜임새 있게 조직되어 통일된 전체"를 말함. ○ 가획의 원리: 'ㄱ→ㅋ', 'ㄴ→ㄷ→ㅌ', 'ㅁ→ㅂ→ㅍ', 'ㅅ→ㅈ→ㅊ', 'ㅇ→ㆆ→ㅎ'에서 소리가 세진다는 일정한 원리에 따라서 각 글자들이 체계를 이루고 있기에, 한글이 체계적인 글자라는 것의 근거가 될 수 있음. ○ 이런 특성 때문에 한글을 '자질 문자'라고 부르기도 함. 이는 영국의 언어학자 샘슨이 그의 저서 『문자체계』(1985)에서 인류의 문자 체계를 재분류할 때 한글의 특성을 설명하기 위해 처음 사용한 용어임.	● 음질 단위 모아쓰기 ○ 우리가 문자 표기를 지각할 때, 음운보다 음절이 더 자연스러운 단위임. · 'hippopotomon' vs '(hip)(po)(po)(to)(mon)' ○ 한글은 음소문자이지만 음절 단위로 모아 쓰는 데, 음절을 시각적으로 구별할 수 있어 매우 실용적인 방법임. ○ 한글의 모아쓰기는 초성자와 중성자를 상하뿐 아니라 좌우로도 모아씀으로서 다차원적인 모아쓰기를 실현함. 그 결과 한 음절을 표시한 글자가 항상 정사각형 안에 놓이는 미학적 성취까지 이루어 냄. cf) 옛 몽골 글자였던 파스파 문자와의 비교
바로 알기	○ 기본자 상형의 기준이 된 '아설순치후'라는 조음위치 구분은 현재 음성학적/음운학적 기준과 완전히 일치하는 것은 아님. ex) 아음 vs 연구개음, 설음·치음 vs 치조음 ○ 'ㅅ', 'ㅁ'은 발음 기관이 '이', '입술'의 모양과 직관적으로 일치하지는 않음.	○ 한글은 일부 자질 문자의 특성을 가지고 있지만 완전한 자질 문자로 보기는 어려움. 자질을 일률적으로 부여해야 한다는 최대 조건을 만족시키지 못했기 때문에 '준자질 문자'로 볼 수 있음. ex) 'ㄱ→ㅋ', 'ㄷ→ㅌ', 'ㅂ→ㅍ', 'ㅈ→ㅊ'는 그 소리가 일관적으로 거센소리가 되었지만, 'ㆆ→ㅎ', 'ㄴ→ㄷ', 'ㅁ→ㅂ', 'ㅅ→ㅈ'는 그렇지 않음.	○ 20세기 초에 전개되었던 풀어쓰기 논쟁과의 비교를 통해 모아쓰기의 이점 파악(주시경, 최현배 등 당시의 국어학자들이 인쇄 효율성 등을 근거로 풀어쓰기 도입 주장) ○ 모아쓰기는 음절 단위에 민감한 한국어의 특징에 적합함. 한국어의 특징상 한 어절을 구성하는 글자들의 개수가 매우 많아지기 쉬운데, 모아쓰기를 하면 어절 길이가 짧아져 가독성이 높아짐.

교사는 교재의 내용에 대해서 자세히 알고 있되, 학생들의 수준에 맞게 교수학습 내용을 선별할 필요가 있겠습니다. 또 각 주장의 한계로 지적될 수 있는 내용을 정확히 짚어 주는 것도 중요하겠습니다. 한글의 우수성만 보여 주기보다는, 객관적으로 조망할 수 있는 다른 측면에 대해서도 조명하고 학생들이 비판적으로 질문해 볼 수 있게 해주세요. [수업 도우미]의 토의 활동처럼 교실을 여러 이견을 수용하는 공론장으로 만든다면 학습자들도 우리 한글을 정확히 알고 사랑할 수 있을 것입니다.

　　한글의 우수성을 강조하는 것이 **한자 등 다른 문자를 은근히 낮춰보거나 문자 간 우열을 매기는 것이 되지 않도록 주의해 주세요.** 서로 다른 언어 혹은 서로 다른 문자 간의 우열을 단박에 가릴 수 있는 기준은 존재하지 않습니다. 한 예로 '답답하다'나 '눈치'같이 한국어 표현의 미묘한 뉘앙스를 외국어로 번역하기 어려운 사실을 두고 '한국어는 오묘하고, 우수하다'라고 평가하는 경우가 더러 있습니다. 하지만 반대로 다른 언어 특유의 표현을 한국어로 옮길 수 없는 경우도 수없이 많습니다. 서로 다른 언어의 미묘한 어감을 온전히 옮겨 내기 어려운 것은 번역이나 통역의 상황에서 늘 있는 일이지요. 이처럼 단순히 '사실'일 뿐인 것을 '우월'로 받아들이고, 거기서 한국어와 한글을 사랑해야 한다는 '당위'를 도출하는 비약은 주의해야겠습니다. 한글의 우수성 수업을 '정확하고 객관적인 지식, 다른 쪽을 생각할 줄 아는 균형 잡힌 시선, 국어에 대한 성숙한 사랑'을 배우는 자리로 만들어 보면 어떨까요?

01.

다음은 한글에 대한 일반적인 생각을 보여 주는 글이다.

이를 위해 세종은 인간의 구강口腔에서 나오는 모든 소리를 적을 수 있는 언어를 만들었는데, 이것이 전 세계 어느 언어도 갖지 못한 훈민정음만의 특출한 장점이다. 세종의 훈민정음 창제 정신으로 돌아가면 지구상의 모든 언어를 완벽하게 적을 수 있다.

우선 언어와 문자를 혼동하고 있음을 알 수 있을 것이다. 위에서 세 번 쓰인 '언어'라는 단어 중 앞의 둘은 '문자'로 바꾸어 써야 한다. 그러나 더 중요한 문제는 마지막 문장, 즉 "(한글로) 지구상의 모든 언어를 완벽하게 적을 수 있다."라고 보는 견해이다. 물론 "세종의 훈민정음 창제 정신으로 돌아가면"이라는 전제가 붙어 있지만, 아직까지 인류는 세계의 모든 언어를 완벽하게 적을 수 있는 표기 체계를 개발하지 못하였다. 현존하는 각각의 문자는 대부분 각각의 언어를 가장 잘 적을 수 있도록 관습화되어 있고, 최적화되어 있을 뿐이다. 한글로 영어의 'coffee'나 'zero' 등을 제대로 적을 수 없음을 생각하면 이해가 될 것이다. 마찬가지로 로마자로는 우리말의 '달, 딸, 탈'을 제대로 구별하여 적지 못한다.

이러한 생각, 즉 한글로 모든 것을 적을 수 있다는 사고방식은 한글에 대한, 반복적으로 강화된 자긍심이 낳은 산물이다. 하지만 필자는 이러한 생각의 기초를 제공한 표현이 있음을 말해 두려고 한다. 그것은 다름 아닌 《훈민정음》 해례본의 뒷부분에 있는 서문(집현전 대제학 정인지 지음)에 나오는 다음의 표현이다.

바람 소리, 학의 울음, 닭의 홰치며 우는 소리, 개 짖는 소리일지라도 모두 이 글자로 적을 수 있다.

이 글은 우리에게 매우 잘 알려진 글귀로 훈민정음의 우수성을 이야기할 때 흔히 인용되는 구절이다. 이 내용은 흔히 훈민정음으로는 (사람의 소리는 말할 것도 없고) 자연의 음향, 동물의 울음소리도 모두 적을 수 있다고 하여 훈민정음으로 모든 것을 적을 수 있음을 강조한 것으로 이해된다. 이 표현 때문에 괄호

속에 들어 있는 것처럼 '사람의 소리는 말할 것도 없고'가 생략된 것으로 이해하여 '지구상의 모든 언어를 완벽하게 적을 수 있는 글자'로 탈바꿈하게 된 것이다.

그러나 한어漢語, 즉 중국어를 적는 한자로는 동물의 소리를 표현할 수 없는 것도 아니며, 각각의 언어마다 동물의 소리를 표기하는 별도의 표기 수단이 있다. 언어마다 동물의 소리에 대한 표기가 다른 것은 해당 표기가 그 언어를 사용하는 사람들의 머릿속에 들어 있는 청각 인상을 각각의 언어에 있는 음소를 이용하여 언어적 표현으로 관습화하여 버린 결과이기 때문이다. 따라서 어느 표현이 더 정확하다고 할 수는 없다.

다시 말해, 앞의 정인지의 글은 훈민정음이 소리글자임을 강조한 것이지 그것이 모든 소리를 표기할 수 있다고 주장하는 것이 아니다. 즉, 당시 익숙하게 사용하던 한자가 뜻 글자임에 비해, 새로 만든 훈민정음은 소리를 적는 글자임을 강조하여 표현한 것이다. 동물의 소리도 (비록 정확하지는 않지만) 거의 들리는 대로 표기할 수 있으니(예를 들어, 시인 박두진이 〈묘지송〉에서 멧새의 울음소리를 "삐이 삐이 배, 뱃종 뱃종"이라고 표현한 것 등) 이러한 점에서 한자와는 근본적으로 다른 글자라는 점을 강조하여 표현한 것이다.

어떤 사람들은 한글로 모든 언어를 완벽하게 적을 수 없다는 사실을 알게 되면 크게 실망할 것이다. 위에서 말했지만 아직 그런 표기 체계는 개발된 적이 없다. 다만, 한글은 소리글자 중에서도 음소 문자라는 점에서(또는 자질 문자라고 분류하기도 한다.) 낱낱의 소리를 모두 표기할 수 있는 문자 체계다. 로마자도 이러한 점에서는 마찬가지이다.

최근 한글로 외국의 언어를 표기하려는 시도가 자주 이루어지고 있다. 이것은 한글이 음소 문자이기 때문에 가능한 것이다. 현재 한글은 한국어를 표기하는 데 가장 적합하게 구성되어 있다. 그러므로 외국어를 표기하기 위해서는 한글이 그에 맞게 적절히 변용되어야 한다. 역사적으로 그리스인이 페니키아 글자를 사용하게 되면서 자신들의 언어에 맞게 글자를 변용한 예나, 터키인이 로마자를 사용하면서 그것을 적절히 변형하거나 새로운 글자를 도입한 예, 몽골인이 키릴 문자를 사용하기 위해 새로운 글자를 도입한 예 등을 보면 특정 언어를 표기하기 위해서 기존의 문자를 사용할 경우 넓은 의미의 변용은 필수적인 일이다.

이렇게 보면 한글로 세계의 모든 언어를 표기하는 것은 완전히 불가능한 일은 아니다. 다만, 한글의 장점과 단점을 잘 파악하여 해당 언어를 가장 잘 표기하도록 변용하고, 컴퓨터와 같은 최첨단 기기에도 사용할 수 있게 하여, 사람들이 그들의 언어로 그들의 일상생활, 전통문화, 역사 등을 기록할 수 있게 해야 할 것이다. 그러나 가장 중요한 것은 자신의 언어를 표기하되 한글을 그에 적합한 것으로 판단하고 한글로 표기하려는 자생적인 노력이다. 이 노력이 훈민정음의 창제 정신, 즉 문맹 타파와 사회적 약자를 위한 배려와 맞물릴 때 진정한 문자의 나눔이 이루어질 것이다.

– 김주원(2013), 『훈민정음: 사진과 기록으로 읽는 한글의 역사』, 민음사.

02

찌아찌아족에게 한글을 보급한다?

한글 보급 운동에 열과 성을 다하고 있는 언어학자 이호영은 찌아찌아족이 한글을 부족문자로 채택한 사실을 거론하며, 한글을 배우려는 사람들에게 인색한 우리의 실태를 비판하고 있다. 그러나 냉정히 말하다면 현재 찌아찌아족에 대한 지원이 인색해진 데에는 한글을 보급하겠다고 나선 이들의 책임이 더 크다. 한글 수출이라는 자극적인 단어를 동원하며 국민적 관심을 끌어모으는 데에는 열중하면서도 한글 수출이 가져올 정치사회적 의미는 생각하지 않았기 때문이다. 한글 수출을 추진했던 이들의 가장 큰 실책은, 국가의 공식 문자는 국어정책의 틀에서 결정된다는 상식적인 사실을 간과한 것이다.

인도네시아 정부는 인도네시아 국가 전체의 소통이라는 큰 틀에서 각 부족의 문자 문제에 접근할 것이다. 이러한 맥락에서 볼 때, 인도네시아가 상식적인 국가라면 한글이 찌아찌아족의 공식 문자로 자리 잡는 것은 애초부터 실현 가능성이 희박했다. 해당 국가의 어문정책과 관계없이 소수민족 공동체와의 협의만으로 한글이 특정 소수민족어를 표기하는 공식 문자가 될 수 있다고 생각했다는 게 놀라울 따름이다. 혹 그러한 가능성을 믿었고 그 믿음 때문에 이처럼 실망스러운 시대에 직면했다면, 제3세계 국가의 문자 없는 소수민족에 대한 우리의 시선이 불온했음을 반성해야 하는 게 아닐까?

다민족국가의 경우 민족공동체 간의 소통 문제는 국가적 관심 사항이다. 인도네시아 정부 또한 소통의 편리성을 염두에 두고 문자정책을 추진할 것이다. 현재 인도네시아어를 표기하는 문자가 로마자이므로 고유문자가 없는 소수민족의 문자는 모두 로마자로 표기될 가능성이 높고, 그렇게 해야만 국가적 소통이 원활해질 것이다. 그런데 소수민족 공동체의 지방정부와 의회에서 자신들의 민족어를 표기할 공식 문자로 한글을 채택하기로 했다면, 중앙정부는 어떻게 대처할까? 이호영은 '인도네시아 중앙정부에는 찌아찌아족의 한글 도입을 탐탁지 않게 여기는 인사'라는 표현을 써서, 한글 도입을 가로막는 중앙정부 인사들에 대한 안타까운 심정을 드러낸다. 그러나 이 중앙정부 인사들은 국가 어문 정책의 차원에서 문제를 제기했을 것이다.

그렇다면 찌아찌아족에게 한글을 보급하겠다고 나선 사람들은 누구를 위해 한글 보급 사업을 벌였는지 다시금 돌아봐야 할 것이다. 인도주의人道主義는 그 목적도 그 방법도 모두 인도적일 때만 의미가 있기 때문이다.

한글의 우수성에 대한 강박

그런데 '한글이 여러 언어를 표기할 수 있는 문자'라는 사실이 '한글이 그 언어의 표기에 가장 적합하거나 유일한 문자'라는 사실로 뒤바뀌는 과정은 분명 비이성적이다. 한글의 우수성과 한글 사용의 당위성을 연결하려는 시도는 다른 문자에 대한 차별적 인식을 부추기며 오해와 편견을 낳기 때문이다. 한 언어를 표기하는 문자는 그 언어공동체가 처한 역사적, 사회적 맥락에 따라 선택하는 것일 뿐인데도 말이다.

한글 보급 혹은 한국 세계화 과정에서 언뜻언뜻 드러나는 '한글처럼 우수한 소리문자가 세상의 모든 언어를 표기하는 문자가 되어야 한다'는 생각에는 '소외된 천재의 강박'과 '한글제국주의의 애절한 탐욕'이 배어 있다. 그래서일까? 한글의 우수성을 남이 알아주었으면 하는 바람은 노골적이고, 이러한 바람이 크기에 한글에 대한 외국인들의 평가가 과장되어 전달되는 경우가 많다.

한글에 대한 외국 언어학자들의 관심이야 오래된 것이지만, 대중적으로 소개되는 경우가 영미 유럽권 학자들의 평가에 집중된 것은 흥미롭다. 이들 언어학자의 어록을 소개하는 말과 글에서는 선진국 학자들조차 한글의 우수성을 칭찬하는데 더 이상 무슨 말이 필요하냐는 강박이 느껴진다.

한글은 우수한 문자다. 한글처럼 정교한 체계를 갖춘 문자는 없다고 해도 과언이 아니다. 그러나 이를 근거로 한글이 가장 우수한 문자라고 강변하는 것은 불편한 일이다. 문자의 우수성은 문자의 체계와 모양뿐만 아니라 사용자의 인식 등도 함께 고려해 판단하는 것이기 때문이다. 그렇다면 객관적으로 우수한 문자를 가려내기는 사실 불가능하다. '자질 문자'라는 개념은 문자체계의 정교함을 강조한 것이지만, 이것이 곧 한글의 사용상 우수성을 입증하는 것은 아니다.

– 최경봉(2012), 「한글인도주의와 한글제국주의」,

『한글 민주주의』, 책과함께, 214~222쪽.(발췌 정리)

한글의 우수성에 대한 모둠 토의 활동지

1. 평소에 자신은 한글/한국어가 우수하다고 생각했는지, 왜 그렇게 생각했는지 되돌아보자.

   나는 [한국어/한글]이 [다른 나라의 언어/문자]보다 [우수하다 / 우수한 건 아니다]라고 생각한다. 왜냐하면

   _____

   _____

2. 교과서, 읽기 자료 등에서 다룬 다양한 '한글의 우수성'에 대한 내용 중 공감되는 것 2개와 공감되지 않는 것 2개를 적고, 그 이유를 적어보자.

   [공감되는 내용]

   (1) _____

   _____

   (2) _____

   _____

   [공감되지 않는 내용]

   (3) _____

   _____

   (4) _____

   _____

3. 공감되지 않는 내용에 대해 보완할 수 있는 내용, 설명을 찾아, 아래에 적어보자.

   _____

   _____

4. 올바른 국어 사랑의 태도를 생각해서 정리해 보자.

   올바른 국어 사랑의 태도란 _____

   _____

   _____

여행을 마치며:
우리글 역사 수업을 펼칠 선생님들께

오랜 여정을 끝내고 드디어 출발지로 다시 도착했습니다! [Airport]를 4개나 경유하면서 우리글 역사를 조망해 보았지요. 우리 여행의 출발을 기억하시나요? 처음 풀었던 퀴즈를 다시 한번 풀어 보고 답을 맞혀 보며, 이번 여행으로 우리 실력이 얼마나 늘었는지 확인해 봅시다.

스스로 점검 퀴즈
나는 한글에 대해 얼마만큼 알고 있을까?

1	(1) 우리나라의 자음은 기역, 니은, 디귿, 리을, 미음, 비읍, 시옷, 이응, 지읒, 치읓, 키읔, 티읕, 피읖, 히읗으로 총 14개이다.	O	X
	(2) 영어보다 어순이 자유로운 한글은 영어보다 우수하고 실용적인 언어이다.	O	X
2	(3) 한글 창제 이전에는 우리만의 문자가 없었지만, 중국의 문자인 한자를 활용해 우리말을 표현하는 여러 방법들이 있었다.	O	X
3	(4) 세종대왕과 집현전 학사들이 힘을 합쳐 한글을 만들었다.	O	X
	(5) 한글은 글자의 모양이 소리의 특성을 반영한다는 점에서 완벽한 자질 문자이다.	O	X
4	(6) 한글은 유네스코 세계 문화 유산으로 지정되었다.	O	X
5	(7) 조선시대 사대부 남성은 한문만을 사용하였고, 한글은 배우거나 사용하지 않았다.	O	X
	(8) 문자가 없어 소멸할 위기에 처한 찌아찌아어를 보존하기 위해, 인도네시아의 소수민족 찌아찌아족은 한글을 공식 문자로 채택하고 보급했다.	O	X

1	(1) '기역, 니은, 디귿, 리을, 미음, 비읍, 시옷, 이응, 지읒, 치읓, 키읔, 티읕, 피읖, 히읗'은 우리나라 한글의 '자음자'의 이름이며 14개는 '자음자'의 개수입니다. 이것을 '자음'이라는, 음운론에서의 소리의 단위, 즉 '언어' 차원의 것과 혼동하고 있습니다. 한국어의 '자음' 수는 19개이며 음소에는 별도의 이름을 붙이지 않습니다. ☞Q1	x
	(2) 어순이 자유로운 것은 '언어'의 문제이므로 '한글'이 아니라 '한국어'라 해야 옳습니다. 또 '한글'이 아니라 '한국어'라고 해야 영어와 비교 가능한 대상이 됩니다. 어순의 자유로움을 언어의 우열을 판단하는 기준으로 삼기 어렵다는 점도 고려해야 합니다. ☞Q1	x
2	(3) 한글 창제 이전에는 한자를 이용하여 우리말을 적기 위하여 차자 표기법이 고안되었고, 한글이 창제되기 이전까지 '이두', '구결', '향찰' 등의 차자 표기법이 오랜 시간 동안 발전하며 활용되어 왔습니다. ☞Q2, Q3	o
3	(4) 훈민정음은 집현전 학사들의 도움 없이 세종이 홀로 직접 만들었다는 것이 정설로 받아들여지고 있습니다. 집현전 학사들은 문자 훈민정음이 창제된 이후에 해례본의 편찬 작업, 언해서 편찬 등 훈민정음을 활용한 여러 작업에 참여하였습니다. ☞Q5	x
	(5) 한글이 자질 문자의 특성을 가지고 있다는 입장이 있지만, 엄밀하게 따져 보았을 때 한글이 완전한 자질 문자라고 보기에는 어려움이 있습니다. ☞Q14	x
4	(6) 유네스코 세계 유산으로 등재된 것은 문자 '한글'이 아닌 책 『훈민정음』 해례본'입니다. 『훈민정음』 해례본은 '기록물'로서의 가치를 인정 받아, 1997년 10월 유네스코 세계 기록유산으로 지정되었습니다. ☞Q7	x
5	(7) 사대부 계층, 특히 남성이 한문을 주된 문자로 사용한 것은 사실입니다. 그러나 사대부 남성도 한글을 모르지 않았을 것으로 보입니다. 조선왕조실록 등의 기록을 보면 하급 관리의 시험 과목에 훈민정음이 있었다는 기록, 성균관 학생들에게 『훈민정음』을 강설하였다는 기록, 세자의 교육에 언문을 활용하였다는 기록 등이 있습니다. 여성과 편지를 나눌 때는 남성도 한글로 편지를 썼고, 숙종, 정조 등 임금 또한 집안의 여성들에게 보낸 한글 편지가 지금까지 남아 있습니다. 이 밖에 남성이 남긴 흥미로운 한글 자료로 1576년 안민학이 부인의 죽음을 애도하여 지은 글인 〈안민학 애도문〉, 1535년 이문건이 아버지 이윤탁의 묘를 이전하면서 목동들이 부모님의 묘를 건들지 않도록 한글 경고문을 적은 '이윤탁 한글 영비' 등도 있습니다. 모두 훈민정음이 창제된 지 100년 정도의 시간이 지난 시점에서 사대부 남성이 한글을 사용했다는 사실을 보여 주지요. ☞Q11	x
	(8) 찌아찌아족은 한글이 보급되기 이전에도 로마자를 사용하고 있었습니다. 인도네시아는 자국의 공용어와 지방어를 로마자로 표기하도록 규정하고 있기에 공식 문자는 로마자이며, 한글은 공식 문자로 채택된 것이 아닙니다. 고유 문자가 없는 언어에 대하여 로마자와 함께 한글을 추가로 사용할 수 있도록 적용한 것뿐이었지요. 찌아찌아족이 한글을 공식 문자로 채택했다는 잘못된 정보가 고등학교 교과서에 실린 적도 있는데, 이와 관련하여 2012년 문화체육관광부는 해당 교과서에서 찌아찌아족에게 문자가 없다는 내용, 찌아찌아족이 공식 문자로 한글을 채택했다는 내용 등을 삭제하도록 시정 권고를 한 바도 있습니다. ☞Q14	x

여행 사진을 정리하며

퀴즈를 다시 풀어 보니, 지금까지의 여행이 새록새록 다시 떠오르는 듯합니다. 여행 사진을 정리하듯이 지난 내용을 잘 복습해 보았지요? 그렇다면 여행 후 재충전된 마음가짐으로, 앞으로의 수업을 펼쳐보면 어떨까요? 이제 우리가 펼쳐나갈 우리글 역사 수업에 어떤 마음을 가져가면 좋을까요?

1. 우리 말글을 정확히 알기

생각보다 우리 말글에 대해 우리가 잘못 알고 있던 것들이 많았지요? 이번 기회로 학생들이 자주 가지는 오개념은 무엇인지, 또 교사로서 몰랐던 개념이 있지는 않은지 점검해 보았을 것이라 생각합니다. 앞으로 펼칠 수업에서는 오개념을 교정해 주고 학생들에게 정확한 내용을 전달해 주는 것이 무엇보다 중요하겠지요.

2. 풍부한 역사적·문화적 맥락을 이해하기

이 책의 1부 〈학생의 목소리〉에서 학생 설문조사를 했을 때도, 한글과 관련한 역사적·문화적 맥락을 같이 배우고 싶다는 의견이 놀라울 정도로 많이 나왔답니다. 중등 교육과정에서는 한글의 창제 원리와 우수성을 다루도록 되어 있지만, 이것만을 교육하는 것은 한계가 있지요. 교과서를 조금만 벗어나도 수업에 풀어낼 만한 관계 개념들은 너무나 많답니다. 『훈민정음』어제 서문 텍스트 하나를 배운대도, 그 텍스트 내적인 문법 사항뿐 아니라 한글의 창제자, 최만리 등의 반대 상소 사건을 같이 엮어서 배우는 것이죠. 단순한 지식 파편들 그 외부에 있는 풍부한 역사적·문화적 맥락까지 담아낼 수 있다면, 우리글 역사 수업은 더욱 흥미로워지고 자연스럽게 국어를 사랑하는 태도로도 이어지지 않을까요?

3. 우리 말글을 바르게 사랑하기

이렇듯 정확한 지식과 풍부하고 넓은 이해가 선행되지 않는다면, 교육과정에서 말하는 국어 사랑의 태도는 '우리 말글을 사랑해야 한다', '왜냐하면 그것이 우리 말글이니까' 같은 순환 논법을 벗어나지 못할 것입니다. 게다가 과도하게 우리 말글의 우수성을 강조하면서 다른 민족보다 우리가 우월하다는 인식을 조장하는 것은 더욱 바람직하지 못하지요. 그런 사랑은 영양가 없음을 넘어 위험해지기까지 하니까요. 나 자신을 비판할 능력이 나 자신 안에 있어야 건강한 사랑이 아닐까요? 앞으로 학생들이 우리 말글을 정확히 알고 바르게 사랑하는 사람이 되도록, 앞으로 교실에서 여러분만의 수업을 펼쳐나가 보아요!

교실에서 펼치는 우리말 우리글 역사 이야기

한글의 창제 원리와 우수성 자료 예시

1. 한글의 창제 배경

☑ 한글 창제 이전의 문자 생활

우리말을 표기할 고유한 문자가 없어 한자를 빌려 우리말을 표기했음.

⑩ 향찰, 이두, 구결 등

※ 예) 石乙投多 石 돌 석 乙 새 을 投 던지다 투 多 많을 다

실질 형태소(뜻), 형식 형태소(음)을 빌려 표기

☑ 한문 교육을 받기 어려운 평민들은 제대로 된 지식, 정보를 얻기 어려웠음.

전달하고 싶은 내용을 표현하기 어려웠음.

2. 한글의 창제 정신

☑ 『훈민정음』 해례본: 백성을 가르치는 바른 소리, 한문으로 작성.

『훈민정음』 해례본의 구성 :

① **어제 서문**(창제 취지)　　　② **예의**(자음·모음자 음가, 운용 방법)

③ **해례**(해설)　　　　　　　④ **정인지 서문**(집현전 학사)

『훈민정음』 언해본: 한글로 작성. (해례본의 ①, ②만을 언해한 것.)

☑ 우리가 교과서에서 배운 자음자와 모음자의 제자 원리는 『훈민정음』 해례본 중 해례에 있는 내용이며, 1940년 해례본이 발견되면서 이 내용을 알 수 있게 되었습니다. 간송 전형필이 이 해례본을 구매하여 보관하였고, 현재 『훈민정음』 해례본은 국보로 지정되어 간송미술관에 보관되어 있습니다.

☑ 한글의 창제 정신

• 자주 정신: 우리나라 말이 중국과 달라 한자와는 서로 통하지 않는다.

• 애민 정신: 어리석은 백성이 말하고자 하는 바가 있어도 끝내 제 뜻을 펴지 못하는 사람이 많으니라. 내가 이것을 가엾게 여겨

• 창조 정신: 새로 스물 여덟 글자를 만드니 (자음자 17 + 모음자 11개)

• 실용 정신: 모든 사람으로 하여금 쉽게 익혀서 날마다 쓰는 데 편리하게 하고자 할 따름이니라.

世·솅宗종御·엉製·졩訓·훈民민正·졍音흠

나·랏 :말ᄊᆞ·미 / 中듕國·귁·에 달·아 / 文문字·쫑·와·로 서르 ᄉᆞᄆᆞᆺ·디 아·니홀·ᄊᆡ / ·이
런 젼·ᄎᆞ·로 어·린 百·ᄇᆡᆨ姓·셩·이 니르·고·져 ·홇 ·배 이·셔·도 / ᄆᆞ·ᄎᆞᆷ:내 제 ·ᄠᅳ·들 시·
러 펴·디 :몯 홇 ·노·미 하·니·라 / ·내 ·이·ᄅᆞᆯ 爲·윙·ᄒᆞ·야 :어엿·비 너·겨 / ·새·로 ·스·
믈 여·듧 字·쫑·ᄅᆞᆯ 밍·ᄀᆞ노·니 / :사ᄅᆞᆷ:마·다 :ᄒᆡᅇᅧ :수·ᄫᅵ 니·겨 ·날·로 ·뿌·메 便뼌安한·
킈 ᄒᆞ·고·져 홇 ᄯᆞᄅᆞ·미니·라

- 언해본 『훈민정음訓民正音』, 세조世祖 5년(1459년)

(번역문만 제시. 원문에 띄어쓰기하고 /로 줄바꿈함.)

3. 한글의 창제 원리

초성자의 제자 원리 (17개)

제자 원리 글자 이름	상형의 원리 기본 글자는 발음 기관의 모양 또는 그 움직임을 본뜸.		가획의 원리 소리의 세기에 따라 기본 글자에 획을 더함.		이체 기본 글자의 모양을 달리함.
어금닛소리(아음) 자	혀뿌리가 목구멍을 막는 모양	ㄱ	ㅋ		ㆁ (옛이응)
혓소리(설음) 자	혀끝이 윗잇몸에 닿는 모양	ㄴ	ㄷ	ㅌ	ㄹ
입술소리(순음) 자	입의 모양	ㅁ	ㅂ		
잇소리(치음) 자	이의 모양	ㅅ	ㅈ	ㅊ	ㅿ (반시옷)
목구멍소리(후음) 자	목구멍의 모양	ㅇ	ㆆ (여린히읗)	ㅎ	

* 'ㅿ, ㆆ, ㆁ'은 오늘날 소멸한 글자

교실에서 펼치는 우리말 우리글 역사 이야기

중성자의 제자 원리 (11개)

상형의 원리	하늘을 본뜸	땅을 본뜸	사람을 본뜸
기본 글자	·	ㅡ	ㅣ

*'·'은 오늘날 소멸한 글자

합성의 원리

※ 문자 운용 원리: **각자 병서** (ㄲ, ㄸ, ㅃ, ㅆ, ㅉ), **합용 병서**(ㅅㄱ, ㅅㄷ, ㅄ, ㅴ …), **연서**(ㅸ–순경음 비읍) 등

〈적용 활동〉 다음 휴대 전화 자판에서 글자들을 입력해 보고, 각 자판에 어떤 한글의 창제 원리가 적용되었는지 생각해 봅시다.[47]

(1)

▲ 모음 최소형 자판(천지인 자판)
→ 모음자를 입력할 때 적용된 창제 원리: _____

(2)

▲ 자음 최소형 자판(나랏글 자판)
→ 자음자를 입력할 때 적용된 창제 원리: _____

---

47   그림 출처: 노미숙 외, 『중학교 국어 2-2』, 천재교육. 2015 개정 교육과정.

4. 한글의 우수성

한글의 우수성은 크게 과학성(발음 기관 상형의 원리), 체계성(가획의 원리), 실용성(음절 단위 모아쓰기)의 측면에서 생각해 볼 수 있다

① 한자와 비교했을 때 두드러지는 한글의 우수성

    ★ 글자 수 - 한자 〉한글

        ☑ <u>적은 수의 글자로 수많은 음절을 표현할 수 있어서 효율적임.</u>

    ※ 표의문자 (하나하나의 글자가 뜻을 나타내는 문자), 표음문자 (말소리를 기호로 나타낸 문자)

② 알파벳과 비교했을 때 두드러지는 한글의 우수성

    ★ 글자와 소리가 거의 일대일 대응(*참고: 이때의 소리는 음운을 뜻함). 글자의 모양을 보고 글자들의 관계, 소리의 특징 짐작 가능.

    ☑ <u>체계적으로 만들어져서 배우고 기억하기 쉬움.</u>

③ 정보화 시대에 두드러지는 한글의 우수성

    ☑ <u>체계적인 창제 원리를 가짐</u> - 적은 수의 자판으로 효율적 문자 입력이 가능, 빠른 속도로 정보 입력이 가능하다.

    ☑ <u>음절 단위 모아쓰기</u> - 정보를 더욱 빠르게 파악할 수 있다, 실용적인 정보 전달이 가능하다.

교실에서 펼치는 우리말 우리글 역사 이야기

선생님을 위한 한글의 창제 원리와 우수성 수행 평가

한글 제대로 알고 사랑하기 프로젝트 (한글 안내서 제작 활동 - 한글 리플릿)

1. 모둠을 구성하고, 역할을 나누어 보자.

모둠명		
모둠원	이름	역할
		앞표지~1쪽 (전체 디자인 및 표지 작성, 주제1 내용 조사 및 작성)
		2쪽~3쪽 (두 가지 내용 조사 및 작성)
		4쪽~5쪽 (두 가지 내용 조사 및 작성)

2. 한글 안내서를 제작할 계획을 세워 보자.

1) 모둠원들과 함께 다음 내용들 중 한글을 홍보하는 안내서에 들어갈 <u>5가지 내용</u>을 골라 정리해 보자.

- 주제1 한글의 창제 배경과 한글 창제 이전의 문자 생활 (조건: 향찰 개념, 예시 포함)
- 주제2 한글의 창제 정신 (조건: '어제서문'에 대한 설명과 해석 포함)
- 주제3 한글날의 유래와 국립 한글 박물관 소개 (조건: '한글'이라는 이름의 유래 포함)
- 주제4 한글 관련 오개념 (조건: 한글과 한국어의 차이 포함하여 3가지 이상)
- 주제5 책 훈민정음과 문자 훈민정음 (조건: 『훈민정음』 해례본의 뜻과 발견 포함)
- 주제6 한글의 제자 원리와 글자 운용 방법 (조건: 오늘날 국어 생활과 관련 짓기)
- 주제7 한글의 우수성과 정보화 시대 (조건: 한자, 알파벳과의 비교 포함)
- 주제8 한글을 지키기 위해 있었던 노력들 (조건: 3가지 이상)

2) 모둠원끼리 토의하여 안내서를 만들 계획을 세워 보자.

쪽 수	들어갈 내용	사용할 매체 자료	담당자
앞표지			
1쪽			
2쪽			
3쪽			
4쪽			
5쪽			

3. 역할을 나누어 각자 2쪽씩 나누어 맡고, 맡은 내용에 대해 안내문을 제작하고 안내서에 붙여서 완성해 보자.

1) 내가 제작해야 할 부분에 들어갈 내용을 구체적으로 마련해서 정리해 보자.

쪽수	해당 페이지에 들어갈 구체적인 내용, 효과적인 안내 방식	사용할 매체 자료

교실에서 펼치는 우리말 우리글 역사 이야기

2) 안내서에 들어갈 글과 그림 등을 다음 양식에 완성하고, 완성된 양식들을 잘라서 붙여 안내서를 제작해 보자. (A4 용지 6쪽 분량) – **내용을 단순히 나열하지 말고, 효과적인 안내 양식을 만들어 보세요.**

<수행 평가 계획 예시>

평가 목표

한글의 특성 및 우수성을 이해하고 이를 글과 매체를 활용하여 소개할 수 있다.

평가 계획

- 평가 유형: 모둠 활동, 개인 활동
- 평가 기간: 총 3차시 진행. 모둠 회의 및 제작(1~2차시), 결과물 공유 및 발표(3차시)
- 평가 방법: 교사 평가

평가 기준

(20점 기준)

평가 영역 및 방법	평가 내용	평가 요소	평가 기준	점수
한글의 창제 원리와 우수성 프로젝트 평가	한글의 특성 및 우수성을 이해하고 이를 적절한 글과 매체를 활용하여 소개할 수 있다.	모둠 활동 및 참여 과정 (10점)	모둠 활동에 모두 참여하여, 안내서 제작 과정 활동지를 모두 성실하게 작성한 경우	10
			안내서 제작 과정 활동지 내용이 1가지 부족한 경우	8
			안내서 제작 과정 활동지 내용이 2가지 부족한 경우	6
			안내서 제작 과정 활동지 내용이 3가지 부족한 경우	4
			안내서 제작 과정 활동지 내용이 4가지 이상 부족한 경우	2
		한글 안내서 제작 결과물 (10점)	안내서의 내용 5가지의 조건을 모두 만족한 경우	10
			안내서의 내용 5가지 중 1가지가 부족한 경우	8
			안내서의 내용 5가지 중 2가지가 부족한 경우	6
			안내서의 내용 5가지 중 3가지가 부족한 경우	4
			안내서의 내용 5가지 중 4가지 이상이 부족한 경우	2

단계	성취 수준	총점
상	한글의 특성 및 우수성을 정확하게 이해하고, 이를 실제 국어 생활과 관련지어 한글을 사랑하는 태도를 기름.	16~20
중	한글의 특성 및 우수성을 부분적으로 이해하고, 이를 실제 국어 생활과 관련지어 한글을 사랑하는 태도를 기름.	10~15
하	한글의 특성 및 우수성을 이해하려 노력했으며, 이를 실제 국어 생활과 관련지어 한글에 관심을 가지는 모습을 보임.	4~9

제4부

교실 안 책장

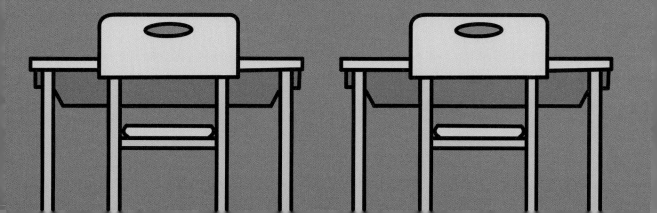

1 옛말 사전이 따로 있나요?

옛말 사전 소개 및 활용법

국어사 공부를 위한 옛말 사전은 종이 사전과 웹 사전으로 나뉩니다. 아쉽게도 아직 종이 사전만큼의 표제어를 수록하고 있는 웹 사전은 개발되어 있지 않아요. 여기서는 풍부한 어휘 정보를 수록한 종이 사전과 검색이 손쉽고 간편한 웹 사전을 차례로 소개할게요.

◎ 종이 사전

교학 고어사전

남광우 | 교학사 | 2015

시중에서 가장 쉽게 구해볼 수 있는 옛말사전입니다. 330종의 고문헌에서 표제어와 용례를 추출하였고, 옛 고유어와 한자어, 현대어의 표기와 동일한 고어를 빠짐없이 고루 등재하였습니다. 체언의 조사 결합형과 용언의 활용형태를 함께 제시한 점과, 출전을 명시한 용례를 시대적으로 수록한 점도 활용도가 높습니다.

이조어 사전

유창돈 | 연세대학교출판부 | 1985

1964년 유창돈 선생이 조선시대 문헌에 한글로 표기된 모든 어휘를 분석·풀이하여 편찬한 사전입니다. 한자로 표기된 말은 제외하고 한글로 표기된 표제어만 등재하였습니다. 수록된 표제어는 약 3만 2000여 개입니다. 인용된 원전은 약 180여 종으로, 15세기 문헌 32종, 16세기 31종, 17세기 25종, 18세기 53종, 19세기 21종, 20세기 2종, 기타 18종의 문헌으로 되어 있다고 하네요. 부록으로 이두^{吏讀}와 184종의 참고도서약해^{參考圖書略解}도 실려 있습니다.

조선시대 한글편지 어휘사전

황문환·김주필·배영환 | 역락 | 2017

한글편지 자료에 나타나는 어휘를 대상으로 엮은 사전으로, 용례 역시 모두 한글편지에서 추출하여 제시되어 있습니다. 한글편지는 자연스러운 국어의 질서를 반영할 뿐 아니라 일상에서 사용되는 어휘를 풍부하게 보여 줍니다. 한글 편지라는 흥미로운 기록이 담고 있는 생활사 어휘가 궁금하다면 이 사전을 활용해 보세요.

옛말사전 읽는 방법 [교학 고어사전]

① 다른 종이 사전처럼 가나다 순서로 배열되지만, 옛 글자의 배열 순서를 특별히 기억해 두세요

·ᄀᆞ·ᄂᆞᆯ·다 형 가늘다. ☞ᄀᆞᄂᆞᆯ다. ᄀᆞᄂᆞᆯ다 ¶ 굴근 비ᄎᆞᆫ 업고…ᄀᆞᄂᆞᆫ 비치 잇ᄂᆞ니(月釋1:36). 손가라기 ᄀᆞᄂᆞᆯ오 기르시며(月釋2:40). ᄀᆞᄂᆞᆫ 微塵이 ᄃᆞ외니:細爲微塵(楞解3:68). 纖ᄋᆞᆫ ᄀᆞᄂᆞᆯ 씨오(楞解3:73). 몰애 ᄀᆞᄂᆞ로미 ᄀᆞᄅᆞ ᄀᆞᄂᆞᄅᆞᆷ ᄀᆞᆮᄒᆞᆯ서:沙細如麵細故(圓覺上二之二154). ᄀᆞᄂᆞᆫ 길ᄒᆞᆯ 어두라:得微路(杜解9:13). ᄀᆞᄅᆞᆷ 우흿 ᄀᆞᄂᆞᆫ 보리ᄂᆞᆫ 또 ᄀᆞᄂᆞ도다:江上細麥復纖纖(初杜解10:8). 봄낤 봄 盤잇 ᄀᆞᄂᆞᆫ 生菜ᄅᆞᆯ:春日春盤細生菜(初杜解11:2). 또 나잘만커든 ᄀᆞᄂᆞᆯ에 ᄀᆞ라 ᄀᆞᆺ 기론 므레 서 돈을 프러 머그라(救簡1:112). ᄀᆞᄂᆞᆯ게 사ᄒᆞ라:細剉(瘟疫方16). ᄀᆞᄂᆞᆯ 세:細(類合下48. 倭解下31). ᄀᆞᄂᆞᆯ 섬:纖(類合下48). 膾ᄅᆞᆯ ᄀᆞᄂᆞᆯ옴을 厭ᄒᆞ디 아니ᄒᆞ시며:膾不厭細(宣小3:24). 細啊通稱 ᄀᆞᄂᆞ다(同文解下58). ᄀᆞᄂᆞ다:細條(漢淸6:2).
參ᄀᆞᄂᆞᆯ다>가늘다

[교학 고어사전]

초성: ㄱ ㄲ ㄴ ㅥ ㄷ ㄸ ㄹ ㅁ ㅂ ㅴ ㅵ ㅃ ㅄ ㅴ ㅵ ㅶ ㅷ ㅸ ㅅ ㅺ ㅼ ㅽ ㅆ ㅾ ㅿ ㆁ ㅇ ㆀ ㅈ ㅊ ㅋ ㅌ ㅍ ㅎ ㆅ ㆆ

중성: ㅏ ㅐ ㅑ ㅒ ㅓ ㅔ ㅕ ㅖ ㅗ ㅘ ㅙ ㅚ ㅛ ㅝ ㅜ ㅝ ㅞ ㅟ ㅠ ㆌ ㅡ ㅢ ㅣ ㆍ ㆎ

종성: ㄱ ㄱㅅ ㄴ ㄵ ㄶ ㄴㅿ ㄷ ㄹ ㄺ ㄺㅅ ㄾ ㄻ ㄼ ㄽ ㄹㅿ ㄿ ㅀ ㅁ ㅁㅂ ㅁㅅ ㅂ ㅄ ㅅ ㅿ ㆁ ㅇ ㆁㅅ ㅈ ㅊ ㅌ ㅍ

[이조어사전]

초성: ㄱ, ㄲ, ㅺ, ㅴ, ㅲ, ㄴ, ㅥ, ㅆ, ㄷ, ㄸ, ㅼ, ㅵ, ㅶ, ㄹ, ㅁ, ㅱ, ㅂ, ㅃ, ㅽ, ㅸ, ㅅ, ㅆ, ㅄ, ㅿ, ㅇ, ㆀ, ㆁ, ㆆ, ㅈ, ㅾ, ㅉ, ㅷ, ㅊ, ㅋ, ㅌ, ㅷ, ㅎ, ㆅ

중성: ㆍ, ㆎ, ㅏ, ㅐ, ㅓ, ㅔ, ㅕ, ㅖ, ㅗ, ㅘ, ㅙ, ㅚ, ㅛ, ㆈ, ㅜ, ㅝ, ㅞ, ㅟ, ㅠ, ㆌ, ㅡ, ㅢ, ㅣ

종성: ㄱ, ㄳ, ㄴ, ㄵ, ㄶ, ㄴㅈ, ㄶ, ㄷ, ㄹ, ㄺ, ㄾ, ㄻ, ㄼ, ㄽ, ㅀ, ㅀ, ㅁ, ㅁㅂ, ㅁㅅ, ㅁㅿ, ㅂ, ㅄ, ㅅ, ㅺ, ㅼ, ㅿ, ㆁ, ㅈ, ㅊ, ㅋ, ㅌ, ㅍ, ㅎ

② 용례 출전은 문헌의 전체 이름이 아니라 약호로 표시되는 경우가 많아요

예 月釋(월석) → 월인석보(1459), 訓解(훈해) → 훈민정음해례본(1446)

③ 하나의 단어가 여러 개의 이표기로 나타나는 경우가 많으니 관련어 정보에 주목하세요

◎ 웹 사전

① 우리말샘

국립국어원에서 운영하는 참여형 국어사전 '우리말샘'에는 12,807개의 옛말(2022년 1월 기준)이 등재되어 있답니다. 어휘의 시대별 용례와 용례에 대한 번역을 제공한다는 점이 수업 준비에 특히 유용하지요. 버튼을 누르면 옛말의 입력이 가능하고, **자세히 찾기 ⊙** 기능을 통해 특정 단어가 포함된 표제어, 특정 단어로 시작하는/끝나는 표제어 등을 상세히 검색할 수 있습니다.

② 17세기 국어사전

[17세기 국어], [신소설], [현대소설]의 형태소 분석 말뭉치를 기반으로 어휘 용례 검색 결과를 제공하는 사이트입니다. 2019년 한국학중앙연구원 김병선 님이 구축하였다고 제시되어 있어요. 버튼을 누르면 옛말의 입력이 가능하고, ▣ 내려받기 버튼을 통해 검색 결과를 엑셀로 추출할 수 있습니다. 검색 단어를 우리말샘의 검색 결과와 연계하여 볼 수 있으며(🔗), 신소설의 경우 원문의 영인본을 이미지로 확인할 수 있는 경우(🖼)도 있어 유용합니다.

옛 문헌의 영인본과 입력본, 구하기가 너무 힘들어요!

옛문헌 아카이브·옛문헌 검색기 소개

◎ 옛문헌 아카이브

학생들에게 흥미로운 국어사 자료의 실물 영인본을 보여 주고 강독 자료도 준비하고 싶은데, 자료가 잘 정리된 좋은 사이트 없냐고요? 당연히 있습니다! 종류별로 모두 모아 소개해 드릴게요.

국어사 자료의 해제와 영인본 이미지를 구해볼 수 있는 곳

	① 세종 한글고전(세종대왕기념사업회) • 『석보상절』, 『능엄경언해』 등 불교서 29종, 『삼강행실도』, 『여사서언해』 등 윤리서 12종, 『구급방언해』, 『간이벽온방』 등 과학서 8종의 역주 자료를 제공합니다.
	② 한글 100대 문화유산(국립한글박물관) • 시대별로 주요한 한글자료 100종(연차적으로 선정·공개 중)에 대한 해제와 원문 검색 사이트, 관련 자료를 모아 제시합니다. • 국립한글박물관 소장 자료의 경우 높은 화질의 영인본을 전용 뷰어로 확인할 수 있습니다.

③ 조선 시대 외국어 학습서 DB(한국학중앙연구원)

- 조선 시대에 간행된 18종 51권, 훈민정음으로 기록된 중국어, 일본어, 몽골어, 만주어로 된 외국어 학습서의 원문 입력 자료와 영인본 사진 자료를 연계하여 제공합니다. 생생한 조선시대의 대화문을 담은 학습 자료가 필요한 선생님들에게 유용합니다.

④ 경상북도 내방 가사 DB(한국학중앙연구원)

- 경북지역 내방 가사의 텍스트 자료 1,422편, 이미지 자료 14,829컷 1,759편, 음성 자료 32개에 35편을 조사 정리한 자료입니다. 해방 이전과 이후로 나누는 창작 시대, 탄식가류, 여행가류, 풍류가류, 교훈가류 등 장르에 따라 가사의 해제와 본문을 살펴볼 수 있습니다.

한글편지 자료를 수업에 활용하고 싶을 때

① 한국고문서자료관 – 조선시대 한글편지(한국학중앙연구원)

- 〈숙명신한첩〉 언간 등 44종 1,300건의 한글 편지 원문 이미지와 판독·주석·현대어역·해설·키워드 및 서지 사항을 제공합니다.
- 선조대왕이 쓴 한글편지, 효종과 둘째 딸 숙명공주가 나눈 편지, 송강 정철이 아내에게 보낸 한글편지, 정철의 어머니가 아들 정철에게 보낸 편지 등이 궁금하다면 방문해 보세요.

② 옛 편지 낱말사전 DB(한국학중앙연구원)

- 옛 편지에 쓰인 7,600여 개 표제어를 수록한 한자어 해설 사전입니다. 한글편지의 해독이 어렵다면 해설 사전을 함께 이용해 보세요.

③ 정조어필한글편지첩(국립한글박물관)

- 한국인이 사랑하는 왕, 정조가 어린 왕손 시절부터 집안의 여성 어른들과 주고받은 편지가 모여 있습니다. 한글을 막 배운 어린 정조가 처음 쓴 편지는 정조가 성숙한 어른이 되면서 어떻게 달라져 갈까요?
- 국립한글박물관에서 소장자료인 정조의 한글편지첩 원본 이미지와 판독문, 주석문, 현대어역과 해설을 제공해 누구나 쉽게 정조의 한글 편지를 구경할 수 있습니다.

④ 네이버 – 조선 왕실의 한글 편지

- 포털사이트 네이버의 '한글한글 아름답게' 프로젝트에서 제공하는 왕실의 한글편지 모음입니다. 보낸 이와 받는 이, 편지를 주고받은 배경과 현대어 해석이 상세히 제시되어 있어요. 선조, 효종, 현종, 숙종, 정조 등 국왕과 인선황후, 명성왕후, 인현왕후, 순원왕후, 명성황후 등이 주변 인물들에게 보낸 편지를 통해 사랑하는 이에 대한 진심어린 마음을 확인해 보세요.

우리말 어휘 자료를 수업에 활용하고 싶을 때

① 옛 문헌 한자어(디지털한글박물관)

- 국어사 자료에 자주 쓰이는 한자어의 뜻과 예문을 제공합니다. 고전 시가나 소설, 언해 텍스트를 읽을 때 난해한 한자어에 가로막혀 의미를 알 수 없었다면 활용해 보세요.

② 지역어 종합 정보(국립국어원)

- 지역 방언은 우리말의 역사와 다양성을 가득 담고 있는 보물창고이지요. 국립국어원에서 시범 운영하는 '지역어 종합 정보' 사이트에서는 우리말의 지역어 어휘를 찾아보고 전국 지역어 분포, 지역어 사진 자료 등을 검색할 수 있습니다.

③ 한국 근대 신어 DB(한국학중앙연구원)

- 한국 근대 시기(1876-1945년)에는 서양과 일본으로부터 번역어, 외래어, 유행어 등 다양한 신어가 쏟아져 들어왔습니다. 이 시기에 유입된 신어의 형성 과정과 의미 변천이 궁금하다면 활용해 보세요.

④ 웹으로 보는 조선총독부 사전(부산대학교 인문학연구소)

- 1920년 간행된 『朝鮮語辭典』의 원고본(필사본, 1917년 추정)의 DB자료입니다. 20세기 초 우리말에는 어떤 단어가 있었는지, 그 의미는 어떻게 받아들여졌는지 조선총독부 사전에서 찾아보세요.

근현대 신문을 수업에 활용하고 싶을 때

① 대한민국 신문 아카이브(국립중앙도서관)

- 1883년부터 1960년까지 신문 98종의 기사(705만 건)와 색인(2,261만 건)을 구축하여 서비스하는 국립중앙도서관 운영 사이트입니다. 발행일과 키워드에 따라 신문 기사 원문 검색이 가능하고, 신문별 해제를 제공합니다.

② 뉴스 라이브러리(네이버)

- 1920~1999년 간행 동아일보, 조선일보, 한겨레신문, 매일경제, 경향신문의 원문 기사를 제공합니다. 날짜별/키워드별 검색 기능이 있습니다.
- 20세기 이후 언어의 변화를 조사할 때 검색 코퍼스로 활용해 보세요.

③ 제국신문[帝國新聞] DB(한국학중앙연구원)

- 〈제국신문〉은 〈황성신문〉, 〈대한매일신보〉 등과 함께 구한말을 대표하는 신문입니다. 순한글로 간행되었기 때문에 하층민과 부녀자들이 널리 읽었지요.
- 총 2,095호에 해당하는 〈제국신문〉 발행분의 대부분을 수집하여 전산 입력한 DB입니다. 주요 기사의 원문 입력 자료와 이미지 파일을 확인할 수 있습니다.

◎ 옛문헌 검색 프로그램

수업에서 활용할 수 있는 국어사 자료는 상당수가 텍스트 파일로 입력되어 코퍼스로 구축되어 있습니다. 옛말 코퍼스에서 문헌의 내용을 검색하는 방법도 알고 싶지 않으신가요? 옛말 검색은 그 자체로 옛말과 친숙해지는 계기를 마련해 줄 수 있으며, 하나의 재미있는 놀이가 될 수도 있습니다. 학교 수업에서도 옛말 코퍼스 검색을 흥미로운 활동의 도구로 활용할 수 있습니다.

옛말 코퍼스를 검색하기 위해 세 가지가 필요합니다. 바로 ①코퍼스 파일, ②코퍼스 검색 프로그램(SynKDP), ③옛말 입력기(날개셋)입니다. 모두 인터넷에서도 쉽게 구해볼 수 있지만, 선생님들이 편히 활용하실 수 있도록 다운로드 링크를 준비했어요. 준비되셨다면 천천히 따라오세요!

필요한 파일 내려받기:

① 코퍼스 파일

옛말을 담고 있는 코퍼스 파일에는 다양한 종류가 있습니다. 가장 규모가 큰 것은 '21세기 세종계획'을 통해 구축되고, 이후 진행된 '역사자료 종합 정비 사업' 결과로 정비된 역사 자료 말뭉치입니다. 이 자료에서 오류를 수정하고 새로 구축된 자료를 추가하여 가공된 파일을 'http://www.kohico.kr/'에서 내려받을 수 있으며, 이 사이트에 최신 개정 코퍼스가 지속적으로 업데이트되고 있습니다. 우리가 사용할 코퍼스 검색 프로그램인 SynKDP는 확장자가 '2b'인 파일을 취급하는 프로그램이기 때문에 위 사이트에서 제공하는 '2b' 확장자의 코퍼스 파일이 필요합니다.

② 코퍼스 검색 프로그램

국어사 연구자들이 가장 많이 사용하는 코퍼스 검색 프로그램은 소강춘·김진규(2001)에서 개발한 SynKDP(일명 깜짝새)입니다.[1] 이 프로그램에서는 찾고자 하는 대상이 어떤 문헌에 얼마큼 나타나는지를 한눈에 잘 보여 줍니다. 이 프로그램은 인터넷에 검색하면 쉽게 구할 수 있으며 프로그램 설치 방법 또한 zip 파일 안에 자세히 설명되어 있으니 쉽게 따라할 수 있을 것입니다.

또 하나 중요한 것은 글씨체인데, SynKDP 설치를 할 때에 새굴림체가 설치되기는 하지만, 간

---

1   소강춘·김진규(2001)에 프로그램에 대한 자세한 설명과 개발 과정이 소개되어 있습니다.

혹 설치되지 않는 경우도 있습니다. 따라서 SynKDP 설치가 끝난 후에 새굴림체(Ngulim.ttf)를 다시 설치해 주면 좋습니다.

그럼 이제 SynKDP를 실행하고 위의 'kohico.2b' 파일을 열어볼까요? 다음과 같은 창이 뜰 것입니다. 'KWIC' 탭을 이용하세요.

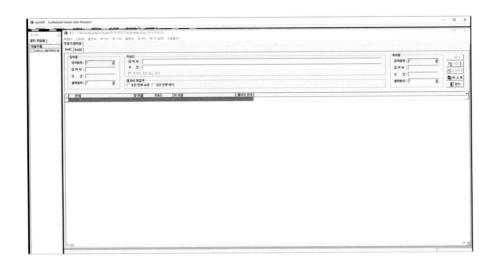

만약 '부텨'를 검색하려면, 검색어에 '부텨'를 넣고 '찾기' 혹은 Enter를 누르세요. 다음과 같이 결과가 나타납니다.

검색어의 앞 어절, 뒤 어절, 그리고 출전까지 확인할 수 있습니다. 조금 더 세심한 검색을 원한

교실에서 펼치는 우리말 우리글 역사 이야기

다면 '검색어' 밑 '조건'에 커서를 두고 마우스 오른쪽 버튼을 클릭하세요. 1~7의 다양한 조건이 나오는데, 이 조건을 활용하여 여러 옵션을 설정하고 검색할 수 있습니다.

예컨대 용언 '섰-'의 모음 혹은 매개 모음 어미 결합형을 검색하고 싶다고 가정해 봅시다. 가능한 형태는 '섯거, 섯그니, 섯근 ……' 등이 될 것인데, 이때 '검색어'에 '섯거', 조건에 '71'을 입력한다면 '섯ㄱ' 형이 모두 검색됩니다. '7'은 음절(섯) 일치, '1'은 초성(ㄱ) 일치 조건이기 때문이지요.

이번에는 객체 높임 선어말 어미 '-ᅀᆸ-'을 검색하고 싶다고 가정해 봅시다. SynKDP에서 'ᅀᆸ'은 어떻게 입력해야 할까요? 훈글(HWP)에서 입력한 후 복사-붙여넣기를 하면 될까요? 아쉽게도 그렇게 할 수 없습니다. 훈글(HWP)의 입력 방식과 윈도우 창의 입력 방식이 달라서 호환되지 않기 때문입니다. 번거롭지만 별도의 키보드 입력기를 설치해야 합니다. 이에 대해서는 아래에서 살펴보겠습니다.

③ 옛말 입력기(날개셋)

옛말 입력기로는 Windows용 한글 입력기인 '날개셋'이라는 프로그램을 활용합니다.[2] 옛말을 검색하기 위해서는 간단한 설정 변환이 필요한데요, 마우스 커서를 SynKDP 검색어 창에 올려놓고 컴퓨터 화면 오른쪽 아래에서 입력기를 날개셋으로 바꿔 줍니다.

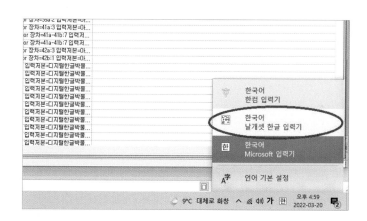

---

2   이 프로그램의 다운로드 링크는 다음 절, '[3] 컴퓨터로 옛말 입력이 가능할까요?'에 준비되어 있습니다.

그리고 그 왼쪽에 있는 아이콘에서 마우스 오른쪽 버튼을 클릭하여 '날개셋 제어판'으로 들어갑니다.

그리고 아래와 같이 설정을 맞춰 주면 이제는 정말로 옛말 검색의 준비가 다 끝났습니다.

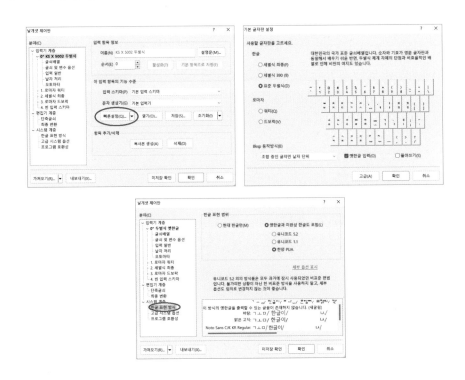

옛말의 입력 방법은 흔글(HWP)의 '두벌식 옛글'과 입력 방법이 같으니 혹시 헷갈린다면 흔글(HWP)을 참고할 수 있습니다. 그렇다면 이제 'ᅀᅵᆸ'을 검색해 볼까요?(참고로 'ᅀ'는 Shift+ㅁ이며, 'ᆞ'는 ㅏ를 두 번 누르면 됩니다!) 다음과 같은 화면이 나온다면 검색에 성공한 것이며 이제 여러분은 옛말

교실에서 펼치는 우리말 우리글 역사 이야기

코퍼스를 활용할 준비가 다 되었습니다. 앞으로 수업 등에서 적극적으로 활용하시기 바랍니다!

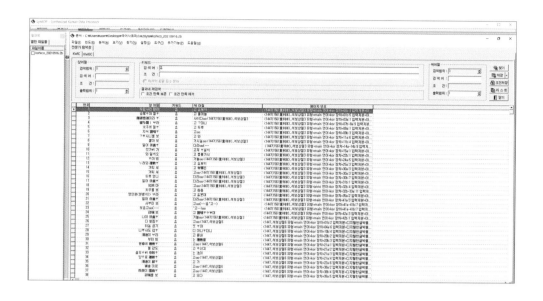

깜짝새의 설치와 활용이 어려운 상황이라면 대신 사용할 수 있는 간편한 인터넷 검색 기도 있습니다. 개인 개발자인 이민철 님이 구축한 한국어 고문헌 검색기 '어듸메'입니다. 중세 및 근대 한국어 작성된 문헌들을 찾아주는 검색 엔진으로, 역시 '역사자료 종합 정비' 사업의 결과물을 바탕으로 가공되었습니다. 검색 기능이 충분히 정교하지는 않지만, 급하게 중세 국어 예문을 찾아야 하는 상황이라면 유용하게 활용하실 수 있을 것입니다.

국어의 역사 단원에서 수업을 준비해야 하는 선생님 혹은 과제를 해야 하는 학생들이 옛한글을 컴퓨터로 입력하고 싶은데, 방법을 몰라 어려움을 겪는 경우가 종종 있는 것 같습니다. 여기에서는 그 어려움을 덜어주기 위해 자세한 방법을 안내해 드리겠습니다. 같이 따라해 봅시다!

① '훈글(HWP)'에서 옛글 입력하기

우리나라 학교 및 공공기관에서는 한글과컴퓨터 社에서 개발된 워드프로세서 '훈글(HWP)'을 많이 사용하지요? 훈글(HWP)에서 옛말을 입력하기 위해서는 키보드 설정을 변경해야 합니다. 가장 위의 메뉴 창에서 '도구 – 글자판 – 글자판 바꾸기'를 클릭하거나 'Alt+F2'를 누르면 '입력기 환경 설정'이라는 창이 열립니다. 그리고 아래 그림과 같이 '한국어 – 두벌식 옛글'로 변경해 주면 옛말을 입력할 수 있습니다.[3]

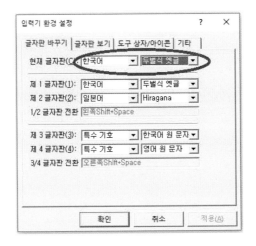

옛 글자로는 'ᅀ, ᅌ, ᅙ, ·'와 같은 낱글자도 있고, 'ᄭ, ᄰ, ᄲ, ᄡ, ᄠ, ᄢ, ᅘ, ᄝ'와 같은 병서 및

---

3   훈글 2010 이상의 버전에서는 유니코드의 자모 조합(첫가끝) 방식으로 입력되며, 훈글 2008 이하의 버전에서는 한양 PUA로 입력됩니다.

연서 표기도 있지요. '두벌식 옛글' 자판으로 옛 글자를 입력하는 방법은 따로 기억해 두면 좋습니다. 'ㅿ'은 Shift+ㅁ, 'ㆁ'은 Shift+ㅇ, 'ㆆ'은 Shift+ㅎ로 입력할 수 있고, 'ㆍ'는 ㅏ를 두 번 누르면 됩니다. 병서 및 연서 표기는 각각의 자음을 차례로 입력하면 완성됩니다. 'ㆎ' 같은 모음도 마찬가지랍니다. 'ㆍ'를 먼저 입력하고, 'ㅣ'를 입력하면 'ㆎ'가 됩니다. 영 외우기 어렵다면 'Alt+F1'을 눌러주세요. 하단에 키보드 창이 보이니 참고해서 입력하면 되겠지요.

핵심 요약!

- ㅿ(반시옷) 입력 방법: shift + ㅁ
- ㆁ(옛이응) 입력 방법: shift + ㅇ
- ㆆ(여린히읗) 입력 방법: shift + ㅎ
- ㆍ(아래아) 입력 방법: shift + ㅏ 혹은 ㅏㅏ
- 병서, 연서, 옛 모음 표기: 각 글자를 차례로 입력

② 'Microsoft Word'에서 옛글 입력하기

'흔글'에서만큼 간단하지는 않지만, 역시 방법이 있습니다. 키보드 설정에서 "Microsoft 옛한글"을 추가하는 것입니다. 이 방법은 Windows 8 이후 버전에서만 가능합니다. 혹은 '입력 도구 모음'에서 'Microsoft Korean Old Hangul Input'을 선택한 후, '소프트 키보드 도구', '필기 입력 도구' 또는 '상자 입력'에서 입력 도구를 이용하세요.

③ 옛한글 입력기 이용하기

문서 작성 외의 상황에서 옛한글을 입력해야 한다면, 옛한글 전용 입력기도 준비되어 있습니다. 어떤가요? 이제는 정말 불가능이 없겠지요!

하나, 윈도우용 한글 입력기 '날개셋' 다운로드

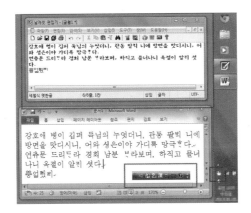

옛한글 입력기 '날개셋'은 한글문화원의 김용묵 씨가 개발한 Windows용 한글 입력기입니다. 두벌식, 세벌식 글자판 및 한양PUA, 유니코드 등 다양한 입력 방식[4]을 지원하고, 서로 다른 옛한글 입력 방식인 한양PUA 방식과 유니코드 방식 간에 손쉽게 형식을 변환할 수 있도록 '변환기' 프로그램을 함께 제공합니다. 날개셋 프로그램을 설치하여 키보드 자판으로 설정해 두면 언제든 쉽게 옛한글을 입력할 수 있습니다. 가장 손쉬운 방법이라고 할 수 있지요.

---

4   컴퓨터에서 옛한글을 입력하기 위한 문자 코드 체계로는 대표적으로 한양 PUA 방식과 유니코드 방식이 있습니다. 한양 사용자 정의 영역 코드(Hanyang private use area code), 약칭 '한양PUA 코드'는 한양정보통신에서 유니코드의 PUA(사용자 정의 영역)에 자체적으로 만든 옛한글 문자 코드이며, 완성형 형태로 지원하는 글자의 수가 5,000개로 적습니다. 반면 유니코드(Unicode)는 전 세계의 모든 문자를 컴퓨터에서 일관되게 표현하고 다룰 수 있도록 설계된 표준 문자 전산 처리 방식으로, 옛한글의 모든 종류를 통일된 환경에서 깨뜨리지 않고 사용할 수 있습니다.

교실에서 펼치는 우리말 우리글 역사 이야기

둘, 옛한글 입력이 가능한 인터넷 사이트

조금 번거롭지만, 긴급한 상황이라면 링크로 쉽게 접속할 수 있는 옛한글 입력 사이트도 있어요. '온라인 한글 입력기(Online Hangeul IME)' 사이트를 소개합니다. 한글 입력 방법은 '흔글' 프로그램에서와 같고, 필요한 내용을 입력한 뒤 원하는 장소에 붙여넣기하면 되겠지요.

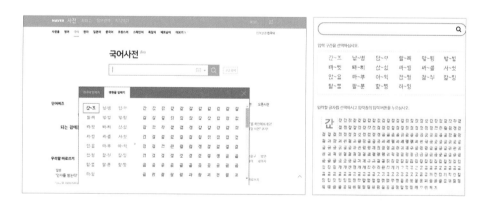

'네이버 국어사전'이나 '우리말샘'에서도 '옛한글 입력기'를 제공합니다. 네이버 국어사전에서는 검색창의 ▦ 버튼을 누르면 옛한글 입력기가 나오고, '우리말샘'에서는 팝업창으로 옛한글 입력기를 제공합니다.

선생님들, 국어사 수업 자료를 어떤 폰트로 입력하시나요? 웬만한 폰트로는 'ㅇ', '끽', '뷸' 같은 옛한글이 보기 싫게 입력되어서, 어쩔 수 없이 한컴오피스에서 기본 제공하는 '함초롬바탕'이나 '함초롬돋움' 폰트를 사용하지는 않으시는지요?

학생들의 눈길을 사로잡을 수 있는, 보기 좋고 예쁜 무료 옛한글 폰트 6종을 소개합니다.

① 나눔바른고딕 옛한글/나눔명조 옛한글 (네이버 제공)

셰종엉졩 훈민졍흠
셰종엉졍 훈민졍흠

② KoPubWorld돋움체, KoPubWorld바탕체 (한국출판인회의 제공)

KoPubWorld 바탕 옛한글
셰종엉졩 훈민졍흠

KoPubWorld 돋움 옛한글
셰종엉졩 훈민졍흠

③ 덕온공주체, 한글누리체[5] (국립한글박물관 '한글꼴큰사전' 제공)

---

5 '덕온공주체'는 국립한글박물관이 소장하고 있는 덕온공주의 대표유물인 『자경전기』의 글씨를 그대로 복원하고, 현대적 쓰임에 맞춰 글줄과 형태를 재조정하여 디자인한 서체입니다. 가로쓰기와 세로쓰기가 모두 가능합니다. '한글누리체'는 훈민정음 창제 당시의 자소 형태를 바탕으로 한 장체 스타일의 서체입니다.

4 | 중세 국어 공부, 어떻게 시작하면 좋을까요?

『중세 국어 교육을 위한 정본 언해본 삼강행실도』 소개

중세 국어를 조금 더 공부하고 싶은데, 개론서들은 너무 지루하고 적당한 자료도 없어서 고민인 선생님들이 계실 것입니다. 언해문을 혼자 보고 공부하기도 쉽지 않고요. 대부분의 중세 국어 자료들은 불경 자료에 속하여 어려운 용어가 많아 읽다가 막히는 부분도 많으시지요.

이러한 고민을 하시는 선생님들을 위해 좋은 책을 소개해 드리려고 합니다. 『중세 국어 교육을 위한 정본 언해본 삼강행실도』와 그 해설서 『언해본 『삼강행실도』로 익히는 중세 국어』입니다.

우선 자료부터 소개하겠습니다. 언해본 『삼강행실도』의 특징은 다른 중세 국어 자료와 달리 이야기로만 구성되어 있다는 점입니다. 이 이야기에 담겨 있는 한 사람의 삶의 배경, 그가 놓여있는 현실에서 어떻게 행동했는지 등 각 이야기의 인물들이 보여 주는 삶의 이야기는 매우 흥미진진합니다. 국가와 부모를 위해 자신의 목숨이나 삶을 희생한 사람들, 자신의 신념을 위해 끝까지 외압에 굴하지 않았던 사람들의 이야기를 우리는 언해본 『삼강행실도』를 통해 만날 수 있습니다.

이러한 이유로 언해본 『삼강행실도』는 중세 국어 학습자에게 적합한 자료입니다. 『석보상절』,

『월인천강지곡』, 『능엄경언해』를 비롯한 다양한 불경 언해 자료들은 난해한 불교 철학 용어와 배경을 전제하고 있어 중세 국어를 처음 접하는 학습자에게 지식적으로뿐만 아니라 심리적으로도 부담이 되는 것이 사실입니다. 그러나 언해본 『삼강행실도』는 사람 사는 이야기를 바탕으로 상대적으로 짧은 길이의 완결된 내용을 지녔다는 점, 그리고 난해하고 추상적인 개념어들이 아닌 일상적이고 구체적인 어휘 및 복잡하지 않은 구문 특성을 지닌 문장들로 이루어졌다는 점에서 초보 학습자들에게 적합한 중세 국어 자료가 됩니다. 특히 중세 국어를 처음 접하는 중등 학교의 학습자들에게 흥미로운 이야기 및 언어 사실을 제공할 수 있을 것으로 기대됩니다.

이러한 언해본 『삼강행실도』를 바탕으로 집필된 『중세 국어 교육을 위한 정본 언해본 삼강행실도』와 그 해설서 『언해본 『삼강행실도』로 익히는 중세 국어』는 중세 국어의 중요한 특징들을 쉬운 텍스트를 대상으로 전달해 줍니다.

『중세 국어 교육을 위한 정본 언해본 삼강행실도』의 구성은 다음과 같습니다. 우선 각 이야기의 이해를 돕기 위한 현대어역으로 시작합니다. 아래의 예는 〈효자도〉의 첫 번째 이야기인 '민손단의(홑옷 입은 민손)'의 이야기입니다. 『삼강행실도』는 해당 이야기에 맞는 그림이 함께 제시되고 있어서, 그림 역시 이야기 이해에 도움을 줍니다.

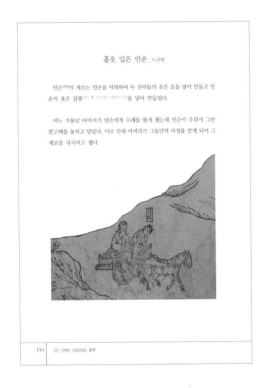

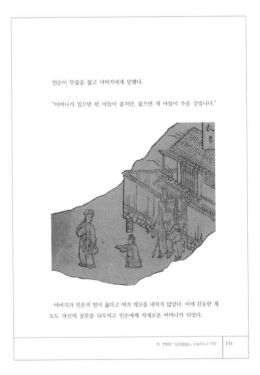

그 다음으로는 [언해문], [대역문], [주석] 순으로 구성되어 있습니다. [언해문]은 언해본『삼강행실도』의 모습을 그대로 가져온 것입니다. [대역문]은 그 언해문을 직역하여 중세 국어 문장과 현대국어 문장을 비교할 수 있도록 하였습니다. 마지막으로 [주석]에서는 언해문에서 찾을 수 있는 중세 국어의 특징을 정리해 놓았습니다.

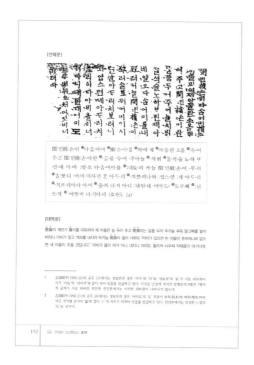

이렇게 중세 국어를 공부하다 보면, 문법, 표기, 어휘 등과 관련해 더 자세한 설명이 궁금할 수 있을 텐데요. 이때에는『언해본『삼강행실도』로 익히는 중세 국어』를 참고하실 수 있습니다. 예를 들어 위의 [주석] 중 '❶다솜어미'의 설명 아래에 '→ [어휘] 09_다솜어미'가 있습니다. '다솜어미'에 대한 더 풍부한 내용은『언해본『삼강행실도』로 익히는 중세 국어』의 어휘 챕터 아홉 번째 항목에서 확인할 수 있다는 뜻입니다. 두 책을 활용하여, 짧은 이야기로 구성된 중세 국어 강독 수업을 준비해 보시면 어떨까요?

5 | 가상 공간에서 훈민정음을 체험할 수 있는 콘텐츠가 있다고요?

훈민정음 이러닝 자료 소개

우리 교재의 3부, "교실 안 우리글 역사 이야기"와 관련하여 훈민정음에 대한 다양한 이야기를 들을 수 있는 이러닝(e-learning) 자료가 있다는 사실, 알고 계신가요? '고려대학교 국어교육과' 홈페이지를 통해 '훈민정음의 길을 가다' 자료를 확인해 보실 수 있습니다!

고려대학교 국어교육과
홈페이지 링크
https://koredu.korea.ac.kr/

고려대학교 국어교육과 홈페이지에 들어오시면 좌측 하단에 [국어교육과 진리형 장학금 연구 성과물] 배너가 있습니다. 이 배너를 클릭해주세요.

배너를 클릭하신 후, "[2020-2021학년도 연구성과물] 훈민정음의 길을 가다_집현전 학사들" 이라는 제목의 게시물에 접속해 주세요. 이러닝(e-learning) 자료로 바로 연결되는 링크를 확인하실 수 있습니다.

★ 주의! 링크 아래에 있는 사진이 아니라 게시물에 있는 링크를 직접 클릭하셔야 연결됩니다.

진리장학금

링크에 접속하셨나요? 그럼 이제 '훈민정음의 길을 가다' 이러닝(e-learning) 자료를 활용할 수 있는 방법을 소개해 드리겠습니다. 따라오세요!

1단계: 시작하기

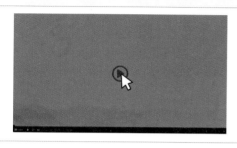

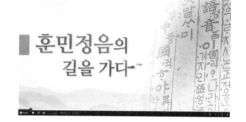

링크에 접속하면 바로 보이는 빨간색 재생 버튼을 눌러 주세요. 오른쪽과 같은 시작 화면이 나옵니다. 훈민정음의 길을 향해 힘차게 내딛는 발자국의 움직임이 보이시나요? 이후에도 빨간색 재생 버튼이 나올 때마다 버튼을 눌러주시면 새로운 단원이 시작됩니다. 잘 기억해 주세요!

2단계: 메신저 대화 보기

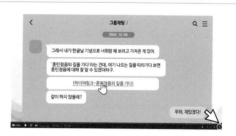

'훈민정음의 길을 가다' 이러닝(e-learning) 자료는 세 친구의 메신저 대화로 시작됩니다. 파란색 프로필의 친구가 하이퍼링크를 보내주었네요! 한번 확인해 볼까요? 하이퍼링크를 직접 클릭하는 것이 아니라, 우측 하단의 ">(다음)" 버튼을 눌러 다음 이야기를 살펴보세요.

★ 주의! ">(다음)" 버튼은 가볍게 한 번만 눌러주세요. 옆에 있는 숫자를 누르거나 더블 클릭을 하게 되면 [본학습]이 아닌 [정리하기] 단계로 넘어갈 가능성이 있습니다. 혹시나 실수로 넘어가게 되었다면, "<(이전)" 버튼을 누르거나, 아래 3단계와 같이 "인덱스(Index)" 버튼을 활용해 주세요!

3단계: 인덱스 활용하기

이러닝(e-learning)이 시작되면, 좌측 하단에 "인덱스(Index)" 버튼이 형성됩니다. 인덱스 버튼을 클릭한 뒤, 원하는 목차의 제목을 클릭하시면 해당 내용으로 바로 이동하실 수 있습니다. 처음부터 차례대로 보고 싶으시다면 화면이 자동으로 넘어가기까지 기다려 주세요.

4단계: 더 알아보기

 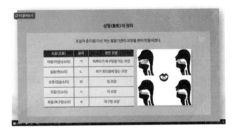

자료 중간에 보이는 빨간 손가락, "더 알아보기" 버튼이 보이시나요? 학습 내용에 대해 더 심화적이고 구체적인 내용을 설명해 주는 도우미 손가락입니다. "더 알아보기" 버튼을 눌러 자세한 내용을 살펴보세요. 나가고 싶을 땐 X 버튼을 누르고, 다음 내용으로 넘어가실 땐 다시 재생 버튼을 누르면 됩니다. 자신의 속도에 맞게 걸어갈 수 있는 길이니 편하게 확인해 주세요.

5단계: 훈민정음의 길 완주하기

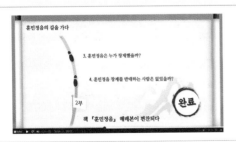 

'훈민정음의 길을 가다' 이러닝(e-learning) 자료는 한 부가 끝날 때마다 "완료" 도장을 찍어 드립니다. 완료 도장을 모두 모아 완주해 봅시다! 이후에는 우측 하단에 있는 ">(다음)" 버튼을 눌러 마지막 이야기를 살펴보세요.

교실에서 펼치는 우리말 우리글 역사 이야기

<h2 style="text-align:center">6단계: 멀티미디어 지도 보기</h2>

마무리 부분에 등장하는 멀티미디어 지도는 훈민정음과 관련이 깊은 지역을 소개하고 있습니다. 지역 이름을 클릭하시면 간단한 장소 소개가 등장합니다. 더 자세하게 살펴보고 싶은 분들을 위해 지역 혹은 문화재 관련 홈페이지로 연결되는 버튼도 있답니다! 마찬가지로 창을 닫을 때는 X 버튼을 눌러 주세요.

<h2 style="text-align:center">7단계: 원고 및 참고문헌 확인하기</h2>

이름	수정일	크기	종류
원고 내레이션_훈민정음의 길을 가다(2022).hwp	2022년 3월 28일 오후 7:06	37KB	한컴오피스 한글 문서
이미지 출처 및 참고문헌_훈민정음의 길을 가다(2022).hwp	2022년 3월 21일 오후 6:50	73KB	한컴오피스 한글 문서

원고 내레이션과 참고문헌을 확인하고 싶으신가요? 그렇다면 이러닝(e-learning) 자료 가장 마지막에 있는 "내레이션 원고 다운로드, 여타 참고문헌 및 이미지 출처보기" 버튼을 눌러 주세요! 원고 내레이션 및 참고문헌 파일을 내려받을 수 있습니다.

이 이러닝(e-learning) 자료는 국어 전공자가 아니라도 쉽게 이해할 수 있도록 제작되었기 때문에 국어 수업 자료로 참고하셔도 좋고, 학생들이 직접 버튼을 클릭하면서 공부할 수 있도록 수업 자료로 제공하셔도 좋습니다. 훈민정음에 대해 알고 싶으신 분들이라면 누구든 접속해 주세요!

▷ http://korea.code-square.co.kr/01/01.html (PC 전용)

1 | 어떤 국어사 자료를 소개해 주면 좋을까요?

국어사 자료 간략 해제

☐ 고대 국어 자료

삼국사기三國史記   고려 인종 23년(1145)

출처: 국사편찬위원회

- 유형: 역사서
- 저자: 김부식(1075~1151) 등
- 개요: 기전체의 삼국시대 역사서로서 본기 28권(고구려 10권, 백제 6권, 신라·통일신라 12권), 지志 9권, 표 3권, 열전 10권으로 이루어져 있다. 고려 인종의 명에 따라 김부식의 주도하에 8인의 참고參考와 11인의 편사관에 의해 국내 및 중국 문헌을 참고해 편찬되었다. 12세기 중엽 초간본은 전하지 않고 이를 복각한 13세기 후기 2차 판각의 잔존본(일명 성암본)이 전한다. 이후 3차 판각본(태조 3년/1394, 일실됨), 4차 판각본(중종 7년/1512, 일명 정덕본正德本) 등이 있다.
- 의의: 삼국의 인명, 지명, 관직명이 차자 표기로 기록되어 있다. 특히 지리지地理志 권34에는 신라, 권35에는 고구려, 권36에는 백제, 권37에는 삼국의 지명 자료가 실려 있다.
- 원문보기: 한국사 데이터베이스

삼국유사三國遺事

출처: 국사편찬위원회

- 유형: 자유로운 형식의 역사서
- 저자: 일연(1206~1289)
- 개요: 승려 일연이 고조선에서 후삼국까지의 유사遺事를 모아 편찬한 역사서이다. 5권 2책으로 권과는 별도로 왕력王歷·기이紀異·흥법興法·탑상塔像·의해義解·신주神呪·감통感通·피은避隱·효선孝善 등 9편목으로 구성되어 있다. 총체적인 문화유산의 보고로 평가되며, 야사野史의 성격이 있다. 초간본의 간행 여부는 분명치 않고 1310년대에 제자 무극無極이 간행하고 조선 초기에도 간행되었다. 1512년 이계복이 중간하였다(일명 정덕본正德本).
- 의의: 향가鄕歌 14수를 비롯해 이두吏讀로 된 비문류, 전적에 전하는 지명 및 인명 표기 등이 수록되어 있어 고대 국어 연구의 귀한 자료가 된다.
- 원문보기: 한국사 데이터베이스

임신서기석壬申誓記石

출처: 문화재청

- 유형: 비석
- 저자: 신라의 화랑 추정
- 개요: 신라시대 두 화랑이 충성을 맹세하며 새긴 비석이다. 비석에 새겨진 글이 '壬申임신'이라는 간지干支로 시작하고, 충도 실천을 서약하는 내용을 담고 있어 '임신서기석'이라는 이름이 붙여졌다.
- 의의: 한문의 어순이 아니라 우리말의 어순에 따라 한자를 배열하여 초기 이두의 모습을 보여 준다.
- 원문보기: 국사편찬위원회
- 3D 뷰어 보기: 문화재청

원문) 　3D 뷰어)

- 유형: 어휘집
- 저자: 송^宋 손목^{孫穆}, 고려 조제^{朝制}, 풍속, 구선^{口宣} 등
- 개요: 송나라 서장관^{書狀官}이었던 손목이 고려의 풍습, 제도, 언어 등을 기록한 자료이다. 약 360개의 고려어를 한자음(송나라 개봉음)을 이용하여 적었다. 원래의 단행본은 1366년 이전에 소실되었으며, 현재는 절록본^{節錄本}으로서만 전해진다.
- 의의: 고려의 어휘와 음운을 확인할 수 있어 고려 시대 국어 연구의 귀중한 자료가 된다.

향약구급방^{鄕藥救急方}   1236년(추정)

- 유형: 의약서
- 저자: 대장도감
- 개요: 고려 중기 후반경에 팔만대장경을 간행했던 대장도감에서 향약으로 질병을 치료하는 방법과 처방을 모아 간행한 의약서이다. 중국에서 수입되는 약을 당재^{唐材} 혹은 당약^{唐藥}이라고 부르는 데 대하여 '향약^{鄕藥}'은 우리나라에서 생산되는 약재를 일컫는다. 상·중·하 3권에는 각 항목의 병명 아래 치료법들이 열거되어 있으며, 부록인 〈방중향약목초부〉에는 향약 180여 종에 대해 소개하고 있다.
- 의의: 약재나 병의 우리말 이름, 즉 향명^{鄕名}을 차자 표기했기 때문에 13세기 중엽 국어의 모습을 보여 준다.

구역인왕경 상(수덕사 소장)

- 유형: 불교 경전
- 개요: 1973년 충남 서산군 문수사文殊寺에서 문수사금동여래좌상文殊寺金銅如來坐像의 복장물腹藏物 중 하나로 발견되었다. 석독구결釋讀口訣이 사용된 불교경전이다. 본래 상하 2권이나, 상권 중 5매(2·3·11·14·15장)만이 발견되어 전해지고 있다.
- 의의: 최초로 발견된 석독구결 자료이다. 이 자료를 계기로 기존에 알고 있던 음독구결과는 전혀 다른 석독구결이 존재했다는 사실이 밝혀지게 되었다. 1990년대 이후 6종의 자토 석독구결 자료, 2000년대 이후 16종의 점토 석독구결 자료 등이 잇달아 발견되면서 고려시대 구결 연구가 진일보하였다.

합부금광명경 合部金光明經

합부금광명경 권3, 제6장
(청주고인쇄박물관 소장)

- 유형: 불교경전
- 개요: 『금광명경金光明經』은 『인왕경仁王經』·『법화경法華經』과 함께 고려시대에 널리 유통된 대승경전이다. 한문으로 번역된 금광명경 3종 가운데 597년 수隋의 보귀寶貴가 8권 24품으로 번역한 것을 『합부금광명경合部金光明經』이라 부른다. 권 제3에 석독구결이 달려 있으며, 각필 혹은 모필로 기입한 점토 석독구결도 기입되어 있다. 1988년에 권자본 『유가사지론』 몇 권과 함께 복장 유물로 발견되었으며, 학계에는 1994년 개인 소장 자료로서 소개되었다.
- 의의: 자토 구결과 점토 구결이 모두 기입되어 있는 유일한 중층적 구결 자료이다. 처음 학계에 보고된 1994년에는 자토 석독구결 자료로만 알려졌으나 후속 연구를 통해 2004년에 점토 석독구결도 기입되어 있다는 사실이 추가로 발견되었다. 이 자료는 기존에 해독하기 어려운 점토를 해독할 수 있는 단서를 제공하고, 자토의 오류를 교감할 수 있는 근거가 된다. 자토 석독구결과 점토 석독구결의 관련성을 보여 주는 중요한 자료이다.

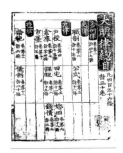

출처: 한국학중앙연구원

- 유형: 법전
- 저자: 고서경, 김지
- 개요: 태조의 명으로 중국 명나라의 형률서인 『대명률』을 이두로 번역한 책이다. 한문 원문을 이두문으로 번역하면서, 원문의 표현을 조선의 일상적인 표현으로 대체하고, 세목, 처벌 등 원문의 내용을 조선의 상황에 맞도록 변경하거나 첨삭하기도 하였다. 원간본은 전하지 않으며, 현재까지 전해지는 홍문관본弘文館本. 비변사본備邊司本. 규장각본奎章閣本 등의 판본은 모두 목판본이다.
- 의의: 이두의 발달 측면에서 완성된 이두의 면모를 보여 준다. 총 460개의 조항이 30권으로 편찬된 방대한 분량이며, 관리들이 실무에서 사용한 다양한 이두 표현이 들어 있어 '이두 연구의 보물창고'로 불린다.
- 원문보기: 한국고전원문자료관

---

② 중세 국어 자료

- 유형: 어휘집
- 저자: 명明 회동관會同館
- 개요: 중국 한자음을 매개로 하여 명초明初 이래 편찬된 중국어와 여러 주변국 언어들의 대역 어휘집인 『화이역어華夷譯語』 중 이른바 병종丙種에 속하는 『화이역어』에 들어 있다. 총 596항목을 19문門으로 분류하여 수록하고 있는데, 항목마다 1단(표제어 예 天), 2단(조선어 예 哈嫩二), 3단(조선 한자음 예 添)의 구성을 지닌다. 『조선관역어』가 포함된 병종 『화이역어』는 모두 5개 판본이 소개되었는데, 대부분 원본이 소실되었고 런던대학교SOAS 도서관 소장본만이 남아 있다.
- 의의: 비록 15세기 중국 한자음으로 기록된 자료이지만 고유어 음역에서 /△/, /ㅸ/의 모습을 찾아볼 수 있다. 15세기 중국어 역사 음운론 연구에 유익하다.

- 유형: 문자 해설서
- 저자: 세종(1397~1450)과 집현전 학사 8인
- 개요: 새 문자 '훈민정음'의 창제 목적과 개요, 제자 원리 및 운용 원리를 설명한 책. 전권 33장 1책의 목판본으로 세종의 어제 서문, 어제 예의를 비롯해 5해(제자해, 초성해, 중성해, 종성해, 합자해)와 1례(용자례), 정인지 서문으로 이루어져 있다. 1940년 경북 안동에서 발견되어 현재 간송미술관에 소장되어 있으며 대한민국 국보(1962년~)이자 유네스코 세계기록유산(1997년~)이다.
- 의의: 새 문자 훈민정음의 제자 원리와 운용 원리 및 창제의 목적과 문자 창제의 학문적 배경을 보여 준다. 15세기 국어 어휘, 동국정운 한자음의 완성 과정을 살필 수 있다.
- 원문보기: 디지털 한글박물관

출처: 서강대학교 로욜라도서관

- 유형: 문자 해설서
- 저자: ?(미상)
- 개요: 『훈민정음』해례본 중 세종이 직접 쓴 '서문'과 훈민정음 28자를 소개한 '예의^{例義}' 부분만 우리말로 언해한 책. 해례본이 전문가용이라면 언해본은 일반용 텍스트이다. 언해본의 초본은 세종대에 훈민정음 반포 직후 번역되었을 것으로 보이나 이는 전하지 않는다. 현재 전하는 언해본의 가장 오랜 판본은 별도의 책이 아닌, 1459년(세조 5)에 간행된 『월인석보』권1의 맨 앞에 실려 있다.
- 의의: 훈민정음 창제 초기에 새 문자를 학습하는 데 사용되었다.
- 원문보기: 디지털한글박물관

출처: 국립한글박물관

- 유형: 문학
- 저자: 권제, 정인지, 안지, 박팽년, 강희안, 신숙주, 이현로, 성삼문, 이개, 신영손
- 개요: 훈민정음이 창제된 후 가장 먼저 한글로 간행된 책. 1445년(세종 27) 권제, 정인지, 안지 등이 본문을 만들고, 1447년(세종 29) 최항, 박팽년, 강희안 등이 주해를 덧붙여 10권 5책의 목판본으로 간행하였다. 이 책에는 조선 왕조의 업적을 칭송하는 노래가 담겨 있는데, 총 125장에 달하는 서사시로 구성되어 있다. 조선 왕조의 정통성과 군주의 도덕적 수신을 강조하는 것이 주요 내용이다.
- 의의: 훈민정음 창제 이후 최초의 국문시가이며, 『월인천강지곡』과 함께 새로운 국문악장의 형식을 개척하였다는 평가를 받는다. 또한 현재에는 없는 옛 고유어 지명이나 훈민정음 창제 초기의 우리말 표기법도 확인할 수 있다.
- 원문보기: 디지털 한글박물관

출처: 문화재청

- 유형: 불교경전
- 저자: 수양대군(세조)
- 개요: 1447년 세종의 명으로 수양대군(세조)이 편찬한 최초의 한글 불교 경전. 1446년에 세종의 왕비 소헌왕후가 죽자, 그의 명복을 빌기 위하여 세종은 수양대군에게 석보釋譜를 만들어 한글로 번역하게 하였다. 이때 석보란 석가모니의 일대기를 뜻하는 말이다.
- 의의: 한글로 표기된 최초의 산문 자료이자 번역 불경이다. 15세기 국어를 잘 보여 주고 있으며, 훈민정음 창제 초기의 글자체를 보여 준다.
- 원문보기: 디지털한글박물관

출처: 문화재청

- 유형: 문학
- 저자: 세종
- 개요: 세종이 석가모니의 공덕을 찬양하는 노래를 모아 한글로 편찬한 시가집. 수양대군이 『석보상절』을 지어 올리자 이를 본 세종이 그 내용에 맞추어 부처의 공덕을 칭송하여 읊은 것이라고 전해진다. 『월인천강지곡』에는 총 580여 곡의 노래가 있었던 것으로 추정되는데, 상·중·하 3권 중 현재 상권만이 전한다.
- 의의: 표기에 있어서 다른 문헌들이 한자를 앞세우고 한글을 작은 글씨의 협주※[註]로 단 것과 달리 『월인천강지곡』은 한글을 앞세우고 한자를 협주로 표기한 최초의 문헌이다.
- 원문보기: 문화재청

출처: 문화재청

- 유형: 운서
- 저자: 신숙주, 최항, 박팽년
- 개요: 우리나라 최초의 운서. 이때 운서란 한자의 소리를 한자음의 구성 성분인 운에 따라 분류하여 배열한 책이다. '동국정운東國正韻'이란 우리나라의 바른 음이라는 뜻이며, 이 책은 세종 대 언어 정책의 일환으로서 당시 혼란스러웠던 한자음을 바로잡기 위해 만들어졌다.
- 의의: 최초로 한자음을 한글로 표기하였다. 훈민정음의 제자制字 배경과 음운 체계 등을 연구하는 데 기본이 되는 자료이다.
- 원문보기: 문화재청

출처: 문화재청

- 유형: 운서
- 저자: 신숙주, 성삼문, 조변안, 김증, 손수산
- 개요: 명나라의 『홍무정운』에서 한자음을 한글로 표음하고 주석을 붙인 운서. 한자의 중국음을 정확히 나타내기 위하여 편찬하였다.
- 의의: 한글 표기의 정확성에 미치지 못하는 반절이나 운도^{韻圖} 등에 의지한 한자음의 전통적 표시 방법과는 차별성을 두고 있어, 표준 운서로서의 가치보다도 자료로서의 가치가 크다.
- 원문보기: 문화재청

능엄경언해^{楞嚴經諺解}　　　　1461년(세조 7)

출처: 국립한글박물관

- 유형: 불교서
- 저자: 세조, 신미^{信眉}, 김수온^{金守溫} 등
- 개요: 중국 송나라의 대표적인 불교 경전 『능엄경』을 우리말로 언해한 책. 원래 1449년(세종 31) 세종의 명령에 따라 수양대군이 번역에 착수하였으나 끝내지 못하였다. 미루어진 것을 1461년 간행하였으나 오류가 있어 1462년 간경도감^{刊經都監: 세조 때 불경의 국역과 판각을 관장하던 관립기관}에서 다시 간행하였다. 간경도감에서 내는 불경은 거의 대부분이 세조가 직접 중심이 되어 번역한 것이며, 여기에 당시의 승려 신미 등과 대신 김수온 등이 도움을 주었다.
- 의의: 간경도감에서 간행한 최초의 불경 언해서로, 이후 간경도감에서 간행된 불경 언해서들의 규범이 되었다. 특히 권10에 불경의 언해 과정이 서술되어 있어 귀중한 자료가 된다.
- 원문보기: 규장각 한국학연구원

출처: 국립한글박물관

- 유형: 문학
- 저자: 유윤겸柳允謙, 의침義砧 등
- 개요: 당나라 시인 두보杜甫의 시를 분류해 전 25권으로 언해한 책. 원명은 『분류 두공부시언해分類杜工部詩諺解』이다. 세상을 교화하기 위해 세종·성종대에 걸쳐 왕명으로 간행하였다.
- 의의: 최초의 국역 한시집漢詩集. 지금은 사라진 우리말 고유어를 풍부하게 살펴 볼 수 있다. 초간본과 1632년 간행된 중간본을 대조함으로써 중세 국어와 근대 국어의 특성을 비교할 수 있다. 중간본에서는 방점과 ㅿ의 소실, 맡음 ㄷ의 ㅅ으로의 변화, 자음동화 현상의 표기법상 노출, 구개음화 현상 등을 보여 준다.
- 원문보기: 초간본 권 7, 8: 디지털한글박물관
  중간본 권 6, 7: 디지털한글박물관

초간본)   중간본)

출처: 한국학중앙연구원

- 유형: 문학
- 저자: 박준朴浚(추정)
- 개요: 고려 시대부터 조선 초기까지의 궁중 악장樂章, 공식 행사 때 궁중 음악에 맞추어 부른 노래의 가사를 모아 엮은 가집. 고려가요, 경기체가, 악장 등 다양한 장르의 우리말 노래가 실려 있다. 「여민락與民樂」, 「서경별곡西京別曲」, 「어부가漁父歌」, 「한림별곡翰林別曲」, 「처용가處容歌」 등이 실려 있으며, 특히 「정석가鄭石歌」, 「청산별곡靑山別曲」, 「가시리」, 「오륜가五倫歌」 등의 14곡은 이 책에만 그 전문이 수록되어 있다.
- 의의: 『악학궤범樂學軌範』, 『시용향악보時用鄕樂譜』와 더불어 조선 시대 3대 가집이다. 현재 전하는 가장 오래된 순수 가집이다.
- 원문보기: 디지털장서각

언해두창집요 諺解痘瘡集要　　　　　　　　　　　　　　　1608(선조 41)

출처: 한국민족문화대백과

- 유형: 의서
- 편저자: 허준
- 개요: 조선시대 의학자 허준이 왕명을 받고 편찬한 두창 치료 한글 의학서. 당시 어의御醫였던 허준이 두창痘瘡. 천연두에 걸린 왕자와 왕녀를 약으로 치유한 뒤, 1601년(선조 34)에 선조의 명을 받아 『태산집胎産集』·『창진집瘡疹集』·『구급방救急方』을 참고하여 언해했고 1608년(선조 41)에 내의원內醫院, 궁중의 의약醫藥을 맡아보던 관아에서 간행하였다. 임진왜란 직후 창궐한 두창을 치료하기 위해 한글 언해본으로 간행했다.
- 의의: 17세기 우리말의 어휘와 표기법 및 한자음 표기 등을 확인할 수 있다.
- 원문보기: 한국학중앙연구원 디지털 장서각

언해태산집요 諺解胎産集要　　　　　　　　　　　　　　　1608(선조 41)

국립중앙도서관 소장본

- 유형: 의서
- 편저자: 허준
- 개요: 조선시대 의학자 허준이 왕명을 받고 편찬한 산부인과 한글 의학서. 본래 조선 전기의 의학자 노중례盧重禮가 1434년(세종 16) 편찬한 『태산요록胎産要錄』 2권을 개편하여 언해하였다. 당시 산부인과 계통의 의학서가 모두 한문으로 쓰여져 부녀자가 보기에 어려웠으므로, 선조 때 왕명을 받아 허준이 편찬하였다. 자식 구하여 낳는 방법으로부터 시작하여 남녀를 판별하고 남녀를 바꾸는 방법, 임신 중의 여러 증세와 약방문, 출산 때에 지켜야 할 일과 금기일, 산후조리 방법 등을 43개 항목으로 서술하고 있다. 1991년 보물로 지정되었다.
- 의의: 17세기 우리말의 어휘와 표기법 및 한자음 표기 등을 확인할 수 있다.
- 원문보기: 국립중앙도서관 디지털컬렉션

출처: 디지털한글박물관

- 유형: 역학서
- 저자: 강우성康遇聖
- 개요: 조선 시대 외국어 교육 기관이었던 사역원에서 통역관들의 일본어 학습을 위하여 편찬한 책. 저자 강우성이 임진왜란 때 일본에 포로로 잡혀갔다가 돌아왔고, 이후 사역원에서 일본어 역관으로 활동하며 세 차례 통신사通信使를 수행해 일본에 다녀온 경험을 바탕으로 썼다. 조선 관리와 부산 왜관倭館에 거주하는 일본인의 대화, 통신사 일행이 에도江戸로 다녀오는 여정 등의 상황을 설정하고 그 회화를 대화체로 엮었다. 히라가나로 적은 일본어의 발음을 한글로 작게 적었으며 일본어 어구에 대한 우리말 해석을 두 줄로 적었다.
- 의의: 원고는 1618년(광해군 10)에 이루어졌으나 몇 차례 수정하여 1676년(숙종 2) 간행되었다. 훈민정음이 외국어 교육에 유용하게 사용되었음을 알 수 있다.
- 원문보기: 서울대학교 규장각 한국학연구원

출처: 경북대학교 도서관

- 유형: 기술(요리)
- 저자: 정부인 안동 장씨貞夫人 安東 張氏
- 개요: 조선 시대 양반가의 음식 조리법을 한글로 기록한 필사본. 중국의 조리서와는 관계없이 예로부터 전해 내려오거나 장씨 부인(장계향) 스스로 개발한 조리법을 기록한 문헌이다. 면병류, 술 제조법 등 모두 146개 항에 달하는 양반가의 음식 조리법을 여성들이 쉽게 읽고 사용할 수 있도록 한글로 자세하게 서술하였다.
- 의의: 경상북도 북부 방언의 음운, 문법, 어휘 등을 살필 수 있다. 당시 양반가의 생활문화 등을 살필 수 있다.
- 원문보기: 디지털한글박물관

출처: 서울대학교
규장각한국학연구원

- 유형: 문학
- 저자: 송강^{松江} 정철^{鄭澈}
- 개요: 정철(1536-1593)이 지은 가사^{歌辭}와 단가^{短歌}를 모아 엮은 시가집. 「관동별곡^{關東別曲}」, 「사미인곡^{思美人曲}」, 「속미인곡^{續美人曲}」, 「성산별곡^{星山別曲}」, 「장진주사^{將進酒辭}」 가사 5편과 『경민편^{警民編}』 소재 「훈민가^{訓民歌}」를 비롯한 단가 수십 편이 수록되어 있다.
- 의의: 조선시대를 대표하는 가사문학들이 수록되어 있어 문학사적 가치가 높다.
- 원문보기: 디지털한글박물관(1747년 성주본)

출처: 국립한글박물관

- 유형: 문학
- 저자: 김천택^{金天澤}
- 개요: 우리나라 최초의 가집^{歌集}으로 『해동가요』, 『가곡원류』와 함께 3대 시조집의 하나이다. '청구'는 본래 우리나라를 뜻하는 말이고 '영언'은 노래를 뜻하는 말이다. 실제 가객이었던 김천택이 우리의 노래가 구전으로만 읊어지다가 없어짐을 안타깝게 여겨 편찬했다. 그동안 입으로 전하거나 개인 문집에 흩어져 있던 우리말 시조 580수를 모아서 13항의 유형별로 정리한 후 이를 책으로 엮었다.
- 의의: 처음으로 시조사를 체계화했다. 마지막 항은 '만횡청류^{蔓橫淸類}'라는 제목 아래, '개를 여라믄이나 기르되~', '두터비 파리를 물고~'를 비롯한 사설시조 116수가 실려 있다.
- 원문보기: 디지털한글박물관

출처: 국립한글박물관

- 유형: 왕실 언간
- 저자: 정조
- 개요: 정조正祖가 큰외숙모인 여흥 민씨에게 보낸 편지 등을 모아 만든 어필첩御筆牒. 정조가 4-5세였을 때부터 1798년(정조 22)까지 작성한 글씨 2점, 세손 시절에 쓴 편지 6점 및 재위 기간 쓴 편지 8점 총 16점이다. 편지의 내용은 대개 큰 외숙모 여흥 민씨에게 음식 등의 물건을 보내거나 안부를 묻는 내용이다.
- 의의: 조선시대의 한글 편지 가운데 어린이의 필체로 쓴 편지라는 점이 특징이다. 연령대에 따라 한글 필체의 변화상을 보여 준다. 왕실에서도 한글을 사용했다는 점을 보여 준다.
- 원문보기: 디지털한글박물관

원문보기: 　　해독 및 주석 자료:

출처: 서울대학교
규장각한국학연구원

- 유형: 어휘집
- 저자: 정약용
- 개요: 조선 후기 정약용(1762-1836)이 여러 사물의 이름물명, 物名을 모아 한글과 한문으로 풀이하여 만든 분류 어휘집. 〈초목류草木類〉, 〈조수류鳥獸類〉, 〈복식류服食類〉 〈신체류身體類〉, 〈잡물류雜物類〉 등의 18부류로, 이본에 따라 대개 1,000~1,600개 정도의 표제어가 수록되어 있다.
- 의의: 국어 어휘사 연구에 중요한 자료로 일본식 한자가 들어오기 이전 우리 한자어의 사용 실태를 파악할 수 있다.
- 원문보기: 서울대학교 규장각 한국학연구원

사민필지 士民必知   1889년

출처: 국립한글박물관

- 유형: 실용(지리)
- 저자: 헐버트[H. B. Hulbert]
- 개요: 미국인 선교사 헐버트(1863-1949)가 순 한글로 지은 우리나라 최초의 세계 지리서. 사민필지 士民必知란 "선비와 백성 모두가 반드시 알아야 할 지식"이라는 뜻이다. 총론, 제1장 지구, 제2장 유럽, 제3장 아시아, 제4장 아메리카, 제5장 아프리카로 구성되어 있다.
- 의의: 외국인 선교사가 한글의 활용을 주장하며 저술한 책으로, 개화기 외래어 표기 연구 자료이다.
- 원문보기: 디지털한글박물관

독립신문 獨立新聞 창간호   1896년

출처: 독립기념관

- 유형: 신문
- 저자: 서재필[徐載弼], 주시경[周時經] 등
- 개요: 우리나라에서 발간한 최초의 민영 신문. 지면은 총 4면이었고 제3면까지는 국문판, 제4면은 영문판이었다. 제1면에는 대체로 논설과 신문사고(광고), 제2면에는 관보·외국통신·잡보, 제3면에는 물가·우체시간표·제물포 기선출입항 시간표·광고 등을 실었다. 처음에는 주 3회(화·목·토요일)의 격일간지로 발행되었다. 책임자는 서재필이었고 부책임자는 주시경이었으며, 그 아래 상당수의 기자를 두었고 영문판 편집에는 헐버트[Hulbert, H. B.]의 도움을 받았다.
- 의의: 한글 전용과 띄어쓰기를 시행한 최초의 신문. 창간호 1면 아랫부분에 "우리신문이 한문은 아니쓰고 다만 국문으로만 쓰는거슨 샹하귀쳔이 다보게 홈이라 쏘 국문을 이러케 귀졀을 쎄여 쓴즉 아모라도 이신문 보기가 쉽고 신문속에 잇는 말을 자세이 알어 보게 홈이라"라고 하였다.
- 원문보기: 디지털한글박물관

출처: 국립한글박물관

- 유형: 외국어
- 저자: 지석영池錫永
- 개요: 조선 후기 문신, 국어학자, 의사인 지석영(1855-1935)이 펴낸 한자, 영어, 일본어, 중국어 학습 교재. 『아학편』은 본래 다산 정약용이 아동들의 한자 학습을 위해 한자에 음과 훈을 달아 만든 교재였는데, 지석영 등이 여기에 영어, 일본어, 중국어 표기와 발음 등을 추가하여 다시 펴내었다.
- 의의: 본래 발음과 가장 흡사하도록 소리 위주로 표기하였기 때문에 창의적인 한글 운용 방법이 나타난다. 예컨대 영어의 경우 禾-Rice-으라이쓰, 學-Learn-을러언, (r/l의 구분) 編-Book- 쯔크, 父-Father- 쯔아쩌 등이 있다.
- 원문보기: 디지털한글박물관

출처: 국립한글박물관

- 유형: 사전
- 저자: 주시경周時經 등
- 개요: 조선광문회가 주축이 되어 작성한 우리나라 최초의 한글사전 원고. 본래 여러 책으로 구성되었을 것으로 추정되지만 지금은 「ㄱ」부터 「걀죽」까지 표제어가 수록된 1책만 전해지고 있다. 사전 출판을 위해 특별히 제작한 240자 원고지에 단정한 붓글씨체로 썼고 '알기', '본문', '찾기', '자획찾기'의 네 부분으로 구성했으며, 뜻풀이는 한글 또는 국한문을 혼용해 서술했다.
- 의의: 현존하는 국어사 자료 중 유일하게 사전 출판을 위해 남은 최종 원고이다.
- 원문보기: 디지털한글박물관

조선말 큰사전 원고

출처: 국가기록원
역사기록관

- 유형: 사전
- 저자: 조선어학회
- 개요: 조선어학회에서 '조선말 사전' 편찬을 위해 작성한 사전 원고의 필사본 교정지. 1929-1942년의 13년 동안 작성되었으며 총 14책이다. 1942년 소선어학회 사건 때 일본 경찰에 압수되었다가 해방 이후 1945년 9월 8일에 경성역 조선통운 창고에서 우연히 발견되었다. 조선어학회의 후신인 한글학회에서 이 원고를 바탕으로 사전 편찬 작업을 이어받아『조선말 큰 사전』,『큰사전』을 1957년까지 총 6권을 간행하였다.
- 의의: 당시 사전 편찬 사업은 일제에 맞서 우리나라 말을 지킨다는 상징적인 의미가 있다. 철자법, 맞춤법, 표준어 등 우리말 통일사업의 출발점이자 결과물로 2020년 보물로 지정되었다.
- 원문보기: 디지털한글박물관

한글마춤법통일안

출처: 국립한글박물관

- 유형: 사전
- 저자: 조선어학회
- 개요: 1933년 조선어학회가 제정한 한글 표기법 통일안. 1930년 맞춤법 통일안을 제정하기로 결정하고 3개년에 걸쳐 125회의 회의를 거듭하여 당시 한글날(10월 29일)에 발표하였다. 총론 3항, 각론 7장 63항, 부록 2항으로 구성되며, 우리말 표기를 일관되게 할 수 있는 토대를 마련했다.
- 의의: 훈민정음 창제 이후 널리 사용되었던 표기법이 대체로 표음주의를 따르고 있었던 데 비해, 1933년「한글 맞춤법 통일안」은 단어의 원래 형태를 밝혀 적는 형태주의의 장점을 적극적으로 반영하여 표음주의와 형태주의를 절충하였다. 1948년 정부에서 공식적으로 채택하였고, 이것이 발전하여 오늘날 한글 맞춤법이 되었다.
- 원문보기: 디지털한글박물관

2 | 우리말 역사 자료로 강독 수업을 준비하고 싶어요

주요 국어사 자료 강독

1 『훈민정음』 언해본

새 문자 훈민정음에 대한 해설서인 『훈민정음』 해례본(1446) 중 세종이 쓴 〈어제 서문〉과 〈어제 예의〉를 15세기 우리말로 풀이해 놓은 자료입니다. 『석보상절』(1447) 권1에도 있었을 것으로 추정되지만 아직 권1이 발견되지 않은 현재, 언해본은 『월인석보』(1459) 권1에서 만나 볼 수 있습니다.

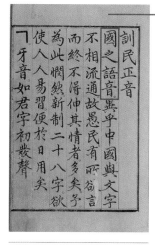

『훈민정음』 해례본 첫 부분

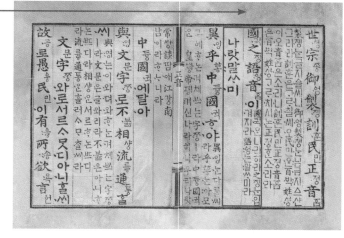

『훈민정음』 언해본 첫 부분

世·솅宗종御·엉製·졩訓·훈民민正·졍音흠

製·졩는글지·을·씨·니御·엉製·졩는님금·지·스·샨

·그·리·라訓·훈은·ㄱ·른·칠·씨·오民민은百·빅姓·셩

·이·오音흠은소·리·니訓·훈民민正·졍音흠은

·은百·빅姓·셩·그·른·치·시·논正·졍훈소·리·라

國·귁之징語:엉音흠·이國·귁은나·라·히·라之징는·입

나·랏:말쏘·미

異·잉乎흫中듕國·귁·ㅎ·야·겨·지·라語:엉音흠·은말쏘·미·라

異·잉乎흫는다·룰·씨·라乎흫·눈아·모

·그·에·호논겨·체·쓰·는字·쭝ㅣ·라中듕國·귁·

·은皇勘帝·뎽겨·신나·라·히·니우·리나·랏

<어제 서문>

[원문01] 世宗御製訓民正音 (세종어제훈민정음)

[협주01] ① 製는 글 지슬 씨니 御製는 님금 지스샨 그리라 ② 訓은 ᄀᆞᄅ칠 씨오 民은 백셩이오 音은 소리니 訓民正音은 百姓 ᄀᆞᄅ치시논 正호 소리라

[원문02] 國之語音·이 (국지어음)

[협주02] ① 國은 나라히라 ② 之는 입겨지라 ③ 語는 말ᄊᆞ미라

[언해01] 나·랏 :말ᄊᆞ·미

[현대어역] 나라의 말이
→ 우리나라의 말이

[원문03] 異乎中國·ᄒᆞ·야 (이호중국)

[협주03] ① 異는 다롤 씨라 ② 乎는 아모그에 ᄒᆞ는 겨체 쓰는 字ㅣ라 ③ 中國은 皇帝 겨신 나라히니 우리나랏 常談애 江南이라 ᄒᆞᄂᆞ니라

[언해02] 中國·에 달·아[6]

[현대어역] 중국과 달라
→ 중국말과 달라서

【협주에 나타난 중세 국어의 문법 범주】

중세 국어 자료들에 나타나는 협주는 주석 대상에 따라 그 형식을 달리하는데, 이는 문법 범주에 대한 당시 사람들의 인식을 보여 줍니다.

1) 체언류: ~이라　　　　2) 용언류: ~ㄹ 씨라　　　　3) 부사류: ~ᄒᆞ논 쁘디라/마리라

4) 어조사: ~ 겨체 쓰는(ᄂᆞ) 字ㅣ라 / 입겨지라

6　달아: 달라. 다ᄅᆞ-[異] + -아(연결 어미). 연철 표기된 '다라'가 아닌 분철 표기된 '달아'로 적힌 것은 어간이 '달-'이 아닌 '다ᄅᆞ-'임을 표기적으로 구별하기 위한 것입니다. '다ᄅᆞ-'에 '-아'가 결합하면 어간의 'ㆍ'가 어미의 '아'와 만나 탈락하는 것이 중세 국어의 음운론적 질서입니다. 따라서 어간이 '달-[熱]'인 경우와 '다ᄅᆞ-[異]'인 경우 모두 어미 '-아'와 결합한 것을 연철 표기하면 동일하게 '다라'로 표기됩니다. 이를 구분하기 위해 어간 '달-'이 어미 '-아'와 결합한 경우는 '다라'로, 어간 '다ᄅᆞ-'가 어미 '-아'와 결합한 경우는 '달아'로 표기합니다. '달아'와 같이 형태론적 상황을 고려해 분철 표기한 것을 특수 분철 표기라고 부릅니다.

常쌍談땀애 江강南남이라 ᄒᆞᄂᆞ니라

中듕國귁에 달아

與영文문字똥로 不붏相샹流륭通통ᄒᆞᆯ

與영는 이와 뎌와 ᄒᆞᄂᆞᆫ 겨체 ᄡᅳ는 字똥ㅣ라 文문은 글와리라 不붏은 아니ᄒᆞ논 디라 相샹ᄋᆞᆫ 서르 ᄒᆞᄂᆞᆫ 디라 流륭通통ᄋᆞᆫ 흘러 ᄉᆞᄆᆞᆺ 출ᄊᆡ라

文문字똥와로 서르 ᄉᆞᄆᆞᆺ디 아니ᄒᆞᆯᄊᆡ

故공로 愚웅民민이 有ᅀᅲᆼ所송欲욕言언

[원문04]　與文字·로 不相流通홀·씨

[협주04]　① 與는 이와 뎌와 ᄒᆞᄂᆞᆫ 겨체 쓰ᄂᆞᆫ 字ㅣ라 ② 文은 글와리라 ③ 不은 아니ᄒᆞᄂᆞᆫ 쁘디라 ④ 相은 서르 ᄒᆞᄂᆞᆫ 쁘디라 ⑤ 流通ᄋᆞᆫ 흘러 ᄉᆞᄆᆞ촐 씨라

[언해03]　文字·와·로 서르 ᄉᆞᄆᆞᆺ·디⁷ 아·니홀·씨

[현대어역]　문자와 서로 통하지 아니하므로
　　　　　→ 한자로 쓴 글과 서로 통하지 않으므로

7　ᄉᆞᄆᆞᆺ디: 통하지. ᄉᆞᄆᆞᆾ-(←ᄉᆞᄆᆞᆾ-)[流通] + -디(연결 어미). 'ᄆᆞᆺ'의 'ㅅ'은 'ㅊ'을 8종성 표기법에 따라 적은 결과입니다.

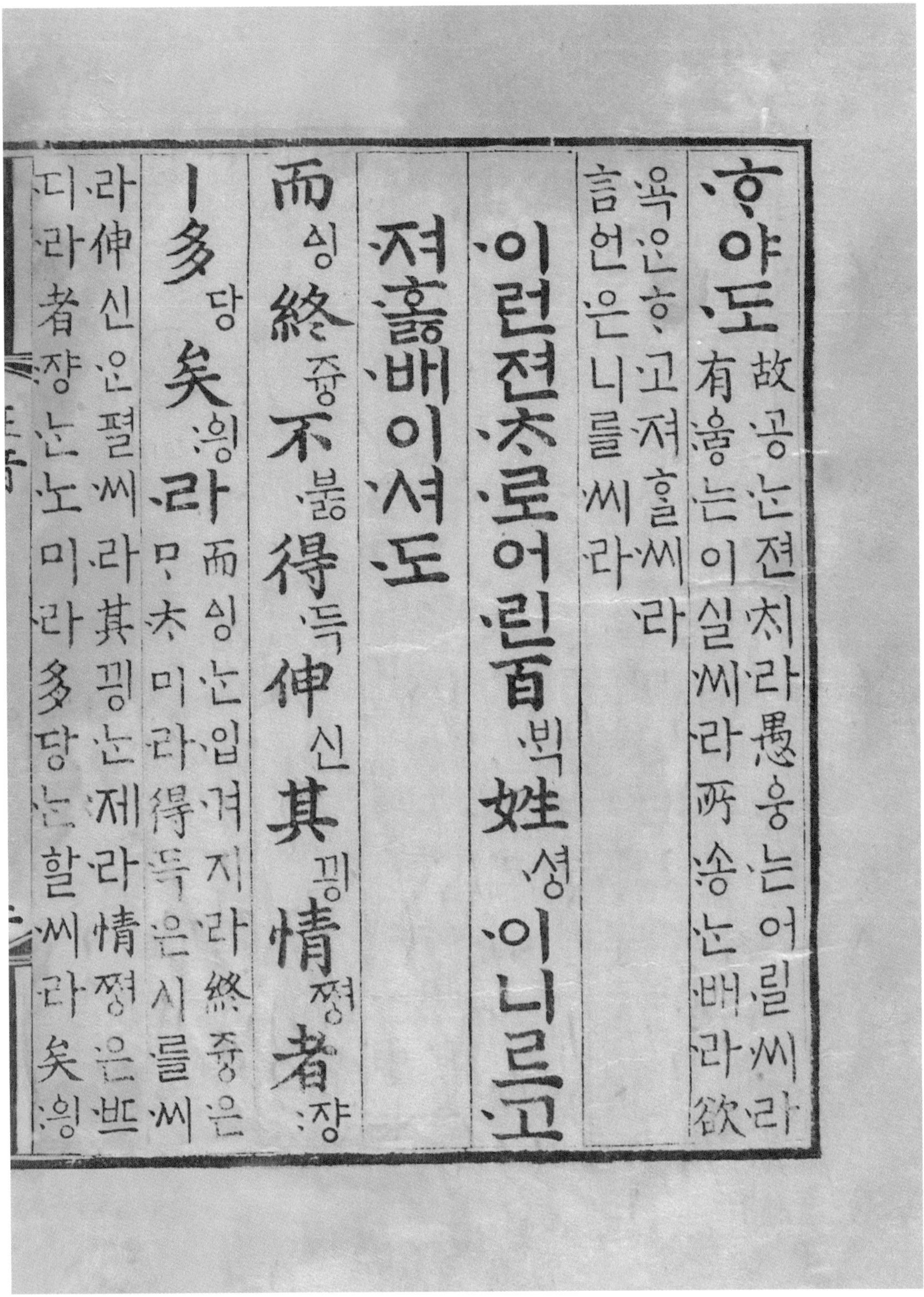

ᄒᆞ야도 故공ᄂᆞᆫ 젼ᄎᆞ라 愚웅ᄂᆞᆫ 어릴씨라 有ᅌᅮᇢᄂᆞᆫ 이실씨라 所송ᄂᆞᆫ 배라 欲욕ᄋᆞᆫ ᄒᆞ고져 ᄒᆞᆯ씨라 言언ᄋᆞᆫ 니를씨라

이런 젼ᄎᆞ로 어린 百ᄇᆡᆨ姓셩이 니르고져 ᄒᆞᇙ배 이셔도

而ᅀᅵᆼ終즁不붏得득伸신其끵情쪙者쟝ㅣ 多당矣ᅌᅵᆼ라 而ᅀᅵᆼᄂᆞᆫ 입겨지라 終즁ᄋᆞᆫ ᄆᆞᄎᆞ미라 得득ᄋᆞᆫ 시를씨라 伸신ᄋᆞᆫ 펼씨라 其끵ᄂᆞᆫ 제라 情쪙ᄋᆞᆫ ᄠᅳ디라 者쟝ᄂᆞᆫ 노미라 多당ᄂᆞᆫ 할씨라 矣ᅌᅵᆼ

[원문05] 故·로 愚民·이 有所欲言·ᄒ·야·도

[협주05] ① 故ᄂᆞᆫ 젼ᄎᆞ라 ② 愚는 어릴 씨라 ③ 有는 이실 씨라 ④ 所ᄂᆞᆫ 배라 ⑤ 欲ᄋᆞᆫ ᄒᆞ고져 ᄒᆞᆯ 씨라 ⑥ 言은 니를 씨라

[언해04] ·이런 젼·ᄎᆞ·로 어·린 百姓·이 니르·고·져 ·홇 ·배 이·셔·도

[현대어역] 이런 까닭으로 어리석은 백성이 이르고자 하는 바가 있어도
→ 그러므로 백성 중에는 하고 싶은 말이 있어도

[원문06] 而終不得伸其情者ㅣ 多矣·라

[협주06] ① 而는 입겨지라 ② 終은 ᄆᆞᄎᆞ미라 ③ 得은 시를 씨라 ④ 伸ᄋᆞᆫ 펼 씨라 ⑤ 其ᄂᆞᆫ 제라 ⑥ 情은 ᄠᅳ디라 ⑦ 者ᄂᆞᆫ 노미라 ⑧ 多ᄂᆞᆫ 할 씨라 ⑨ 矣ᄂᆞᆫ 말 ᄆᆞᆺᄂᆞᆫ 입겨지라

[언해05] ᄆᆞ·ᄎᆞᆷ:내 제 ·ᄠᅳ·들 시·러 펴·디 :몯ᄒᆞᇙ ·노·미 하·니·라

[현대어역] 마침내 제 뜻을 능히 펴지 못할 놈이 많으니라
→ 끝내 자신의 뜻을 글로 표현하지 못하는 사람이 많다.

눈 말ᄊᆞ미
입ᄭᅧ지라

ᄆᆞᄎᆞᆷ내 제ᄠᅳ들 시러펴디 몯ᄒᆞᇙ노미 하
니라

子ᄍᆞᆼㅣ 爲윙 此ᄎᆞᆼ 憫민 然션 ᄒᆞ야 子ᄍᆞᆼᄂᆞᆫ 내ᄒᆞ습

愍민然션은 어엿비 너기실ᄊᆡ라

시 논 ᄠᅳ디시니라 此ᄎᆞᆼᄂᆞᆫ 이라 憫민

내이룰 爲윙ᄒᆞ야 어엿비너겨

新신 制졩 二ᅀᅵᆼ十씹八밣 字ᄍᆞᆼ ᄒᆞ노니
신新

[원문07]   予ㅣ 爲此憫然·ᄒᆞ·야

[협주07]   ① 予는 내 ᄒᆞᅌᆞᆸ시논 ᄠᅳ디시니라 ② 此는 이라 ③ 憫然은 어엿비 너기실 씨라

[언해06]   ·내 ·이·를 爲·ᄒᆞ·야 :어엿·비 너·겨

[현대어역]   내 이를 위하여 불쌍히 여겨
            → 내가 이를 딱하게 여겨

[원문08]   新制二十八字·ᄒᆞ노·니

[협주08]   ① 新은 새라 ② 制는 ᄆᆡᇰᄀᆞᄅᆞ실 씨라 ③ 二十八은 스믈여들비라

[언해07]   ·새·로 ·스·믈여·듧 字·를 ᄆᆡᇰ·ᄀᆞ노·니

[현대어역]   새로 스물여덟 자를 만드니
            → 새로 28자를 만드니

·은새·라 制·졩·눈 밍·ㄱ·ㄹ·실·씨·라 二

·씽十·씹八·밣·은 ·스·믈여·들비·라

새·로·스·믈여·듧字·쫑·롤밍·ㄱ·노·니

欲·욕 使·ᄉᆞᆼ人·ᅀᅵᆫ·ᄋᆞ·로易·잉·씹·ᄒᆞ·야

便·뼌於·헝日·ᅀᅵᆯ用·용耳·ᅀᅵᆼ·니·라 使·ᄉᆞᆼ·눈·ᄒᆡ·여·ᄒᆞ논·마

리·라人·ᅀᅵᆫ·은사·ᄅᆞ·미·라易·잉·눈·쉬·블·씨·라

·씹·은·니·길·씨·라便·뼌·은便·뼌安·한·ᄒᆞᆯ·씨·라字·쫑

·라於·헝·는아·모·그에·ᄒᆞ논겨·체·쓰·는字·쫑

·ㅣ·라日·ᅀᅵᆯ·은·나·리·라用·용·은·쓸·씨·라耳·ᅀᅵᆼ

·ᄒᆞ·눈ᄯᆞ·ᄅᆞ·디·라

·ᄒᆞᆫ·논·ᄯᆞ·미·라

[원문09]　欲_욕使_사人_인人_인·ᄋᆞ·로 易_이習_습·ᄒᆞ·야 便_편於_어日_일用_용耳_이니·라

[협주09]　① 使_사ᄂᆞᆫ ᄒᆡᆼ여 ᄒᆞ논 마리라 ② 人_인ᄋᆞᆫ 사ᄅᆞ미라 ③ 易_이ᄂᆞᆫ 쉬블 씨라 ④ 習_습ᄋᆞᆫ 니길 씨라 ⑤ 便_편은 便_편安_안

ᄒᆞᆯ 씨라 ⑥ 於_어는 아모그에 ᄒᆞ논 겨체 쓰는 字_자ㅣ라 ⑦ 日_일온 나리라 ⑧ 用_용은 쁠 씨라 ⑨ 耳_이ᄂᆞᆫ ᄯᆞᄅᆞ

미라 ᄒᆞ논 ᄠᅳ디라

[언해08]　:사룸:마·다 :ᄒᆡ·여⁸ :수·비 니·겨 ·날·로 ·ᄡᅮ·메 便_편安_안·킈 ᄒᆞ·고·져 ᄒᆞᇙ ᄯᆞᄅᆞ·미니·라

[현대어역]　사람마다 하여금 쉽게 익혀 날마다 씀에 편안케 하고자 할 따름이니라
　　　　　→ 사람마다 쉽게 익혀 날마다 사용함에 편안케 하고자 할 따름이다.

8　ᄒᆡ여: ᄒᆡ-[使] + -여(←-어, 연결 어미). 연결 어미 '-어'가 '-여'로 표기된 것은 표기 차원에서 두 가지 설명이 필요합
　　니다. 첫째 'ㅇㅇ'은 사동사 'ᄒᆡ다'의 어간에 들어 있는 사동 접미사 '-이-'의 존재를 부각시키기 위한 표기이며, 둘째
　　'-여'에 반모음이 들어간 것은 어간 'ᄒᆡ-'의 'ㅣ'에 의한 순행동화의 결과입니다.

사룸마다 :히·여 :수·비 니·겨·날·로·뿌·메 便
뼌 安한 킈·ᄒᆞ·고·져 ᄒᆞᆯ ᄯᆞ른·미니·라

ㄱ·ᄂᆞᆫ 牙앙音흠·이·니 如영 君군ㄷ字ᄍᅌ 初총
發·벓聲셩ᄒᆞ·니 並뼝書셩ᄒᆞ·면 如영 虯
ᄭᅲᆷ字ᄍᅌ初총發·벓聲셩ᄒᆞ·니·라

ㅋ·ᄂᆞᆫ 牙앙ᄂᆞᆫ어·미·라
ㅂ字ᄍᅌ初총發·벓聲셩ᄒᆞ·니라
셩·는 ㄱ·틀ㅆ·라 初총發·벓聲셩·은·처섬
·펴·아·나·ᄂᆞᆫ소·리·라 並·뼝書셩·는 골·바·쓸·씨
·라

<어제 서문>

[원문]

世宗御製訓民正音
_{세종어제훈민정음}

國之語音·이 異乎中國·ᄒ·야 與文字·로 不相流通ᄒᆞᆯ·ᄊᆡ 故·로 愚民·이 有所欲言·ᄒᆞ야·도 而終不
得伸其情者ㅣ 多矣·라 予ㅣ 爲此憫然·ᄒ·야 新制二十八字·ᄒᄂᆞ·니 欲使人人·ᄋᆞ·로 易習·ᄒᆞ야
便於日用耳니·라

[언해]

나·랏 :말ᄊᆞ·미 中듕國·귁·에 달·아 文문字·ᄍ·와·로 서르 ᄉᆞᄆᆞᆺ·디 아·니ᄒᆞᆯ·ᄊᆡ ·이런 젼·ᄎᆞ·로
어·린 百·ᄇᆡᆨ姓·셩·이 니르·고·져 ·홇 ·배 이·셔·도 ᄆᆞ·ᄎᆞᆷ:내 제 ·ᄠ·들 시·러 펴·디 :몯ᄒᆞᆶ ·노·
미 하·니·라 ·내 ·이·를 爲·윙·ᄒᆞ·야 :어엿·비 너·겨 ·새·로 ·스·믈 여·듧 字·ᄍ·를 밍·ᄀᆞ노·
니 :사ᄅᆞᆷ:마·다 :ᄒᆡ·여 :수·ᄫᅵ 니·겨 ·날·로 ·ᄡᅮ·메 便뼌安한·킈 ᄒᆞ·고·져 ᄒᆞᆶ ᄯᆞᄅᆞ·미니·라

[현대어역]

우리나라 말은 중국말과 달라서 한자로 쓴 글과 서로 통하지 않는다. 그러므로 백성 중에는 하고
싶은 말이 있어도 끝내 자신의 뜻을 글로 표현하지 못하는 사람이 많다. 내가 이를 딱하게 여겨 새
로 28자를 만드니 사람마다 쉽게 익혀 날마다 사용함에 편안케 하고자 할 따름이다.

'누백포호(婁伯捕虎)'는 고려의 효자 최루백의 이야기입니다. 최루백은 수원 지역의 호장이었던 아버지 최상저가 호랑이에게 죽임을 당하자 호랑이를 죽여 아버지의 원수를 갚았습니다. 언해본『삼강행실도』(1490),『동국신속삼강행실도』(1617),『오륜행실도』(1797)의 효자노에 모두 누백의 이야기가 실려 있으니, 15세기, 17세기, 18세기 국어의 변화를 비교하는 수업 자료로 활용해 보세요.

누백포호(婁伯捕虎): 범을 잡은 누백

삼강	翰한林림學학士ᄊ	崔최婁룰伯빅은	水쉬原원	戶ᅘᅩ長댱이		아ᄃ리러니
동국	한림훅ᄉ	최루빅은		슈원	호댱 샹쟈의	아ᄃ리라
오륜		최누빅은 고려 적	슈원	아전	샹쟈의	아돌이니

- 〈삼강〉 翰한林림學학士ᄊ 崔최婁룰伯빅: 동국정운식 한자음 표기가 되어 있다.
- 〈삼강〉 戶長: 지방 고을의 실무 행정을 맡아보던 향리 중의 우두머리.
- 〈동국〉〈오륜〉 샹쟈: 최루백의 아비 최상저崔尙翥. 수원 최씨의 시조이다.
- 〈삼강〉 '아ᄃ리러니': 아돌[子] + -이-(계사) + -러(←더, 선어말 어미)- + -니(연결 어미). 선어말 어미 '-더-'가 계사 뒤에서 '-러-'로 교체되었다. 〈오륜〉의 '아돌이니'는 분철 표기의 확산을 보여 준다.

삼강	나히 열다ᄉ신 저긔	아비	山산行ᅘᆼ 갯다가	범	믈여늘
동국	나히 열다ᄉ신 제	아비		범의게	해훈 배 되여놀
오륜		샹재	산영ᄒ다가	범의게	해훈 배 되니

- 〈삼강〉〈동국〉 '나히': "나이"의 옛말인 '나ᄒ'의 주격 조사 결합형 '나히'의 형태가 명사로 굳어져 오늘날 명사 '나이'로 남아 있다.
- 〈삼강〉 '山行' 〈오륜〉 '산영': "산이나 들의 짐승을 잡는 일"을 뜻하는 '사냥'은 본래 한자어 '山行'에서 소리와 의미가 변한 말이다. 〈삼강〉에서는 한자어 '山산行ᅘᆼ'이, 〈오륜〉에서는 소리가 변한 '산영'이 나타난다. '산영'을 거쳐 오늘날 '사냥'으로 소리가 변했다.

삼강	가아 자보려 ᄒ니 어미 말이더니
동국	
오륜	이째 누빅의 나히 십오 셰라 범을 잡고져 ᄒ거놀 어미 말린대

- 〈삼강〉 '말이더니' 〈오륜〉 '말린대': '말리다'의 옛말인 '말이다'는 "그만두다"를 의미하는 '말-'에 사동 접미사 '-이-'가 결합한 것이다. 중세 국어에서 '말이다'로 표기되는 것은 사동 접미사 '-이-'의 기원적 형태가 '-기-'이고, /ㄹ/ 뒤에서 /ㄱ/이 탈락한 드러내기 위해 의도적으로 분철 표기한 결과로 해석할 수 있다. 〈오륜〉에서는 '말리다'로 나타난다.

삼강	婁룸伯빅이 닐오디 아비 怨원讐쓯를 아니 가ᄑ리잇가 ᄒ고
동국	루빅이
오륜	누빅이 골오디 아븨 원슈롤 엇디 아니 갑흐리오 ᄒ고

- 〈삼강〉 '아비': 압(←아비) + 이(관형격 조사). '아비'의 모음 '이'가 사라진 것은 '어믜, 아기'와 '어마, 아가'에서처럼 '이'로 끝나는 일부 체언이 관형격 조사 '이/의' 또는 호격 조사 '아'와 결합할 때 나타나는 특수한 현상이었다. 〈오륜〉의 '아븨'는 모음 조화의 혼란을 보여 준다.
- 〈삼강〉 '가ᄑ리잇가': 갚-[報] + -ᄋ리-(선어말 어미) + -잇가(종결 어미). 〈오륜〉 '갑흐리오': 갚-[報] + -ᄋ리-(선어말 어미) + -오(종결 어미). '갑흐'는 '갚-'의 받침 'ㅍ'을 'ㅂ'과 'ㅎ'로 나눠 각각 종성과 초성에 적은 것으로, 소위 재음소화 표기로서 근대 국어의 표기적 특징이다.

삼강	즉자히 돗귀 메오 자괴바다 가니 버미 ᄒ마 ᄇ비브르 먹고 누뷋거늘
동국	도치 메고 범을 자최바다
오륜	즉시 돗긔롤 메고 범의 자최롤 똘오니 범이 이믜 다 먹고 비불러 누엇거늘

- 〈삼강〉 '돗귀': "나무를 찍거나 패는 연장"을 뜻하는 '도끼'는 중세 국어에서 '돗귀/돗긔', '도치/도최'로 모두 나타난다. '돗귀'는 '돗귀＞돗긔＞독긔＞도끼'로 변했는데, 〈오륜〉 '돗긔'에서 변화의 중간 과정이 나타난다. 〈동국〉에서는 '도치'로 나타난다.

- 〈삼강〉 '메오': 'ㅣ' 모음 뒤에서 '-고'의 초성 /ㄱ/이 탈락한 것이다. /ㄱ/ 탈락 현상은 16세기 이후 점차 소멸하였으므로 〈동국〉과 〈오륜〉에서는 '메고'로 나타난다.
- 〈삼강〉 '자괴바다', 〈동국〉 '자최바다': '받다'는 "쫓다, 따르다, 추적하다"를 의미한다. 〈오륜〉에서는 '받다' 대신 '쏠오다(>따르다)'로 되어 있다. '자괴'는 "짐승의 발자국"을 뜻하며, '자괴>자귀'의 어형 변화를 겪었다. '자최'는 '자최>자취'의 어형 변화를 겪었다.
- 〈삼강〉 'ㅎ마': 중세 국어 부사 'ㅎ마'는 "이미, 벌써"의 뜻과 "곧, 장차"의 뜻, "거의"의 뜻을 모두 가지고 있었다. 여러 의미를 가졌던 부사 'ㅎ마'는 근대 국어 시기에 '이믜', '쟝챠'와 같은 단어들로 대체되며 쓰임이 줄어들었다. 〈오륜〉에서는 '이믜'로 되어 있다.
- 〈삼강〉 'ㅂㅣ브르': '배부르다'의 옛말인 'ㅂㅣ브르다'에서 파생된 어간형 부사이다. 어간형 부사의 쓰임이 축소되면서 〈오륜〉에서는 'ㅂㅣ부르다'의 활용형 'ㅂㅣ불러'가 쓰이고 있다. 'ㅂㅣ부르다'는 'ㅂㅣ브르다'로부터 두 번째 음절의 모음이 원순 모음화된 것인데, '믈>물', '블>불', '플>풀' 등과 같이 양순음 아래에서 'ㅡ'가 'ㅜ'로 바뀌는 원순 모음화가 근대 국어 시기에 나타난다.
- 〈삼강〉 '누볏거늘': 눕-[臥] + -어(연결 어미) # 잇-[有] + -거늘(연결 어미). '-어 잇-'은 결과 상태의 지속을 나타낸다. '-어 잇-'이 한 음절로 축약되어 '-엣-'으로 나타나며, '-엣-'으로부터 '-엇-'으로 형태가 변화하고 과거 시제 선어말 어미로 발달하였다. 〈오륜〉 '누엇거늘'에서 '-엇-'이 나타난다. '거늘'은 모음 조화의 혼란을 보여 준다.

삼강		바르			드러가아		구지주디	
동국						범을	꾸지저	골오디
오륜	누빅이	바로	알픠	드라드러		범을	꾸디저	골오디

- 〈삼강〉 '바르': '바르다[直]'의 어간형 부사이다. 〈오륜〉 '바로'는 '바르'에서 원순 모음화된 것이거나 부사화 접미사 '-오'가 결합된 것으로 볼 수 있다.
- 〈삼강〉 '구지주디': 구짖-[叱] + - 우디(연결 어미). 15세기에 '구짇다'와 '구짖다'가 모두 나타나며, '구짇다'를 기반으로 '구지람/구지럼(>꾸지람)'이 파생되었다. 〈동국〉 '꾸짖다'에서 첫 음절이 경음화된 변화가 나타난다. 〈오륜〉 '꾸딪다'는 구개음화가 진행되면서 본래 '지' 소리였던 것을 '디'에서 구개음화된 결과로 오인하여 과도 교정한 것이다.

삼강	네 내 아비롤 머그니	내 모로매 너를 머구리라 ᄒᆞ야놀
동국	네 내 아비롤 머거시니	내 당당이 너롤 머구리라
오륜	네 내 아비롤 해쳐시니	내　　　너롤 먹으리라

- 〈동국〉 '머거시니' 〈오륜〉 '해쳐시니': 선어말 어미 '-어시-'는 동작의 완료 내지 과거의 의미를 지닌 것으로 보인다.
- 〈삼강〉, 〈동국〉 '머구리라': 먹- + -우-(선어말 어미) + -리-(선어말 어미) + -라(←-다, 종결 어미). 선어말 어미 '-오/우-'는 주어가 1인칭일 때 사용되는 것으로 '머구리라'의 주어가 '내' 임을 볼 수 있다. '-오/우-'가 쇠퇴함에 따라 〈오륜〉에서는 '먹으리라'로 되었다.

삼강	쏘리　젓고 업데어늘　　　　　　베텨　븨　ᄲᆞ아
동국	드듸여　　　버혀　븨롤 헤텨
오륜	범이 쏘리롤　치고 업디거놀　　돗긔로 찍어　븨롤 헤티고

삼강	아비 술콰 ᄡᅧ와 내야　그르세 담고　버믜 고기란 도기 다마　내해　　　묻고
동국	아비 ᄡᅧ와 술홀 가져　그루시 담고
오륜	아븨 ᄡᅧ와 술을 내여　그루시 담고　범의 고기롤 항에 녀허　를 가온대　뭇고

- 〈삼강〉 '술콰', 〈동국〉 '술홀': '술'은 'ㅎ 보유 체언'으로 단독으로 쓰일 때는 나타나지 않던 'ㅎ'이 '술히, 술홀' 등에서처럼 조사와 결합할 때 그 모습을 드러낸다. 'ㅎ'을 보유하고 있던 일련의 체언들은 시간이 지나면서 '살코기, 수캐, 암돼지' 등 몇몇 합성어들에 그 흔적을 남기고는 'ㅎ'을 잃어버리게 되었다. 〈오륜〉에서는 'ㅎ'을 잃어 '술을'로 되어 있다.
- 〈삼강〉 '술콰 ᄡᅧ와 내야': 중세 국어 문장에서 여러 체언이 나열될 때 마지막 체언에까지 접속 조사 '와/과'가 결합하는 것이 특징적이다. 즉 현대 국어에서 'A와 B를 내다'로 표현될 문장이 중세 국어에서는 'A와 B와(를) 내다'로 표현된다. 〈삼강〉에서 '술ㅎ'뿐 아니라 마지막 체언인 'ᄡᅧ'에도 접속 조사가 결합해 있다. 〈동국〉과 〈오륜〉에서는 이 현상이 나타나지 않는다.
- 〈동국〉〈오륜〉 '그릇': 'ㆍ'가 제2음절 뒤에서 'ㆍ>ㅡ'의 변화를 겪으면서 '그릇'이 '그릇'에서 변한

결과로 오인하여 과도 교정한 결과로 볼 수 있다.

- 〈삼강〉 '버믜', 〈오륜〉 '범의': 연철 표기에서 분철 표기로의 경향성 확대를 볼 수 있다.
- 〈오륜〉 '뭇고': 근대 국어에서 종성의 'ㄷ'과 'ㅅ'의 소리가 중화됨에 따라 'ㅅ'으로 표기되는 경향이 나타난다.

삼강	아비	묻고	侍씨墓모 사더니
동국	아비	묻고	시묘ᄒ더니
오륜	아비롤 홍법산 셔편에 장ᄉᄒ고		녀묘ᄒ더니

- 〈삼강〉〈동국〉 '시묘^{侍墓}': 부모의 상^喪 중에 3년간 그 무덤 옆에서 초막을 짓고 사는 것을 말한다.

삼강	홀론 ᄒ즈믓ᄒ얏거늘	아비 와	그를 이푸듸
동국	홀론 ᄒ즈몯ᄒ엳거놀	아비 와	그롤 읍프되
오륜	홀논 ᄭᅮᆷ을 ᄭᅮ니	그 아비 와셔 글을 읇허	골오듸

- 〈삼강〉〈동국〉 '홀론': '하루'의 옛말인 'ᄒᄅ'는 모음으로 시작하는 조사가 올 때 형태가 '홀ᄅ'로 나타나는 특성을 보인다. 〈오륜〉 '홀논'에서 어중의 'ㄹㄹ' 소리가 'ㄹㄴ'으로 표기되는 것은 근대 국어 문헌의 표기적 특징이다.
- 〈삼강〉 'ᄒ즈믓ᄒ얏거늘', 〈동국〉 'ᄒ즈몯ᄒ엳거놀': 'ᄒ즈믓ᄒ다'는 행실도류 문헌에서만 확인되는 단어로, "수잠을 자다"를 뜻한다. 〈동국〉 '몯'과 '엳'의 'ㄷ'은 모두 종성 'ㅅ'과 'ㄷ'의 혼기 상황에서 나타난 표기로 이해되는데, 〈동국〉에서는 'ㅅ → ㄷ' 방향의 표기가 일반적이다. 한편 〈삼강〉 '-얏-'이 〈동국〉에서는 '-엳-'으로 모음의 형태도 변화하였다.
- 〈삼강〉 '그를', 〈오륜〉 '글을': 연철 표기에서 분철 표기로의 확산을 보여 준다. 〈동국〉 '그롤'은 모음 조화의 혼란을 보여 준다.
- 〈삼강〉 '이푸듸': 잎-[詠] + -우듸(연결 어미). '잎다'는 '잎다>읖다>읊다'의 변화를 겪는다. 〈동국〉 '읍프되'와 〈오륜〉 '읇허'에 변화의 중간 과정이 드러나 있다. '읍프되'는 부분 중철 표기이고, '읇허'는 재음소화 표기로서 모두 근대 국어의 표기적 특징을 보여 준다. 〈동국〉의 '읍프되'에서 '-우

듸>-으되'의 변화가 나타난다. '읇다>읊다'의 변화는 의미적으로 긴밀하게 관련된 유의어인 '넊다'의 활용 패턴에 유추되어 음운론적으로 유사해진 결과로 볼 수 있다. '졈다>졂다(>젊다)' 역시 반의어인 '늙다'의 활용 패턴에 유추되어 'ㄹㅁ' 말음을 갖게 된 변화를 겪었다.

삼강	披피榛즌ᄒᆞ야 到돌孝횰子ᄌᆞ廬려호니				
	【개욤나모　　헤오　　　孝횰子ᄌᆞ廬려에 오니】				
동국	개염남글	헤혀고	효조의	지븨	니르니
오륜	가시덤블을	헤티고	효조의	집에	니르니

- 〈삼강〉 나모, 〈동국〉 '남글': '나무'의 옛말 '나모'는 단독으로 쓰일 때나 자음 조사, 조사 '와' 앞에서 '나모'로 나타나 '나모도', '나모와'로 나타나지만, '와'를 제외한 모음 조사 앞에서는 '낢'으로 나타나 '남기', '남골'과 같이 나타난다. 〈동국〉에서 '남글'로 나타난 것은 모음 조화의 혼란을 보여 준다.
- 〈동국〉 '지븨', 〈오륜〉 집에: '집'은 15세기 자료에서 특이 처격 조사 '의'를 취한다. 시간이 흘러 〈오륜〉에서는 일반 처격 조사 '에'가 결합하였다.

삼강	情쪙多다感감ᄒᆞ야		淚뤼無무窮꿍이로다		
	【쁘데 感감動똥호미	만ᄒᆞ야	눖므리	다욼	업도다】
동국	정이 감동호미	만ᄒᆞ여	눈므리	다아미	업도다
오륜	정이 늣기미	만흐매	눈믈이	무궁ᄒᆞ도다	

- 〈삼강〉 '눖므리': '눖믈'의 'ㅅ'은 본래 관형격 조사로부터 온 것이다. 16세기 이후 'ㅅ'이 결합하지 않은 '눈믈'의 형태가 더 많이 보인다.
- 〈삼강〉 '다욼': 다ᄋᆞ- + -ㅭ(명사형 어미). 중세 국어 관형사형 어미의 이표기 '-ㅭ'이 명사형 어미로 쓰이고 있다. 관형사형 어미와 명사형 어미가 엄격하게 분화되지 않았던 고대 국어의 특징이 의고적으로 남아 있는 것이다. 〈동국〉의 '다아미'는 '다ᄋᆞ다'에서 'ㆍ'가 'ㅏ'로 변한 '다아다'의 명사형 '다암'에 주격 조사가 결합한 것이다.

삼강	負불土토ᄒᆞ야	日싏加가塚동上샹ᄒᆞᄂᆞ니				
	【흙 지여	나날	무덤 우희	올이ᄂᆞ니】		
동국	흙 져	날마다	무덤 우희	올리니		
오륜	흙을 져셔	날마다	무덤애	더ᄒᆞ니		

- 〈삼강〉 '흙', 〈동국〉〈오륜〉 '흙': 16세기부터 '흙'에서 '흙'으로의 변화가 나타난다. 제1음절에서 'ㆍ'는 대개 'ㅏ'로 변하지만 '흙'과 같이 'ㆍ>ㅡ'의 변화를 겪는 경우도 있고 'ᄉᆞ매>소매'와 같이 'ㆍ>ㅗ'로 변한 경우도 있다.

- 〈삼강〉 '나날': 중세 국어에서는 '나날'이 부사로 쓰였다. 본래 명사 '날'이 반복된 '날날'이었는데 /ㄴ/ 앞에서 '날'의 종성 /ㄹ/이 탈락한 것이다. '나날'은 이후 부사 파생 접미사 '-이'가 결합한 형태인 '나날이'로 쓰이거나 〈동국〉〈오륜〉에서처럼 '날마다'로 대체된다.

- 〈삼강〉 '올이ᄂᆞ니': '오르다'에 사동 접미사 '-이-'가 결합하여 '올이다'로 나타난다. 사동 접미사 '-이-'의 기원적 형태가 '-기-'이고, /ㄹ/ 뒤에서 /ㄱ/이 탈락한 상황을 드러내기 위해 의도적으로 분철 표기한 것으로 해석할 수 있다. 〈동국〉 '올리다'는 16세기부터 나타난다.

삼강	知디音음은	明명月웛淸쳥風풍봉이시니라	
	【아ᄅᆞ시ᄂᆞ닌	붉곤 돌와 ᄆᆞᆯ곤 ᄇᆞᄅᆞ미시니라】	
동국	아ᄅᆞ시ᄂᆞ니는	붉글 돌과 ᄆᆞᆯ곤 ᄇᆞ롬이로다	
오륜	지음은	명월청풍이로다	

- 〈삼강〉 아ᄅᆞ시ᄂᆞ닌, 〈동국〉 아ᄅᆞ시ᄂᆞ니는: '아시니, 아시므로, 아신다면' 등에서처럼 종성 'ㄹ'로 끝나는 어간(알-)에 주체 높임의 선어말 어미가 결합한 형태가 오늘날에는 '아시'로 나타난다. 그러나 이전 시대에는 '아ᄅᆞ시'의 형태로 나타나는 것을 볼 수 있는데, 이것은 주체 높임 선어말 어미 {-으시-}의 모음이 일반적인 매개 모음과 성격이 달라 말음에 /ㄹ/을 가진 어간 뒤에서 탈락하지 않았기 때문이다. {-으시-}는 [LH] 또는 [HH]의 성조를 갖는데, 일반적인 매개 모음이 고정적인 성조를 갖는 것과 달리 {-으시-}의 첫 음절은 선행 요소의 성조에 따라 [L]이나 [H]로 달리 나타난다. 따라서 {-으시-}의 '으'는 매개 모음이 아니라 {-으시-}의 고유 요소로 볼 수 있다.

- 〈동국〉 불글: 븕- + -을(관형사형 어미): 관형사형 어미 '-을'은 미래 시제와는 상관없이 시제 중립적인 쓰임을 보여 준다. '블글'로 나타나지 않은 데서 모음 조화의 혼란을 볼 수 있다.
- 〈삼강〉 돌와 〈동국〉 돌과: /ㄹ/ 뒤에서 /ㄱ/이 탈락하여 〈삼강〉에서 '돌와'로 나타난다. 17세기에는 /ㄱ/ 탈락 현상이 사라져 〈동국〉에서 '돌과'로 나타난다.

삼강	生싱則즉養양ᄒᆞ고		死ᄉᆞ則즉守슐ᄒᆞᄂᆞ니	
	【사랏거든 이받고		죽거든 디킈ᄂᆞ니】	
동국	사랃거든	치고	죽거돈	디킈ᄂᆞ니
오륜	사라셔	봉양ᄒᆞ고	죽으매	딕희니

- 〈삼강〉 '이받고': '이받다'는 "대접하다, 봉양하다"의 의미를 지닌 말로 오늘날 '이바지'에 그 흔적이 남아 있다. 〈동국〉의 '치다'는 "돌보다, 봉양하다"의 뜻이다. 현대 국어에서는 '치다'가 "가축을 기르다"라는 뜻으로만 사용되지만, 본래 이 단어는 사람을 대상으로도 사용되었음을 알 수 있다. 이는 어휘의 의미가 축소된 예가 된다. 〈오륜〉에서는 한자어 '봉양ᄒᆞ다'로 대체되어 있다.

삼강	誰쒸謂위孝횰ᄒᆞ無무始시終즁고			
	【뉘 닐오ᄃᆡ 孝횰道돌ㅣ 乃내終즁 업다 ᄒᆞ더뇨】			
동국	뉘 닐오ᄃᆡ	회	처엄 나죵이	업다 ᄒᆞ리오
오륜	뉘 닐오ᄃᆡ	회	시죵이	업다 ᄒᆞ리오

삼강	다 입고		ᄆᆞᆮ득 몯 보니라	
동국	읍기ᄅᆞᆯ 다ᄒᆞ고		ᄆᆞᆮ득 몯 보니라	
오륜	읇기ᄅᆞᆯ 다ᄒᆞ매		ᄆᆞᆮ득 뵈디 아니ᄒᆞ더라	

- 〈삼강〉 '입고', 〈동국〉 '읍기', 〈오륜〉 '읇기': '입다>읍다>읇다'의 변화를 보여 준다.

삼강	婁룽伯빅이 居거喪상 뭇고	버믜 고기롤	다 머그니라
동국	거상 벋고	범의 고기롤 가져다가	다 머그니라
오륜	거상을 ᄆᆞ츠매	범의 고기롤 내여다	먹으니라

- 〈동국〉 거상 벋고: 삼년상을 마치고. '벋'의 'ㄷ'은 종성 'ㅅ'과 'ㄷ'의 혼기 상황에서 나타난 표기라고 이해되는데, 〈동국〉에서는 'ㅅ → ㄷ' 방향의 표기가 일반적이다.
- 〈삼강〉 버믜, 〈동국〉〈오륜〉 범의. 〈삼강〉〈동국〉 머그니라, 〈오륜〉 먹으니라: 연철 표기에서 분철 표기로의 변화를 보여 준다.

정본定本 『삼강행실도』 효자도 32a-b(김유범 외, 2022: 543-544)

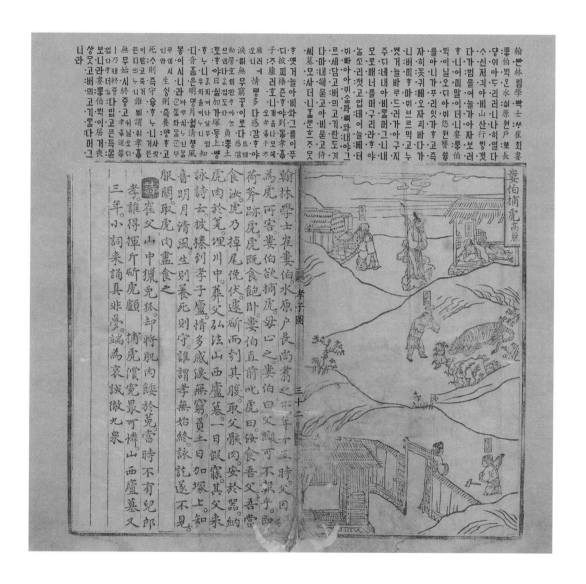

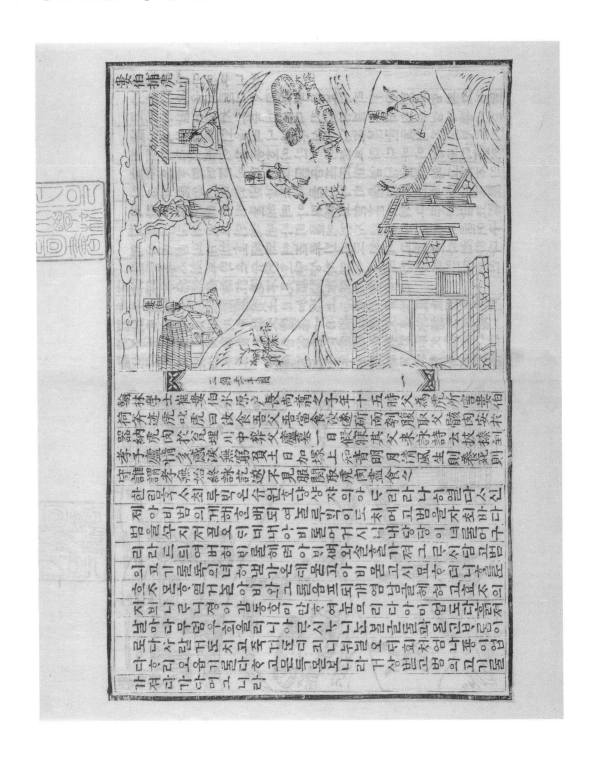

崔婁伯水原吏尚翥之子尚翥獵爲虎所害婁伯時
年十五欲捕虎母止之婁伯曰父讎可不報乎卽荷
斧跡虎虎旣食飽臥婁伯直前叱虎曰汝害吾父吾
當食汝虎乃掉尾俛伏遽斫而剖其腹取父骸肉安
於器納虎肉於甕埋川中葬父骸肉西廬墓一日
假寐其父來詠詩云披榛到孝子廬情多感淚無窮
負土日加塚上知音明月淸風生則養死則守誰謂
孝無始終詠訖遂不見服闋取虎肉盡食之
詩崔山中獵兎狐却將肌肉餧於菟當時不有
兒郞孝誰得揮斤斫虎顧 捕虎償寃最可憐山

婁伯捕虎 高麗

西廬墓又三年小詞來誦眞非夢端爲哀誠徹九
泉

최누빅은고려적슈원아전샹쟈의아돌이니샹
재산영호다가범의게해호배되니이째누빅의
나히십오셰라범을잡고저호거놀어미말린대
누빅이꼴오딩아븨원슈롤엇디아니갑흐리오
호고즉시돗긔롤메고범의자최롤뚤오니범이
이믜다먹고비불러누엇거놀누빅이바로알픠
드라드러범을꾸디저쫄오딩네내아븨롤해쳐
시니내너롤먹으리라범이싸리롤치고업디거

놀돗긔로쎡어빈롤혜티고아븨쎄와솔을내여
그릇서담고범의고기롤항에녀허믈가온대뭇
고아비롤홍법산셔편에장ᄉᄒ고녀묘호더니
홀눈셤을ᄯᅡ그아비와셔글을읇허쫄오딩가
시텀불을혜티고효ᄌ의집에니르니졍이늣기
미만흐매눈믈이무궁흐도다흙을져셔날마다
무덤애더흐니지음은명월쳥풍이로다사라셔
봉양흐고죽으매딕희니뉘닐오디효시종이업
다흐리오옭기롤다흐매문득뫼디아니흐더라
거상을ᄆ太매범의고기롤써여다먹으니라

③ 향가 – 제망매가(祭亡妹歌)

　「제망매가(祭亡妹歌)」는『삼국유사(三國遺事)』에 실려 있는 향가 14수 중 하나입니다. 월명사가 죽은 누이동생을 위해 향가를 지어 읊으며 제사를 지내자, 문득 회오리바람이 불어 종이돈[紙錢]을 서쪽의 극락정토 방향으로 날려 사라지게 하였다는 배경 설화가 있습니다. 해독의 이견이 적고, 음/훈의 원리, 독/가의 원리, 훈주음종과 말음첨기 등 향찰의 표기 원리를 잘 살펴볼 수 있어 강독 자료로 활용하기 좋습니다. 양주동과 김완진의 해석을 나란히 비교하고 구절마다 주석을 덧붙였습니다.

「제망매가^{祭亡妹歌}」

又嘗爲亡妹營齋作鄕歌祭之. 忽有驚颰吹紙錢飛舉向西而没. 歌曰.

월명사는 또한 일찍이 죽은 누이를 위하여 재를 올리고 향가를 지어 그를 제사하였다. 문득 세찬 바람이 불어 종이돈을 날려 서쪽으로 사라지게 하였다. 향가는 이러하다.

원문	양주동(1965) 해석	김완진(1980) 해석	김완진(1980) 현대어역
生死路隱 생사로은	生死路눈	生死 길흔	生死 길은
此矣有阿米次肹伊遣 차의유아미차힐이견	예 이샤매 저히고	이에 이샤매 머믓그리고,	예 있으매 머뭇거리고,
吾隱去內如辭叱都 오은거내여사질도	나는 가ᄂ다 말ㅅ도	나는 가ᄂ다 말ㅅ도	나는 간다는 말도
毛如云遣去內尼叱古 모여운견거내니질고	몯다 닏고 가ᄂ닛고	몯다 니르고 가ᄂ닛고.	몯다 이르고 어찌 갑니까.
於內秋察早隱風未 어내추찰조은풍미	어느 ᄀ술 이른 ᄇᄅ매	어느 ᄀ술 이른 ᄇᄅ매	어느 가을 이른 바람에
此矣彼矣浮良落尸葉如 차의피의부량락시엽여	이에 저에 ᄠ더딜 닙다이	이에 뎌에 ᄠ러딜 닙곤.	이에 저에 떨어질 잎처럼,
一等隱枝良出古 일등은지량출고	ᄒᄃ 가재 나고	ᄒᄃ 가지라 나고	한 가지에 나고
去奴隱處毛冬乎丁 거노은처모동호정	가논곧 모ᄃ온뎌	가논 곧 모ᄃ론뎌.	가는 곳 모르온저.
阿也 彌陀刹良逢乎吾 아야 미타찰량봉호오	아으 彌陀刹애 맛보올 내	아야 彌陀刹아 맛보올 나	아아, 彌陀刹에서 만날 나
道修良待是古如 도수량대시고여	道닷가 기드리고다	道 닷가 기드리고다.	道 닦아 기다리겠노라.

- 生死路隱: 양주동은 '生死路'을 한 단어로 처리하여 모두 음독자로 보고, '道'의 훈이 중세 국어에서 '길ㅎ'임에도 뒤가 '肹隱'으로 나타나지 않았다는 점에서 훈독하지 않고 음독하였다. 김완진은 '生死路눈', '生死길흔', '죽사리길흔'이 다 가능하나 '生死길흔'을 택한다고 하였다. '路隱'을 '길흔'으로 해독한 것은 '路(길 로)'를 훈독자로 본 것이다. '隱(숨을 은)'은 두 해석 모두에서 음가자로 보았고, 보조사 '은'을 나타낸다.

- 此矣: 공통으로 '예/이에'로 해독하였다. 어휘 요소인 '此(이 차)'는 훈독자이고 '矣(어조사 의)'는 음가자이다.

- 有阿米: 공통으로 '이샤매'로 해독하였다. 어휘 요소인 '有(있다 유)'는 훈독자이고 문법 요소인 '-아매'를 나타내는 '阿(언덕 아)', '米(쌀 미)'는 각각 음가자이다. '있다[有]'가 중세 국어에서 '잇다'였고, 모음 어미와 매개 모음 어미 앞에서는 어간이 '이시-'로 나타났으므로 동명사형 '이샴'에 '애'가 결합하였다고 본 것이다.

- 次肹伊遣: 양주동은 '次肹伊'를 각각 '저', 'ㅎ', '이'를 나타내는 음가자로 보고 '저히-'로 해독하였다. '저히-'는 "두려워하다[畏, 懼]"를 의미하는 '저ㅎ-'의 피동형으로서 "被懼, 被脅"의 의미라 보았다. 김완진은 '次'를 '머뭇'으로 훈독하고 '肹伊'를 헌화가의 '慚肹伊賜等'의 '肹伊'와 같이 '그리'로 보아 '次肹伊遣'를 '머뭇그리고'로 해독하였다. 연구자마다 '저히고(소창진평/양주동)', '멈흐리견(머무르게 하고, 서재극)' 등 해독이 갈리는 구절이다. '遣'은 전통적으로 연결 어미 '-고'로 해독하는 글자이다.

예 서동요 '抱遣去如' (안고 가다_양주동/김완진)

　헌화가 '母牛放教遣' (암쇼 노히시고_양주동/암쇼 노히시고_김완진)

- 吾隱去內如: 공통으로 '나는 가느다'로 해독하였다. 어휘 요소인 '吾(나 오)'는 훈독자이고 문법 요소인 '隱(숨을 은)'은 음독자로서 보조사 '은'을 나타낸다. 마찬가지로 어휘 요소인 '去(가다 거)'는 훈독자이고 문법 요소인 '內(안 내)'는 음가자, '如(다ㅎ다 여)'는 훈가자이다. '다'는 "같다"의 의미를 가진 '다ㅎ다'의 어근이며, 6행에서는 '如'가 훈독자로 쓰였으나 여기서는 훈가자로 쓰였다.

- 辭叱都: 어휘 요소인 '辭(말 사)'는 훈독자이다. '叱'은 전통적으로 'ㅅ'으로 해독하는 글자이다. 여기

서의 'ㅅ'은 중세 국어의 관형격 조사 'ㅅ'과 분포가 다른데, 양주동은 'ㅅ'를 촉음으로 보고 '말도'를 '말ㅅ도'로 발음하는 방언을 반영한 것으로 보았다. 문법 요소인 '都(도읍 도)'는 음가자이다.

- 毛如: 공통으로 '몯다'로 해독하였다. '毛(털 모)'를 음가자로, '如(다ᄒᆞ다 여)'를 훈가자로 본 것이다.
- 云遣: '云(이르다 운)'은 훈독자이다. 양주동은 '-고' 앞에서 동사가 기본형을 요구하므로 '云'을 '닏-'으로 해독하였으나 '니르-'로 읽어도 무방하다고 하였다. 김완진은 마땅히 '니르-'로 해독하여야 한다고 보았다. '遣'은 모두 연결 어미 '-고'로 해독되었다.
- 去內尼叱古: 공통으로 '가ᄂᆞ닛고'로 해독하였다. 어휘 요소인 '去(가다 거)'는 훈독자이고 문법 요소인 '內(안 내)', '尼(여승 니)', '叱(꾸짖을 질)', '古(옛 고)'는 모두 음가자이다. 양주동은 '叱'이 나타내는 'ㅅ'을 촉음 요소로 보고, '닛고'를 '니잇고'의 축약형이라 하였다.

05/06 於內秋察早隱風未 此矣彼矣浮良落尸葉如

- 於內: 공통으로 '어느'로 해독하였다. '於(어조사 어)'와 '內(안 내)'를 모두 음으로 읽은 것이다.
- 秋察: 공통으로 'ㄱᆞ술'로 해독하였다. 어휘 요소인 '秋(가을 추)'는 훈독자이다. '察(살피다 찰)'은 말음 첨기로서 'ㄱᆞ술(>가을)'의 둘째 음절과 소리가 비슷한 글자를 덧붙여 단어의 형태 정보를 분명히 한 것이다.
- 早隱: 공통으로 '이른'으로 해독하였다. 어휘 요소인 '早(이르다 조)'는 훈독자이고 문법 요소인 '隱(숨을 은)'은 음가자이다.
- 風未: 공통으로 'ᄇᆞᄅᆞ매'로 해독하였다. 어휘 요소인 '風(바람 풍)'은 훈독자이고 문법 요소인 '未(아니다 미)'는 음가자로서 처격 조사로 기능한다.
- 此矣彼矣: 어휘 요소인 '此(이 차)', '彼(저 피)'는 훈독자이고 '矣(어조사 의)'는 음가자이다.
- 浮良落尸: 양주동은 어휘 요소인 '浮(뜨다 부)'는 훈독자로서 '뜨'를 나타내고 '良'은 연결 어미 '-어'를 나타낸다고 보아 '浮良'를 '뼈'로 해독하였다. '落(지다 락)'은 '지다'의 옛말인 '디다'를 나타낸 훈독자로 보았다. 반면 김완진은 모음으로 끝난 어간 밑에서 '良'의 'ㄹ'을 살려 읽어야 한다고 보아 '浮良落'를 '뜨러디-'로 해독하였다. '良'은 주로 '아'나 '라'로 해독하는 글자이고, '尸'는 전통적으로 'ㄹ'로 해독하는 글자로서 여기서는 관형사형 어미로 기능한다.

  [심화] 양주동(1965)을 비롯한 다수의 향가 해독자들은 '良'를 '아'로 해독하고 있다. 이는 향가에서 나타나는 처격 조사 '良中, 良希, 良衣, 良矣' 등이 중세 국어에서 '애/ᄋᆡ, 이/의, 예'

로 이어진다는 점과 관련된다. 특히 서재극(1975)에서는 『光州千字文』에서 한자 '良'이 '알량'으로 적혔다는 근거를 더하여 '良'을 훈가자로 보았다. 반면 김완진(1980:14)에서는 '良'을 기본적으로 '라'로 읽으며, '라'가 일정한 규칙에 따라 'ㄹ'을 탈락시켜 '아'로도 나타난다고 가정한다. '良'을 '라'로 읽는 것은 '良'의 음을 고려한 것이라고 할 수 있다.

예 처용가 '脚烏以四是良羅' (가루리 네히어라_양주동/가로리 네히러라_김완진)

- 葉如: '葉(잎 엽)'은 훈독자이고, '如(다ㅎ다 여)' 역시 "같다"를 의미하는 훈독자이다. 양주동은 '다이'로, 김완진은 '곧'으로 읽었으나 모두 훈으로 읽은 것이다.

07/08 一等隱枝良出古 去奴隱處毛冬乎丁

- 一等隱: 공통으로 'ㅎ둔'으로 해독하였다. '一等'이 'ㅎ둔[一]'을 나타내며 '隱(숨을 은)'은 'ㅎ둔'의 말음첨기로 음가자이다.
- 枝良: 양주동은 '枝(가지 지)'를 훈독자 '갖'으로 읽고, '良'은 '애'로 읽어 '枝良'을 '갖애/가재'로 해독하였다. '가지'로 읽지 않은 것은 '가지'가 '갖'의 주격형이라 보았기 때문이다. 김완진은 '良'을 '라'로 읽어 '枝良'를 '가지라'로 해독하였다.
- 出古: '出(나다 출)'은 훈독자이고 문법 요소인 '古(옛 고)'는 음가자로서 어미 '-고'를 나타낸다.
- 去奴隱處: 공통으로 '가논 곧'으로 해독하였다. 어휘 요소인 '去(가다 거)'는 훈독자이고 문법 요소인 '奴(종 노)', '隱(숨다 은)'은 각각 음가자이다. '處(곳 처)'는 훈독자로서 '곧'으로 해독되었으며, '곳'이 중세 국어에서 '곧'이었음을 반영하는 것이다.

예 處는 고디라 〈월인석보(1459) 序:20〉

- 毛冬乎丁: 양주동은 '毛(털 모)', '冬(겨울 동)'이 각각 음가자로서 '모루-'의 고형인 '모두-'를 나타내며, '乎(어조사 호)'와 '丁(고무래 정)' 역시 음가자로서 각각 '온'과 '뎌'를 나타낸다고 보았다. 김완진은 '모두론뎌'로 해독하였다.

- 阿也: 공통으로 음가자로 보았다. 양주동은 '아으'로, 김완진은 '아야'로 읽었으나 큰 차이가 없다.
- 彌陀利良: 공통으로 '彌陀利'을 음독자로 보았고, '良'을 양주동은 '애'로 읽고 김완진은 '아'로 읽었으나 모두 처격 조사로 본 것이다.
- 逢乎: 공통으로 '맛보올'로 해독하였다. 양주동은 '逢(만나다 봉)'을 '맛보-'로 해독되는 훈독자로 보았고, '乎(어조사 호)'는 본래 음가자로서 '오'를 나타내나 여기서는 '올'을 나타내며, '乎尸'로 나타나지 않았어도 경우에 따라 '온, 올'로 통용될 수 있다고 덧붙였다.
- 吾: 공통으로 '吾(나 오)'를 훈독자로 보았다. 양주동은 주격의 '내'로 읽고 김완진은 기본형인 '나'로 읽었다.
- 道修良: 공통으로 '道 닷가'로 해독하였다. '道(길 도)'는 음독자로, '修(닦다 수)'는 '닦-(>닦-)'을 나타내는 훈독자로, '良'은 연결 어미 '-아'로 본 것이다.
- 待是古如: 공통으로 '기드리고다'로 해독하였다. 어휘 요소인 '待(기다리다 대)'는 훈독자로서 '기드리-'를 나타내고, '是(이 시)'는 훈가자로서 '이'를 나타내며 '기드리-'의 말음첨기이다. '古(옛 고)', '如(다ᄒᆞ다 여)'는 문법 요소로서 각각 음가자, 훈가자이다. 양주동은 '기드리고다'의 '-고다'가 '-고라'와 같다고 보아 원망顧望의 의미로 해석하였고 김완진은 '고'가 미래를 나타내는 어미라고 보았다.
- 예 안민가 '民是 愛尸 知古如' (民이 ᄃᆞᅌᆞᆯ 알고다_양주동/김완진)

해설 참고

양주동(1965), 『(增訂) 고가연구』, 일조각

김완진(1980), 『향가해독법연구』, 서울대학교출판부

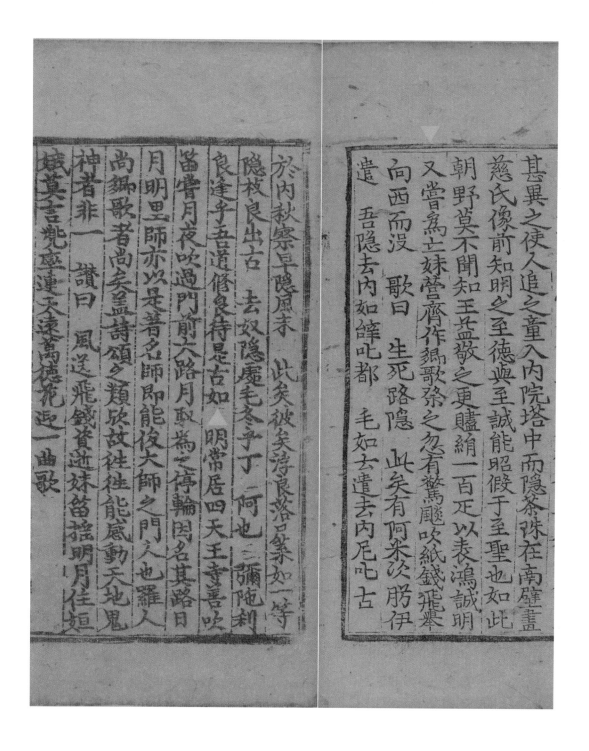

'제337조 노비구가장(奴婢毆家長)'

　　『대명률직해(大明律直解)』는 1395년에 명나라의 법전인 『대명률(大明律)』을 이두로 번역하여 간행한 책입니다. 원문의 표현을 조선의 일상적인 표현으로 대체하고, 조선의 실정과 맞지 않는 부분은 내용을 변경하거나 첨삭하기도 하였습니다. 총 460개의 조항이 30권으로 편찬된 방대한 분량이며, 관리들이 실무에서 사용한 다양한 이두 표현이 들어 있어 '이두 연구의 보물창고'로 불립니다. '노비구가장(奴婢毆家長)' 조항은 노비가 주인을 때렸을 때의 처벌에 대한 내용입니다. 원문의 '過失殺(과실살)'과 같은 표현을 직해문(이두문)에서 '失錯殺害(실착살해)ᄒ다' 등의 쉬운 표현으로 바꾸거나, 원문의 '능지처사'를 '거열처사'로 수정하는 등 형벌을 조선의 실정에 맞게 수정한 모습을 볼 수 있습니다.

원문:　　　凡奴婢毆家長者皆斬 殺者皆凌遲處死。過失殺者絞 傷者杖一百流三千里。
　　　　　　범노비구가장자개참 살자개릉지처사。 과실살자교 상자장일백유삼천리。

원문 해석:　노비가 가장을 때리면 모두 참형이며, 죽이면 모두 능지처사陵遲處死이다. 과실살過失殺이면 교형이고, 과실상過失傷이면 장 100 유 3000리이다.

직해문:　　凡 奴婢亦 家長乙 犯打爲在乙良 竝只 斬齊 致殺爲在乙良 竝只 車裂處死齊
　　　　　　범 노비역 가장을 범타위재을량 병지 참제 치살위재을량 병지 거열처사제

　　　　　　失錯殺害爲在乙良 絞死齊 有傷爲在乙良 杖一百遠流齊
　　　　　　실착살해위재을량 교사제 유상위재을량 장일백원류제

직해문 해석:　노비가 가장을 때리면 모두 참형이다. 죽게 하면 모두 거열처사형이다. 실수나 착오로 살해하면 교형으로 죽인다. 상해가 있으면 장 100에 먼 곳으로 유배 보낸다.

원문:　　　若毆家長之期親及外祖父母者絞。傷者皆斬。
　　　　　　약구가장지기친급외조부모자교。 상자개참。

　　　　　　過失殺者減毆罪二等傷者又減一等。故殺者皆凌遲處死。
　　　　　　과실살자감구죄이등상자우감일등。 고살자개릉지처사。

해석:　　　가장의 기친期親이나 외조부모를 때리면 교형이며, 상해하면 모두 참형이다. 과실살이면 때린 죄에서 2등급을 줄이며, 과실상이면 또 1등급을 줄인다. 고살故殺이면 모두 능지처사이다.

직해문:　　家長矣 期親果 外祖父母乙 犯打爲在乙良 絞死齊 有傷爲在乙良 竝只 斬齊

가장의 기친과 외조부모을 범타위재을량 교사제 유상위재을량 병지 참제

失錯致死爲在乙良 毆罪例良中 減二等齊 有傷者乙良 又減一等齊

실착치사위재을량 구죄례량중 감이등제 유상자을량 우감일등제

故殺爲在乙良 竝只 車裂處死齊

고살위재을량 병지 거열처사제

직해문 해석: 가장의 기친이나 외조부모를 때리면 교형으로 죽인다. 상해가 있으면 모두 참형이다. 실수나 착오로 죽게 하면 때린 죄의 예에서 2등급을 줄인다. 상해가 있으면 또 1등급을 줄인다. 고의로 죽이면 모두 거열처사형이다.

[해설]

- '亦'(역)은 주격 조사 '이'를 적은 것이다.
- '乙'(을)은 목적격 조사 '을'을 적은 것이다.
- 爲在乙良(위재을량)은 'ᄒᆞ견으란'으로 읽고 '~하는 것은, ~하는 경우는', '~하면'으로 해석할 수 있다.
- '竝只(병지)'는 부사 '*다모기'를 적은 것이며, "모두"를 의미한다.
- '齊(제)'는 종결 어미 '-제'를 적은 것이고, '-다'의 기능을 한다.
- '果(과)'는 접속 조사 '과'를 적은 것이다.
- '良中(량중)'은 처격 조사 '아긔'를 적은 것이며, '에'의 기능을 한다.

『대명률직해大明律直解』(규장각한국학연구원 소장본(奎貴 1709))

卷20 刑律 鬪毆 第337條 奴婢毆家長

한문원문

이두문

⑤ 구결 –『구역인왕경(舊譯仁王經)』(13c) 상권 3장 (예산 수덕사 소장)

　　『구역인왕경』은 구마라집(鳩摩羅什)이 402년에 上, 下 2권으로 한역한 책입니다. 원래 이름은 『인왕호국반야바라밀경(仁王護國般若婆羅密經)』, 줄여서『인왕경(仁王經)』이라고도 부릅니다. 석독구결 자료는 1973년 충남 서산군 문수사에서 금동여래좌상(金銅如來坐像)의 복장(腹藏) 유물로 발견되었습니다. 기존에 알려졌던 음독구결 자료와 다른 석독구결 자료가 존재함을 알리며 구결 연구에 새로운 지평을 열어 주었고, 한글 창제 이전 시기의 국어사 연구가 획기적으로 발전할 수 있었습니다.

　　이 자료에 구결이 기입된 시기는 13세기로 추정됩니다. 상권의 낱장(2, 3, 11, 14, 15장)이 부분적으로만 남아 있는데, 아래는 3장의 일부입니다.『인왕경』의 제1 서품(序品)으로, 바사닉왕(波斯匿王)과 제천(諸天)이 각종 음악을 연주하니, 석가모니불(釋迦牟尼佛)이 중생의 근기(根機)를 아시고 삼매(三昧)로부터 일어나 연화사자좌(蓮華師子座) 위에 앉으셨다는 내용입니다.

　　　　　　　※ 사진 자료는 원문을 분절하고 구결 토 외의 것을 지워 보기 좋도록 편집한 것임

〈구역인왕경 上 03:12〉

구결문: 亦ㅅㄱ 復ㄋ 共ㅌ 量· 無ㅌㄱ 音樂ㄴ· 作ㅅㄋ 如來ㄴ· 覺寤ㅅㄲ白ㅁㅅㄷㄱ
해독문: 또흔 復오 다뭇 그지 업슨 音樂올 作ᄒᆞ아 如來를 覺寤ᄒᆞ이숩고기신
번역문: 또한 다시 함께 한량없는 음악을 지어 여래如來를 (三昧에서) 깨어나게 하셨는데,

[해설]

- ㅅㄱ[혼]: '亦, 又, 復' 등 뒤에서 "또한. 또"의 의미를 나타냄
- ㄋ[오]: '復' 뒤에서 "다시"의 의미를 나타냄
- ㅌ[ㅅ]: '共' 뒤에서 "함께"의 의미를 나타냄
- ㅌㄱ[ㅅ은]: '無' 뒤에서 "없는"의 의미를 나타냄
- ㄴ[을]: 목적격 조사 '을/를'을 나타냄
- ㅅㄋ[ᄒᆞ아]: ㅅ/용언 'ᄒᆞ-' + ㄋ/연결 어미 '-어/아'. 'ᄒᆞ야'를 나타냄
- ㅅㄲ白ㅁㅅㄷㄱ[ᄒᆞ이숩곡신/ᄒᆞ이숩고기신]: ㅅ/동사 'ᄒᆞ-' + ㄲ/사동 접미사 '-이-' + 白/선어말 어미 '-숩-' + ㅁ/선어말 어미 '-고-' + ㅅ/? 'ㄱ/기' + ㄷ/선어말 어미 '-시-' + ㄱ/동명사 어미 '-ㄴ'. "하게 하시니"의 의미를 나타냄. '白'은 객체를 높이는 선어말 어미로 여기서는 '여래'를 높임. 여기서 'ㄱ'는 절 접속의 기능임

〈구역인왕경 上 03:13〉

구결문: 佛 ㄱ 卽 ㅭ 時 ᄱㅭㄱㅅㄴ 知 ㄹㅭ 衆生 ㅎ 根 ㄴ 得 ㄹㅣ 卽 ㅭ 定 ㄴ 從 ㅌ 起 ㅅㄹㅏ
해독문: 佛은 卽오 時이거온돌 아ᄅ시며 衆生의 根을 어드시혼 卽오 定을 좇 起ᄒ시하
번역문: 부처는 바로 때인 줄을 아시며 중생의 근根을 얻으시고, 즉시 선정禪定으로부
터 일어나시어

[해설]

- ㄱ [은]: 보조사 '은/는'을 나타냄
- ㅭ [오]: '復' 뒤에서 "다시"의 의미를 나타냄
- ᄱㅭㄱㅅㄴ [이거온돌]: ㅣ/서술격 조사 '이-' + ㅊ/선어말 어미 '-거-' + ㅭ/선어말
  어미 '-오-' + ㄱ/동명사 어미 '-ㄴ' + ㅅ/의존 명사 'ᄃ' + ㄴ/목적격 조사 '을'. "-인 것
  을"의 의미를 나타냄
- ㄹㅭ [시며]: ㄹ/선어말 어미 '-시-' + ㅭ/연결 어미 '-며'. "-(으)시며"의 의미를 나타냄.
  'ㄹ'는 주체 높임의 선어말 어미로서 부처를 높임
- ㅎ [의]: 관형격 조사 '의'를 나타냄
- ㄴ [을]: 목적격 조사 '을/를'을 나타냄
- ㄹㅣㄱ [시혼]: ㄹ/선어말 어미 '-시-' + ㅣ/미상 'ㅎ' + ㄱ/동명사 어미 '-ㄴ. "-(으)시니"
  의 의미를 나타냄
- ㅭ [오]: '卽' 뒤에서 "즉시"의 의미를 나타냄
- ㅌ [시]: 동사 '좇-'의 말음첨기. '從' 뒤에서 "-로부터. 좇아. 따라서"의 의미를 나타냄
- ㅅㄹㅏ [ᄒ시하]: ㅅ/동사 'ᄒ-' + ㄹ/선어말 어미 '-시-' + ㅏ/연결 어미 '-하'. "하시어"
  의 의미를 나타냄

〈구역인왕경 上 03:13-14〉

구결문: 方ㄴ 蓮花師子座上ㅕ十ᆢ 坐ᆢ白ㅕㄱㅅ 金剛山王ᆢ 如ㅣᆢㅁㅎㄹㄱ

해독문: 뭇(비릇) 蓮花師子座上아긔 坐ᄒᆞ습온ᄃᆡ 金剛山王 다ᄒᆞ고기신

번역문: 비로소 연화사자좌蓮花師子座 위에 앉으시되 금강산왕金剛山王과 같으시니

[해설]

• ㄴ[ㅅ]: '方' 뒤에서 "비로소, 마침"의 의미를 나타냄

• ㅕ十[아긔]: 부사격 조사(처격 조사) '에'를 나타냄

• ᆢ白ㅕㄱㅅ[ᄒᆞ습온ᄃᆡ]: ᆢ/용언 'ᄒᆞ-' + 白/선어말 어미 '-습-' + ㅕ/선어말 어미 '-오-' + ㄱ/동명사 어미 '-ㄴ' + ㅅ[ᄃᆡ/의존 명사+이/부사격 조사(처격 조사)].: "하시되, 하셨는데"의 의미를 나타냄. '白'이 직접 높이는 대상은 객체인 '연화사자좌'로서 그 자체로는 높임의 대상이 아니지만, 자리에 앉는 인물인 부처가 높임의 대상이므로 높임의 선어말 어미가 사용된 것으로 볼 수 있음

• ㅣᆢㅁㅎㄹㄱ[다ᄒᆞ곡신/다ᄒᆞ고기신]: ㅣ/어근 '다' + ᆢ/용언 'ᄒᆞ-' + ㅁ/선어말 어미 '-고-' + ㅎ/? 'ㄱ/기' + ㄹ/선어말 어미 '-시-' + ㄱ/동명사 어미 '-ㄴ'. '如' 뒤에서 "같으셨는데, 같으시니"의 의미를 나타냄. 'ㅣ'는 "같음"의 의미로서 '如'의 의미와 같음. 의미가 중복되므로 '如'는 읽지 않아도 되는 글자로서 소위 '부독자不讀字'라고 함. 여기서 'ㄱ'은 절 접속의 기능임

〈구역인왕경 上 03:14-15〉

구결문: 大衆ㄱ 歡喜ソㄋ 各ㅋ各ㅋホ 量· 無セㄱ 神通ㄴ· 現ㄅㅌハニㄱ: 地: 及ハ 虛空:ノㅋナ 大衆リ 而灬 住ソㅌハニ丨

해독문: 大衆은 歡喜ᄒᆞ아 제제곰 그지 업슨 神通ᄋᆞᆯ 나토ᄂᆞ기신여 地여 及ㄱ 虛空여 호의긔 大衆이 而로 住ᄒᆞᄂᆞ기시다

번역문: 대중은 환희하여 제각각 한량없는 신통을 나타내어 땅이니 또 허공이니 하는 것에 대중이 머물러 계셨다.

[해설]

- ㄱ[은]: 보조사 '은/는'을 나타냄
- ソㄋ[ᄒᆞ아]: ソ/용언 'ᄒᆞ-' + ㄋ/연결 어미 '-어/아'. 'ᄒᆞ야'를 나타냄
- ㅋホ[의곰]: 'ㅋ'는 '제'의 말음첨기. 'ホ'는 보조사 '곰'을 나타냄. '各ㅋ各ㅋホ' 전체가 "각각"의 의미를 나타내며 항상 '各ㅋ各ㅋホ'의 형태로만 출현함
- セㄱ[ㅅ은]: '無' 뒤에서 "없는"의 의미를 나타냄
- ㄴ[을]: 목적격 조사 '을/를'을 나타냄
- ㅌハニㄱ:[오ᄂᆞᆨ신여/오ᄂᆞ기신여]: ㄅ/? + ㅌ/선어말 어미 '-ᄂᆞ-' + ハ/? + ニ/선어말 어미 '-시-' + ㄱ:/연결 어미. '現' 뒤에서 "나타내시니"의 의미를 나타냄. 연결 어미 'ㄱ:(은여)'는 기원적으로 동명사 어미 ㄱ(-ㄴ)과 조사 :(여)의 결합. "-니, -은데, -은/는 것이니"의 의미를 나타냄. 중세 국어의 관형사형 어미 '-ㄴ'이 본래 동명사형 어미로서 명사형과 관형사형을 모두 만들었음을 보여 주며, 'ㄱ:'에서는 뒤에 조사 ':'가 결합하였다는 점에서 명사형 어미로 기능하고 있음을 알 수 있음
- :[여]: 조사로서 "-이니"의 기능을 나타냄. 명사구를 나열할 때 쓰이며 나열된 명사구를 아우르는 동사 'ᄒᆞ'가 후행함
- ハ[ㄱ/기]: '及' 뒤에서 "및"을 나타냄. 말음첨기
- :ノㅋナ[여호의긔/여홇의긔/여호리의긔]: :/조사 '여' # ノ[ᄒᆞ/동사+오/선어말 어미](+尸/동명사 어미)+ㅋナ/처격 조사. "-이니 하는 곳에"의 의미를 나타냄
- リ[이]: 주격 조사 '이/가'를 나타냄
- 灬[로]: 도구나 수단의 의미로 쓰이는 조사 '로'를 나타냄
- ソㅌハニ丨[ᄒᆞᄂᆞᆨ시다/ᄒᆞᄂᆞ기시다]: ソ/동사 'ᄒᆞ-' + ㅌ/선어말 어미 '-ᄂᆞ-' + ハ/? 'ㄱ/기' + ニ/선어말 어미 '-시-' + 丨/종결 어미 '-다'. "하셨다"의 의미를 나타냄

* 해독문과 번역문은 sktot, 동국대 역경원의 한글대장경 번역 등을 두루 따르되 필요에 따라 조금 수정하였다. 해설은 『석독구결사전』(황선엽·이전경·하귀녀, 2009)를 바탕으로 작성되었다.

衆俱來入此大會北方虛空性菩薩共百千

萬億大衆俱來入此大會西方善住菩薩共

十恒河沙大衆俱來入此大會六方亦復如

是作樂亦復共作無量音樂覺窹如來

佛即知時得從生根即從定起方坐蓮花師

子座上如金剛山王大衆歡喜各各現無量

神通地及虛空大衆而住

仁王護國般若波羅蜜經觀空品第二

爾時佛告大衆知十六大國王意欲問護國

土因緣吾今先爲諸菩薩說護佛果因緣護

十地行因緣諦聽諦聽善思念之如法修行

時波斯匿王言善大事因緣故即散百億種

참고문헌

강신항(2003), 『수정증보 훈민정음연구』, 성균관대학교 출판부.

고경재(2021), 「12~15세기 국어 모음체계 연구: 모음추이 이론의 재확립」, 고려대학교 박사학위논문.

고영근(2022), 『우리 언어철학사』, 집문당.

국립국어원(2008), 『알기 쉽게 풀어 쓴 훈민정음』, 생각의나무.

국립한글박물관(2022), 『훈민정음 표준 해설서』, 국립한글박물관.

김동언(2021), 『한글 문화사』, 박이정.

김무림(2022), 『국어 한자음의 역사』, 태학사.

김완진(1980), 『향가해독법연구』, 서울대학교출판부.

김유범(2018), 「훈민정음의 문자론적 연구 성과에 대한 고찰」, 『우리말연구』 53, 우리말학회, 129-159쪽.

김유범·곽신환·김무림·박형우·이준환·송혁기·조운성·김부연·고경재(2020), 『훈민정음 해례본』, 역락.

김유범(2022), 「훈민정음 창제와 백성들의 언어생활 변화」, 『나라사랑』 131, 외솔회, 41-77쪽.

김유범·이규범·김부연·김미미·오민석·이유원·이철기·고경재·성우철·최혜빈·정은진·김진우·최하늘·서영채(2022), 『언해본 삼강행실도로 익히는 중세 국어 v1.0』, 역락.

김유범·이규범·김부연·김미미·오민석·이유원·이철기·고경재·성우철·최혜빈·정은진·김진우(2022), 『중세 국어 교육을 위한 언해본 삼강행실도 효자』, 역락.

김은주(2012), 「국어 비통사적 합성용언과 통사적 합성용언의 공존 양상에 대한 통시적 연구」, 고려대학교 석사학위논문.

김주필(2017), "「최만리 등 집현전 학사들이 올린 〈상소문〉과 세종이 〈상소문〉 집필자들을 불러 나눈 〈대화〉" 주석」, 『어문학논총』 36, 국민대학교 어문학연구소, 101-120쪽.

김진수 외(2019), 『중학교 국어 2-2』, 비상교육.

唐作藩(2013), 『音韻學教程』, 심소희 역(2015), 『한자 음운학』, 교육과학사.

민현식(2011), 「국어 교과서 제재 선정의 문제점: "갑자상소문(甲子上疏文)"을 중심으로」, 『국어교육』 136, 한국어교육학회, 357-387쪽.

박영목 외(2015), 『국어 2-2』, 천재교육.

박영목 외(2018), 『중학교 국어 2-2』, 천재교육.

박형우(2020), 「한글 관련 내용에 대한 학생 인식 조사」, 『문법교육』 40, 한국문법교육학회, 153-182쪽.

배보은(2013), 「문자론 용어와 문자 분류 체계에 관한 연구」, 경남대학교 박사학위논문.

백두현(2001), 「조선시대의 한글 보급과 실용에 관한 연구」, 『진단학보』 92, 진단학회, 193-218.

백두현(2021), 『한글생활사 연구』, 역락.

서재극(1975), 『신라 향가의 어휘 연구』, 계명대학교 출판부.

소강춘·김진규(2001), 「통합형 한글 자료 처리기(SynKDP)에 대하여」, 『국어사연구』 2, 국어사학회, 257-384쪽.

신성철·배영환(2018), 「〈정조의 한글편지〉에 대한 국어학적 연구」, 『영주어문』 39, 영주어문학회, 33-59쪽.

안명철(2004), 「訓民正音 資質文字說에 대하여」, 『어문연구』 32(3), 한국어문교육연구회, 43-60쪽.

안병희(2004), 「훈민정음의 창제와 그 협찬자」, 『국어학』 44, 국어학회, 3-39쪽.

양주동(1965), 『(增訂) 고가연구』, 일조각.

우한용 외(2013), 『중학교 국어 6』, 좋은책신사고.

이기문(1972), 『國語音韻史研究』, 韓國文化研究所.

이기문(1992), 「훈민정음 친제론」, 『한국문화』 13, 서울대 한국문화연구소, 1-18쪽.

이도영 외(2013), 『중학교 국어 6』, 창비.

이동석(2008), 「한글의 풀어쓰기와 모아쓰기에 대하여 -최현배 선생의 『글자의 혁명』을 중심으로」, 『청람어문교육』 38, 청람어문교육학회, 401-427쪽.

이병기(2006), 「한국어 미래성 표현의 역사적 연구」, 서울대학교 박사학위논문.

정주리·시정곤(2011), 『조선언문실록: 실록으로 보는 조선시대 사람들의 한글 사용기』, 고즈윈.

최경봉(2012), 『한글민주주의』, 책과함께.

최현배(1947, 1956), 『글자의 혁명』, 문교부.

홍기문(1946), 『훈민정음발달사 하』, 서울신문사출판국.

홍윤표(2013), 『한글 이야기 1: 한글의 역사』, 태학사.

황선엽·이전경·하귀녀(2009), 『석독구결사전』, 박문사.

Sampson, G.(1985), *Writing systems*, Hutchinson.

Michalowski, P.(2004), Sumerian, *The Cambridge Encyclopedia of the World's Ancient Languages*, Cambridge University Press.

다음에 또 만나요~

안녕~

고려대학교 한국어문교육연구소 국어교육실천총서
교실에서 펼치는 우리말 우리글 역사 이야기

초판1쇄 인쇄 2023년 9월 1일
초판1쇄 발행 2023년 9월 11일

지은이   김유범 정은진 김진우 김성수 기정의 이소연 박지민
펴낸이   이대현
편집   이태곤 권분옥 임애정 강윤경
디자인   안혜진 최선주 이경진
마케팅   박태훈

펴낸곳   도서출판 역락
출판등록 1999년 4월 19일 제303-2002-000014호
주소   서울시 서초구 동광로 46길 6-6 문창빌딩 2층 (우06589)
전화   02-3409-2060
팩스   02-3409-2059
홈페이지 www.youkrackbooks.com
이메일   youkrack@hanmail.net

ISBN 979-11-6742-593-5 94370
     979-11-6742-592-8 (세트)